QUELLEN ZUR KAROLINGISCHEN REICHSGESCHICHTE

ZWEITER TEIL

AUSGEWÄHLTE QUELLEN
ZUR DEUTSCHEN GESCHICHTE
DES MITTELALTERS

FREIHERR VOM STEIN-GEDÄCHTNISAUSGABE

Herausgegeben von Rudolf Buchner

Band VI

FONTES AD HISTORIAM REGNI FRANCORUM AEVI KAROLINI ILLUSTRANDAM

PARS SECUNDA

ANNALES BERTINIANI

ANNALES VEDASTINI

ANNALES XANTENSES

Annales Bertinianos a G. Waitz editos emendavit, ceterorum textum a B. von Simson paratum denuo imprimendum curavit

REINHOLDUS RAU

1980

WISSENSCHAFTLICHE BUCHGESELLSCHAFT

DARMSTADT

QUELLEN
ZUR KAROLINGISCHEN REICHSGESCHICHTE

ZWEITER TEIL

JAHRBÜCHER VON ST. BERTIN

JAHRBÜCHER VON ST. VAAST

XANTENER JAHRBÜCHER

Unter Benutzung der Übersetzungen von J. v. Jasmund und C. Rehdantz
neu bearbeitet von

REINHOLD RAU

1980

WISSENSCHAFTLICHE BUCHGESELLSCHAFT

DARMSTADT

Unveränderter reprografischer Nachdruck der Ausgabe Darmstadt 1969

CIP-Kurztitelaufnahme der Deutschen Bibliothek

Quellen zur karolingischen Reichsgeschichte / neubearb. von Reinhold Rau. – Nachdr. – Darmstadt: Wissenschaftliche Buchgesellschaft.

NE: Rau, Reinhold [Bearb.]

Teil 2. Jahrbücher von St. Bertin. Jahrbücher von St. Vaast. Xantener Jahrbücher / unter Benutzung d. Übers. von J. v. Jasmund u. C. Rehdantz. – Unveränd. reprograf. Nachdr. d. Ausg. Darmstadt 1969. – 1980.
(Ausgewählte Quellen zur deutschen Geschichte des Mittelalters; Bd. 6)
ISBN 3-534-06964-1

2 3 4 5

Bestellnummer 0162-1II

Druck und Einband: Wissenschaftliche Buchgesellschaft, Darmstadt
Printed in Germany

ISBN 3-534-06964-1

INHALTSVERZEICHNIS

DIE ANNALES BERTINIANI

Die mit dem Jahre 829 abbrechenden Reichsannalen haben an verschiedenen Orten im 9. Jahrhundert eine Fortsetzung oder Ergänzung erfahren, die bedeutendste auf westfränkischem Boden. Wir kennen sie aus einer ehedem im Kloster St. Bertin befindlichen, heute in der Stadtbibliothek von St. Omer aufbewahrten Handschrift Nr. 697 + 706, weshalb für diese Fortsetzung der Titel Annales Bertiniani üblich geworden ist. Einen Hinweis auf den Entstehungsort darf man aber dieser Benennung nicht entnehmen, vielmehr läßt sich über die Entstehung dieses Annalenwerkes folgendes aussagen.

Der Erzbischof Hinkmar von Reims (gestorben 21. Dezember 882) zitiert 866 in einem Brief (MG Epist. 8 S. 196 Z. 8–12) an den Erzbischof Egilo von Sens aus den Annales Bertiniani zum Jahr 859 den Schlußsatz[1]: *Nicolaus pontifex Romanus de gratia Dei et libero arbitrio, de veritate geminae praedestinationis et de sanguine Christi, ut pro credentibus omnibus fusus sit, fideliter confirmat et catholice decernit* und leitet dieses Zitat ein mit den Worten: *Domnus Prudentius in annali gestorum nostrorum regum, quae composuit, ad confirmandam suam sententiam gestis anni dominicae incarnationis 859 indidit dicens.* Daraus ergibt sich als Verfasser der aus Spanien stammende Bischof Prudentius von Troyes (gestorben 861). Der gelehrte Abt und Geschichtsforscher Lebeuf hat in seinen Dissertations sur l'histoire ecclésiastique et civile de Paris 1739 S. 432–499 den Anteil des Prudentius an Hand von sprachlichen Indizien näher zu bestimmen gesucht und setzt den Beginn des von Prudentius stammenden Anteils ins Jahr 835 (S. 28 Z. 21 dieser Ausgabe)[2]. Der Fortsetzer hätte dann zunächst mit der Notiz über den Tod des Prudentius begonnen. Weitere Einzelheiten zur Biographie und dem Werk des Prudentius sind zusammengestellt bei Max Manitius, Geschichte der lateinischen Literatur des Mittelalters Teil I S. 344 und 348. Der Verfasser des vorangehenden

[1] Derselbe Satz ist in der Pariser Handschrift (s. unten S. 5) mit einer Randnotiz versehen, die folgenden Wortlaut hat: *Hic Prudentius episcopus de Nicolao scripsit, quod ut fieret, voluit, sed quia factum fuerit, verum non dixit.*

[2] Zu erwägen wäre, diesen Einschnitt in den Bericht über das Jahr 837 zu setzen (S. 34 Z. 7).

Teils, der die Jahre 830 bis 835 umfaßt, bleibt unbekannt. Unter den sprachlichen Eigentümlichkeiten des mittleren Teils ist vor allem zu erwähnen die konsequente Setzung der aus Caesars Commentarii de Bello Gallico und dem Itinerarium Antoninianum bekannten Bezeichnungen der alten gallischen Städte, wie Agedincum Senonum für Sens, Augusta Trecorum für Troyes, Caesarodunum Turonum für Tours, Durocortorum Remorum für Reims. In sachlicher Hinsicht fällt auf eine gewisse Berücksichtigung von Ereignissen auf der Pyrenäenhalbinsel, dazu ein gesteigertes Interesse für meteorologische und astronomische Erscheinungen, Erdbeben, Überschwemmungen und andere Naturkatastrophen, während kirchliche Probleme nur wenig und leidenschaftslos erörtert werden.

Stark fällt demgegenüber ab die sprachliche Ausdrucksfähigkeit des Verfassers des ersten Teils, den man sich am ehesten in der Gallia Belgica (Diözese Metz?) vorstellen mag. Hier wird Aktiv und Passiv vertauscht, Indikativ und Konjunktiv wechseln ohne Grund, und der Konjunktiv Plusquamperfekti steht, wo das Imperfektum zu erwarten war. Das Perfekt wird durch Partizip mit habere, das Futurum durch Infinitiv mit debere umschrieben.

Noch deutlicher hebt sich der dritte Teil ab, als dessen Verfasser Richer von Reims im Prolog seiner Historiae[1] Hinkmar selbst benennt.

Hinkmar war Zögling der Klosterschule von St. Denis und folgte 822 seinem Lehrer Hildwin bei dessen Berufung als Erzkaplan an den Hof des Kaisers. Hier machte er sich, trotz vorübergehender Entfernung beim Sturz Hildwins, beim Kaiser und nach 840 bei König Karl dem Kahlen durch seine Geschäftsgewandtheit derartig nützlich, daß man ihm 845 das durch Absetzung Ebos seit 835 erledigte Erzbistum Reims verlieh. Als Erzbischof nahm nun Hinkmar an allen wichtigen Ereignissen, vielfach als Berater, teil. Im Bunde mit Kaiser Lothar träumte er gar davon, zum Vikar des Papstes bestellt zu werden. Gegen die Wünsche der klerikalen Partei des Frankenreiches, die den Grundsatz von der Überordnung der Kirche über den Kaiser vertrat, 833 diesen gedemütigt hatte und sich bei der Durchsetzung ihrer Ansprüche auf die in ihren Reihen entstandenen pseudo-isidorischen Dekretalien berief, suchte Hinkmar die Stellung des Metropoliten in Gesetzgebung, Rechtsprechung und Oberaufsicht auszubauen. So untersagte er den von dem abgesetzten Ebo nach Ludwigs Tode geweihten Klerikern die Ausübung ihres Amtes und stellte sie 853 auf der Synode von Soissons vor Gericht; den Bischof Rothad von Soissons, der sich ihrer annahm, ließ er 862 wegen Widersetzlichkeit

[1] *res multo ante gestas divae memoriae Hincmarus ante te* (Gerbert 991–998) *in pontificatu VIII. suis annalibus copiosissime annexuit.*

absetzen. Papst Nikolaus I. zwang allerdings in beiden Fällen den Erzbischof zum Nachgeben. Als sich sein Neffe Bischof Hinkmar von Laon in einer andern Sache dem Willen des Königs und des Erzbischofs nicht beugen wollte, zog er ihn als Metropolit zur Rechenschaft: trotz seines Appells an den Papst wurde er auf der Synode von Douzy 871 abgesetzt. Weil ein Bischof von Reims den ersten Frankenkönig geweiht habe – Hinkmar schrieb auch unter Verwendung erfundener Quellenstellen das Leben des hl. Remigius neu –, wollte er als dessen Nachfolger der erste Bischof des Frankenreiches sein und zusammen mit dem König die westfränkische Kirche unter dem Primat von Reims möglichst von Rom lösen; doch sträubte sich der Papst und ernannte schließlich 876 den Erzbischof Ansegis von Sens zum päpstlichen Vikar für Gallien und Germanien, wodurch diese Gefahr abgewehrt war. In die theologischen Auseinandersetzungen seiner Zeit um die Prädestination und die Trinitätsfrage griff Hinkmar selbst wiederholt mit der Feder gegen Gottschalk ein. Was ihm hier an Originalität der Gedanken abging, ersetzte er dank seiner gründlichen Ausbildung in St. Denis durch lange Reihen von Anführungen aus den Kirchenvätern. Seine ungewöhnliche Beherrschung der kanonistischen Literatur kam ihm zustatten, als er 860 von den lothringischen Bischöfen um sein Urteil in dem Eheskandal ihres Königs Lothar II. angegangen wurde. Auch mit den Geistlichen der ostfränkischen Kirche stand er in regem Gedankenaustausch, wie denn die meisten der von ihm erhaltenen Briefe aus ostfränkischer Überlieferung stammen. So wurde er in dem Bestreben, seinen Rückhalt am Königshof zu behaupten und seiner zahlreichen Feinde Herr zu werden, in ganz besonderem Maße in die politischen Händel seiner Zeit hineingezogen und erwies sich wiederholt als eine starke Stütze des Thrones, so als 875 Karl der Kahle nach Italien zog, um die Kaiserkrone zu gewinnen, und sein Bruder Ludwig der Deutsche seine Abwesenheit benützen wollte, um Westfranken seiner Herrschaft zu unterwerfen. Nach Karls des Kahlen Tode wandte er sich mit einer Denkschrift an den Nachfolger Ludwig den Stammler (gestorben 879) und ließ sich noch zuletzt 882, als dessen ältester Sohn Ludwig tödlich verunglückte, dazu bewegen, für die vormundschaftliche Regierung des Nachfolgers ein Regierungsprogramm zu entwerfen, um die Einheit Westfrankens zu erhalten[1].

[1] Die hier genannten Schriften sind abgedruckt in Migne, Patrologia latina Bd. 125 und zwar de fide Carolo regi servanda Sp. 961–983, die Denkschrift für Ludwig den Stammler 984–990; pro institutione Carlomanni regis ad proceres 993–1007, ad episcopos 1007–1018. Die theologischen Schriften stehen im selben Band an der Spitze, die vita Remigii Sp. 1129–1188.

Die ausgezeichnete Sachkenntnis, die Hinkmar auf diese Weise erwarb, und sein politischer Weitblick kommen natürlich seinem Geschichtswerk zugute. Der königliche Hof und die Haltung des Erzbischofs von Reims treten begreiflicherweise stark in den Vordergrund. Hinkmar, der es auch versteht, über unangenehme Dinge schweigend hinwegzugehen, scheut sich nicht, die Ausführungen seines Vorgängers über Gottschalk (z. J. 849) zu interpolieren und noch weit mehr als dieser durch Aufnahme von Akten und Briefen die alte Form der Annalen zu sprengen.

Für die Herstellung des Textes stehen verschiedene Quellen zur Verfügung (vgl. F. L. Ganshof in den Mélanges dédiés à la mémoire de Félix Grat II, 1949, S. 159–174):

1. der obenerwähnte, wahrscheinlich in Reims geschriebene, aber schon im alten Katalog des Klosters St. Bertin s. XII erwähnte Codex Audomariensis 706 aus der zweiten Hälfte des 10. Jahrhunderts. Aus ihm ist im 11. Jahrhundert (vermutlich in St. Vaast oder in St. Bertin) der Codex Bruxellensis 6439–6455 abgeschrieben, der sich 1641 in der Bibliothek der Jesuiten zu Brügge und später in Antwerpen befand. Die beiden Handschriften erscheinen auch in der Überlieferung der Annales regni Francorum als besondere Gruppe C y (= C 3 und C 3a).

2. der das Chronicon Vedastinum enthaltende Codex Duacensis 753 aus dem Ende des 11. Jahrhunderts, der von St. Vaast über die Abtei Marchiennes in die Stadtbibliothek Douai gelangte. In dieses Chronicon ist (nicht aus dem Audomariensis selbst, sondern aus einer gemeinsamen Vorlage) mit geringfügigen Auslassungen der Text der Annales Bertiniani für die Jahre 830 bis 844 (in dieser Ausgabe S. 12 Z. 1 bis S. 62 Z. 3) wortgetreu übernommen. Die folgenden Jahre fehlen durch Verlust eines Quaternio in der Handschrift.

3. Den Anfang der Annales bis zum Jahr 837 (S. 34 Z. 6) hat mit leichten Änderungen übernommen der Verfasser der Annales Mettenses posteriores im 12. Jahrhundert. Sein Werk ist erhalten im Codex Cheltenhamensis 1853, jetzt Berolin. Meermannianus 141, auf den Wattenbach im Neuen Archiv 16, 1891, 607–609 aufmerksam gemacht hat. Die von Ganshof S. 168 mit Recht geforderte durchgängige Textvergleichung ist für unsern Zweck nicht gemacht worden.

4. Weiter ist der Text, allerdings mit Ergänzungen und Auslassungen, so daß Vorsicht geboten ist, für die Jahre ab 869 (diese Ausgabe S. 192 Z. 8) übernommen worden in die in St. Bénoit s. Loire (oder in Sens?) kurz nach 1015 entstandene Fortsetzung von Aimoins Historia Francorum, die in einer in St. Germain des Prés gemachten Abschrift s. XII im Parisinus 12711 erhalten ist.

5. Dazu kommt (erster Hinweis von R. Poupardin in der Bibliothèque de l'école des chartes 66, 1905, 390–400) in einer Abschrift des 17. Jahrhunderts ein Bruchstück der Annales Bertiniani für die Jahre 839 (S. 24 Z. 11) bis 863 (S. 124 Z. 29). Die Abschrift befindet sich heute in einer von André du Chesne zusammengetragenen und über seinen Sohn François in die Bibliothek Colberts übergegangenen Sammelhandschrift (Paris Bibl. Nat. Mélanges Colbert t. 46, 2 fol. 283–313); sie ist in Antwerpen von dem Jesuitenpater Heribert Rosweid gemacht und von Jean Bolland mit einem erhaltenen Begleitschreiben[1] vom 17. 6. 1638 an André du Chesne überschickt worden. Als dessen Sohn François 1641 im 3. Band der Historiae Francorum Scriptores S. 150–261 erstmals die Annales Bertiniani herausgab, hat er aber nicht diesen unvollständigen, in textlicher Hinsicht aber vielfach besseren Text, sondern die Handschrift von St. Bertin zugrundegelegt, von der ihm die genannten Jesuiten ebenfalls eine Abschrift besorgt haben.

Für den Zweck dieser Ausgabe ist dieses Annalenbruchstück durchgängig neu verglichen worden. Soweit durch die neuerschlossenen Textzeugen (Nr. 3 und 5) nicht Änderungen notwendig geworden sind, folgt unser Abdruck der von G. Waitz 1883 für die Scriptores rerum Germanicarum hergestellten Rezension. Der deutschen Übersetzung ist in zeitgemäßer Erneuerung die Bearbeitung zugrundegelegt, die Jul. v. Jasmund 1857 für die Geschichtschreiber der deutschen Vorzeit geliefert hat.

Die Annales Bertiniani sind in der Folgezeit mehrfach in Westfranken (und nur hier) benützt worden. So übernimmt z. B. Flodoard in seiner Historia Remensis ecclesiae (MG Scriptores XIII 409–599) III 17 (S. 507 f.) wörtlich den Bericht Hinkmars über die Synode von Troyes z. J. 867[2]. Lambertus von St. Omer in seiner Genealogia comitum Flandrensium (MG Scriptores IX S. 308–313) verrät ebenso ihre Kenntnis wie der Verfasser der Miracula Sancti Bavonis (MG Scriptores XV 2 S. 590–597)[3].

[1] Mitto fragmentum istorum annalium, d[e quibus] nuper: reliqua describuntur et mittam p[ropediem.] Mitto et de miraculis Sancti Wandregisili q[uae conveni]unt ad historiam regum. An habet D. V. (= dignitas vestra) [Sancti] Carileffi vitam; in ea quaedam de regibus [conti]nentur. quaedam alia annotabo, per otium [quando] ab armis hostilibus erit. Das Eingeklammerte fehlt durch Blattbeschädigung.

[2] Andere Stellen sind übernommen S. 471 f. 479.

[3] Das in älteren Ausgaben zitierte Chronicon Normannorum (Duchesne II, 1639, S. 524–530) ist eine Kompilation aus Annales Bertiniani und Annales Vedastini ohne handschriftliche Grundlagen.

DIE ANNALES VEDASTINI

Die Annales Vedastini wurden erstmals um die Mitte des 18. Jahrhunderts dadurch in das Licht der Öffentlichkeit gerückt, daß der französische Geschichtsforscher Abbé Lebeuf von dem Bibliothekar des Klosters St. Omer auf eine Handschrift (heute Bruxellensis 15835) aufmerksam gemacht wurde. Das Ergebnis seiner Untersuchungen veröffentlichte Lebeuf in den Mémoires de l'académie des inscriptions 24, 1756, 687–736 und sorgte für Aufnahme des Textes in Band 8 (S. 39–93) des von Bouquet herausgegebenen Recueil des historiens (1752). Er hat auch schon erkannt, daß hier das Werk eines Mönchs aus dem Kloster St. Vaast bei Arras erhalten ist (vgl. zu den Jahren 881 und 892). Anfänglich nur ein Auszug aus den Annales Bertiniani, bereichert durch Notizen von regionaler Bedeutung, gewinnen diese Aufzeichnungen, auch wenn sie nicht streng gleichzeitig niedergeschrieben wurden, durch ihre eingehenden Darstellungen der Normannenzüge erhebliche Bedeutung. Der Stil des Verfassers ist, wo er nicht einer Vorlage verpflichtet ist, trotz gelegentlicher biblischer Färbung von arger Monotonie und durch grobe Verstöße gegen die Grammatik gekennzeichnet.

Der Text ist in zwei Handschriften überliefert, die sich beide heute in Brüssel befinden, der eben erwähnte Bruxellensis 15835 s. X, früher in St. Bertin (Nr. 258) und irgendwann auch einmal in St. Blandin bei Gent, und der aus St. Vaast selbst stammende (van den Gheyn, Revue des bibliothèques et archives de Belgique 2, 1904, 299–301, glaubt eher an Entstehung in St. Bertin) Bruxellensis 6439–6451 vom Ende des 10. Jahrhunderts. In beiden Handschriften, die von H. Schnorr von Carolsfeld im Neuen Archiv 36, 1911, 18f. genau beschrieben sind, gehen andere Geschichtswerke voraus, nämlich Bedas Chronik de sex huius saeculi aetatibus (MG Auct. antiqu. XIII S. 315–321) und die sogenannte Kleine Lorscher Frankenchronik (Neuausgabe Neues Archiv 36, 1911, 15–39). Mit dieser Herübernahme in sekundäre Geschichtskompilationen ist eine in beiden Handschriften zu beobachtende, verschieden weitgehende sprachliche Überarbeitung zu erklären. Eine gewisse Hilfe zur Wiederherstellung des ursprünglichen Wortlauts bietet der Umstand, daß der Text der Annales Vedastini fast wörtlich herübergenommen ist in die Annales Lo-

bienses (über diese zuletzt Fr. Kurze in Neues Archiv 37, 1912, 589–614), die in dem aus Lüttich stammenden Bambergensis E III 18 s. XI (MG Scriptores XIII 224ff.) enthalten sind, und in das Chronicon Vedastinum, das im Cod. Duacensis 753 vom Ende des 11. Jahrhunderts vorliegt (vgl. MG Scriptores XIII 674ff.). Man kann also auf die Heranziehung dieser Ausschreiber für die Rezension des Textes nicht ganz verzichten.

Dem Abdruck des Textes liegt die Rezension zugrunde, die B. v. Simson 1909 für die Scriptores rerum Germanicarum geliefert hat. Für die deutsche Übersetzung ist die Übertragung verwendet, die Jul. v. Jasmund 1857 in den Geschichtsschreibern deutscher Vorzeit veröffentlichte.

Benützt sind die Annales Vedastini in einem die Jahre 833 bis 911 umfassenden in St. Omer entstandenen Chronicon de gestis Normannorum in Francia (MG Scriptores I 531–536), weiter in den Gesta episcoporum Cameracensium (MG Scriptores VII 402–525), von dem Verfasser der Historia Miraculorum S. Rictrudis (Acta Sanctorum Mai III S. 92), einem Mönch des Klosters Marchiennes, und von Sigebert von Gembloux in seiner Chronographia (MG Scriptores VI 300–535). Andere Spuren von Benützung, die v. Simson im Vorwort seiner Ausgabe S. XIVf. aufzählt, führen nur mittelbar auf die Annales selbst.

DIE ANNALES XANTENSES

Die Annales Xantenses wurden von G. H. Pertz 1827 in einer Handschrift des Britischen Museums entdeckt und erstmals in den MG Scriptores II S. 217 bis 235 herausgegeben. Die von ihm gewählte Benennung stützt sich darauf, daß zum Jahr 864 die Verwüstung Xantens durch die Normannen erwähnt wird, die der Verfasser mit eigenen Augen angesehen hat. Ein Hinweis auf den Ort der Abfassung ist jedoch damit, wie schon F. Lot (Biblioth. de l'école des chartes 66, 1905, 280) betont hat, nicht gegeben. Die Entstehungsgeschichte dieses Annalenwerkes ist erst vor kurzem durch Heinz Löwe (Deutsches Archiv 8, 1951, 59–99) aufgehellt worden.

Der Kleriker Gerward, Pfalzbibliothekar Ludwigs des Frommen, trat um 837 nach Beendigung seiner Tätigkeit am Hofe des Kaisers in das Kloster Lorsch ein und übernahm mit dem Sitz in Gannetia bei Nymwegen die Verwaltung eines Güterkomplexes, den er selbst dem Kloster gestiftet hatte (Cod. Lauresham. ed. Glöckner Bd. I S. 381 Nr. 101). Seine von ihm gesammelten Bücher, darunter der berühmte Livius der 5. Dekade (Vindobonensis lat. 15), gingen nach seinem Tode (860) ebenfalls in den Besitz des Klosters über: sie sind, wie P. Lehmann, Erforschung des Mittelalters 1941, 207 ff. gezeigt hat, aufgezählt in Cod. Palatinus latinus 1877 f. 33–34. Dieser Gerward hat die Zeit von 790 bis 829 in knappster Form unter Benützung älterer Annalenwerke dargestellt, von denen für die Jahre 790 bis 796 die in Lorsch entstandene Fortsetzung der verlorenen fränkischen Annalen (daraus abgeleitet die Annales Maximiniani, MG Scriptores XIII S. 19 ff.), für die Jahre 797 bis 811 trotz starker Verkürzung die Annales regni Francorum einigermaßen kenntlich sind, während die Vorlage für die zwar knappen, aber nicht wertlosen Notizen zu den Jahren 812 bis 829 nicht zu ermitteln ist. Für die Jahre nach 830 (das Jahr 830 selbst fehlt) hat er nach dem Aufhören dieser Quellen selbständig ein ziemlich gedrängtes Annalenwerk geschaffen, das nach seinem Tode 860 zunächst nicht fortgesetzt wurde. Erst nach 870 wurde sein Werk oder richtiger eine Abschrift davon (das Original dürfte nach Lorsch gekommen sein) in Köln von einem Unbekannten, der auch die Notizen

seines Vorgängers über die Jahre 852 bis 860 kürzte, für die fehlenden Jahre seit 861 ergänzt und fortgeführt; wie weit über den jetzigen Abschluß 873 hinaus, läßt sich nicht sagen.

Während Gerward auf Seiten des Kaisers Lothar steht und die Schicksale Frieslands seine Aufmerksamkeit im besonderen wecken, ist es für den Bearbeiter und Fortsetzer, der sich zu Ludwig dem Deutschen bekennt, der Raum um Köln und das angrenzende Westfalen, der Tätigkeitsbereich des Bischofs Liudbert von Münster. Die chronologische Genauigkeit, die in dem von Gerward selbst verfaßten Teil besonders in der zweiten Hälfte und in der Kölner Fortsetzung gelegentlich zu wünschen übrig läßt, kommt erst gegen Schluß des Werkes in Ordnung. Auch kann der Fortsetzer nicht immer seine Neigung unterdrücken, am Ende der Jahresabschnitte, z. B. 868. 869, unter starker Verwendung biblischer Reminiszenzen den annalistischen Rahmen zu sprengen. Die in der Wortwahl z. T. recht eigenwillige Sprache zeigt mannigfache syntaktische Verstöße.

Irgendwelche Benützung bei einem späteren Geschichtsschreiber des Mittelalters läßt sich nicht erweisen. Das hängt mit der Überlieferung des Annalenwerks zusammen, die auf das Kloster Egmond in der Diözese Utrecht hinführt. Der Codex Cottonianus Tib. C XI des Britischen Museums, die einzige erhaltene Textquelle, umfaßt Stücke verschiedener Herkunft aus verschiedenen Jahrhunderten (genaue Beschreibung der Handschrift von G. H. Pertz in Scriptores II S. 217, revidiert von Hampe Neues Archiv 22, 1897, 633). Den Anfang macht (Bl. 4 bis 22) Einhards Vita Caroli Magni (s. X, vermutlich aus St. Omer, aufgeführt im Katalog der Abtei Egmond s. XI (723) bei Gottlieb Bibl. II 146, = A 5 der Handschriften Einhards), daran anschließend (Bl. 22 bis 25) Prosapia regum a beato Arnulfo prognatorum, ebenfalls s. X. Nach Auszügen aus einer Visio Baronti folgt Bl. 28 die Commemoratio de rebus sanctae Traiectensis ecclesiae inde a Carolo maiore domus usque ad 943 und Bl. 45 eine Bemerkung des Bischofs Radbod von Utrecht (899–917) über Ereignisse des Jahres 900 und seinen Amtsantritt nebst drei Gedichten von seiner Hand (MG Poet. lat. 4 S. 161 f.). Nun folgt (Bl. 46 bis 121) in einer Handschrift vom Ende des 12. Jahrhunderts Reginos Chronicon (= B 2d nach Kurzes Aufzählung). Die Annales Xantenses stehen von einer Hand des 11. Jahrhunderts auf den Blättern 132 bis 145, vorausgeschickt sind von einer späteren Hand auf Bl. 128 bis 130 Annalen für die Jahre 640 bis 789, meist Auszug aus Regino; den Schluß der Handschrift (Bl. 145–175) bilden die Annales Egmundani (MG Scriptores XVI 443–479). Randnotizen des 12. Jahrhunderts an mehreren Stellen der Annales Xantenses beweisen, daß sich die Handschrift schon damals in Utrecht befand.

Zum Abdruck gelangt nach der Rezension, die B. v. Simson 1909 in den Scriptores rerum Germanicarum veröffentlicht hat, der mit dem Jahr 831 beginnende selbständige Teil der Annalen. Der beigegebenen Übersetzung liegt die deutsche Bearbeitung zugrunde, die C. Rehdantz 1852 in den Geschichtschreibern der deutschen Vorzeit geliefert hat (erneuert 1889 von W. Wattenbach).

ANNALES BERTINIANI

JAHRBÜCHER VON ST. BERTIN

Anno ab incarnatione Domini 830 mense Februario

conventus ibidem[1] factus est. In quo statuit cum universis Francis hostiliter in partes Brittaniae proficisci, / maximeque hoc persuadente Bernardo camerario. Et non multo post Aquis exivit, id est quarta feria quae dicitur capud ieiunii[2]; set valde pedum aegritudine laboriosus, studuit per maritima loca illuc properare, domna imperatrice in Aquis dimissa. Quod iter omnis populus moleste ferens, propter difficultatem itineris eum illuc sequi noluerunt. Nam aliqui ex primoribus murmurationem populi cognoscentes, convocaverunt illum, ut eum a fide, quam domno imperatori promissam habebant, averterent. Ideoque omnis populus, qui in Brittaniam ire debebat, ad Parisium se coniunxit, necnon Hlotharium de Italia et Pippinum de Aquitania hostiliter adversum patrem venire, ut illum de regno eicerent et novercam suam perderent ac Bernardum interficerent, compulerunt. Quod praefatus Bernardus sentiens, fuga lapsus Barcinonam pervenit. Cumque domno imperatori illorum consilium denunciatum esset, continuo obviam illis ad Conpendium perrexit. Ibique veniens Pippinus cum multitudine populi, consensu Hlotharii omnem potestatem regiam uxoremque eius tulerunt, ac velantes eam, miserunt Pictavis ad monasterium Sanctae Radegundis; cuius etiam fratres, Conradum videlicet atque Rodulfum, tonsorantes, per monasteria retruserunt. Post octavas autem paschae Hlotharius de Italia perveniens, placitum illic habuit et Herebertum, fratrem Bernardi, excaecari iussit aliquosque fideles domni imperatoris in custodiam misit.

His omnibus ita peractis, alium conventum domnus imperator cum filio suo Hlothario circa Kalendas Octobris Noviomago condixit, ubi Saxones et orientales Franci convenire potuissent. Nam illuc ex utraque parte, scilicet domni imperatoris et Hlotharii, multorum congregatus est exercitus, ibique domnus imperator, recuperato imperio, iussit auctores illius facti, quorum fraus detecta et conspiratio patefacta erat, propter illorum controversiam in custodiam mitti usque

830

Im Jahre der Geburt Christi 830 wurde ebenda[1] im Februar ein Reichstag gehalten, auf welchem der Kaiser, besonders von seinem Kämmerer Bernhard dazu angetrieben, beschloß, mit der gesamten Macht der Franken einen Feldzug in die Bretagne zu unternehmen. Und bald darauf, d. h. am Mittwoch dem Haupttage der Fastenzeit[2], verließ der Kaiser Aachen; da er aber von heftiger Gicht in den Beinen geplagt war, wollte er seinen Weg dorthin über die am Meere gelegenen Orte nehmen, während er die Kaiserin in Aachen zurückließ. Das ganze Volk aber war erbittert über diesen Zug und wollte dem Kaiser wegen der Beschwerlichkeit des Feldzugs nicht dorthin folgen. Denn einige der Großen, die diese mißmütige Stimmung im Volk kannten, riefen es zusammen, um es von der dem Kaiser gelobten Treue abwendig zu machen, und so versammelte sich das ganze Volk, welches in die Bretagne ziehen sollte, in Paris. Auch forderten sie den Lothar und Pippin auf, jenen von Italien, diesen von Aquitanien aus mit Heeresmacht gegen den Vater zu ziehen, um ihm die Krone zu entreißen, ihre Stiefmutter zu beseitigen und Bernhard zu töten. Als der erwähnte Bernhard hiervon hörte, ergriff er die Flucht und entkam nach Barcelona. Und als dem Kaiser ihr Anschlag verraten wurde, eilte er ihnen sofort entgegen nach Compiègne. Hier war Pippin mit einer großen Menge Volks erschienen und mit Lothars Zustimmung entrissen sie nun dem Kaiser die kaiserliche Gewalt und die Gemahlin, zwangen diese, den Schleier zu nehmen und schickten sie nach Poitiers in das Kloster der heiligen Radegunde; auch ihre Brüder Conrad und Rodulf ließen sie scheren und nach Klöstern in Gewahrsam bringen. Nach der Osterwoche langte Lothar aus Italien an; er hielt dort einen Reichstag und ließ Bernhards Bruder Heribert blenden, sowie andere treue Diener des Kaisers in Haft setzen.

Nachdem dies alles geschehen, berief der Kaiser gemeinschaftlich mit seinem Sohne Lothar noch einen Reichstag auf Anfang Oktober nach Nymwegen, wo auch die Sachsen und Ostfranken erscheinen könnten. Dort sammelte sich von des Kaisers wie von Lothars Seite zum Reichstage eine große Menge Krieger, und der Kaiser, der die Herrschaft wieder gewonnen hatte, ließ die Urheber dieses Frevels, deren Tücke offenbar geworden und deren verbrecherische Pläne entdeckt worden waren, wegen ihrer Empörung in Gewahrsam halten bis zum nächsten Reichstag, den er in Aachen

[1] Zu Aachen (vgl. Band 1 S. 154, 32).

[2] 2. März 830.

ad aliud placitum, quod Aquisgrani erat habiturus. Verum ab omnibus episcopis, abbatibus, comitibus ac ceteris Francis iudicatum est, ut coniux eius, quae iniuste et sine lege ac iudicio ei ablata fuerat, ad memoratum condictum placitum reduceretur et, si quislibet aliquod crimen illi obicere vellet, aut se legibus defenderet aut iudicium Francorum subiret. Et inde domnus imperator ad hiemandum Aquis properavit /

anno ab incarnatione Domini 831.

Nam circa Kalendas Februarii, sicut condictum fuerat, generale placitum habuit eosque qui anno superiori propter seditionem prius in Compendio et postea in Niumago domnum imperatorem offenderant venire iussit, ut illorum causa discuteretur et diiudicaretur. Primumque a filiis eius ac deinde a cuncto qui aderat populo iudicatum est, ut capitalem subirent sententiam. Tunc domnus imperator solita pietate vitam et membra illis indulsit ipsosque per diversa loca ad custodiendum commendavit. Hlotharius vero, propter quod magis illis consenserat quam debuisset, genitoris pium commovit animum. Ad quod placitum domna imperatrix, sicut iussum fuerat, veniens, et in conspectu domni imperatoris ac filiorum eius assistens, de cunctis se obicientibus purificare velle agebat[a]). Percunctatusque est populus, si quislibet in eam aliquod crimen obicere vellet. Cumque nullus inventus esset, qui quodlibet illi malum inferret, purificavit se secundum iudicium Francorum de omnibus quibus accusata fuerat. Peractoque placito, Hlotharium in Italiam, Pippinum in Aquitaniam, Hludowicum in Baioariam ire permisit. Ipse autem circa Kalendas Mai ad Ingulehem veniens, Hlotharium illic ad se venientem honorifice suscepit. Hi quoque qui in exilium missi fuerant adducti et absoluti gratiamque domni imperatoris adepti sunt. Tertium vero generale placitum in Theodonis-villa habuit, ibique ad eum legati amiralmumminin[1] de Perside venientes, pacem petiverunt. Qua mox impetrata, reversi sunt. Necnon missi Danorum eadem exorantes venerunt, et foedere firmato, ad propria repedarunt; multaeque legationes Sclavorum ad eum venientes, auditae, dispositae et absolutae sunt. Bernhardus comes adveniens, de quibus accusatus fuerat domno imperatori filiisque suis iureiurando satisfecit. Filii quoque eius qui adfuerant ad sua remearunt; Pippini inibi diutius expectans, plures ad eum legatos direxit, ut veni-

[a]) statt aiebat.

halten wollte. Von allen Bischöfen, Äbten, Grafen und den anderen Franken wurde aber der Beschluß gefaßt, seine Gemahlin, die man ihm widerrechtlich, ohne Gesetz und Urteil entrissen hatte, zu besagtem angekündigtem Reichstag zurückzuholen, damit sie, wenn jemand Anklage wegen eines Verbrechens gegen sie erheben wolle, entweder nach den Gesetzen den Beweis der Unschuld führe oder sich dem Gericht der Franken unterwerfe. Von hier begab sich der Kaiser nach Aachen, um daselbst den Winter zuzubringen.

831

Um den ersten Februar hielt er hier, wie festgesetzt worden war, einen allgemeinen Reichstag und ließ alle kommen, welche im vorigen Jahre durch ihre Auflehnung zuerst in Compiègne und dann zu Nymwegen sich gegen den Kaiser vergangen hatten, damit ihre Sache untersucht und abgeurteilt werde. Und die Söhne des Kaisers zuerst, darauf das ganze versammelte Volk, erkannten zu Recht, daß jene den Tod als Strafe erlitten. Der Kaiser jedoch, in gewohnter Milde, ließ sie an Leben und Leib ungestraft und befahl nur, daß sie nach verschiedenen Orten in Haft gebracht wurden. Über Lothar aber betrübte sich der fromme Vater sehr, weil er wider seine Pflicht mit jenen im Einvernehmen gestanden hatte. Zu dieser Reichsversammlung kam auch, wie angeordnet war, die Kaiserin und erklärte vor dem Kaiser und dessen Söhnen, sie wolle sich von allen gegen sie erhobenen Beschuldigungen reinigen. Und das Volk wurde gefragt, ob irgend jemand gegen die Kaiserin eine Anklage erheben wolle; und als sich niemand fand, der ihr irgend welche Schuld vorwarf, reinigte sie sich nach dem Gericht der Franken von allen gegen sie erhobenen Beschuldigungen. Nach Schluß des Reichstags entließ der Kaiser Lothar nach Italien, Pippin nach Aquitanien, und Ludwig nach Baiern. Er selbst begab sich um den ersten Mai nach Jngelheim, wo er den Lothar, der auch dorthin kam, ehrenvoll aufnahm. Auch diejenigen, welche ins Exil geschickt worden waren, wurden hierher gebracht, freigesprochen und wieder ganz zu Gnaden angenommen. Den dritten Reichstag hielt der Kaiser zu Diedenhofen. Hier erschienen Gesandte des Amiralmumminin[1] aus Persien und baten um Frieden und Freundschaft; beides wurde sofort gewährt und darauf kehrten sie zurück. Mit gleicher Bitte kamen Gesandte der Dänen und nach Bestätigung des Vertrags gingen sie wieder in ihre Heimat zurück; endlich erschienen noch zahlreiche Gesandtschaften der Slaven, die gehört, beschieden und dann wieder entlassen wurden. Auch Graf Bernhard war anwesend und reinigte sich vor dem Kaiser und dessen Söhnen durch einen Eid von den gegen ihn erhobenen Anklagen. Die Söhne des Kaisers, welche zum Reichstag gekommen waren, kehrten von da in ihre Reiche zurück. Auf Pippin hatte der Vater lange gewartet und schickte mehrere Gesandte an ihn, er solle kommen. Dieser versprach zwar zu erscheinen, ließ aber

[1] „Beherrscher der Gläubigen", Bezeichnung des Kalifen.

ret. Qui se venturum promisit et venire distulit. Ipse vero ad hiemandum post missam sancti Martini[1] Aquis venit. Ibi Pippinus paucis diebus ante natalem Domini ad eum venit. Quem domnus imperator propter inoboedientiam illius non tam benigne suscepit, quam antea solitus fuerat. /

anno ab incarnatione Domini 832.

Indignatus Pippinus, quod a patre non fuerat honorifice susceptus, inito consilio, in vigilia Innocentium[2] prima noctis hora cum paucis suorum fuga lapsus est et sub omni festinatione Aquitaniam petiit. At domnus imperator graviter inde commotus est, nunquam aestimans filio suo talia debere contingere aut patris praesentiam fugere. Tunc igitur convocatis undique consiliariis, habitoque cum eis consilio, quid de his agendum esset, statutum est, ut suum generale placitum in Aurelianis civitate habendum denunciaretur, illucque Hlotharium de Italia, Hludowicum vero ad Aquis venire pariterque cum patre ad condictum placitum pergere. Quibus ita consideratis, et ubique ad hoc adnunciandum legatis directis, subito perventum est ad aures piissimi imperatoris, Hludowicum cum omnibus Baioariis, liberis et servis, et Sclavis, quos ad se convocare potuerat, Alamanniam, quae fratri suo Karolo a patre iam dudum data fuerat, ingredi velle eamque vastare et diripere ac suo regno adunare, cunctumque populum regni illius ei fidelitatem promittere, et his perpetratis, in Franciam cum ipso exercitu hostiliter venire et de regno patris sui, quanto plurimum potuisset, invadere sibique subicere. Cumque hoc compertum esset, statim domnus imperator, mutato placito, omnes Francos occidentales et australes necnon et Saxones obviam sibi quarto decimo Kalendas Mai Mogantiam venire praecepit. Hoc audientes omnes alacriter ad domnum imperatorem venire festinaverunt, et in omnibus auxilium praebere cupientes. Quo etiam tempore eclipsis lunae tertio decimo Kalendas Mai post solis occasum facta est.

Domnus imperator cum Mogantiam venit – ubi et ad placitum, quod eis constituerat, omnis populus occurrit –, mox in crastinum cum valida Francorum et Saxonum manu Hreno et Moine fluminibus transitis, circa Triburim villam castra metatus est. Hludowicus vero, filius eius, iuxta Wormatiam, in villa quae vocatur Langbardheim, cum suo exercitu residebat, vanis pollicitationibus spem suam habens intentam, quia hoc illi a suis promissum est necnon et ab aliis qui cum eo erant

wieder vergebens auf sich warten. Der Kaiser selbst nun traf nach dem St. Martinstag[1] in Aachen ein, um daselbst den Winter zuzubringen. Hier fand sich endlich Pippin wenige Tage vor Weihnachten beim Vater ein; der empfing ihn wegen seines Ungehorsams nicht so freundlich, wie bisher üblich war.

832

Erzürnt über die schlechte Aufnahme, welche er beim Vater gefunden hatte, entfloh Pippin nach einer Beratung am Abend vor dem Festtag der unschuldigen Kinder[2] mit einigen seiner Getreuen und kehrte in größter Eile nach Aquitanien zurück. Der Kaiser war hierüber sehr aufgebracht, da er nie damit rechnete, daß etwas derartiges seinem Sohne einfallen und er sich dem Zusammensein mit dem Vater durch die Flucht entziehen werde. Er berief daher von überall seine Ratgeber und hielt mit ihnen Rat, was hierbei zu tun sei. Und es wurde beschlossen, daß der Kaiser einen Reichstag nach Orleans berufen solle; Lothar solle sich hierhin unmittelbar aus Italien begeben, Ludwig aber erst nach Aachen kommen und von da mit dem Vater zugleich zu dem genannten Reichstag gehen. Nachdem dies Alles erwogen und schon in alle Teile des Reichs Boten geschickt waren, um diesen Tag anzukündigen, erhielt der Kaiser ganz unerwartet die Nachricht, Ludwig wolle mit allen Baiern, Freien wie Unfreien, sowie mit den Slaven, welche er hatte an sich ziehen können, in Alamannien, das schon vor längerer Zeit seinem Bruder Karl geschenkt worden war, einfallen, das Land verwüsten und plündern und seinem Reiche einverleiben, und alle Bewohner dieses Teilreichs seien bereit zum Eid der Treue; weiterhin, lautete die Nachricht, sei es dann seine Absicht, mit diesem Heere nach Francien zu ziehen und von dem väterlichen Reiche, soviel er vermöge, zu besetzen und unter seine Herrschaft zu bringen. Sobald der Kaiser dies erfahren hatte, änderte er den Tagungsort und befahl allen östlichen und westlichen Franken, sowie auch den Sachsen, sich zum 18. April in Mainz zu versammeln und ihn hier zu erwarten. Und kaum hatte das Volk diesen Befehl vernommen, so eilte es, sich freudig um seinen Kaiser zu scharen, bereit ihm für alle Gefahr Hilfe zu leisten. Um diese Zeit, am 19. April, nach Sonnenuntergang, war eine Mondfinsternis.

Nach der Ankunft in Mainz, wo zur gebotenen Versammlung auch alles Volk sich eingefunden hatte, ging der Kaiser am folgenden Tage mit einer starken Macht von Franken und Sachsen über den Rhein und Main und schlug sein Lager bei dem königlichen Hofgut Tribur auf. Sein Sohn Ludwig aber blieb mit seinem Heere in der Nähe von Worms bei dem Hofgut Lampertsheim, auf nichtige Versprechungen bauend, da ihm von den Seinen wie auch von andern Grafen und Vasallen des Kaisers und Karls, die bei ihm waren, zugesichert worden war, daß ihm alle Ostfranken und

[1] 10. November.

[2] Am 26. Dezember 831.

comitibus et vassallis domni imperatoris et Karoli, ut omnes australes Franci et Saxones ei auxilium ferre deberent. Et / hoc maxime Mathfridus dolose meditatus et machinatus est, cui domnus imperator anno priore, cum ad mortem diiudicatus fuerat, vitam et membra et hereditatem habere concessit. Cumque Hludowicus patrem suum cum tanta fidelium copia Hrenum transisse cognovit, minorata est eius audacia, et expetitae iniustae potentiae spes ablata est. Nec mora, cum suis hominibus Baioariam per eandem viam qua venerat festinanter reversus est, plurimique eorum qui cum illo erant ad domnum imperatorem regressi sunt. Audiens domnus imperator subitaniam eius reversionem, perrexit ad locum de quo ille redierat ibique plurima devastata invenit. Quae omnia adversa, sicut ei mos est, patienter tulit, et lento gradu, non filium persequendo, cum omni exercitu in Alamanniam perrexit, pervenitque ad Augustburg super Lech; ibique filium suum, qui taliter seductus fuerat, ad se venire fecit ac solita pietate quae contra se facta fuerant omnia illi indulsit. Qui tamen iureiurando promisit, ne ultra talia perpetraret neque aliis ad hoc consentiret.

Peracto itaque placitu, filium suum cum pace Baioariam redire permisit, et exercitu dimisso, ipse per Austriam ad Salz venit, ibique illi domna imperatrix obviam occurrit. Qui una navali itinere Mogantiam venerunt, ubi et Hlotharius patri occurrit. Ubi etiam denuo annunciatum est placitum generale Kalendas Septembris Aurelianis habendum, ibique unumquemque liberum hostiliter advenire. Cumque illuc pervenit, dona annualia more solito suscipiens, mox inde ad Lemodicas festinavit. Tunc filium suum Pippinum ad se vocans, inter cetera increpavit eum, cur de eius praesentia sine licentia aufugisset. Paterno illum affectu corripere cupiens, in Franciam ire praecepit, ut in loco quo eum iniunxit moram faceret, quousque sua emendatione patris animum mitigaret. Ille se facturum simulans et de incoepto itinere regrediens, paternam iussionem implere contempsit, domno imperatore per alias partes Aquitaniae in Franciam revertente. Dumque hoc illi nunciatum esset, non tam cito in Franciam venit, sicut dispositum habuerat, sed propter hoc aliquantis diebus illis in partibus moras faciens, tandem natale Domini Cinomannis pervenit.

anno ab incarnatione Domini 833.

Nam ibi caelebratis sanctis diebus, recto itinere Aquis pervenit. Ubi non multis diebus demoranti nunciatum est / illi, quod iterum filii

Sachsen zu Hilfe kommen würden. Und dies hatte besonders Matfried tückischerweise ausgesonnen und betrieben, dem der Kaiser erst im Jahre vorher, nachdem er zum Tode verurteilt worden war, in Gnaden Lebens- und Leibesstrafe erlassen und ihm auch sein erbliches Besitztum wieder verliehen hatte. Als nun aber Ludwig hörte, sein Vater habe mit einer so großen Anzahl von Getreuen den Rhein überschritten, sank ihm der Mut und entschwand ihm die Hoffnung auf die unberechtigte Machtstellung, nach der er strebte, und ohne Verzug kehrte er mit seinen Leuten auf demselben Wege, auf dem er gekommen war, wieder nach Baiern zurück; ein großer Teil aber von denen, welche bei ihm gewesen waren, trat wieder auf die Seite des Kaisers. Auf die Nachricht von der plötzlichen Heimkehr seines Sohnes begab sich der Kaiser nach dem Ort, wo sein Sohn zuletzt gestanden hatte, und fand daselbst alles schrecklich verwüstet. Alle diese traurigen Dinge ertrug der Kaiser mit gewohnter Geduld; und ohne den Sohn zu verfolgen, zog er langsam mit seinem Heere nach Alamannien. und kam nach Augsburg am Lech. Hierhin ließ er seinen Sohn, der sich soweit hatte verführen lassen, kommen und verzieh ihm in seiner gewöhnlichen Barmherzigkeit alles, was er gegen ihn verbrochen hatte. Ludwig aber versprach eidlich, nie wieder dergleichen zu begehen oder anderen dazu seine Zustimmung zu geben.

Als nun der Reichstag zu Ende war, ließ er seinen Sohn in Frieden nach Baiern zurückkehren, löste das Heer auf und begab sich selbst durch Ostfranken nach Salz, wo ihm die Kaiserin entgegenkam. Gemeinsam fuhren sie darauf zu Schiff nach Mainz, wo auch Lothar den Vater traf. Von hier aus wurde wieder ein Reichstag auf den ersten September nach Orleans berufen: jeder solle ungehindert mit seinem Heer dahin gelangen. Dort angekommen, nahm der Kaiser in gewohnter Weise die Jahresgeschenke entgegen und begab sich dann von hier nach Limoges. Hierauf beschied er seinen Sohn Pippin zu sich und ließ ihn besonders deswegen hart an, weil er sich ohne Erlaubnis aus seiner Nähe entfernt habe. Und in väterlicher Liebe auf des Sohnes Zurechtweisung bedacht, befahl ihm der Vater, sich nach Francien zu begeben und an dem ihm angewiesenen Orte so lange zu bleiben, bis er sich durch seine Besserung des Vaters Liebe wieder gewonnen habe. Pippin tat so, als wolle er dem Befehl nachkommen; als sich aber der Vater durch andere Teile Aquitaniens auf den Rückweg nach Francien begeben hatte, kehrte Pippin von der angetretenen Reise um, ohne sich um die Erfüllung des väterlichen Befehls zu kümmern. Auf diese Nachricht hin konnte der Kaiser nicht so schnell nach Francien zurückkehren, wie er gewollt hatte, sondern hielt sich einige Zeit deshalb in jenen Gegenden auf und traf erst zu Weihnachten in Le Mans ein.

833

Nachdem er daselbst das Weinachtsfest gefeiert hatte, begab er sich geraden Wegs nach Aachen; kaum war er einige Tage hier, da erhielt er die Nachricht, daß seine Söhne sich verbunden hätten und wiederum zusam-

sui adunati pariter in illum insurgere et cum multa copia hostium inruere vellent. Qui, consilio inito, Wormatiam ante initium quadragesimae pervenit, ibique peractis illis diebus, sanctae paschae et pentecostes[1] caelebravit. Convocatoque exercitu, obviam illis ire disposuit, ut, si eos verbis pacificis ab hac audacia avertere nequivisset, armis, ne cristianum populum lederent, compesceret. Denique filii eius coeptum peragere cupientes, in pago Helisacie in loco qui dicitur Rotfelth, id est rubeus campus[a]), se coniunxerunt, id est Hlotharius de Italia, Gregorium apostolicum secum adducens, Pippinus de Aquitania et Hlodowicus de Baioaria, cum plurima hominum multitudine. Quibus dum domnus imperator occurrisset, nullatenus eos ab eadem pertinacia compescere potuit; sed pravis persuasionibus et falsis promissionibus populum, qui cum domno imperatore venerat, deceperunt, ita ut omnes illum dimitterent. Nam aliqui ex illis in quos eorum ira maxime seviebat abscesserunt et in locis amicorum ac fidelium se contulerunt. Ablataque illi coniuge et in Italiam apud civitatem Tartonam in exilium directa, Hlotharius, arrepta potestate regia, apostolicum Romam, Pippinum in Aquitaniam et Hludowicum in Baioariam redire permisit; ipse vero patrem secum sub custodia per Mettis usque ad Suessionis civitatem perducens, illic eum in monasterio Sancti Medardi in eadem custodia reliquit, et filium eius Karolum illi auferens, ad monasterium Pronee transmisit, unde patrem nimium contristavit. Deinde condictum placitum Kalendas Octobris Hlotharius / in Compendio habuit. Ibique episcopi, abbates, comites et universus populus convenientes, dona annualia ei praesentaverunt fidelitatemque promiserunt. Nam illuc quoque legati ex Constantinopoli, qui ad patrem fuerant destinati, ad Hlotharium pervenerunt eique epistolas et munera detulerunt. In quo conventu multa in domnum imperatorem crimina confinxerunt. Inter quos Ebo Remorum episcopus falsarum obiectionum incentor extiterat. Et tam diu illum vexaverunt, quousque arma deponere habitumque mutare cogentes, liminibus ecclesiae pepulerunt, ita ut nullus cum eo loqui auderet nisi illi qui ad hoc fuerant deputati[2]. Postea vero, metuentes ne ab ipso loco a quibusdam suis fidelibus eriperetur, ipse Hlotharius ad idem monasterium veniens, patrem, illo nolente, secum adduxit atque in Compendio sub eadem excommunicatione retinuit. Tunc, peracto placito, Hlotharius ad hiemandum Aquis properavit et patrem suum secum

men gegen ihn sich empören und ihn mit großer Heeresmacht angreifen wollten. Nach einer Beratung ging der Kaiser noch vor dem Anfang der Fasten nach Worms, wo er die ganze Fastenzeit über blieb und auch das Oster- und Pfingstfest feierte[1]. Inzwischen hatte er ein Heer gesammelt und beschloß nun, den Söhnen entgegen zu ziehen, um sie, wenn er sie nicht durch Worte des Friedens von dieser Tollkühnheit abbringen könne, mit Waffengewalt zu unterwerfen, damit sie nicht über das christliche Volk Unheil brächten. Schließlich trafen die Brüder, um ihr Vorhaben auszuführen, im Elsaß auf dem Rotfeld zusammen: Lothar aus Italien, den Papst Gregor mit sich führend, Pippin aus Aquitanien und Ludwig aus Baiern, jeder mit einer großen Heeresmacht. Als nun der Kaiser mit den Söhnen zusammentraf, vermochte er sie nicht von ihrer Hartnäckigkeit abzubringen; vielmehr wußten sie durch schändliche Überredungskünste und falsche Versprechungen das Volk, welches mit dem Kaiser gekommen war, so zu betören, daß ihn alle verließen. Mehrere von ihnen, welche den Haß der Gegner am meisten zu fürchten hatten, eilten fort und begaben sich in das Gebiet von Freunden und Getreuen. Und nachdem man ihm die Gemahlin entrissen und nach Tortona in Italien in die Verbannung geschickt hatte, entließ Lothar, der sich die königliche Gewalt angemaßt hatte, den Papst nach Rom, Pippin nach Aquitanien und Ludwig nach Baiern; er selbst aber führte den Vater unter Bedeckung mit sich über Metz nach Soissons, wo er ihn im Kloster des heiligen Medardus in Gewahrsam ließ; seinen Sohn Karl aber nahm er ihm weg und schickte ihn nach dem Kloster Prüm, was dem Vater besonderen Kummer bereitete. Dann hielt Lothar den von ihm auf ersten Oktober berufenen Reichstag zu Compiègnei dort erschienen die Bischöfe, Äbte, Grafen und das Volk in großen Massen, brachten dem Lothar die Jahresgeschenke und gelobten ihm Treue. Auch Gesandte aus Constantinopel, die an den Vater gesandt waren, kamen dorthin zu Lothar und überbrachten ihm Briefe und Geschenke. Auf diesem Reichstag schmiedeten sie viele Anklagen gegen den Kaiser: vor allem war Bischof Ebo von Reims der Anstifter falscher Beschuldigungen; und so lange peinigten sie den Kaiser, bis sie ihn dahinbrachten, die Waffen abzulegen und seine Kleidung zu ändern, und ihn von der Schwelle der Kirche verstießen, so daß niemand mit ihm zu sprechen wagte, außer denen, welche dazu verordnet waren[2]. Später aber, da man fürchtete, der Kaiser möchte von einigen seiner Getreuen von hier entführt werden, kam Lothar

[a]) Die Worte id est rubeus campus sind wohl als Glosse zu tilgen; der Schreiber des Audomeriensis hatte in seiner Vorlage den Namen Rotfelth nicht und setzte auf den Rand die Bemerkung: iuxta Columburc, qui deinceps Campus mentitus vocatur.

[1] 13. April bzw. 1. Juni 833.

[2] Vgl. MG Concilia II 695. Capitularia II 51 (Bericht der Bischöfe), 56 (Bericht des Erzbischofs Agobard von Lyon).

ire sub praedicta custodia fecit ac vigilia sancti Andreae[1] Aquis pervenit. Post paucos autem dies accidit, ut ob quasdam causas Hlotharius et Hludowicus Moganti colloquium haberent. Ubi Hludowicus fratrem suum Hlotharium obnixe deprecatus est, ut patri illorum mitior fieret nec tam stricta custodia illum teneret. Quod illo rennuente, Hludowicus tristis abscessit, deinceps cum suis meditans, qualiter patrem suum ab eadem custodia eriperet. Hlotharius autem paucis diebus ante natale Domini Aquis pervenit,

anno ab incarnatione Domini 834.

Et domnus quidem imperator in Aquis servabatur; nihilque humanius erga illum fiebat, sed multo crudelius adversarii eius in illum insaniebant, die noctuque satagentes tantis afflictionibus eius animum emollire, ut sponte saeculum reliquisset et se in monasterium contulisset. At ille nunquam se facturum aiebat, quamdiu de se nullam potestatem haberet, aliquod votum. Verum cum Hludowicus comperisset, quod nihil eius petitio apud germanum praevaleret, ut mitius apud patrem egisset, misit legatos ad fratrem suum Pippinum eique innotuit omnia quae erga patrem gesta fuerant, deprecans illum, ut reminiscens paterni amoris ac reverentiae una cum illo patrem de illa tribulatione eriperet. / At ille statim convocavit exercitum Aquitaniorum et Ultrasequanensium, Hludowicus Baioarios, Austrasios, Saxones, Alamannos necnon et Francos qui citra Carbonariam consistebant; cum quibus etiam ad Aquis properare coeperunt. Cumque hoc Hlotharius cognovisset, de Aquis abscessit et patrem suum usque ad Parisius sub memorata custodia deduxit ibique iam Pippinum cum exercitu repperit, Sequanae insolita exuberatione transire prohibitum; nam nimia ceterorum quoque fluminum inundatio et ultra alveos insueta progressio multis non parvum intulit impedimentum. Verum cum firmiter cognovisset, Hludowicum etiam cum tanta populi multitudine in easdem partes properare, inde perterritus, in eodem loco patre dimisso, primo Kalendarum Martiarum die cum suis aufugit. Illo abscedente, venerunt episcopi qui praesentes aderant et in ecclesia sancti Dionisii domnum imperatorem reconciliaverunt et regalibus vestibus armisque induerunt. Deinde filii eius Pippinus et Hludowicus cum ceteris fidelibus ad eum venientes, paterno animo gaudenter suscepti sunt. Et plurimas illis ac cuncto populo gratias egit, quod tam alacriter illi auxilium praebere studuissent. Habitoque cum illis pla-

selbst in dieses Kloster, führte den Vater wider dessen Willen von da mit fort und hielt ihn bei sich zu Compiègne unter demselben Bann. Am Ende des Reichstags begab sich Lothar zum Winteraufenthalt nach Aachen, führte den Vater wiederum wie bisher unter Bedeckung mit sich und traf in Aachen am Vorabend des Festes des heil. Andreas[1] ein. Kurze Zeit darauf aber traf es sich, daß Lothar und Ludwig verschiedener Angelegenheiten wegen zu Mainz eine Unterredung hatten; hier bat Ludwig seinen Bruder Lothar aufs inständigste, dem Vater eine mildere Behandlung zuteil werden zu lassen und ihn nicht in so strengem Gewahrsam zu halten; da aber Lothar dies abwies, schied Ludwig traurig von dannen und pflog nun mit den Seinigen Rat, wie er seinen Vater aus dieser Haft befreien könnte. Lothar aber traf wenige Tage vor dem Weihnachtsfest in Aachen wieder ein.

834

Der Kaiser wurde zu Aachen in Haft gehalten, und man bezeigte sich nicht nur nicht menschlicher zu ihm, sondern seine Feinde wüteten noch viel grausamer gegen ihn, indem sie Tag und Nacht bemüht waren, durch so schwere Kränkungen seinen Mut zu brechen, daß er freiwillig die Welt verlasse und sich in ein Kloster begebe. Aber er erklärte, so lange er keine Macht über sich habe, werde er niemals ein Gelübde ablegen. Da aber Ludwig erfuhr, daß seine Bitte, mit dem Vater milder zu verfahren, beim Bruder nichts fruchtete, schickte er Gesandte an seinen Bruder Pippin und teilte ihm alles mit, was gegen den Vater unternommen worden war, mit der dringenden Bitte, eingedenk der Ehrfurcht und Liebe zum Vater gemeinsam mit ihm diesen aus seiner Bedrängnis zu befreien. Alsbald sammelte dieser ein Heer in Aquitanien und jenseits der Seine; Ludwig aber rief die Baiern, Ostfranken, Sachsen, Alamannen und die Franken diesseits des Kohlenwaldes zu den Waffen, und mit diesen zogen sie auch beide gegen Aachen. Als Lothar dies hörte, verließ er Aachen und führte den Vater unter der erwähnten Bedeckung mit sich nach Paris; hier fand er Pippin mit seinem Heere schon angelangt, den nur der ungewöhnliche Wasserstand der Seine vom Übergang über den Fluß abhielt, wie denn der erhöhte Wasserstand auch der andern Flüße und ungewohnte Überschwemmungen vielen nicht geringe Hindernisse in den Weg legten. Als aber die sichere Kunde eintraf, daß auch Ludwig mit einem so großen Heere in dieser Richtung ziehe, verlor Lothar den Mut und ergriff, während er den Vater daselbst zurückließ, am letzten Februar mit den Seinigen die Flucht. Und kaum hatte sich Lothar entfernt, so traten die anwesenden Bischöfe zusammen, sprachen in der Kirche des heil. Dionysius den Kaiser von aller Buße los und legten ihm seine königlichen Gewänder und Waffen an. Als später Pippin und Ludwig mit ihren Getreuen bei ihm eintrafen, wurden sie mit väterlicher Liebe freudig empfangen, und er sagte ihnen

[1] 29. November 833.

cito, Pippinum et reliquum populum domum redire permisit, Hludowicum autem secum usque ad Aquis venire fecit, ibique pariter paschae[1] sollempnia celebraverunt.

Et peractis festis diebus, convocavit suos consiliarios atque optimates qui in circuitu erant et cum eis tractare studuit, qualiter filium suum Hlotharium ad se vocare potuisset. Et missis legatis in unamquamque partem regni sui, ut de sui liberatione populo adnunciarent et admonerent, ut fidelitatem quam ei promiserant adimplere studerent, et quicquid contra illum deliquerant ob amorem Dei illis indulsisset. Hlotharius vero, cum de Parisio proficisceretur, in Provinciae urbem Viennam pervenit, ibique commorans, multa incommoda illarum partium hominibus intulit. Domnus autem imperator ut eum illic esse comperit, misit legatos, qui ei nunciarent, quod omnia quae contra patrem egerat illi concessisset, et ut cum pace ad eum reverteretur. Quod spernens, venire distulit, sed in eadem pertinacia perduravit. Factum est autem, cum sentirent qui fideles erant domno imperatori in Italia, Rathol/dus videlicet episcopus, Bonifacius comes, Pippinus, consanguineus imperatoris, aliique quam plures, quod coniugem eius quidam inimicorum morti tradere vellent, miserunt sub omni celeritate qui illam eriperent, ereptamque usque ad praesentiam domni imperatoris in Aquis incolomem perduxerunt. Eo etiam tempore in expeditione, quae contra Lantbertum et Matfridum aliosque Hlotharii complices directa fuerat, interfecti sunt Odo et Willelmus, frater eius, ac Fulbertus comites et Theoto monasterii Sancti Martini abbas et alii quam plures.

Interim etiam classis de Danis veniens in Frisiam, aliquam partem ex illa devastavit. Et inde per Vetus-Treiectum ad emporium quod vocatur Dorestadus venientes, omnia diripuerunt, homines autem quosdam occiderunt, quosdam captivatos abduxerunt partemque eius igni cremaverunt.

Hlotharius vero cum suis Cavellonem veniens, eam expugnavit ignique succendit et comites qui ibi aderant comprehendit; ex quibus tres interfecit, alios autem secum inde sub custodia duxit; ac sororem Bernardi sanctimonialem in cupa positam in Ararim fluvium demergi fecit; et deinde Aurelianis venit. Quibus domnus imperator auditis, convocavit exercitum Lingonis medio mense Augusto. Ibique annualia dona suscipiens, continuo ad liberandum populum contra invasores

sowie dem ganzen Volk seinen vollsten Dank dafür, daß sie ihm so rasch Beistand zu leisten bestrebt waren. Und nachdem er mit ihnen Rat gehalten hatte, entließ er Pippin und sein Volk in ihre Heimat, Ludwig aber mußte ihn nach Aachen begleiten, wo sie miteinander das Osterfest begingen[1].

Nach dem Fest berief der Kaiser seine Räte und die Großen des Reichs, die in der Nähe herum wohnten, zusammen und beratschlagte mit ihnen, wie er seinen Sohn Lothar veranlassen könnte zu ihm zu kommen. Und in jeden Reichsteil wurden Boten geschickt, um dem Volke seine Befreiung zu verkündigen und es zu ermahnen, daß es die ihm geschworene Treue bewahre; um der Liebe Gottes willen habe er alles verziehen, was man gegen ihn verbrochen habe. Nach seinem Abzug von Paris war Lothar nach Vienne in der Provence gekommen und bereitete hier während seiner Anwesenheit den Bewohnern dieses Landes viel Trübsal. Als der Kaiser erfuhr, daß sich sein Sohn dort aufhielt, schickte er an ihn Gesandte und ließ ihm mitteilen, er verzeihe ihm alles, was er gegen seinen Vater unternommen habe, er möge daher in Frieden zu ihm zurückkehren. Lothar aber hörte nicht darauf, und ging nicht zum Vater, sondern verharrte bei seinem Trotz. Es geschah aber, als einige der Getreuen des Kaisers in Italien, Bischof Rathold, Graf Bonifacius und des Kaisers Neffe Pippin nebst einigen anderen erfuhren, daß von Lothars Anhängern einige die Kaiserin töten wollten, da schickten sie in aller Eile Leute ab, um sie zu befreien, und brachten sie dann wohlbehalten zum Kaiser nach Aachen. Um diese Zeit fielen in dem Feldzug gegen Lantbert, Matfried und andere Verbündete Lothars die Grafen Odo und sein Bruder Wilhelm, Graf Fulbert und der Abt des St. Martinsklosters Theoto nebst vielen anderen.

Inzwischen war auch eine Flotte von den Dänen nach Friesland gekommen und sie verwüsteten einen Teil des Landes; dann zogen sie über Utrecht nach dem Handelsplatz Dorestadt, wo sie alles verheerten, die Einwohner teils töteten, teils als Gefangene fortführten und einen Teil der Stadt durch Feuer zerstörten.

Lothar aber war mit den Seinigen vor Châlon gezogen, er eroberte die Stadt, steckte sie in Brand und nahm die Grafen, die in der Stadt waren, gefangen; drei von ihnen ließ er hinrichten, die übrigen führte er gefangen mit sich fort; die Schwester Bernhards aber, eine Nonne, ließ er in ein Faß stecken und in der Saone ertränken. Darauf zog er weiter nach Orleans. Als dies der Kaiser hörte, berief er das Heer für Mitte August nach Langres zusammen. Und nachdem er hier die Jahresgeschenke in Empfang genommen hatte, zog er sofort zur Befreiung des Volkes gegen die Feinde des Reichs in Begleitung seines Sohnes Ludwig durch die Gebiete um Troyes, Chartres und Chateaudun und kam so bis Blois, wo er sein Lager aufschlug. Hier stieß auch sein Sohn Pippin mit seinem Heere zum Vater,

[1] 5. April 834.

regni iter per Tricassinorum et Carnotum atque Dunensium regiones, iuxta Blisum castellum una cum filio suo Hludowico pervenit illicque castra metatus est. Ubi etiam Pippinus, filius eius, cum exercitu in auxilium patri occurrit. Nam Hlotharius haut procul in castris residens, cum suis praelium minitabatur; quod tamen minime efficere potuit. Tunc domnus imperator, solita clementia motus, misit ad illum, ut pacifice ad se veniret, quia universa quae contra illum delicta habuerat ei suisque omnibus concederet; et Hlothario quidem Italiam, sicut tempore domni Karoli Pippinus, germanus domni imperatoris, habuerat, concessit, caeteris vero vitam, membra, hereditatem et multis beneficia perdonavit. Quem pater ad se cum suis venientem fortiter iuramento constrinxit, ne talia facere aut alicui / consentire in postmodum tam ipse quam sui deberent. Quibus confirmatis, eum in Italiam regredi fecit cum his qui eum sequi maluerunt. Ipse vero circa Aurelianis perveniens, Pippino et Hludowico cunctoque exercitui redeundi licentiam tribuit, et per Parisius ad Attiniacum veniens, ibi placitum cum suis consiliariis circa missam sancti Martini[1] habuit. Ibique negociis regni dispositis, ad Theodonis-villam ad hiemandum profectus est

anno ab incarnatione Domini 835.

Dominicae nativitatis festum hilariter, a Drogone fratre suo et Metensis urbis episcopo decentissime susceptus, in eadem civitate caelebravit. Ibique peractis festis diebus, ad suum palatium in Theodonis-villam reversus est. In quo etiam circa sanctae Mariae purificationem[2] conventum generalem[3] habuit omnium paene totius imperii sui episcoporum et abbatum, tam canonicorum quam regularium. In quo inter caetera ecclesiasticae instituta disciplinae illud summopere ventilatum est, quod annis prioribus idem religiosissimus imperator malivolorum Deoque adversantium tergiversatione inmerito depositus paterno hereditarioque regno et honore et regio nomine fuerat; tandemque ab omnibus concorditer atque unanimiter inventum atque firmatum est, ut, illorum factionibus divino auxilio cassatis, ipse avito restitutus honori decorique regio merito reformatus, deinceps fidelissima firmissimaque oboedientia et subiectione imperator et dominus ab omnibus haberetur. Quam inventionis suaeque confirmationis seriem et unusquisque proprio scripto comprehendit propriaeque manus subscriptione roboravit. Et plenius atque copiosius communi cunctorum de-

um ihn zu unterstützen. Lothar aber hatte nicht weit da von sein Lager aufgeschlagen, und suchte mit den Seinigen seinen Vater mit einer Schlacht zu bedrohen, was ihm jedoch in keiner Weise gelang. Da schickte der Kaiser in seiner gewohnten Milde an ihn, er möge in Frieden zu ihm kommen, da er ihm und allen seinen Genossen alles Unrecht, dessen sie sich gegen ihn schuldig gemacht hatten, verzeihen wolle; dem Lothar überließ der Kaiser die Herrschaft in Italien, so wie sie des Kaisers leiblicher Bruder Pippin zu Kaiser Karls Zeiten besessen hatte, den anderen aber schenkte er alle Strafen an Leben und Leib, ließ ihnen ihre Erbgüter und vielen ihre Lehen. Als nun Lothar mit den Seinigen zu dem Vater kam, verpflichtete ihn dieser durch einen Eidschwur, daß weder er noch die Seinigen je wieder dergleichen selbst tun oder andern ihre Zustimmung dazu geben sollen. Nachdem dies bekräftigt war, hieß er ihn nach Italien zurückkehren mit allen denen, welche ihn begleiten wollten. Er selbst aber begab sich in die Nähe von Orleans, wo er Pippin und Ludwig sowie dem gesamten Heer die Erlaubnis erteilte, in die Heimat zurückzukehren; dann ging er über Paris nach Attigny und hielt daselbst um das Fest des heil. Martinus[1] mit seinen Ratgebern eine große Versammlung. Nachdem hier die Angelegenheiten des Reichs geordnet worden waren, begab sich der Kaiser zum Winter nach Diedenhofen.

835

Weihnachten feierte der Kaiser fröhlich, von seinem Bruder Drogo, dem Bischof der Metzer Kirche, aufs würdigste aufgenommen, in dieser Stadt. Nach dem Feste kehrte er nach seiner Pfalz Diedenhofen zurück und hielt hier um das Fest Mariä Reinigung[2] eine große Versammlung[3] fast aller Bischöfe und Äbte, der canonischen wie der regularen, aus seinem ganzen Reich. Hier nun kam neben andern Einrichtungen der Kirchenzucht besonders zur Erörterung, wie in den letzten Jahren der fromme Kaiser durch die Treulosigkeit von Böswilligen und Gottesfeinden ungerechter Weise des väterlichen und ererbten Reichs und Thrones, sowie des königlichen Namens beraubt worden war; und schließlich befanden und bekräftigten alle ohne Ausnahme und einmütig, daß, nachdem durch Gottes Hilfe die Umtriebe jener zu Schanden geworden und der Kaiser in die väterlichen Ehren wieder eingesetzt und zu Recht mit der königlichen Würde wieder bekleidet sei, er fortan von allen in treuestem und unbedingtestem Gehorsam und Untertänigkeit als ihr Kaiser und Herr zu achten sei. Den Wortlaut dieser feierlichen Erklärung legte jeder in einer besonderen Schrift nieder und bekräftigte sie mit Namensunterzeichnung. Zugleich aber wurde noch eine vollständigere und ausführlichere Schrift in Buchform von der Versammlung gemeinsam ausgearbeitet, in welcher der ganze Hergang der Angelegenheit auseinandergesetzt war, wie sie ver-

[1] Den 11. November.

[2] Den 2. Februar.

[3] Vgl. MG Concilia II 696–703.

scriptione in unum corpus in modum libelli comprehensa totius rei patratio, qualiter acta, ventilata, inventa et omnium subscriptione denuo digneque fuerit roborata, devotissima sincerissimaque benivolentia et tantis patribus auctoritate dignissima cunctorum notitiae manifestissimum facere non distulerunt. Nam venientes in memoratam urbem, in basilica beati Stephani protomartyris, missarumque celebratione peracta, et universis qui aderant rei ordine publice patefacto, coronam, insigne imperii, a sacrosancto altario sublevatam sacri ac venerandi antistites eius capiti cum maximo omnium gaudio propriis manibus restituerunt. Sed et Ebo Remorum pridem archi/episcopus, qui eiusdem factionis velut signifer fuerat, conscenso eminentiori loco in eadem ecclesia, coram omnibus libera voce professus est, eundem augustum iniuste depositum, et omnia quae adversus eum patrata fuerant, inique et contra totius tramitem aequitatis fuisse machinata, et tunc merito iuste digneque proprio imperii solio reformatum. Quibus sollempniter transactis, ad sepedictum palatium regressi sunt; ibique Ebo in plenaria sinodo capitale crimen confessus, seque tanto, id est episcopali, ministerio indignum proclamans propriaque scriptione confirmans, sese omnium consensu atque iudicio ab eodem ministerio reddidit alienum[1].

His et aliis regni utilitatibus iure dispositis, omnibusque ad propria absolutis, ipse imperator sanctum quadragesimae tempus in eodem palatio, sacrosanctam paschae festivitatem[2] in sepedicta urbe apud memoratum Drogonem archiepiscopum celebravit, ac deinde ad placitum suum generale, quod in Stremiaco prope Lugdunum civitatem se habiturum indixerat, profectus est. Quo in mense Iunio habito, et donis annualibus receptis, dispositisque markis Hispaniae, Septimaniae sive Provinciae, ad Aquisgrani reversus est. Verum dum in eodem placito moratur, Nordmanni secunda inruptione Dorastadum irruentes, vastaverunt atque hostiliter depraedati sunt. Imperator autem graviter ferens, Aquis perveniens, disposita omni maritima custodia, Arduenna autumnalem venationem exercuit ac deinde Aquisgrani ad hiemandum rediit

anno ab incarnatione Domini 836.

Ubi natalis Domini festivitate celebrata, missos iterum ad Hlotharium direxit, monentes eum oboedientiae ac reverentiae paternae, pacisque illi concordiam multiplicenter inculcantes. Ad quod manifestius agnos-

handelt, untersucht, befunden und schließlich durch aller Erklärung und Unterschrift die Entscheidung aufs neue und feierlich bekräftigt worden. Und sie zögerten nicht, diese in ergebenstem und aufrichtigstem Wohlwollen und kraft des Ansehens, das der Stellung sovieler Väter entsprach, aufs deutlichste allem Volk zur Kenntnis zu bringen.

Sie begaben sich nämlich nach der erwähnten Stadt (Metz) in die Kirche des heil. Erzmärtyrers Stephanus, und nachdem die heil. Messe gelesen und darauf der ganze Hergang der Sache dem anwesenden Volke mitgeteilt worden war, nahmen die heiligen und verehrungswürdigen Priester eine Krone, das Sinnbild der Herrschaft, von dem geweihten Altar und setzten sie ihm unter dem größten Jubel aller Anwesenden eigenhändig auf. Und Ebo, der frühere Erzbischof von Reims, der gleichsam der Bannerträger jener Partei gewesen war, bekannte jetzt, indem er auf einen erhöhten Platz in dieser Kirche trat, vor allem Volk freimütig, daß dieser Kaiser widerrechtlich abgesetzt und alles, was gegen ihn vorgenommen worden, dem Gesetz und allen Geboten der Gerechtigkeit zuwider geschehen sei, und daß nun der Kaiser nach Verdienst und in gerechter und würdiger Weise wieder auf seinen Thron gesetzt sei. Nach dieser feierlichen Handlung kehrten sie zur genannten Pfalz (Diedenhofen) zurück. Und nachdem sich hier Ebo in voller Synode eines schweren Verbrechens schuldig bekannt, sowie für unwürdig erklärt hatte, ein so hohes geistliches Amt wie das bischöfliche zu führen, auch diese Erklärung noch schriftlich[1] von ihm wiederholt worden war, legte er nach dem einmütigen Urteil der ganzen Versammlung dieses Amt nieder.

Nachdem diese und andere Angelegenheiten des Reichs gehörig geordnet und alle in ihre Heimat entlassen worden waren, feierte der Kaiser selbst die heilige Fastenzeit in derselben Pfalz, das heilige Osterfest[2] aber in der erstgenannten Stadt bei dem genannten Erzbischof Drogo. Von hier begab er sich zu seiner Reichsversammlung, die er nach Tramoyes bei Lyon berufen hatte. Nachdem er diese im Juni abgehalten, die Jahresgeschenke in Empfang genommen und über die Markgrafschaften Spanien, Septimanien und Provence verfügt hatte, kehrte er nach Aachen zurück. Während er aber noch in dieser Pfalz verweilte, überfielen die Normannen in einem zweiten Raubzug Dorestadt, verheerten es und führten große Beute mit sich. Hierüber sehr aufgebracht, regelte der Kaiser nach seiner Ankunft in Aachen den Schutz der ganzen Meeresküste; dann widmete er sich der Herbstjagd in den Ardennen und kehrte von hier für den Winter nach Aachen zurück.

836.

Nachdem der Kaiser hier das Weihnachtsfest gefeiert hatte, schickte er wiederum Gesandte an seinen Sohn Lothar, die ihn an die Ehrfurcht und den Gehorsam gegenüber dem Vater mahnen und ihm dringend ein-

[1] MG Capitularia II 57.

[2] 18. April.

cendum iussum est, / ut suos, quibus maxime fidebat, legatos ad patrem dirigeret, cum quibus tractari de sui honore atque salute posset, et qui paternam erga illum voluntatem audire sibique fideliter nunciare valerent. Qui patris iussionibus non usquequaque refragans, mense Maio in villa Theodonis ad imperatoris praesentiam direxit Walonem abbatem..[a]), cum quibus de adventu eius tractatum est ac nostra ex parte firmatum, ut incolomis una cum suis ad patris venire praesentiam et deinceps redire potuisset; sed et a suis similiter sacramento promissum est, eum ad genitoris sui praesentiam statuto placito absque dilatione venturum. Quibus absolutis, ipse, circa Rumericimontem diebus aliquod venatione patrata, tandem mense Septembri ad indictum placitum Wormatiam venit. In quo cum dona annualia more solito reciperet ac Hlotharium opperiretur, nunciatus est febri correptus nullatenus advenire posse. Ad quem directis denuo Hugone abbate et Adalgario comite, de infirmitate ac recuperatione eius et voluntate in posterum veniendi quaesitum est, necnon de restitutione rerum ecclesiis Dei in Francia constitutis, quae in Italia sitae a suis pro libitu fuerant usurpatae; verum et de episcopis atque comitibus, qui dudum cum augusta fideli devotione de Italia venerant, ut eis sedes propriae et comitatus ac beneficia seu res propriae redderentur. Ad haec Hlotharius per missos suos, oppositis quibusdam conditionibus, non in omnibus se assentiri posse, mandavit.

Eodem tempore Nordmanni Dorestadum et Frisiam rursum depopulati sunt. Sed et Horich rex Danorum per legatos suos in eodem placito amicitiae atque oboedientiae conditiones mandans, se nullatenus eorum inportunitatibus adsensum prebuisse testatus, de suorum ad imperatorem missorum interfectione conquestus est, qui dudum circa Coloniam Agrippinam quorundam praesumptione necati fuerant; quorum necem etiam imperator, missis ad hoc solum legatis, iustissime ultus est.

Peracta autumnali venatione in Franconofurd palatio, ad Aquisgrani reversus est. Ubi etiam missi eiusdem Horich venerunt, quaerentes summam eorum quos ipse captos ex his interfici fecerat qui in nostros fines talia iam dudum moliti sunt. Asenarius quoque citerioris Wasconiae comes, / qui ante aliquot annos a Pippino desciverat, hor-

[a]) Hier ist mindestens ein weiterer Name ausgefallen, vgl. Zusatz zu Thegani vita Hludowici (diese Ausgabe Band 1 S. 250 Z. 28).

schärfen sollten, Friede und Eintracht zu halten. Um solche Gesinnung deutlicher erkennen zu lassen, bekam Lothar die Anweisung, von den Seinen diejenigen, welchen er am meisten vertraue, als Gesandte an den Vater zu schicken, damit man über Ehre und Wohl Lothars mit diesen verhandle und diese die Absichten des Vaters gegen Lothar kennen lernen und ihm treu darüber berichten könnten. Den Befehlen des Vaters nicht gänzlich widersprechend, schickte darauf Lothar im Mai zum Kaiser nach Diedenhofen den Abt Wala [und andere], mit denen über Lothars Reise verhandelt und unsererseits zugesichert wurde, daß er mit den Seinigen unversehrt zum Vater kommen und ebenso auch wieder zurückkehren könne; aber auch von den Seinen wurde ebenso eidlich gelobt, daß er sich zum festgesetzten Reichstag ohne weiteres Zögern bei seinem Vater einstellen werde. Nachdem dies erledigt, begab sich der Kaiser auf einige Tage zur Jagd nach Remiremont und dann im September zum angekündigten Reichstag nach Worms. Während er hier nach der üblichen Entgegennahme der Jahresgeschenke Lothars Ankunft erwartete, traf die Nachricht ein, daß er am Fieber darniederliege und außer Stande sei, zu kommen. Man schickte darauf den Abt Hugo und den Grafen Adalgar an ihn, um sich nach seiner Erkrankung und Wiederherstellung zu erkundigen und zu hören, ob er geneigt wäre, später zu kommen; zugleich sollten sie ihn auffordern, daß er den Kirchen in Francien ihre in Italien liegenden Güter, deren sich die Seinigen willkürlich bemächtigt hatten, zurückgebe, sowie wegen der Bischöfe und Grafen, welche unlängst mit der Kaiserin in treuer Ergebenheit aus Italien zum Kaiser gekommen waren, daß sie ihre Bischofsitze, Grafschaften, Benefizien und eigenen Güter wiedererhielten. Hierauf ließ Lothar durch seine Gesandten unter Anführung mehrerer Gründe erwidern, daß er sich damit nicht in allem einverstanden erklären könne.

Um diese Zeit verwüsteten die Normannen wiederum Dorestadt und Friesland. Der Dänenkönig Horich aber, der auf diesem Reichstag durch seine Gesandten Freundschaft und Gehorsam anbot und erklärte, er habe zu ihren Feindseligkeiten in keiner Weise seine Zustimmung gegeben, ließ an den Kaiser Klage führen über die Ermordung seiner Boten, die vor einiger Zeit bei Köln durch die Willkür einiger Menschen ihren Tod gefunden hatten. Und der Kaiser gewährte auch für ihre Ermordung volle Genugtuung und schickte allein zu diesem Zweck eine Gesandtschaft.

Während der Herbstjagden hielt sich der Kaiser in der Pfalz Frankfurt auf und kehrte dann nach Aachen zurück. Hier erschienen wiederum Gesandte dieses Horich und verlangten eine Geldsumme für diejenigen, welche er selbst aus der Zahl derer hatte festnehmen und töten lassen, die seit langem so böse Anschläge gegen unser Land machten. Es starb auch eines schrecklichen Todes Asenarius, Graf des diesseitigen Wasconien, der vor einigen Jahren von Pippin abgefallen war; und sein Bruder Sancio-Sanci nahm trotz Pippins Weigerung dieses Land in Besitz. Eben-

ribili morte interiit; fraterque illius Sancio-Sanci eandem regionem negante Pippino occupavit. Tunc etiam Walo abba, cuius consiliis Hlotharius plurimum utebatur, in Italia obiit.

Anno ab incarnatione Domini 837.

Imperator autem post natalitiae celebritatis sollempnia circa purificationem beatae semper virginis Mariae episcoporum conventum[1] in Aquis habuit, in quo de statu sanctae Dei ecclesiae plurimum tractatum est, et quid cuique ordini proprie conveniret, patefactum atque descriptum est. Epistola[2] etiam ab eodem venerabilium episcoporum conventu ad Pippinum directa est, in qua eum salutis suae magnopere monuerunt, et insuper, ut, memor moris progenitorum suorum ac precipue piissimi genitoris sui, res ecclesiarum Dei pridem a suis invasas atque direptas integritati earum restitueret, ne tali etiam occasione divinam contra se iracundiam ardentius incitaret. Qui tantorum patrum assensus consilio cuncta restituit ac singulis aecclesiis easdem res scriptionibus anulo suo roboratis proprie resignavit. Igitur imperator, disposita Frisiae maritimaque custodia, mense Maio ad Theodonisvillam veniens et dona annualia recipiens, iter suum Romam defensionis sanctae Romanae ecclesiae atque orationis gratia indixit, directis interim ad Hlotharium legatis, monentibus, ut eum paterna reverentia susciperet atque itineris apparatum decenter oportuneque procuraret.

Ea tempestate Nordmanni inruptione solita Frisiam inruentes, in insula quae Walacra dicitur nostros imparatos aggressi, multos trucidaverunt, plures depraedati sunt. Et aliquamdiu inibi commorantes, censu prout libuit exacto, ad Dorestadum eadem furia pervenerunt, tributa similiter exegerunt. Quibus imperator auditis, praetermisso memorato itinere, ad Noviomagum castrum vicinum Dorestado properare non distulit. Cuius adventu Nordmanni audito, continuo recesserunt. /

Imperator vero, generali conventu habito, publice cum his quaestionem habuit, quos principes ad eandem custodiam delegaverat. Qua discussione patuit, partim inpossibilitate, partim quorundam inoboedientia eos inimicis non potuisse resistere. Unde et ad conprimendam Frisionum inoboedientiam strenui abbates ac comites directi sunt. Verum ut deinceps illorum incursionibus facilius obsisti queat, classis quaquaversum diligentius parari iussa est. Hlotharius autem clusas

falls starb damals in Italien Abt Walo, dessen Ratschlägen Lothar am meisten gefolgt war.

837.

Nach dem Weihnachtsfest hielt der Kaiser um das Fest der Reinigung der seligen Maria der reinen Magd eine Versammlung[1] der Bischöfe zu Aachen; dabei wurde über den Stand der heiligen Kirche Gottes eingehend beraten und was jedem Stand eigentlich zukomme, festgestellt und verzeichnet. Auch sandte diese Versammlung verehrungswürdiger Bischöfe ein Schreiben[2] an Pippin, in dem sie ihn an sein Seelenheil dringend erinnerten und obendrein aufforderten, eingedenk des Brauches seiner Vorfahren, besonders seines frommen Vaters, die von den Seinigen früher geraubten und verwüsteten Güter der Kirchen Gottes diesen vollständig wieder zurückzugeben, damit er nicht noch durch solche Vorfälle den Zorn Gottes heftiger gegen sich errege. Der Mahnung so vieler Väter folgend, gab er alles heraus und sicherte den einzelnen Kirchen im besonderen diese Besitzungen zu durch Urkunden, die mit seinem Siegel versehen waren. Im Mai kam nun der Kaiser, nachdem er an der Meeresküste und in Friesland die nötigen Schutzmaßregeln getroffen hatte, nach Diedenhofen, nahm die Jahresgeschenke in Empfang und kündigte seine Heerfahrt nach Rom an zur Verteidigung der heiligen römischen Kirche und um daselbst sein Gebet zu verrichten; einstweilen schickte er Gesandte an Lothar mit der Aufforderung, ihn mit der dem Vater schuldigen Ehrerbietung zu empfangen und für den Reisebedarf geziemend und rechtzeitig zu sorgen.

Um diese Zeit brachen die Normannen auf ihrem üblichen Raubzug in Friesland ein, überfielen unvermutet die Unsrigen auf der Insel Walcheren, töteten viele und plünderten eine noch größere Anzahl der Bewohner völlig aus; nachdem sie dort einige Zeit gehaust und nach Belieben von den Einwohnern Tribut erhoben hatten, zogen sie auf ihrem Raubzug weiter nach Dorestadt und trieben hier in gleicher Weise Tribute ein. Als dies der Kaiser hörte, gab er den erwähnten Romzug auf und eilte unverzüglich nach der Burg Nymwegen bei Dorestadt; als aber die Normannen sein Kommen erfuhren, verließen sie alsbald das Land.

Nun aber forderte der Kaiser öffentlich auf einer großen Reichsversammlung von denen Rechenschaft, welche er zum Schutz dieses Landes als Anführer bestellt hatte. Und die Untersuchung ergab, daß zum Teil die Unmöglichkeit, zum Teil aber auch der Ungehorsam mancher schuld daran war, daß die Feinde keinen Widerstand fanden. Es wurden daher, um den Ungehorsam der Friesen zu brechen, energische Äbte und Grafen vom Kaiser ausgeschickt. Um diesen Einfällen der Seeräuber fernerhin leichter Widerstand leisten zu können, erging die Weisung, allenthalben die Herstellung einer Flotte mit größtem Eifer zu betreiben. Lo-

[1] Diese Versammlung wurde am 6. Februar 836 eröffnet (MG Concilia II 704).

[2] MG Concilia II 724–767.

in Alpibus muris firmissimis arceri praecepit. Et Landbertus, fautorum Hlotharii maximus, et Hugo, socer illius, defunctus est.

Interea Brittones quadam insolentia moti, rebellare conati sunt. Quorum motus imperator directa expeditione cito compressit, redditaque nostris terra, et datis obsidibus, fideles sese polliciti sunt permansuros[a]).

Post haec adveniente atque annuente Hlodowico et missis Pippini omnique populo qui presentes in Aquis palatio adesse iussi fuerant, dedit filio suo Karolo maximam Belgarum partem, id est a mari per fines Saxoniae usque ad fines Ribuariorum totam Frisiam, et per fines Ribuariorum comitatus Moilla, Ettra, Hammolant, Mosagao; deinde vero quicquid inter Mosam et Sequanam usque ad Burgundiam una cum Viridunense consistit, et de Burgundia Tulensem, Odornensem, Bedensem, Blesinsem, Pertinsem, utrosque Barnenses, Brionensem, Tricassinum, Altiodrensem, Senonicum, Wastinensem, Milidunensem, Stampensem, Castrinsem, Parisiacum, et deinde per Sequanam usque in mare oceanum, et per idem mare usque ad Frisiam; omnes videlicet episcopatus, abbatias, comitatus, fiscos et omnia intra predictos fines consistentia cum omnibus ad se perti/nentibus, in quacumque regione consistunt. Sicque iubente imperatore in sui praesentia episcopi, abbates, comites et vassalli dominici in memoratis locis beneficia habentes Karolo se commendaverunt et fidelitatem sacramento firmaverunt.

Anno ab incarnatione Domini 838.

Post haec peractis sacrae nativitatis, apparitionis atque oblationis[1] dominicae sollempnitatibus, inchoatisque quadragesimae ieiuniis, imperatori sermo innotuit, Hlodowicum fratris Hlotharii intra Alpium septa colloquium expetisse. Quod quia se inscio inconsultoque praesumpserat, egre tulit, directisque quam celerrime quaquaversum cursoribus, generaliter fideles accersit, propereque undique adcurrentibus filiorum suspectum colloquium patefacit et, si ita necessitas postulet, ad resistendum paratissimos monet. Quod Hlodowicus cognito, octavarum sanctae paschae[2] ebdomada iubente patre advenit, subtiliterque discussus, tandem sacramento cum sibi maxime credulis, nihil fidelitati patris atque honori adversum illo colloquio meditatum, fir-

[a]) Hier endet die Benutzung durch den Verfasser der Annales Mettenses posteriores.

thar aber ließ die Alpenpässe durch starke Mauerwerke schließen. Es starben Lantbert, eine der Hauptstützen Lothars, und sein Schwiegervater Hugo.

Inzwischen wagten die Bretonen in ihrem Übermut sich aufzulehnen; der Kaiser aber unterdrückte den Aufstand schnell durch einen Kriegszug; sie gaben den Unsrigen das entrissene Land zurück, stellten Geiseln und gelobten dem Kaiser fernerhin treu zu bleiben.

Darnach verlieh der Kaiser mit Zustimmung Ludwigs, der selbst nach Aachen kam, sowie der Gesandten Pippins und des gesamten Volks, das zur Reichsversammlung nach der Pfalz Aachen aufgeboten war, seinem Sohne Karl den größten Teil von Belgien, nämlich vom Meere an den Grenzen Sachsens entlang bis zu den Grenzen der Ripuarier ganz Friesland, und den Grenzen der Ripuarier entlang die Grafschaften Moilla, Ettra, Hammolant, Maasgau; dann alles Land zwischen Maas und Seine bis Burgund, das Gebiet von Verdun mit inbegriffen, und an den Grenzen Burgunds hin die Grafschaften um Toul, die am Ornain, die an der Ourthe, die von Blaise, le Pertois, die beiden Barrois, die um Brienne, um Troyes, um Auxerre, um Sens, le Gatinais, die um Melun, um Etampes, um Châtres und um Paris; dann die Seine hinab bis zum Ozean und dem Meer entlang wieder bis nach Friesland; und zwar alle Bistümer, Abteien, Grafschaften, Königsgüter und überhaupt alles zwischen den genannten Grenzen mit allen Zugehörden, in welcher Gegend sie auch liegen. Nach dieser Anordnung des Kaisers aber empfahlen sich in seiner Gegenwart die Bischöfe, Äbte, Grafen und königlichen Vasallen, die in den genannten Landschaften Lehen besaßen, der Huld Karls und leisteten ihm den Eid der Treue.

838.

Darauf, als schon die Feste der Geburt, der Erscheinung und Darbringung des Herrn[1] vorüber waren und die Fastenzeit begonnen hatte, kam dem Kaiser zu Ohren, daß Ludwig seinen Bruder Lothar um eine Unterredung innerhalb der Alpen ersucht habe. Weil Ludwig dies ohne sein Wissen und seinen Rat gewagt hatte, wurde er zornig, schickte so schnell als möglich nach allen Seiten Boten und ließ allgemein die Getreuen zu sich entbieten; als diese sich rasch von überallher versammelten, teilte er ihnen die verdächtige Zusammenkunft der Brüder mit und forderte sie auf, sich für den Fall, daß es die Notwendigkeit gebiete, zum Widerstand bereit zu halten. Als Ludwig dies hörte, fand er sich auf Befehl seines Vaters in der Woche nach der Osterwoche[2] ein und nach einem scharfen Verhör bestätigte er zuletzt mit seinen Getreuesten durch einen Eid, daß bei jener Zusammenkunft nichts gegen die Ehre seines Vaters und gegen die ihm geschuldete Treue erwogen worden sei. Darauf entließ ihn der Kaiser nach

[1] oder Reinigung Mariä 2. Februar.

[2] Ostern war am 14. April.

mavit. Sicque remisso ad propria, ut mense Maio imperatori in Noviomago occurrat, iniunctum est. Nam illo iuxta condictum imperator progredi disponebat, quatenus sui praesentia dampnum, quod annis praeteritis pyratarum inportunitate nostrorumque desidia contigerat, vitaretur; habitoque conventu fidelium, copiosus circa maritima apparatus distributus est. Inter quae Danorum pyratae patria egressi, ortoque subito maritimorum fluctuum turbine, vix paucissimis evadentibus, submersi sunt. Hlodowicus autem patris praesentiae secundum quod iussum fuerat sese offerre non distulit, habitaque secus quam oportuerat conflictatione verborum, quicquid ultra citraque Renum paterni iuris usurpaverat, recipiente patre, amisit, Helisatiam videlicet, Saxoniam, Toringiam, Austriam atque Alamanniam.

Interim Saracenorum pyraticae classes Massiliam Provinciae irruentes, abductis sanctimonialibus, quarum illic non modica congregatio degebat, omnibus et cunctis masculini sexus clericis et laicis, vastataque urbe, thesauros quoque aecclesiarum Christi secum universaliter asportarunt.

Igitur imperator ad placitum suum generale, sicut condixerat, mediante Augusto in Carisiaco pervenit. Quo Pippino paternis obsequiis assistente atque favente, fratri Karolo, tunc cingulo insignito, pars Niustriae ad praesens data est, / ducatus videlicet Cenomannicus omnisque occidua Galliae ora intra Legerim et Sequanam constituta. Absolutoque conventu, ipse orationis gratia Parisius sanctorumque martyrum[1] basilicas curavit invisere. Directoque Karolo in partes Cenomannicas, ipse in Verno, Compendio ceterisque circumiacentibus locis venationi congruis stativa habuit, atque invitante Hogone fratre et beati Quintini martyris monasterii abbate, eiusdem martyrii festivitate[2] honorifice alacriterque celebrata, Attiniacum perveniens, Karolum redeuntem suscepit. Ubi etiam missi Horich venientes, pyratarum in nostros fines dudum irruentium maximos a se ob imperatoris fidelitatem captos atque interfici iussos retulerunt, petentes insuper dari sibi Frisianos atque Abodritos. Cuius petitio, quanto imperatori indecens sive incongrua visa est, tanto vilius spreta et pro nihilo ducta est. Verum pridem imperatore in Verno venationem exercente, Adalgarius et Egilo comites, ad Obodritos et Wilzos a fide deficientes dudum directi, reversi sunt, adductis secum obsidibus, imperatori subditos deinceps fore nunciantes. Imperator vero coeptum peragens iter,

Hause, mit der Auflage, sich im Mai zu Nymwegen wieder bei ihm einzufinden. Denn dorthin hatte sich der Kaiser nach seiner Ankündigung zu gehen entschlossen, um durch seine Anwesenheit zu verhindern, daß das Land wieder wie in den früheren Jahren durch die Wildheit der Seeräuber und durch die Trägheit der Unsern Schaden erlitte. Er hielt daselbst mit den Getreuen Rat und ordnete längs der ganzen Meeresküste bedeutende Schutzmaßnahmen an. Inzwischen waren die dänischen Seeräuber auch schon von ihrer Heimat ausgefahren, aber es erhob sich plötzlich ein gewaltiger Sturm, bei dem sie, kaum daß sich ein paar retteten, alle in den Fluten umkamen. Ludwig nun zögerte nicht, wie ihm befohlen war, beim Vater in Nymwegen zu erscheinen; es kam aber zu einem ziemlich heftigen Streit zwischen beiden und Ludwig mußte dem Vater alles zurückgeben, was er von seines Vaters Reich diesseits und jenseits des Rheins an sich gerissen hatte, nämlich das Elsaß, Sachsen, Thüringen, Ostfranken und Alamannien.

Inzwischen hatten Sarrazenische Seeräuberflotten Marseille in der Provence überfallen, sie führten alle Nonnen, deren sich eine nicht geringe Zahl daselbst befand, so wie alle Geistlichen und Laien männlichen Geschlechts gefangen mit sich fort, verwüsteten die Stadt und nahmen auch die Schätze der christlichen Kirchen insgesamt mit.

Mitte August kam der Kaiser, wie er angeordnet hatte, zu seiner großen Reichsversammlung nach Quierzy; hier wurde mit Pippins Beistimmung, der sich des Vaters Wünschen gehorsam zeigte, seinem Bruder Karl nach der Schwertleite zum sofortigen Besitz ein Teil Neustriens gegeben, nämlich das Herzogtum Maine und ganz Westgallien zwischen Loire und Seine. Nach Schluß des Reichstags begab sich der Kaiser, um zu beten, nach Paris in die Kirche der hl. Märtyrer[1]. Und nachdem er Karl nach Maine geschickt hatte, nahm er selbst seinen Aufenthalt in Ver, Compiègne und andern Orten in der Umgebung, wo gute Jagd war, feierte dann, von seinem Bruder Hugo, dem Abt des Klosters des seligen Märtyrers Quintinus eingeladen, in diesem Kloster in Glanz und Freude das Fest[2] des genannten Märtyrers und ging von da nach Attigny, wo er mit dem von seiner Reise zurückkehrenden Karl zusammentraf. Hier erschienen auch Gesandte Horichs, welche meldeten, daß er aus treuer Ergebenheit für den Kaiser die Anführer der Seeräuber, welche schon seit langem unsere Gebiete heimsuchten, hätte festnehmen und hinrichten lassen, forderte aber dagegen für Horich das Land der Friesen und Abodriten. Seine Forderung wurde vom Kaiser in dem Maße wie sie unverschämt und unangemessen war, entsprechend mit Verachtung behandelt und darüber hinweggegangen. Schon vorher, während der Kaiser noch in Ver jagte, kehrten die Grafen Adalgar und Egilo, welche der Kaiser gegen die abtrünnigen Abodriten und Wilzen vor längerer Zeit entsendet

[1] Dionysius, Rusticus und Eleutherius.

[2] 31. Oktober.

ad Franconofurd hiemandi gratia profectus est. Eclypsin luna quinta decima[1] medio noctis Nonas Decembris passa est. Pippinus, filius imperatoris, rex Aquitaniae, Idus Decembris defunctus est, relictis duobus filiis Pippino et Karolo. Proficiscenti igitur imperatori nunciatus est Hlodowicus, filius eius, Franconofurd hostilibus vallatus agminibus insedisse, sibique non solum eiusdem palatii sessionem ad hiemandum, verum etiam Hreni fluminis moliri transitum inhibere. Quo imperator nuntio haut mediocriter motus, quaquaversum fideles acciri decernit; at ipse, ut coeperat, Moguntiam pervenit

anno ab incarnatione Domini 839.

Ubi nativitatis atque apparitionis dominicae festivitatibus emensis, directis creberrime fidelibus, ad pacis concordiam Hlodowicum hortatus est; sed nequaquam valuit revocare. Quin insuper consistenti Mogontiae imperatori, ipse ex adverso in Castella ultra Hrenum posita pertinaciter atque hostiliter immorans, transitu fluminis cohibebat. Imperator / autem, sanguinem communis populi fundi admodum metuens, ad loca alia transpositioni oportuna divertere nullatenus dedignatus est; in quibus omnibus econtra ripis insistentem et transfretare conantibus obsistentem filium conspicatus; eratque videre miseriam, hac pio patre, illac impio filio digredientibus. Qua necessitate imperator compulsus, Mogontiam repedat, fideliumque hinc inde propere confluentium ob asperitatem hiemis incommoditatem diutius non ferens, tribus ferme infra memoratam urbem milibus Hreno transposito, Saxones obvios suscipit. Hlodowicus vero, compertis patris eatenus sibi inopinato transpositu, deficientibus quos ex Haustrasiis, Thoringin atque Alamannis illexerat secumque adduxerat, concitus aufugit, Noreiamque, quae nunc Baioaria dicitur, regnum videlicet sibi olim a patre traditum, revertitur. Imperator paternae pietatis non inmemor, filium persequi supersedit, receptisque qui ab illo ad imperatoris clementiam fugerant ac sacramento firmatis, et insuper discordiarum incentoribus fautoribusque pro merito criminum partim rebus partim exilio dampnatis, Franconofurd pervenit. Ubi aliquot diebus perendinens, marcas populosque Germanicos disponere suaeque fidei artius subiugare non distulit ac deinde in partes Alamanniae tempore quadragesimae ad villam regiam quae Bodoma dicitur properavit.

Interea lacrimabile nimiumque cunctis catholicae aecclesiae filiis ingemescendum, fama perferente, innotuit: Bodonem diaconum, Ala-

hatte, zurück, indem sie Geiseln mit sich führten und von der Bereitschaft dieser Völker zu künftiger Unterwerfung berichteten. Der Kaiser aber setzte seine Reise weiter fort nach Frankfurt, wo er für den Winter bleiben wollte. Am 5. Dezember um Mitternacht verfinsterte sich der fünfzehnte Mond[1]. Am 13. Dezember starb der Sohn des Kaisers, König Pippin von Aquitanien, und hinterließ zwei Söhne, Pippin und Karl. Beim Aufbruch wurde nun dem Kaiser gemeldet, sein Sohn Ludwig habe sich, umgeben von seinen Streitkräften, in Frankfurt festgesetzt und treffe Anstalten, ihm nicht nur den Winteraufenthalt in dieser Pfalz, sondern auch den Rheinübergang zu verwehren. Durch diese Nachricht nicht wenig aufgeregt, beschloß der Kaiser, sofort von allen Seiten seine Getreuen zu sich zu rufen; er selbst aber setzte seine Reise bis Mainz fort.

839.

Hier schickte der Kaiser nach dem Feste der Geburt und der Erscheinung Christi oftmals Getreue an Ludwig und ließ ihn dringend zu Friede und Eintracht mahnen, konnte ihn aber davon nicht abbringen; vielmehr verhinderte dieser den Kaiser in Mainz am Rheinübergang, indem er sich hartnäckig und wehrhaft gegenüber, in dem auf der andern Seite des Rheins gelegenen Castel, behauptete. Der Kaiser aber, der schwere Bedenken hatte, das Blut des gemeinsamen Volkes zu vergießen, verschmähte es durchaus nicht, andere zum Übergang geeignete Stellen aufzusuchen; überall jedoch sah er seinen Sohn, der ihm auf dem andern Ufer folgte und den Übergang verwehrte, und es war ein Jammer, mitanzusehen, wie hier der fromme Vater, dort der ungeratene Sohn voneinander abrückten. Notgedrungen kehrte der Kaiser nach Mainz zurück, und da er seine von allen Seiten her zusammengeströmten Getreuen nicht länger den Beschwerden des harten Winters aussetzen wollte, ging er ungefähr drei Meilen unterhalb jener Stadt über den Rhein und vereinigte sich mit den inzwischen angekommenen Heerhaufen der Sachsen. Als Ludwig aber von diesem bis dahin von ihm nicht erwarteten Übergang Kunde bekam, ergriff er, weil die Ostfranken, Thüringer und Alamannen, die er für sich gewonnen und mit sich hierher geführt hatte, von ihm abfielen, eiligst die Flucht und kehrte nach Noreja, jetzt Baiern genannt, zurück, in das Reich also, das ihm vor langer Zeit vom Vater geschenkt worden war. Der Kaiser stand in väterlicher Liebe davon ab, den Sohn weiter zu verfolgen; die, welche den Sohn verließen und sich in die Gnade des Kaisers flüchteten, nahm er bei sich auf und ließ sie ihre Treue durch neue Eide bekräftigen; darüber hinaus strafte er die Anstifter und Förderer dieser Unruhen nach dem Maß ihrer Schuld teils mit dem Verlust der Güter, teils mit Verbannung; dann begab er sich nach Frankfurt. Hier mehrere Tage verweilend, machte er sich daran, die Verhältnisse der germanischen Marken und Völker zu ordnen und diese noch fester seiner

[1] Der Mond in der Form, die er am 15. Tage nach Neumond annimmt.

mannica gente progenitum et ab ipsis paene cunabulis in christiana religione palatinis eruditionibus divinis humanisque litteris aliquatenus inbutum, qui anno praecedente Romam orationis gratia properandi licentiam ab augustis poposcerat multisque donariis muneratus impetraverat, humani generis hoste pellectum, relicta christianitate ad iudaismum sese converterit. Et primum quidem consilio proditionis atque perditionis suae cum Iudaeis inito, quos secum adduxerat paganis vendendos, callide machinari non timuit; quibus distractis, uno tantummodo secum, qui nepos eius ferebatur, retento, abnegata – quod lacrimabiliter dicimus – Christi fide, sese Iudaeum professus est. Sicque circumcisus, capillisque ac barba crescentibus, et mutato potiusque usurpato Eleazari nomine, accinctus etiam cingulo militari, cuiusdam Iudaei filiam sibi in matrimonium copulavit, coacto memorato nepote suo similiter ad iudaismum translato, tandemque cum Iudaeis, miserrima cupiditate devinctus, Caesar/augustam, urbem Hispaniae, mediante Augusto mense ingressus est. Quod quantum augustis cunctisque christianae fidei gratia redemptis luctuosum extiterit, difficultas, qua imperatori id facile credendum persuaderi non potuit, patenter omnibus indicavit.

Praeterea die septimo Kalendas Ianuarii, die videlicet passionis beati Stephani protomartyris, tanta inundatio contra morem maritimorum aestuum per totam paene Frisiam occupavit, ut aggeribus arenarum illic copiosis, quos dunos vocitant, fere coaequaretur, et omnia quaecumque involverat, tam homines quam animalia caetera et domos, absumpserit; quorum numerus diligentissime conprehensus duorum milium quadringentorum triginta septem relatus est. Acies quoque in caelo igneas colorumque aliorum mensis Februarii, sed et stellas igneos crines emittentes crebro videri contigit.

Verum post sanctum pascha[1] imperatori in Francia repedanti rex Anglorum legatos misit, postulans per Franciam pergendi Romam orationis gratia transitum sibi ab imperatore tribui, monens etiam curam subiectorum sibi erga animarum salutem solicitius impendendam, quoniam visio cuidam apud illos ostensa non minimum animos eorum terruerat. Cuius seriem visionis imperatori mittere studuit, habentem hunc modum:

Visio cuiusdam religiosi praesbiteri de terra Anglorum, quae post natalem Domini ei rapto a corpore ostensa est. Quadam nocte cum

Herrschaft zu unterwerfen; dann begab er sich um die Fastenzeit nach der königlichen Pfalz Bodman in Alamannien.

Um diese Zeit verbreitete sich die Kunde eines beweinenswerten und von der gesamten Christenheit zu beklagenden Ereignisses. Ein Diakon Bodo von alamannischer Herkunft, der fast von der Wiege an in der christlichen Religion durch die Hofschule ein gutes Stück in göttliche und menschliche Wissenschaft eingeweiht war, auch noch im Vorjahr von dem Kaiserpaar Urlaub nach Rom erbeten hatte, um dort zu beten, und dazu von ihnen reichlich mit Geschenken ausgestattet worden war, trat jetzt, von dem Feind des Menschengeschlechtes verführt, vom Christentum zur jüdischen Religion über. Zunächst einmal scheute er sich nicht, nachdem er mit den Juden über seinen Verrat und Eidbruch Verabredung getroffen hatte, den Verkauf seiner Reisegefährten an die Heiden in tückischer Weise zu betreiben, dann als er sich dieser entledigt hatte, nur einen, wie es hieß, seinen Neffen, bei sich behaltend, schwur er (weinen möchten wir, indem wir es sagen) den christlichen Glauben ab und bekannte sich als Jude. Er ließ sich also beschneiden, Haupthaar und Bart lang wachsen, nannte sich, seinen Namen sogar eigenmächtig ändernd, Eleazar, umgürtete sich auch mit einem Schwert, und nahm die Tochter eines Juden zur Frau, wobei er auch seinen oben erwähnten Neffen zum Judentum überzutreten nötigte. Darauf zog er mit den Juden, von nichtswürdiger Begierde getrieben, Mitte August in die spanische Stadt Saragossa ein. Welchen Schmerz dieses Ereignis beim Kaiserpaar, sowie bei allen um ihres Christenglaubens willen Erlösten hervorrief, bewies offensichtlich der Umstand, daß sich der Kaiser nur schwer dazu überreden ließ, diese Begebenheit zu glauben.

Am Tage des Leidens des seligen Erzmärtyrers Stephan, den 26. Dezember, drang das Meer in fast ganz Friesland ein, anders als bei der gewöhnlichen Flut, so daß das Wasser beinahe die Höhe der mächtigen Sandhügel, Dünen genannt, erreichte und, wohin die Flut kam, Menschen wie Tiere und Gebäude mit sich riß. Nach genauer Zählung belief sich ihre Zahl auf zweitausendvierhundertsiebenunddreißig. Auch konnte man im Februar am Himmel feuerrote und andersfarbige Lichter sehen, sowie häufig Sterne mit einem feurigen Schweif.

Als der Kaiser nach dem heiligen Osterfest[1] nach Francien zurückkehrte, schickte zu ihm der König der Angeln Gesandte mit der Bitte, ihm den Durchzug zu gestatten durch Francien nach Rom, um dort zu beten, und mit der Mahnung, auch das Seelenheil der Untertanen zum Gegenstand eifrigerer Sorge zu machen, weil ein Gesicht, das einem Manne in ihrem Lande erschien, ihre Gemüter nicht wenig erschreckt hatte. Einen ausführlichen Bericht über diese Vision ließ er dem Kaiser aushändigen in folgender Fassung:

Vision eines gottesfürchtigen Presbyters aus dem Lande der Angeln, die

[1] 6. April.

idem religiosus praesbiter dormiret, quidam homo ad eum venit, praecipiens illi, ut eum sequeretur. Tunc ille surgens, secutus est eum; ductor vero illius duxit eum ad terram sibi ignotam, ubi varia et mira aedificia constructa vidit, inter quae aecclesia facta erat, in quam ille et ductor eius introivit ibidemque plurimos pueros legentes vidit. Cumque ductorem suum interrogaret, an inquirere auderet, quinam pueri essent, respondit ei: „Interroga quod vis, et libenter tibi indicabo". Et cum ad illos adpropinquaret, ut videret quod legerent, perspexit, libros eorum non solum nigris litteris, verum etiam sanguineis esse descriptos, ita videlicet ut una linea nigris esset litteris descripta et altera sanguineis[a]). Cumque interrogaret, cur libri illi sanguineis lineis descripti / essent, respondit ductor eius: „Lineae sanguineae, quas in istis libris conspicis, diversa hominum christianorum peccata sunt, quia ea quae in libris divinis illis praecepta et iussa sunt minime facere et adimplere volunt. Pueri vero isti qui hic quasi legendo discurrunt animae sunt sanctorum, quae cotidie pro christianorum peccatis et facinoribus deplorant et pro illis intercedunt, ut tandem aliquando ad poenitentiam convertantur; et nisi istae animae sanctorum tam incessanter cum fletu ad Deum clamarent, iam aliquatenus finis tantorum malorum in christiano populo esset. Recordaris, quia anno praesenti fruges non solum in terra, verum etiam in arboribus et vitibus habundanter ostensa sunt, sed propter peccata hominum maxima pars illarum periit, quae ad usum atque utilitatem humanam non pervenit; quod si cito homines christiani de variis vitiis et facinoribus eorum non egerint poenitentiam et diem dominicum melius et honorabilius non observaverint, cito super eos maximum et intolerabile periculum veniet; videlicet tribus diebus et noctibus super terram illorum nebula spississima expandetur, et statim homines pagani cum inmensa multitudine navium super illos venient et maximam partem populi et terrae christianorum cum omnibus quae possident igni ferroque devastabunt. Sed tamen, si adhuc veram poenitentiam agere volunt et peccata illorum iuxta praeceptum Domini in ieiunio et oratione atque elemosinis emendare studuerint, tunc has poenas et pericula per intercessionem sanctorum evadere poterunt".

Venerunt etiam legati Grecorum a Theophilo imperatore directi, Theodosius videlicet Calcedonensis metropolitanus episcopus et Theophanius spatharius, ferentes cum donis imperatori dignis epistolam;

ihm nach dem Fest der Geburt Christi, da sein Geist dem Körper entrückt war, erschien. – In einer Nacht, da dieser fromme Presbyter schlief, kam ein Mann zu ihm und forderte ihn auf, ihm zu folgen. Darauf stand jener auf und folgte ihm. Sein Führer aber brachte ihn in ein ihm unbekanntes Land, wo er mancherlei wundersame Gebäude zu sehen bekam, unter ihnen auch eine Kirche, in welche er und seine Begleiter hineingingen. Und er sah dort viele Knaben lesen. Als er darauf seinen Begleiter fragte, ob er sich erkundigen dürfe, wer die Knaben seien, erwiderte dieser: Frage was Du willst, und ich werde Dir gern Auskunft geben. Und als er an die Knaben herantrat, um zu sehen, was sie lasen, bemerkte er, daß die Buchstaben in ihren Büchern teils schwarz waren, teils blutrot, und zwar so, daß eine Zeile immer schwarze, die andere rote Buchstaben hatte. Und als er fragte, warum diese Bücher mit blutroten Zeilen geschrieben seien, antwortete sein Begleiter: Die blutroten Zeilen, die Du in jenen Büchern siehst, das sind die mannigfachen Sünden der Christen, indem sie das, was ihnen in den heiligen Schriften vorgeschrieben und befohlen ist, so wenig zu erfüllen und zu befolgen geneigt sind. Die Knaben aber, die hier mit Lesen beschäftigt sind, das sind die Seelen der Heiligen, welche täglich über die Sünden und Vergehen der Christen wehklagen und für sie beten, daß sie endlich zur Reue sich bekehren; und wenn jene Seelen der Heiligen nicht so inständig unter Tränen Gott anriefen, so wäre schon so ziemlich das Ende eines so sündhaften Treibens unter dem christlichen Volke gekommen. Du erinnerst Dich, daß in diesem Jahre die Frucht nicht nur des Feldes, sondern auch der Obstbäume und des Weinstocks in reicher Fülle zu erwarten war, aber der Sünde der Menschen wegen ging sie größtenteils verloren und kam dem Menschen nicht zu Nutz und Frommen. Wenn nun die Christen nicht bald über ihre mannigfachen Laster und Untaten Buße tun und den Tag des Herrn nicht besser und verehrungsvoller beobachten, wird rasch über sie eine große und unleidliche Gefahr kommen; drei Tage und drei Nächte lang wird sich über ihre Länder ein dikker Nebel legen, und die Heiden werden sofort mit einer ungeheuren Anzahl von Schiffen über sie kommen und den größten Teil des christlichen Volkes und Landes nebst allem, was sie besitzen, mit Feuer und Schwert verwüsten. Doch wenn sie jetzt noch wahre Buße tun und ihre Sünden nach Gottes Gebot durch Fasten, Gebet und Almosen sühnen wollen, so werden sie diesen Strafen und Gefahren durch die Fürsprache der Heiligen entgehen können.

Es kamen auch Gesandte der Griechen, von Kaiser Theophilus geschickt, und zwar Theodosius, Bischof und Metropolitan von Chalcedon und der Schwertträger Theophanius, die neben des Kaisers würdigen Geschenken einen Brief überbrachten; sie empfing der Kaiser am achtzehnten Mai zu Ingelheim ehrenvoll. Ihre Gesandtschaft betraf aber die Bestätigung

[a]) Hier (sanguin]eis. Cumque) beginnt das Pariser Bruchstück (Einleitung S. 5).

quos imperator quinto decimo Kalendas Iunii in Ingulenheim honorifice suscepit. Quorum legatio super confirmatione pacti et pacis atque perpetuae inter utrumque imperatorem eisque subditos amicitiae et caritatis agebat, necnon de victoriis, quas adversus exteras bellando gentes caelitus fuerat assecutus, gratificatio et in Domino exultatio ferebatur; in quibus imperatorem sibique subiectos amicabiliter Datori victoriarum omnium gratias referre poposcit. Misit etiam cum eis quosdam, qui se, id est gentem suam, Rhos vocari dicebant, quos rex illorum / chaganus vocabulo ad se amicitiae, sicut asserebant, causa direxerat, petens per memoratam epistolam, quatenus benignitate imperatoris redeundi facultatem atque auxilium per imperium suum tuto habere possent, quoniam itinera, per quae ad illum Constantinopolim venerant, inter barbaras et nimiae feritatis gentes inmanissimas habuerant, quibus eos, ne forte periculum inciderent, redire noluit. Quorum adventus causam imperator diligentius investigans, comperit, eos gentis esse Sueonum, et exploratores potius regni illius nostrique quam amicitiae petitores ratus, penes se eo usque retinendos iudicavit, quoad veraciter inveniri posset, utrum fideliter eo necne pervenerint; idque Theophilo per memoratos legatos suos atque epistolam intimare non distulit, et quod eos illius amore libenter susceperit, ac, si fideles invenirentur, et facultas absque illorum periculo in patriam remeandi daretur, cum auxilio remittendos; sin alias, una cum missis nostris ad eius praesentiam dirigendos, ut, quid de talibus fieri deberet, ipse decernendo efficeret.

Quibus peractis, imperator urbem Vangionum iuxta condictum tertio Kalendas Iunii pervenit. Ubi susceptis quibusdam quos ad hoc specialiter properare iusserat fidelibus, Hlotharium, filium suum, ab Italia venientem paterno suscipere affectu minime renuit. Quo palam omnibus ad genitoris vestigia suppliciter procidente et praeteritorum excessuum veniam humiliter postulante, imperator, misericordia, qua incomparabiliter semper viguit, flexus, quicquid in eum praecedentibus annis ipse suique deliquerant, paterna benignitate concessit, ita tamen, si deinceps nihil adversus eum pravis machinationibus molirentur; suorum quoque complures non solum proprietatibus, verum etiam beneficiariis donavit honoribus, insuperque, descriptione regni sui aequalibus pene partibus discreta, optionem illi, quam earum mallet, offerre non dedignatus est. Cuius divisionis formula ita se habuit:

eines Vertrags über Frieden, ewige Freundschaft und Liebe zwischen beiden Kaisern und ihren Untertanen; zugleich aber wurde auch von dem Dank und der Freude im Herrn über die Siege berichtet, welche er mit Gottes Hilfe im Kampfe gegen fremde Völker davongetragen hatte, und er ließ den Kaiser und seine Untertanen auffordern, dafür in freundschaftlicher Gesinnung dem Geber aller Siege zu danken. Mit ihnen schickte er auch einige Männer, die sich, d. h. das Volk, dem sie angehörten, Rhos nannten; ihr König, Chagan mit Namen, hatte sie, wie sie sagten, an ihn aus Freundschaft geschickt; und er bat in dem erwähnten Brief darum, daß sie durch des Kaisers Güte Erlaubnis und Unterstützung bekommen könnten, ohne Gefahr durch sein Reich heimzukehren, da sie die Straßen, auf denen sie zu ihm nach Constantinopel gekommen waren, durch barbarische und furchtbar wilde Völker geführt hatten und er nicht wollte, daß sie diese auf dem Heimweg benutzten, um sich keiner Gefahr auszusetzen. Bei einer genaueren Nachforschung nach dem Grund ihrer Reise erfuhr der Kaiser, daß sie dem Volke der Sueonen angehörten; und da es ihm schien, als seien sie eher Kundschafter in seinem und unserem Reiche als Friedensgesandte, hielt er dafür, sie so lange bei sich zu behalten, bis man wahrheitsgetreu feststellen könne, ob sie ehrlich gekommen seien oder nicht. Dies teilte er dem Theophilus alsbald durch dessen Gesandte in einem Briefe mit, auch daß er jene Männer aus Freundschaft für ihn gern aufgenommen habe, und daß sie, wenn sie sich als zuverlässig erwiesen und sich Gelegenheit biete, ohne Gefahr in ihr Vaterland zurückzukehren, mit seiner Unterstützung nach Hause entlassen, andernfalls zusammen mit unsern Gesandten an ihn zurückgeschickt werden würden, damit er selbst entscheide, was mit solchen geschehen solle.

Darnach kam der Kaiser wie ausgemacht nach Worms am 30. Mai. Hier empfing er einige seiner Getreuen, die er dazu besonders hinbeschieden hatte, und nahm dann bereitwillig seinen aus Italien kommenden Sohn Lothar mit väterlicher Liebe bei sich auf. Dieser beugte in aller Gegenwart vor dem Vater das Knie, bat ihn wegen seiner früheren Übeltaten demütig um Vergebung und der Kaiser, in der unvergleichlichen Barmherzigkeit, von der er immer beseelt war, verzieh mit väterlicher Liebe alles, was dieser und die Seinen in den verflossenen Jahren gegen ihn verbrochen hatten, unter der Bedingung, daß sie fernerhin nicht wieder irgend welche böse Anschläge gegen ihn machten. Auch beschenkte er mehrere seiner Genossen nicht nur mit ihren Erbgütern, sondern auch mit Lehen; obendrein hielt er es, nachdem das Reich auf einer Karte in zwei fast gleiche Stücke geteilt war, für nicht unangebracht, Lothar die Wahl des Reichsteils zu überlassen, den er für sich haben wollte. Die Teilung aber sah so aus: Der eine Teil umfaßte das Königreich Italien und einen Teil von Burgund, nämlich das Tal von Aosta, die Grafschaft Wallis, die Grafschaft Waadtland bis zum Genfer See, dann den Teil nordöstlich

Quarum altera regnum Italiae partemque Burgundiae, id est vallem Augustanam, comitatum Vallissiorum, comitatum Waldensem usque mare Rhodani, ac deinde orientalem[1] atque aquilonalem Rhodani partem usque / ad comitatum Lugdunensem, comitatum Scudingium[2], comitatum Wirascorum[3], comitatum Portisiorum[4], comitatum Suentisiorum[5], comitatum Calmontensium, ducatum Mosellicorum, comitatum Arduennensium cum Condorosto, inde per decursum Mosae usque in mare ducatum Ribuariorum, Wormazfelda, Spiragouwi, ducatum Elisatiae, ducatum Alamanniae, Curiam, ducatum Austrasiorum cum Swalafelda[6] et Nortgowi[7] et Hessi, ducatum Toringiae cum marchis suis, regnum Saxoniae cum marchis suis, ducatum Fresiae usque Mosam, comitatum Hamarlant, comitatum Batavorum, comitatum Testrabenti cum Dorestado. Altera partem Burgundiae, id est comitatum Genavensem, comitatum Lugdunensem, comitatum Cavallonensem, comitatum Amaus[8], comitatum Hatoariorum[9], comitatum Lingonicum, comitatum Tullensium, et sic per decursum Mosae usque in mare, et inter Mosam et Sequanam, et inter Sequanam et Ligerim cum marcha Brittanica, Aquitaniam et Wasconiam cum marchis ad se pertinentibus, Septimaniam cum marchis suis et Provinciam habuit. Quo superiorem potius eligente, imperator Karolo filio suo inferiorem contulit, ea conditione, ut viventi fideliter obsequentes, eo decedente memoratis portionibus potirentur. Sacramentisque multifariam a Hlothario susceptis, eum in Italiam redire permisit.

Imperator autem, indicto generali placito Kalend. Septembribus erga Cavallonem, legatos ad Hludowicum direxit, praecipiens, ut fines Baioariae nullatenus egredi nisi sese iubente praesumeret idque sacramento firmari iuberet; sin alias, circa initia Septembris ad Augustburg hostiliter sibi / occursurum minime dubitaret. Descriptis itaque atque destinatis, qui secum Baioariam, si necessitas compelleret, quique cum filio suo Karolo Cavallonem contra motus Aquitanicos, quibus cum Pippino, Pippini filio, quidam Aquitanorum nuper ab imperatore defecerant, compescendos, qui etiam cum Saxonibus adversus Danorum Sclavorumque, qui ferebantur, incursus occurrerent, ipse in Cruciniaco castro sese venationibus alacriter exercendo, adventum missorum in Baioariam directorum statuit opperiri. Qui reversi, missis Hludowici ad imperatoris usque praesentiam comitantibus, nuntiaverunt, paternis eum iussionibus non admodum obviasse, sed ea se pariturum condi-

der Rhone[1] bis hin zur Grafschaft Lyon, die Grafschaft der Scudinger[2], die der Wirascer[3], le Portois[4], le Saintois[5], die Grafschaft Chaumont, das Herzogtum der Moselliker, die Grafschaft der Arduenner mit Condroz, von da maasabwärts bis zum Meer das Herzogtum Ripuarien, Wormsfeld, Speiergau, das Herzogtum Elsaß, das Herzogtum Alamannien, Chur, das Herzogtum Ostfranken mit Swalafeld[6], Nortgau[7] und Hessen, das Herzogtum Thüringen mit seinen Marken und das Reich Sachsen mit seinen Marken, das Herzogtum Friesland bis zur Maas, die Grafschaft Hamaland, die Grafschaft der Bataver und die Grafschaft Teisterbant mit Dorestadt. Der andere Teil umfaßte das übrige Burgund, die Grafschaft Genf, die Grafschaft Lyon, die Grafschaft Châlon, die Grafschaft Amaus[8], die der Hatoarier[9], die Grafschaft Langres, die Grafschaft Toul und so maasabwärts bis zum Meer das Land zwischen Maas und Seine und das Land zwischen Seine und Loire mit der Bretonischen Mark, Aquitanien und Wasconien mit den dazu gehörigen Marken, Septimanien mit seinen Marken und die Provence. Und da Lothar sich für den erstgenannten Teil entschied, bestimmte der Kaiser seinem Sohn Karl den zweiten mit der Maßgabe, daß sie, wenn sie bei seinen Lebzeiten ihm treu und gehorsam wären, nach seinem Tode diese Teile in Besitz nehmen sollten. Und nachdem ihm Lothar vielfach eidlich seine Treue versichert hatte, entließ er ihn wieder nach Italien.

Der Kaiser aber, der eine allgemeine Reichsversammlung zum 1. September nach Châlon entboten hatte, schickte Gesandte an Ludwig mit der Weisung, er solle nicht wagen, ohne des Vaters Erlaubnis Baiern zu verlassen, und er befehle ihm darauf einen Eid zu leisten; andernfalls werde er unzweifelhaft Anfang September mit seinem Heere gegen ihn nach Augsburg ziehen. Nachdem daher die Leute eingeteilt und bestimmt waren, die nötigenfalls mit ihm nach Baiern ziehen sollten, dann die, welche mit Karl zur Dämpfung der Unruhen in Aquitanien (dabei hatten sich unter Pippin, dem Sohn Pippins, neuerdings etliche Aquitanier gegen den Kaiser empört) nach Châlon zu gehen hätten, sowie drittens die, welche vereint mit den Sachsen den Einfällen der Dänen und Slaven begegnen sollten, beschloß der Kaiser selbst in der Burg Kreuznach, wo er eifrig der Jagd oblag, das Eintreffen der an Ludwig geschickten Ge-

[1] Irrtum für nordwestlich.
[2] Salins im Südwesten des Jura.
[3] Varasques, beiderseits des oberen Doubs.
[4] An den Quellen der Saone.
[5] Nördlich davon.
[6] Zwischen Wörnitz und Rednitz.
[7] Oberpfalz.
[8] Vielleicht als Amausensis zu verstehen: nordöstlich Dijon.
[9] Westlich des eben genannten Gebiets.

tione spopondisse, si sacramenti firmitas, quam quaerebat, ab imperatoris fidelibus sibi etiam fieret. Verum quia tunc contigit defuisse primates, per quos eandem firmitatem fieri deposcebat, illius fidei imperator atque supplicibus promissionibus potius committendum delegit, quousque a partibus Aquitanicis adepta divinitus victoria rediens, mandatis perseverantem benigne susciperet, secus vero molientem pro viribus insequi non tardaret. Sed et ipso petente concessit quibusdam propter motus illius nuper in sese patratos rerum proprietate multatis, ut sua cuique restituerentur, eo dumtaxat pacto, si fidem inviolabiliter imperatori servare studerent et nullam penitus regni fideliumque sollicitationem quoquo modo aut tergiversatione machinarentur. Directis interim ad hoc specialiter missis, qui ab eis huiusmodi firmitatem sacramento susciperent, dispositis quoque Saxonum adversus Soraborum et Vultzorum incursiones, qui nuper quasdam ipsius marchae Saxonicae villas incendio cremaverant, et Austrasiorum Toringorumque contra Abodritorum et qui dicuntur Linones defectiones expeditionibus, ipse per Arduennam venatu sese delectabiliter exercens, ceteros totius regni sui fideles circa Kalendas Septembris Cavallonem, ut condixerat, sibi obvios adesse praecepit.

Quidam etiam pyratae in quandam Frisiae partem irruentes, non parum incommodi nostris finibus intulerunt. Direxit et Horicus missos ad imperatorem, quendam videlicet cuius consiliis prae cunctis fidere et omnia agere videbatur, et cum eo nepotem suum munera gentilitia deferentes, pacis amicitiaeque arctius stabiliusque gratia confirmandae. Quibus / hilariter susceptis atque muneratis, quia propter quaedam incommoda super Frisionibus querebantur, duces strenui destinati sunt, qui tempore constituto illis de omnibus iustitiam adimplerent.

Imperator autem Cavallone receptis fidelibus, in Aquitaniam exercitum omnem convertit, pariterque tertio ferme ab urbe Arvernorum miliario castra ponens, Aquitanos obvios habuit, quos filio suo Karolo more patrio coram commendatos, sibi eidemque filio suo sacramenti interpositione firmavit. Et augustam quidem cum filio ad Pictavos sese praecedere decrevit. Ipse vero ad castrum quod vulgo Cartilatum dicitur contendit, quoniam eo quidam complicum Pippini consistere ferebantur. Quod castrum nihil quidem manu artifici additum, naturali tantum rupe editum, hinc inde praecipitio vallium muniebatur, praeter orientalem dumtaxat partem, qua parvo admodum intervallo

sandten zu erwarten. Von Gesandten Ludwigs an den Kaiser begleitet, berichteten diese nach ihrer Rückkehr, dieser habe sich den Befehlen seines Vaters nicht weiter widersetzt, sondern versprochen, unter der Bedingung zu gehorchen, daß die geforderte Sicherheit durch Eid auch ihm von den Getreuen des Kaisers gewährt werde. Da aber damals die Großen gerade nicht anwesend waren, von denen Ludwig diesen Eid abgelegt haben wollte, so entschied sich der Kaiser dafür, sich auf Ludwigs Treue und demütige Versprechungen zu verlassen, bis er mit Gottes Hilfe als Sieger aus Aquitanien zurück sei, um dann seinen Lohn, wenn er sich seinen Weisungen füge, freundlich zu empfangen, wenn er aber Böses im Schilde führe, sofort mit aller Kraft anzugreifen. Übrigens gewährte er ihm auch auf seine Bitte, daß einigen seiner Anhänger, die wegen der von ihm neulich gegen ihn angestifteten Unruhen zur Strafe ihre Güter verloren hatten, jedem das Seine zurückgegeben wurde, doch nur unter der Bedingung, daß sie fernerhin dem Kaiser unverbrüchliche Treue bewahren und in keiner Weise gegen das Reich und die Getreuen irgendwelche Feindseligkeit oder Falschheit planen sollten. Einstweilen schickte er dafür besonders Sendboten ab, die den Betreffenden die dahin lautenden Eide abnehmen sollten, ordnete auch einen Heereszug der Sachsen gegen die Einfälle der Sorben und Wiltzen an, die kürzlich mehrere Dörfer gerade der sächsischen Mark niedergebrannt hatten, und ebenso einen der Ostfranken und Thüringer, um die Empörung der Abodriten und der sogenannten Linonen zu unterdrücken, widmete sich dann selbst den Freuden der Jagd in den Ardennen und gebot allen übrigen Getreuen im ganzen Reich, sich zum 1. September in Châlon, wie bestimmt war, bei ihm einzufinden.

Einige Seeräuber, die einen Teil Frieslands überfielen, richteten nicht geringen Schaden in unserm Gebiet an. Horich schickte auch Gesandte an den Kaiser, und zwar einen, dessen Ratschlägen er vor allem zu gehorchen und in allem zu folgen schien, und dazu seinen Neffen mit Geschenken seines Volkes, um das Band des Friedens und der Freundschaft noch enger und fester zu knüpfen. Sie wurden freundlich aufgenommen und beschenkt, und da sie sich wegen einiger Übergriffe über die Friesen beklagten, wurden einige tüchtige Herzoge bestimmt, die zur festgesetzten Zeit ihnen für alles Genugtuung schaffen sollten.

Als nun der Kaiser zu Châlon seine Getreuen um sich gesammelt hatte, führte er das gesamte Heer nach Aquitanien, und nachdem er sein Lager drei Meilen von Clermont aufgeschlagen hatte, fanden sich zu gleicher Zeit auch die Aquitanier ein. Er empfahl sie persönlich wie ein Vater seinem Sohn Karl und band sie durch einen Eid an sich und eben diesen seinen Sohn. Während er nun die Kaiserin mit dem Sohne nach Poitiers vorausschickte, zog er selbst vor die Burg Carlat, weil sich hier mehrere Anhänger Pippins festgesetzt haben sollten. Diese Burg war gar nicht künstlich befestigt: auf einem natürlichen Felsen liegend, war sie

a continenti dirimitur; in quo tamen consistentes obsidione ad deditionem coegit, eisque consuetissima pietate vitam, membra et hereditatem concessit. Inde in partes Torennae, quo infideles eius delitescere frustraque resistere moliebantur, habitum[a]) divertit. Verum his in diversa vagantibus sparsimque quaquaversum fugitantibus, imperatoris exercitus continua autumni serenitate solisque inclementia non parum incommoditatis expertus est. Nam febri maxima ex parte correptus, partim occubuit, partim difficillima regressione reversus est. Qua imperator necessitate compulsus, et asperitate hiemis imminentis detentus, absoluto reliquo exercitu, ad Pictavos in hiberna concessit.

Saxones interea contra Sorabos qui Colodici vocantur apud Kesigesburg[1] dimicantes, caelestibus auxiliis fulti, victoriam adepti sunt, regeque ipsorum Cimusclo interfecto, eandem urbem et undecim castella coeperunt; receptis etiam sacramentis a rege inter eosdem tumultus repente creato, insuperque obsidibus, multam terrae indixerunt. Sed et legati imperatoris ad Horich pacis gratia directi, receptis sacramentis, indissolubilem pepigerunt. /

840.

Imperator autem nativitatis atque apparitionis dominicae festum, sed et beatae semper virginis Mariae purificationem in urbe Pictavorum celebrans, motus Aquitanicos componere satagebat, cum interim, propinquante quadragesimali observatione, sinistrum quippiam illi nunciatum est, Hlodowicum videlicet, filium suum, consueta iam dudum insolentia usque ad Rhenum regni gubernacula usurpare. Quo admodum[b]) nuncio motus, relictis augusta et filio Karolo cum non pauca parte exercitus in urbe memorata, ipse ad Aquis palatium veniens, resurrectione dominica[2] inibi celebrata, Germaniam transposito Rheno ingreditur, fugatoque filio et paganorum exterarumque gentium adminicula etiam sui praesentia, compluribus datis muneribus, expetente, eum ulterius persequi destitit. Eclipsis solis 3. Non. Mai. ante nonam diei horam multis in locis a plurimis visa est. Imperator vero a persequendo filio rediens, correptus morbo, in insula Rheni infra Mogontiam ad prospectum Ingulenheim palatii sita 12. Kalendas Iulii defunctus est.

Hlotharius, comperto genitoris obitu, ab Italia Gallias ingressus, iura naturae transgressus, imperatorio elatus nomine, in utrumque

a) statt abitum.

durch steile Schluchten rings herum geschützt bis auf die Ostseite, wo sie nur durch einen sehr geringen Zwischenraum vom Massiv getrennt ist. Dennoch zwang er durch Einschließung die Verteidiger zur Übergabe und schenkte ihnen in seiner gewohnten Güte Leben, Leib und Eigengut. Von hier richtete er seinen Marsch in die Gegend von Turenne, wo die Empörer sich zu verbergen und, wiewohl vergeblich, Widerstand zu leisten versuchten. Während diese aber nach der andern Seite entflohen und sich überall hin zerstreuten, erlitt das Heer des Kaisers bei der steten Klarheit des Herbstes und der Ungunst der Sonne schwere Drangsale. Denn ein sehr großer Teil wurde vom Fieber ergriffen, und daran starb ein Teil, während die Übrigen unter den größten Schwierigkeiten zurückkehrten. Durch diese Umstände genötigt und auch durch die Strenge des einbrechenden Winters behindert, begab sich der Kaiser, nachdem er den Rest seines Heeres entlassen hatte, nach Poitiers in die Winterquartiere.

Die Sachsen kämpften unterdessen gegen die colodischen Sorben bei Kesigesburg[1] und siegten mit Gottes Hilfe; ihr König Cimusclus wurde getötet, und diese Stadt samt elf Burgen erobert. Ein in diesen Unruhen schnell gewählter König leistete den Eid der Treue, Geiseln wurden gestellt und ihnen ein Stück Land zur Strafe genommen. Auch die vom Kaiser an Horich des Friedens wegen geschickten Gesandten schlossen unter Ableistung von Eiden einen unauflöslichen Friedensvertrag.

840.

Der Kaiser, der das Fest der Geburt und Erscheinung des Herrn, sowie das Fest der Reinigung der seligen Maria der reinen Magd in Poitiers feierte, war um die Unterdrückung des Aufstandes in Aquitanien bemüht, als ihm beim Nahen der Fastenzeit eine betrübende Nachricht zukam, daß nämlich sein Sohn Ludwig in seinem schon lange gewohnten Übermut die Herrschaft des Reiches bis zum Rhein beanspruche. Auf diese Nachricht hin, die ihn stark beunruhigte, eilte der Kaiser, während er die Kaiserin und seinen Sohn Karl mit nicht geringer Heeresmacht in der genannten Stadt zurückließ, nach der Pfalz Aachen; und nachdem er hier das Osterfest[2] gefeiert hatte, ging er über den Rhein und drang in Germanien ein, ließ aber von der weiteren Verfolgung ab, als sein Sohn in die Flucht geschlagen war und mit vielen Geschenken sogar persönlich bei heidnischen und fremden Völkern Hilfe suchen mußte. Am 5. Mai vor der neunten Stunde des Tages wurde an vielen Orten von sehr vielen eine Sonnenfinsternis beobachtet. Von der Verfolgung des Sohnes zurückgekehrt, erkrankte der Kaiser und starb auf einer Insel des Rheins unterhalb Mainz gegenüber der Pfalz Ingelheim am 20. Juni.

Auf die Nachricht vom Tod seines Vaters rüstete sich Lothar, der von Italien nach Gallien gekommen war, unter Verletzung der Gesetze der

[b]) Hinter admodum scheint ein Adjektiv (z. B. tristi) zu fehlen.

[1] Lage unbekannt.

[2] 28. März.

fratrem, Hludowicum videlicet et Karolum, hostiliter armatur, et nunc hunc, nunc illum praelio impetit, sed utrimque minus prospere, secundum suam dumtaxat insolentiam patrato negotio, quibusdam conditionibus usque ad tempus ab utroque discessit; nec tamen contra eos, seu clam sive manifeste, pravitatem suae cupiditatis adque crudelitatis destitit machinari.

841.

Hludowicus autem et Karolus, alter ultra, alter citra Rhenum, partim vi partim minis partim honoribus partim quibusdam conditionibus omnes partium suarum sibi vel subdunt vel conciliant. Et Hlotharius quidem diebus quadragesimae Moguntiam usque adversus Hludowicum procinctum ducit; sed obsistente ipso, a transitu fluminis diu abstinetur; verum astu quodam atque perfidia populi Hludowico inhaerentis Hlothario transeunte, Hludowicus Baioariam petivit. Karolum quoque a Sequanae transitu Hlotharii multiplex populus nititur inhibere; qui tamen, virili prudentia prudentique virtute transposito flumine, omnes in fugam bis terque / coegit. Hlotharius, audita suorum fuga Karolique adventu, iterum Rhenum transponit dispositisque adversus Hludowicum custodiis, obviam Karolo proficiscitur. Hludowicus in Hlotharii adversum se dispositas turmas irruens, magnaque ex parte internecioni donans, ceteros in fugam egit; ac deinde fratri Karolo opem laturus properare festinat.

Interea pyratae Danorum ab oceano Euripo devecti, Rotumum irruentes, rapinis, ferro ignique bachantes, urbem, monachos reliquumque vulgum vel caedibus vel captivitate pessumdederunt et omnia monasteria seu quaecumque loca flumini Sequanae adhaerentia aut depopulati sunt aut multis acceptis pecuniis territa reliquerunt.

Hludowico denique propinquanti Karolus frater summo desiderio atque amore obvius venit, pariterque coniuncti, sicut fraterna caritate, ita etiam castrorum metatione, convivii etiam consiliorumque unitate, apud fratrem Hlotharium super pacis et unanimitatis, totius quoque populi et regni gubernatione, creberrimis legationibus satisagunt. Qui tamen saepissimis eos legatis et iuramentis ludens, tandem, recepto ab Aquitania Pippino, Pippini dudum defuncti fratris filio, in pago Altiodorensi, in loco qui dicitur Fontanidus utrumque fratrem regni portionibus hostili apparatu privare contendit. Cumque ad pacis fraternitatisque concordiam minime revocari posset, obviis fratribus

Natur, übermütig geworden durch den Titel Kaiser, zum Kampfe gegen seine beiden Brüder Ludwig und Karl und griff bald diesen, bald jenen mit den Waffen an. Nachdem er aber gegen beide ohne Erfolg, lediglich aus Überheblichkeit Krieg geführt hatte, zog er sich unter gewissen Bedingungen für eine bestimmte Frist von ihnen zurück, ließ aber nicht davon ab, gegen sie, heimlich oder offen, eine schändliche Begehrlichkeit und Grausamkeit entwickeln.

841.

Ludwig aber und Karl, der eine jenseits, der andere diesseits des Rheins, unterwarfen oder gewannen durch Gewalt oder Drohungen oder Geschenke oder zu gewissen Bedingungen alle Bewohner ihrer Länder. In der Fastenzeit nun rückte Lothar mit seinem Heer gegen Ludwig bis Mainz vor; da dieser ihm aber widerstand, war lange Zeit der Übergang über den Fluß verwehrt; als aber eine Hinterlist und der Verrat von Ludwigs Anhängern Lothars Übergang ermöglichte, eilte Ludwig nach Baiern. Auch dem Karl suchte eine starke Streitmacht Lothars den Seineübergang streitig zu machen; aber durch männliche Klugheit und kluge Mannhaftigkeit kam er über den Fluß und schlug alle wiederholt in die Flucht. Als Lothar von der Flucht der Seinigen und Karls Anmarsch hörte, ging er wieder über den Rhein zurück und zog, nachdem er Ludwig gegenüber seine Wachen verteilt hatte, dem Karl entgegen. Ludwig aber überfiel die gegen ihn aufgestellten Truppen Lothars, vernichtete sie zum großen Teil und schlug die übrigen in die Flucht; dann zog er schleunigst weiter, um seinem Bruder Karl Hilfe zu bringen.

Inzwischen überfielen dänische Seeräuber von der Nordsee aus durch den Kanal fahrend Rouen, wüteten mit Raub, Schwert und Feuer, schickten die Stadt, die Mönche und das übrige Volk in den Tod oder in Gefangenschaft, verheerten alle Klöster, sowie alle Orte am Ufer der Seine oder ließen sie, nachdem sie sich viel Geld hatten geben lassen, in Schrekken zurück.

Als nun Ludwig sich näherte, eilte ihm sein Bruder Karl, erfüllt von Sehnsucht und Liebe, entgegen und beide bemühten sich, vereint wie in brüderlicher Liebe so durch ihre Heerlager, auch durch die Einträchtigkeit ihres Zusammenseins und ihrer Ziele, durch häufige Botschaften an ihren Bruder Lothar um Frieden und Einheit, sowie um eine Regierung über das gesamte Volk und Reich. Doch er lachte ihrer häufigen Gesandtschaften und Eide, und nachdem er Pippin, den Sohn seines vor längerer Zeit verstorbenen Bruders Pippin, aus Aquitanien an sich gezogen hatte, trachtete er darnach, seinen beiden Brüdern in dem Gau von Auxerre bei Fontenay ihre Reichsteile mit Waffengewalt zu entreißen. Und da er sich in keiner Weise zu einträchtiger Friedens- und Bruderliebe bewegen ließ, wurde er von seinen Brüdern Sonnabend den 24. Juni in der Frühe angegriffen, und nachdem auf beiden Seiten viele gefallen, noch mehr aus dem Felde geschlagen waren, ergriff er schmählich besiegt die Flucht.

7. Kalend. Iul. die sabbato mane interceptus, multis utrimque cadentibus, compluribus profligatis, turpiter victus aufugit. Palantium autem caedes passim agitabatur, donec Hludowicus et Karolus pietate ferventes ab eorum interfectione cessandum decreverunt. Quin etiam longius a castris obtentu christianitatis fugientes persequi desierunt, episcopisque mandatum, ut die crastina, qua eiusdem rei gratia in loco eodem stativa habuerunt, mortuorum cadavera, prout temporis oportunitas sineret, sepulturae mandarent. In quo praelio Georgius Ravennates episcopus a Gregorio Romano pontifice ad Hlotharium fratresque eius pacis gratia directus, sed a Hlothario detentus neque ad fratres venire permissus, captus est et cum honore ad propria remissus. Hlotharius terga vertens et Aquasgranii perveniens, Saxones ceterosque confines restaurandi / praelii gratia sibi conciliare studet, in tantum ut Saxonibus qui Stellingi appellantur, quorum multiplicior numerus in eorum gente habetur, obtionem cuiuscumque legis vel antiquorum Saxonum consuetudinis, utram earum mallent, concesserit. Qui semper ad mala proclives, magis ritum paganorum imitari quam christianae fidei sacramenta tenere delegerunt. Herioldo, qui cum ceteris Danorum pyratis per aliquot annos Frisiae aliisque christianorum maritimis incommoda tanta sui causa ad patris iniuriam invexerat, Gualacras aliaque vicina loca huius meriti gratia in beneficium contulit; dignum sane omni detestatione facinus, ut qui mala christianis intulerant, idem christianorum terris et populis Christique ecclesiis praeferrentur, ut persecutores fidei christianae domini christianorum existerent, et demonum cultoribus christiani populi deservirent!

Hludowicus partim terroribus partim gratia Saxonum quidem complures, Austrasiorum, Toringorum atque Alamannorum suae omnes subiugat ditioni. Karolus, dispositis, quantum oportunitas rerum sivit, Aquitanicis partibus, per Cenomannos, Parisios atque Bellavagos, Franciam permeans, Hasbanienses adit sibique plus amore quam timore conciliat. Hlotharius, Rheni amne transposito, Hlodowicum bello impetere moliens, cogitatuum suorum conatibus frustratus, in Karolum subito vertitur, ratus eum longius a fratre Hludowico separatim adgressum facilius evincendum. Karolus Loticiam Parisiorum regressus, transito Sequanae flumine, Hlotharii molitionibus diu obsistit. Hlotharius transpositione fluvii prohibitus, superiores ipsius expetens partes, per Mauripensem pagum[1] Senones penetrat. Unde Cenoman-

Überall wurden die Flüchtenden niedergehauen, bis Ludwig und Karl, von heißer Frömmigkeit getrieben, dem Blutvergießen Einhalt geboten; ja sie standen sogar in christlicher Gesinnung davon ab, die Flüchtigen weiter vom Lager zu verfolgen, und die Bischöfe erhielten den Auftrag, am nächsten Tage, wo man eben zu diesem Zweck noch an Ort und Stelle im Lager blieb, die Leichen der Gefallenen, soweit es die Zeit erlaubte, zu bestatten. In dieser Schlacht geriet Bischof Georg von Ravenna in Gefangenschaft; er war von Papst Gregor in Rom an Lothar und seine Brüder des Friedens halber geschickt, aber von Lothar festgehalten worden, der ihn nicht zu seinen Brüdern gehen ließ. Nun wurde er ehrenvoll wieder in seine Heimat geschickt. Auf seiner Flucht kam Lothar nach Aachen und suchte von hier aus, um den Kampf wieder aufnehmen zu können, die Sachsen und die übrigen angrenzenden Völker für sich zu gewinnen, wobei er soweit ging, daß er bei den Sachsen den sogenannten Stellingen, die die Mehrzahl in diesem Volk bilden, freistellte, sich unter allen Gesetzen und den Einrichtungen der alten Sachsen auszuwählen, was sie haben wollten. Und diese, immer zum Bösen geneigt, entschieden sich dafür, heidnisches Wesen anzunehmen statt die auf den christlichen Glauben abgelegten Eide zu halten. Dem Heriold, der mit den übrigen dänischen Seeräubern eine Reihe von Jahren zu seinem Vorteil Friesland und anderen Küstenländern der Christenheit so vielen Schaden seinem Vater zuleid angetan hatte, gab er für dieses Verdienst Walcheren und andere benachbarte Orte zu Lehen. Eine Tat, die gewiß jeglichen Abscheu verdient, daß Leute, welche den Christen Übles zugefügt hatten, über christliche Länder und Völker und über Kirchen Christi gesetzt wurden, so daß die Verfolger des christlichen Glaubens die Herren von Christen wurden und christliche Völker den Götzenanbetern dienen mußten.

Ludwig unterwarf seiner Herrschaft teils durch Schrecken, teils durch Güte, einen Teil der Sachsen sowie alle Austrasier, Thüringer und Alamannen. Karl nahm, nachdem er in Aquitanien Ordnung geschaffen hatte, soweit es die Umstände erlaubten, seinen Weg durch Francien über le Mans, Paris und Beauvais nach dem Haspengau und gewann diesen mehr durch Liebe als Furcht für sich. Lothar plante nach dem Übergang über den Rhein seinen Angriff gegen Ludwig zu richten; als er aber seine Pläne vereitelt sah, wandte er sich plötzlich gegen Karl, indem er glaubte, diesen vereinzelt und vom Bruder getrennt leichter besiegen zu können. Karl zog sich auf Paris zurück, ging über die Seine und trotzte lange Zeit Lothars Unternehmungen. Am Übergang über den Fluß gehindert, zog Lothar flußaufwärts und drang durch den Mauripensischen Gau[1] vor bis Sens; von hier kam er nun aber nach le Mans , überall mit Plünderung, Feuer, Schändung, Kirchenraub und Eideszwang wütend, so daß er selbst

[1] Le Morvois.

nos nullo negotio adiens, cuncta rapinis, incendiis, stupris, sacrilegiis sacramentisque adeo iniuriat, ut ne ab ipsis aditis temperaret. Nam quoscumque salvandi gratia repositos vel in ecclesiis vel in earum gazofilaciis thesauros, etiam sacerdotibus et ceterorum ordinum clericis iuramento devinctis, / reperire potuit, auferre non distulit; ipsas quoque sanctimoniales divinis cultibus deditas feminas in sui sacramenta coegit. Karolus apud Parisios diutius diversatus, urbem Catalaunis, nativitatis dominicae festum inibi celebraturus, advenit

842.

Inde Trecas adiens, per Alsensem pagum[1] et Tullum civitatem, Vosegi saltu transposito, penes Argentoratum urbem fratri Hludowico coniungitur. Hlotharius nulla penitus sua suorumve utilitate inferiores Galliae partes tantopere populatus, erga Parisiorum Loticiam fluvium Sequanae transiens, Aquasgranii rediit, fratrumque coniunctionem ut audiit, aegre tulit. Hlodowicus et Karolus, quo sibi firmius populos utrique subditos necterent, sacramento sese alterutro devinxerunt; fideles quoque populi partis utriusque pari se iuramento constrinxerunt, ut, uter eorundem fratrum adversus alterum sinistri quippiam moliretur, relicto prorsus auctore discidii, omnes sese ad servatorem fraternitatis amicitiaeque converterent. Quibus patratis, ad Hlotharium pacis gratia dirigunt. Qui legatis eorum a sui praesentia atque conloquio inhibitis, ad obsistendum fratribus se suosque hostiliter praeparat. Quo in Sentiaco palatio a Mosella flumine octo ferme milibus constituto, et eiusdem transeundi facultatem dispositis custodiis denegante, Hludowicus navali, Karolus equestri apparatu, castrum Confluentes perveniunt, ibique Mosellam viriliter transire inchoantibus, omnes Hlotharii excubiae velociter aufugerunt. Hlotharius, inopinato fratrum adventu territus, cessit. Sublatisque cunctis ab Aquisgranii palatio tam Sanctae Mariae quam regalibus thesauris, disco[2] etiam mirae magnitudinis ac pulchritudinis argenteo, in quo et orbis totius discriptio et astrorum consideratio et varius planetarum discursus, divisis ab invicem spatiis, signis eminentioribus sculpta radiabant, particulatim praeciso suisque distributo, a quibus tamen, quamvis tali mercede conductis, per contubernia turmatim deserebatur, per Catalaunis fugiens, apud Trecas paschali sollemnitate[3] peracta, Lugdunum petiit. Hludowicus penes Coloniam Agrip/pinam, Karolus in Heristalio palatio eandem festivitatem celebrantes, homines ipsarum partium ad

die heiligen Räume nicht verschonte; denn er nahm unbedenklich alles mit, was er von Schätzen finden konnte, mochten sie auch, um sie zu retten, in den Kirchen oder in ihren Schatzkammern niedergelegt sein, indem er selbst die Priester und Geistlichen der andern Rangstufen zu eidlichen Aussagen nötigte; auch die dem Dienste Gottes ergebenen heiligen Nonnen zwang er ihm Eide zu leisten. Nachdem sich Karl längere Zeit zu Paris aufgehalten hatte, begab er sich nach Châlons, um hier das Fest der Geburt des Herrn zu begehen.

842.

Von da ging er nach Troyes, nahm dann weiter seinen Weg durch den Alsenser Gau[1] und über die Stadt Toul, überschritt den Wasgenwald und vereinigte sich bei Straßburg mit seinem Bruder Ludwig. Lothar aber ging, nachdem er ohne allen Nutzen für sich und die Seinen so sehr die tiefer gelegenen Teile Galliens verwüstet hatte, bei Paris über die Seine, kehrte nach Aachen zurück und ärgerte sich, als er von der Vereinigung seiner Brüder hörte. Ludwig und Karl verbanden sich gegenseitig durch einen Eid, um die ihnen beiden unterworfenen Völker noch fester an sich zu knüpfen, und auch Getreue aus dem Volk von beiden Seiten verbanden sich ebenso durch einen Eid, dahin, daß wenn einer der Brüder gegen den andern etwas Schlechtes im Schilde führe, alle den Urheber des Zwistes verlassen und auf die Seite dessen treten sollten, der Brüderlichkeit und Liebe bewahre. Nachdem dies geschehen, schickten sie an Lothar, um mit ihm Frieden zu schließen; doch dieser verweigerte den Gesandten Aufnahme und Unterredung und rüstete sich und die Seinen zum Widerstand mit den Waffen gegen die Brüder. Während er nun in der Pfalz Sinzig, etwa acht Meilen von der Mosel weilte und durch eine Postenkette den Übergang über diesen Fluß streitig machen wollte, kam Ludwig zu Schiff, Karl mit der Reiterei nach der Burg Koblenz, und als sie dort mannhaft die Mosel zu überschreiten begannen, ergriffen alle Wachen Lothars schleunigst die Flucht. Durch die unerwartete Ankunft seiner Brüder erschreckt, suchte Lothar das Weite. Und aus der Pfalz zu Aachen nahm er sowohl den ganzen königlichen Schatz wie den von St. Marien mit, auch ließ er einen silbernen Tisch[2] von wunderbarer Größe und Schönheit, auf dem voneinander getrennt, eine Karte des ganzen Erdkreises, ein Bild des gestirnten Himmels und die verschiedenen Planetenbahnen in erhabener Arbeit strahlten, in Stücke zerschneiden und verteilte ihn unter die Seinigen, die ihn aber, trotzdem er sie mit solchem Lohn zu gewinnen suchte, im Lager haufenweise verließen. Über Châlons fliehend feierte er in Troyes das Osterfest[3] und zog dann weiter

[1] l'Azois zwischen Troyes u. Bar sur Aube, nicht, wie in anderen Fällen, l'Auxois (Dép. Côte d'Or, arr. Semur und Avallon).

[2] Vgl. Einhardi vita Caroli c. 33 (Bd. I S. 208), dazu Fr. N. Estey in Speculum 18, 1943, 112–117.

[3] 2. April.

sese refugientes sucipiunt, fratrem persequi desistentes. Quibus multipliciter receptis, fratris abitum gradu tardiusculo insequuntur; qui apud fratres super pacis foedere licet invitus satagens, legatos quibus plurimum nitebatur dirigit. Electo ad hoc negotium Matasconis urbis vicinio, illuc utrimque coitur, et utriusque partis castra Arare fluvio dirimente, in quandam insulam eiusdem fluminis ad commune conloquium aspectumque coeunt. Ubi venia de praeteritis perperam gestis vicissim postulata atque accepta, sacramentum quoque alter alteri verae pacis fraternitatisque iuraverunt et de regni totius aequis portionibus diligentius faciendis Kalendis Octobribus in urbe Mediomatricorum Mettis vocabulo decreverunt.

Ea tempestate Nordomannorum classis in emporio quod Quantovicus[1] dicitur repentino sub lucem adventu depraedationibus, captivitate et nece sexus utriusque hominum adeo debachati sunt, ut nihil in eo praeter aedificia pretio redempta relinquerent. Maurorum etiam pyratae per Rhodanum prope Arelatum delati, cuncta passim depraedati, impune oneratis navibus regressi sunt.

Karolus autem a Matascone Aquitaniam ingressus atque pervagatus, ad memoratum placiti locum et tempus venire non distulit. Hlotharius apud Augustam Treverorum legatos Grecorum suscipit, eisque absolutis, eiusdem placiti tempore palatio quod Theodonis-villa dicitur resedit. Hludowicus, peragrata omni Saxonia, cunctos sibi eatenus obsistentes vi atque terrore ita perdomuit, ut, comprehensis omnibus auctoribus tantae impietatis, qui et christianam fidem pene reliquerant et sibi suisque fidelibus tantopere obstiterant, 140 capitis amputatione plecteret, quattuordecim patibulo suspenderet, innumeros membrorum praecisione debiles redderet nullumque sibi ullatenus refragantem relinqueret.

Interea, Beneventanis inter se dissidentibus, Saraceni ab Affrica ab eis invitati, primo quidem auxiliatores, postmodum vero violenti insecutores, plurimas civitatum vi obtinent. /

Karolus mense Octobri ab urbe Mediomatricorum Vangium profectus, Hludowico fratri coniungitur. Quibus inibi diutius immorantibus, et missis alternatim ad Hlotharium intercurrentibus ac de regni portionibus multum diuque consultantibus, tandem inventum est, ut missi strennui per universum suae ditionis regnum deligerentur, quorum industria diligentior discriptio fieret, cuius serie trium fratrum

nach Lyon. Ludwig beging dieses Fest in Köln, Karl in der Pfalz Heristal und indem sie von der Verfolgung des Bruders abstanden, sammelten sie die aus diesen Landesteilen ihnen zuströmenden Leute. Nachdem sie deren eine vielfache Menge vereinigt, folgten sie gemächlichen Schrittes dem Fluchtweg ihres Bruders; denn dieser dachte jetzt, wenn auch ungern, an ein Friedensbündnis mit seinen Brüdern und schickte an sie als Gesandte Männer, auf die er sich ganz besonders verließ. Nachdem für diese Verhandlung die Umgegend von Mâcon erwählt worden war, wandte man sich beiderseits dahin, und während die beiden Lager durch den Fluß Saone getrennt blieben, kamen die Brüder auf einer Insel dieses Flusses zusammen, um sich zu sehen und zu sprechen. Sie forderten und gewährten sich gegenseitig Verzeihung für alle Missetaten der Vergangenheit, gelobten einander eidlich wahren Frieden und brüderliche Freundschaft und beschlossen, am 1. Oktober in Metz eine genauere Teilung des ganzen Reiches in gleiche Stücke vorzunehmen.

Um diese Zeit erschien plötzlich mit Tagesanbruch eine Flotte der Normannen vor dem Handelsplatz Quentovich[1], und diese wüteten so furchtbar, indem sie alles verwüsteten, die Einwohner fortschleppten und ohne Unterschied des Geschlechts töteten, daß sie nichts als die Gebäude zurückließen, deren Schonung teuer erkauft wurde. Auch Maurische Piraten, die auf der Rhone bis Arles gelangten, verwüsteten alles ringsumher und zogen darauf mit beutebeladenen Schiffen ungestraft wieder fort.

Karl, der sich von Mâcon nach Aquitanien begeben und dieses Land durchzogen hatte, versäumte nicht, sich zu rechter Zeit an dem erwähnten Ort der Versammlung einzufinden. Lothar empfing in Trier Gesandte der Griechen; nach ihrer Verabschiedung nahm er für die Dauer jener Versammlung seinen Wohnsitz in der Pfalz Diedenhofen. Ludwig, der ganz Sachsen durchzog, unterwarf alle, die ihm bisher widerstanden hatten, durch Gewalt und Schrecken: nachdem alle gefangen genommen waren, die Anstifter der großen Freveltat gewesen waren, die den christlichen Glauben verlassen und ihm und seinen Getreuen so heftigen Widerstand geleistet hatten, ließ er hundertundvierzig köpfen, vierzehn am Galgen aufhängen, eine ungeheure Menge verstümmeln und keinen am Leben, der sich noch irgendwie gegen ihn auflehnte.

Inzwischen kamen, als die Beneventaner miteinander in Streit lagen, von ihnen aufgefordert die Sarrazenen aus Afrika, anfangs zuerst als Helfer, nachher aber als heftige Unterdrücker und bemächtigten sich mit Gewalt vieler Städte.

Karl begab sich im Oktober von Metz nach Worms und traf sich hier mit seinem Bruder Ludwig. Während sie hier länger verweilten, gingen zwischen ihnen und Lothar Gesandte hin und her, und nachdem man lange und viel über die Teilung des Reichs verhandelt hatte, kam man endlich darauf, tüchtige Männer aus dem ganzen Reich auszuwählen, um

[1] Etaples, Dép. Pas de Calais, arr. Montreuil.

aequissima regni divisio inrefragabiliter statuto tempore patraretur. Quibus destinatis, Hludowicus Germaniam repedat, Hlotharius medioximis regni Francorum immoratur. Karolus Carisiacum palatium veniens, Ermendrud, neptem Adalardi comitis, uxorem ducit, atque Augustam Viromandorum, ad memoriam videlicet beati Quintini martyris, nativitatis dominicae festum celebraturus, proficiscitur. Inter haec terrae motus in inferioribus Galliae factus est.

843.

Hlotharius et Hludowicus intra fines regnorum suorum sese cohibentes, pacifice degunt, Karolus Aquitaniam pervagatur. Quo illic constituto, Nomenogius Britto et Lantbertus, qui nuper ab eius fidelitate defecerant, Rainaldum Namnetorum ducem interficiunt, complures capiunt. Emergentibus igitur hinc inde tot tantisque incessabiliter malis, vastante passim cuncta raptore, coacti sunt per multa totius Galliae loca homines terram mixta paucitate farinae atque in panis speciem redactam comedere, eratque lacrimabile, immo execrabile nimium facinus, ut iumenta raptorum pabulis habundarent et homines ipsius terrenae admixtionis crustulis indigerent.

Pyratae Nordomannorum urbem Namnetum adgressi, interfectis episcopo et multis clericorum atque laicorum sexusque promiscui, depraedata civitate, inferioris Aquitaniae partes depopulaturi adoriuntur. Ad postremum insulam quandam ingressi, convectis a continenti domibus, hiemare velut perpetuis sedibus statuerunt.

Karolus ad condictum fratribus obvians, penes Virodunum coniungitur. Ubi distributis portionibus, Hludowicus ultra Rhenum omnia, citra Renum vero Nemetum, / Vangium et Magontiam civitates pagosque sortitus est; Hlotharius intra Renum et Scaldem in mare decurrentem, et rursus per Cameracensem, Hainaum, Lomensem[1], Castricium[2] et eos comitatus qui Mosae citra contigui habentur, usque ad Ararem Rodano influentem, et per deflexum Rodani in mare, cum comitatibus similiter sibi utrimque adherentibus. Extra hos autem terminos Atrebates tantum Karoli fratris humanitate adeptus est. Cetera usque ad Hispaniam Karolo cesserunt. Factisque sacramentis, tandem altrinsecus est discessum.

Ea tempestate, concordantibus ad invicem Beneventanis, Dei auxilio de illis partibus Saraceni expulsi sunt.

durch sie eine genauere Aufstellung zu machen, anhand deren zur festgesetzten Zeit die gerechteste Teilung des Reichs endgültig zwischen den drei Brüdern vorgenommen werden solle. Nachdem diese Männer bestellt worden waren, ging Ludwig nach Germanien zurück, Lothar aber blieb in den mittleren Gegenden des Frankenreiches. Karl begab sich nach der Pfalz Quierzy, feierte hier seine Vermählung mit Ermendrud, der Nichte des Grafen Adalhard, und ging dann nach St. Quentin, so genannt zu Ehren des seligen Märtyrers Quintinus, um hier das Fest der Geburt Christi zu feiern. Um diese Zeit fand im Tiefland Galliens ein Erdbeben statt.

843.

Lothar und Ludwig blieben innerhalb der Grenzen ihrer Reiche und hielten Frieden. Karl durchzog Aquitanien. Während er hier weilte, töteten der Bretone Nomenogius und Lantbert, die kürzlich von ihm abgefallen waren, den Herzog Rainald von Nantes und nahmen mehrere gefangen. Indem nun von allen Seiten so viele und große Übel fortdauernd auftauchten und der Räuber überall alles wegnahm, sahen sich an vielen Orten in ganz Gallien die Menschen gezwungen, aus Erde mit etwas Mehl vermischtes Brot zu machen und dieses zu essen, und es war eine bejammernswerte, ja höchst fluchwürdige Tatsache, daß, während die Pferde der Verwüster Überfluß an Futter hatten, die Menschen sogar an solchem mit Erde vermischten Brot Mangel litten.

Normannische Seeräuber kamen nach Nantes, und nachdem sie den Bischof, viele Geistliche und Laien beiderlei Geschlechts getötet und die Stadt geplündert hatten, zogen sie nach den Gegenden des unteren Aquitanien, um sie zu verwüsten; schließlich gingen sie auf einer Insel an Land, holten vom Festlande die Häuser und beschlossen, sich hier für den Winter wie in bleibenden Wohnsitzen niederzulassen.

Karl begab sich zur Zusammenkunft mit den Brüdern und traf sie in Verdun. Hier erhielt Ludwig, nachdem die Teilung ausgeführt war, alles jenseits des Rheins, dazu diesseits die Städte und Gaue von Speier, Worms und Mainz; Lothar das Land zwischen Rhein und Schelde bis zu ihrer Mündung und dann das Land um Cambrai, den Hennegau, das Lomensische[1] und Castricische[2] Gebiet, und die Grafschaften links der Maas und weiter bis zum Einfluß der Saone in die Rhone, und der Rhone entlang bis zum Meer mit den Grafschaften auf beiden Seiten. Außerhalb dieser Grenzen erhielt er bloß Arras durch die Güte seines Bruders Karl. Der Rest bis Spanien fiel Karl zu. Und nachdem sie gegenseitige Eide geschworen, schied man zuletzt voneinander.

Um diese Zeit wurden, als die Beneventaner sich wieder miteinander vertrugen, mit Gottes Hilfe die Sarrazenen aus diesen Gebieten verjagt.

[1] Zwischen Maas und Sambre.

[2] Südlich davon.

844.

Hiems mollissima et usque ad Kalendas Februarii quadam temperie modificata.

Bernardus comes marcae Hispanicae, iam dudum grandia moliens summisque inhians, maiestatis reus Francorum iudicio, iussu Karoli in Aquitania capitalem sententiam subiit.

Gregorius Romanae aecclesiae pontifex decessit. Cui Sergius succedens, in eadem sede substituitur. Quo in sede apostolica ordinato, Hlotharius filium suum Hludowicum Romam cum Drogone Mediomatricorum episcopo dirigit, acturos, ne deinceps decedente apostolico quisquam illic praeter sui iussionem missorumque suorum praesentiam ordinetur antistes. Qui Romam venientes, honorifice ab eo suscepti sunt, peractoque negotio, Hludowicum pontifex Romanus unctione in regem consecratum cingulo decoravit, Drogonem vero episcopum sui vicarium Galliarum Germaniarumque partibus designavit.

Siginulfus Beneventanorum dux ad Hlotharium cum suis omnibus sui deditionem faciens, centum milium aureorum multa sese ipsi fecit obnoxium. Quibus Beneventani, qui pridem alias versi fuerant, compertis, ad eundem Siginulfum sese convertentes, Saracenorum reliquias a suis finibus expellere moliuntur.

Lantbertus cum Brittonibus quosdam Karoli markionum Meduanae ponte interceptos perimit. Pippinus, Pippini quondam regis filius, exercitui ex Francia ad Karolum / Tolosam civitatem obsidione vallantem properanti in pago Ecolesimo occurrens, ita brevi et absque suorum casu eum profligavit,ut, primoribus interfectis, ceteros fugam ante congressum etiam ineuntes, vix paucis evadentibus, aut caperet aut spoliatos sacramentoque adstrictos ad propria redire permitteret. Qua inopinata congressione Hugo presbyter et abbas, filius Karoli Magni quondam imperatoris et frater Hludowici itidem imperatoris patruusque Hlotharii, Hludowici et Karoli regum, necnon Richboto abbas, et ipse consobrinus regum, nepos videlicet Karoli imperatoris ex filia, Eckardus quoque et Ravanus comites cum aliis pluribus interfecti sunt. Capti vero Ebroinus Pictavorum episcopus, Ragenarius Somarobricae Ambianorum episcopus et Lupus abbas ac filii Eckardi comitis duo, item Eokardus, Guntardus et Richuinus comites, Engilwinus etiam aliique non pauci nobilium.

Nomenogius Britto eadem tempestate fines sibi suisque antecesso-

844.

Der Winter war sehr mild und bis Anfang Februar durch schönes Wetter gemäßigt.

Graf Bernhard von der Spanischen Mark, der sich schon lange mit großen Plänen trug und nach dem Höchsten strebte, wurde nach dem Urteil der Franken des Majestätsverbrechens für schuldig erklärt und auf Befehl Karls in Aquitanien hingerichtet.

Gregor, der Bischof der römischen Kirche, starb und Sergius wurde als sein Nachfolger in dieser Würde bestellt. Nachdem dieser auf dem päpstlichen Stuhl geweiht war, schickte Lothar seinen Sohn Ludwig nach Rom in Begleitung des Bischofs Drogo von Metz, um zu erreichen, daß künftig beim Tode des Papstes kein Nachfolger ohne seinen Befehl und ohne die Gegenwart seiner Abgesandten geweiht würde. Als sie nach Rom kamen, wurden sie ehrenvoll von ihm empfangen, und nach dem Abschluß der Verhandlungen salbte der römische Papst den Ludwig als König und schmückte ihn mit der Krone; den Bischof Drogo aber ernannte er zu seinem Vikar für die Länder Galliens und Germaniens.

Herzog Siginulf von Benevent unterwarf sich mit allen den Seinigen der Botmäßigkeit Lothars und verpflichtete sich zu einer Buße von hunderttausend Goldstücken an ihn; als dies die Beneventer erfuhren, welche früher zur entgegengesetzten Partei gehört hatten, traten sie wieder auf Siginulfs Seite und rüsteten sich nun, die letzten Sarrazenen aus ihrem Lande zu vertreiben.

Lantbert mit den Bretonen tötete bei einem Überfalle an der Brücke der Mayenne mehrere Markgrafen Karls. Pippin, der Sohn des ehemaligen Königs Pippin, griff in dem Gau Angoulême ein Heer an, das aus Francien dem König Karl zuzog, während dieser Toulouse belagerte, und schlug es in kurzem und ohne allen Verlust der Seinigen so, daß, nachdem die Vordersten getötet waren, die übrigen, noch ehe sie zum Kampf kamen, die Flucht ergriffen und er sie, während nur wenige entkamen, teils gefangen behielt, teils entwaffnet und durch Treueid verpflichtet in ihre Heimat zurückkehren ließ. Bei diesem unerwarteten Zusammentreffen fielen Hugo, Presbyter und Abt, der Sohn weiland Kaiser Karls des Großen, ein Bruder von weiland Kaiser Ludwig und Oheim der Könige Lothar, Ludwig und Karl, ferner Abt Richboto, ebenfalls Vetter der Könige, als ein Enkel Karls des Großen von einer Tochter, sowie die Grafen Eckard und Ravan nebst vielen andern; in Gefangenschaft gerieten Bischof Ebroin von Poitiers, Bischof Ragenar von Amiens, Abt Lupus, die beiden Söhne des Grafen Eckard, ferner die Grafen Eokard, Guntard und Richwin, sowie Engilwin mit vielen andern Edlen.

Um diese Zeit überschritt der Bretone Nomenogius übermütig die ihm und seinen Vorfahren angewiesenen Grenzen und drang, alles weit und breit verwüstend und das meiste Land niederbrennend, bis le Mans vor,

ribus distributos insolenter egrediens, Cenomannos usque cuncta longe lateque populando, ignibus etiam plurima cremando, pervenit, ubi audita Nordomannorum intra fines eius inruptione, redire compulsus est.

Hludowicus rex Germanorum populos Sclavorum et terras adgressus, quosdam in deditionem cepit, quosdam interfecit, omnes pene illarum partium regulos sibi aut vi aut gratia subegit.

Nordomanni Brittaniam insulam, ea quam maxime parte quam Angli Saxones incolunt, bello inpetentes, triduo pugnando victores effecti, praedas, rapinas, neces passim facientes, terra pro libitu potiuntur.

Interea fratrum, id est Hlotharii, Hludowici et Karoli, alternatim fraterno affectu legatis multifariam discurrentibus, mense Octobri idem penes Theodonis-villam conveniunt, habitoque diebus aliquot amicabili pernecessarioque conloquio, inter se fraternitatis et caritatis iura in posterum non violanda confirmant[1]. Omnes quoque discordiarum satores cauturos sollicitius exsecraturosque, et statum ecclesiarum, inminentibus necessitatibus foedissime rebus dilaceratum, ac personis minus congruis, id est laicis, vulgo contraditum, / redintegraturos sese promittunt. Unde et ad Pippinum, Lantbertum atque Nomenogium pacis gratia missos pariter destinant, ut fratri Karolo oboedientes fideles de cetero permansuri occurrere non differant; sin alias, eis tempore oportuno viriliter conglobati, eorum infidelitatibus ulciscendis se interminando profecturos pronunciant.

Nordomanni per Garonnam Tolosam usque proficiscentes, praedas passim inpuneque perficiunt. Unde regressi quidam Galliciamque adgressi, partim ballistariorum occursu partim tempestate maris intercepti dispereunt. Sed et quidam eorum ulterioris Hispaniae partes adorsi, diu acriterque cum Saracenis dimicantes, tandem victi resiliunt.

845.

Hiems asperrima. Nordomannorum naves centum viginti mense Martio per Sequanam hinc et inde cuncta vastantes, Loticiam Parisiorum, nullo penitus obsistente, pervadunt. Quibus cum Karolus occurrere moliretur, sed praevalere suos nullatenus posse prospiceret, quibusdam pactionibus, et munere septem milium librarum eis exhibito, a progrediendo compescuit ac redire persuasit.

Folcradus comes et ceteri Provinciales ab Hlothario deficiunt sibique potestatem totius Provinciae usurpant.

wo ihn die Nachricht von einem Normanneneinfall in seinem Land zur Umkehr nötigte.

Ludwig, der König der Germanen, griff Völker und Länder der Slaven an, nahm die einen zu Gehorsam und Untertänigkeit an, tötete die andern und unterwarf sich alle Könige jener Länder durch Gewalt oder in Güte.

Die Normannen fielen mit den Waffen auf der Insel Britannien ein, besonders in dem Teil, den die Angelsachsen bewohnen, und nachdem sie in dreitägiger Schlacht Sieger geblieben waren, verübten sie überall Plünderung, Raub und Mord und schalteten nach Willkür mit dem Lande.

Inzwischen, nachdem von den Brüdern Lothar, Ludwig und Karl in brüderlicher Liebe vielfach Boten hin -und hergesandt woren waren, trafen sich diese im Oktober in Diedenhofen; und nach mehrtägiger freundschaftlicher und sehr vertrauter Verhandlung versprachen sie einander, die Rechte brüderlicher Liebe in Zukunft nicht zu verletzen.[1] Auch gelobten sie, alle Anstifter der Zwietracht sorgfältiger von sich fernzuhalten und zu verabscheuen, sowie den Besitzstand der Kirchen, deren Güter unter dem Drang der Zeiten schmählich zerstückelt und meist ungeeigneten Personen, nämlich Laien, übergeben worden waren, wiederherzustellen. Von hier schickten sie ebenso des Friedens wegen Gesandte auch an Pippin, Lantbert und Nomenogius, diese möchten sich unverzüglich bei Karl einfinden, um ihm ferner in Treue gehorsam zu sein; andernfalls, erklärten sie drohend, würden sie zu geeigneter Zeit mit vereinter Heeresmacht gegen sie ziehen, um sie für ihre Untreue zu strafen.

Die Normannen drangen auf der Garonne bis Toulouse vor und plünderten ungestraft das Land nach allen Seiten; von hier aus landeten einige auf dem Rückweg in Galizien und gingen, teils im Kampfe mit Schleuderern, teils durch Sturm auf dem Meer unter; einige von ihnen wandten sich sogar nach dem ferneren Spanien, gerieten dort in lange und schwere Kämpfe mit den Sarrazenen und mußten schließlich, von diesen besiegt, umkehren.

845.

Der Winter war sehr hart. Die Normannen drangen mit 120 Schiffen auf der Seine, alles auf beiden Ufern verwüstend, ohne irgend welchen Widerstand zu finden, vor bis Paris. Karl, der sich zum Kampf mit ihnen rüstete, aber voraussah, daß die Seinen unmöglich den Sieg davontragen könnten, hielt sie dadurch, daß er einige Verträge schloß und ihnen ein Geschenk von siebentausend Pfund Silber einhändigte, von ihrem weiteren Vorrücken ab und bewog sie zur Rückkehr.

Graf Folcrad und die übrigen Grafen der Provence fielen von Lothar ab und rissen die Gewalt über die ganze Provence an sich.

[1] MG Capitul. II S. 112 Nr. 227.

Nortmannorum rex Horicus sexcentas naves per Albim fluvium in Germaniam adversus Hludowicum dirigit. Quibus Saxones occurrentes, commisso praelio, domini nostri Iesu Christi auxilio victores efficiuntur. Unde digressi, Sclavorum quandam impetunt et capiunt civitatem.

Fames valida Galliae inferiora consumit, adeo ut multa hominum milia eadem invalescente absumpta sint. Karolus agrum Floriacum, in quo Sancti Benedicti monasterium consistit, duodecim ab Aurelianorum urbe leugis, veniens, Pippinum, Pippini filium, suscipit, et receptis ab eo sacramentis fidelitatis, quatenus ita deinceps ei fidelis sicut nepos patruo existeret et in quibuscumque necessitatibus ipsi pro viribus auxilium ferret, totius Aquitaniae dominatum ei permisit, praeter Pictavos, Sanctonas et Ecolinenses. Unde et omnes Aquitanici, qui eatenus cum Karolo fuerant, ad eundem Pippinum continuo sui conversionem efficere studuerunt. /

Beneventani cum Saracenis, veteri discordia recrudescente, denuo dissident.

Nordomanni, alveo Sequanae remenso, maria repetunt, cuncta maris loca finitima diripiunt, vastant atque incendiis concremant. Sed licet peccatis nostris divinae bonitatis aequitas nimium offensa taliter christianorum terras et regna attriverit, ne tamen etiam pagani improvidentiae aut certe impotentiae Dominum omnipotentissimum ac providentissimum inpune diutius insimularent, cum a quodam monasterio[1] direpto incensoque oneratis navibus repedarent, ita divino iudicio vel tenebris caecati vel insania sunt perculsi, ut vix perpauci evaderent, qui Dei potentiam ceteris nunciarent. Unde, ut fertur, commotus animo rex eorum Oricus, ad Hludowicum regem Germanorum legatos pacis gratia destinat, captivitatem absolvere thesaurosque paratus pro viribus restituere.

Hlotharius Provinciam ingressus brevi totam suae potestati recuperat.

Dani, qui anno praeterito Aquitaniam vastaverant, remeantes, Santonas invadunt, confligentes superant quietisque sedibus immorantur.

Karolus Brittaniam Galliae cum paucis minus caute adgressus, deficientibus suis rebus sinistra fortuna universis, Cinomannos festinato revertitur, reparatoque exercitu, eandem parat impetere.

Der Normannenkönig Horich entsandte sechshundert Schiffe auf der Elbe gegen Ludwig nach Germanien; die Sachsen traten ihnen entgegen, und als es zu einer Schlacht kam, trugen sie mit unseres Herrn Jesu Christi Hilfe den Sieg davon; auf dem Rückzug von hier griffen die Normannen eine Stadt der Slaven an und eroberten sie.

Eine schwere Hungersnot verzehrte das niedere Gallien, so daß sie, als sie sich immer mehr steigerte, tausende von Menschen fortraffte. Karl kam in die Gegend von Fleury, wo das Kloster des heil. Benedikt erbaut ist, zwölf Meilen von Orléans und empfing hier Pippin den Sohn Pippins. Und nachdem er von ihm den Eid der Treue entgegengenommen hatte, wornach Pippin künftig ihm wie ein Neffe dem Oheim treu sein und ihm in allen Nöten nach Kräften Beistand leisten werde, überließ er ihm die Herrschaft über ganz Aquitanien außer Poitou, Saintonge und Angoumois; infolgedessen suchten auch alle diejenigen Aquitanier, die bisher zu Karl gestanden hatten, sofort zu Pippin überzutreten.

Die Beneventer gerieten in Erneuerung ihrer alten Feindseligkeiten wiederum in Streit mit den Sarrazenen.

Die Normannen fuhren die Seine herab wieder zur See und plünderten, verwüsteten und verheerten durch Feuer alle Orte im Küstengebiet. Aber wenn auch durch unsere Sünden zu sehr verletzt, die Gerechtigkeit der göttlichen Güte in solcher Weise die Länder und Reiche der Christen heimsuchte, so wurden doch auch die Heiden, damit sie nicht länger ungestraft dem allmächtigen und weisesten Herrn Mangel an Klugheit oder wenigstens Macht vorwarfen, als sie nach Verwüstung und Verbrennung eines Klosters[1] mit reichbeladenen Schiffen heimkehrten, so durch Gottes Gericht von der Blindheit Finsternis und dem Wahnsinn betroffen, daß nur wenige entkamen, um den übrigen von Gottes Macht zu berichten. Hierdurch bewogen, wie es heißt, schickte König Horich Gesandte des Friedens wegen an Ludwig, den König der Germanen, bereit, die Gefangenen freizugeben und die geraubten Schätze nach bestem Können wiederzuerstatten.

Lothar drang in die Provence ein und unterwarf sie bald wieder ganz seiner Botmäßigkeit.

Die Dänen, welche im Vorjahr Aquitanien verwüstet hatten, kamen dieses Jahr wieder, fielen in Saintonge ein, besiegten im Kampf alle und ließen sich im Lande ruhig nieder.

Karl drang unvorsichtig mit einem schwachen Heere von Gallien aus in die Bretagne ein, kehrte aber, da seine Lage im Ganzen durch den unglücklichen Ausgang eines Kampfes gefährdet wurde, schnell nach Le Mans zurück und rüstete sich hier, indem er wieder ein Heer sammelte, zu einem neuen Feldzug gegen sie.

[1] unbekannt welches; nicht St. Bertin, wie auf dem Rand des Audomeriensis bemerkt ist.

846.

Pyratae Danorum Fresiam adeuntes, recepto pro libitu censu, pugnando quoque victores effecti, tota pene provincia potiuntur. Ventus aquilo per totam hiemem usque ad ipsa fere Maii mensis initia acerrimus segetibus et vineis incumbit. Luporum incursio inferiorum Galliae partium homines audentissime devorat, sed et in partibus Aquitaniae in modum exercitus usque ad trecentos ferme conglobati et per viam facto agmine gradientes, volentibusque resistere fortiter unanimiterque contrastare feruntur.

Karolus apud villam Sancti Remigii Sparnacum nomine contra morem conventum populi sui generalem[1] mense Iunio habuit; in quo episcoporum regni sui pernecessaria admo/nitio de causis ecclesiasticis ita floccipensa est, ut vix umquam reverentia pontificalis, christianorum dumtaxat temporibus, sic posthabita legatur. Quidam die ieiuniorum cum equa coiens repertus, iudicio Francorum vivus incendio crematur. Inde partes Brittaniae Karolus cum exercitu petens, pacem cum Nomenogio duce Brittonum, intervenientibus hinc et inde sacramentis, paciscitur.

Huius anni mense Maio tanta apud Altiodorum civitatem inundatio pluviarum fluxit, ut parietes penetrans ipsas etiam cupas plenas vini in fluvium Icaunam detulerit, sed et, quod est mirabilius, quandam vineam cum terra, vitibus et arboribus omnibus in nullo disruptam, ita ut erat solidam, a parte Icaunae fluminis in alteram eiusdem fluvii partem transposuerit, acsi in eodem agro naturaliter fuerit.

Mense Augusto Saraceni Maurique Tiberi Romam adgressi, basilicam beati Petri apostolorum principis devastantes, ablatis cum ipso altari, quod tumbae memorati apostolorum principis superpositum fuerat, omnibus ornamentis atque thesauris, quendam montem centum ab Urbe milibus munitissimum occupant. Quos quidam ducum Hlotharii minus religiose adorsi atque deleti sunt; pars autem hostium ecclesiam beati Pauli apostoli adiens, a campaniensibus oppressa prorsus atque interfecta est.

Hludowicus rex Germanorum adversus Sclavos profectus, tam intestino suorum conflictu quam hostium victoria conterritus, reversus est.

Hludowicus, Hlotharii filius, rex Italiae, cum Saracenis pugnans, victus vix Romam pervenit.

846.

Dänische Seeräuber landeten in Friesland, ließen sich hier nach Willkür Tribut zahlen, blieben auch im Kampf Sieger und bemächtigten sich fast des ganzen Landes. Während des ganzen Winters bis fast zu Anfang des Mai herrschte ein heftiger Nordwind zum Schaden der Saaten und Weingärten. Im unteren Gallien fielen eindringende Wölfe mit größter Frechheit die Menschen an; und auch in Aquitanien, hieß es, taten sie sich fast an die dreihundert in Rudel zusammen, zogen so auf der Straße geschlossen einher und setzten denen, welche sie angreifen wollten, einmütigen und heftigen Widerstand entgegen.

Karl hielt gegen die Gewohnheit auf dem Hofgut des heil. Remigius Namens Epernay im Juni eine Reichsversammlung[1], wo die so dringend notwendige Ermahnung der Bischöfe des Reichs in kirchlichen Sachen so mit Geringschätzung behandelt wurde, daß wohl kaum jemals in christlicher Zeit ein solcher Mangel an Achtung vor der bischöflichen Würde zu lesen ist. Ein Mensch, den man an einem Tag der Fastenzeit dabei ertappt hatte, wie er mit einer Stute Unzucht trieb, wurde nach dem Urteil der Franken lebendig verbrannt. Von dort zog Karl mit einem Heere nach der Bretagne und schloß mit Nomenogius, dem Herzog der Bretonen, Frieden unter Eidesleistung auf beiden Seiten.

Im Mai dieses Jahres trat infolge von Regengüssen eine solche Überschwemmung in Auxerre ein, daß die Flut, durch die Wände dringend, sogar die mit Wein gefüllten Fässer in die Yonne fortführte, ja, noch wunderbarer, daß sie einen Weingarten mit dem Erdreich, den Weinstöken, den Bäumen, ganz so wie er war, und ohne Riß von einem Ufer der Yonne auf das andre versetzte, als ob er von Natur dort gewesen wäre.

Im Monat August kamen die Sarrazenen und Mauren auf dem Tiber nach Rom, verwüsteten die Kirche des heil. Petrus, des Apostelfürsten (mit dem Altar über dem Grab des Apostelfürsten nahmen sie den ganzen Schmuck und Schatz fort) und besetzten einen stark befestigten Berg hundert Meilen von der Stadt. Einige der Herzöge Lothars griffen dieselben ziemlich ungescheut an und wurden vernichtet; ein Teil der Feinde aber wurde, als er in die Kirche des heil. Apostels Paulus drang, von der Landbevölkerung völlig überwältigt und niedergemacht.

Ludwig, König der Germanen, unternahm einen Feldzug gegen die Slaven; aber innere Zwistigkeiten unter den Seinigen und der Sieg der Feinde zwangen ihn zur Rückkehr.

König Ludwig von Italien, Lothars Sohn, kämpfte gegen die Sarrazenen, wurde geschlagen und rettete sich nur mit Mühe nach Rom.

[1] MG Capitul. II S. 260–262.

847.

Legati Abdirhaman regis Saracenorum a Corduba Hispaniae ad Karolum pacis petendae foederisque firmandi gratia veniunt. Quos apud Remorum Durocortorum decenter et suscepit et absolvit.

Bodo, qui ante annos aliquod christiana veritate derelicta ad Iudaeorum perfidiam concesserat, in tantum mali profecit, ut in omnes christianos Hispaniae degentes tam regis quam gentis Saracenorum animos concitare studuerit, qua/tenus aut relicta christianae fidei religione ad Iudaeorum insaniam Saracenorumve dementiam se converterent aut certe omnes interficerentur. Super quo omnium illius regni christianorum petitio ad Karolum regem regnique sui episcopos ceterosque nostrae fidei ordines lacrimabiliter missa est, ut memoratus apostata reposceretur, ne diutius christianis illic versantibus aut impedimento aut neci foret.

Dani partem inferioris Galliae quam Brittones incolunt adeuntes, ter cum eisdem bellantes, superant; Nomenogiusque victus cum suis fugit, dein lenitos muneribus a suis eos sedibus amovit.

Sergius Romanus pontifex 6. Kalend. Februarii defungitur, et Leo in eius locum eligitur.

Saraceni, oneratis thesaurorum multitudine, quas ex basilica beati Petri apostoli asportarant, navibus, redire conati, cum inter navigandum Deo et domino nostro Iesu Christo eiusque apostolis ore pestifero derogarent, orto repente inevitabili turbine, conlisis in sese navibus, omnes pereunt; quaedam thesaurorum in sinibus defunctorum, quos mare litoribus reiecerat, inventa, ad beati Petri apostoli memoriam revehuntur.

Scotti[1] a Nordomannis per annos plurimos impetiti, tributarii efficiuntur, insulis circumquaque positis nullo resistente potiti immorantes.

Hlotharius, Hludowicus et Karolus legatos ad Horic Danorum regem destinant, mandantes, ut suos a christianorum infestationibus cohiberet, sin alias, bello se inpetendum nullatenus dubitaret.

Ea tempestate Mauri et Saraceni Beneventum invadunt et usque ad Romana confinia populantur.

Dani Aquitaniae maritima inpetunt et praedantur urbemque Burdegalam diu oppugnant. Alii quoque Danorum emporium quod Dorestadum dicitur et insulam Batavum occupant atque obtinent.

847.

Gesandte des Sarrazenenkönigs Abdirahman kamen von Cordova in Spanien zu Karl, um den Frieden zu erbitten und das Vertragsverhältnis zu befestigen; in Reims wurden sie in geziemender Weise empfangen und ebenso wieder entlassen.

Bodo, der vor einigen Jahren die Wahrheit des Christentums preisgegeben und sich dem Unglauben des Judentums ergeben hatte, entwikkelte eine solche Schlechtigkeit, daß er sich bemühte, die Sarrazenen, König wie Volk, gegen alle Christen aufzustacheln; diese sollten den christlichen Glauben abschwören und sich zu dem Irrwahn der Juden oder der unsinnigen Lehre der Sarrazenen bekennen oder alle getötet werden. Auf Grund dessen richteten alle Christen jenes Reiches an König Karl, alle Bischöfe seines Reiches und die übrigen Stände unseres Glaubens die flehentliche Bitte, daß die Auslieferung jenes Abtrünnigen gefordert werde, damit er nicht länger den dort wohnenden Christen Behinderung oder Vernichtung bringe.

Die Dänen drangen in den Teil des unteren Gallien ein, den die Bretonen bewohnen, und besiegten diese dreimal im Kampfe. Nomenogius wurde geschlagen und floh mit den Seinigen; später bewog er jene durch Geschenke zum Abzug aus seinen Wohnsitzen.

Der römische Bischof Sergius starb am 27. Januar und Leo wurde an seine Stelle gewählt.

Als die Sarrazenen mit ihren Schiffen, die sie mit der Masse der aus der Kirche des seligen Apostels Petrus geraubten Schätze beladen hatten, den Rückweg antraten, erhob sich plötzlich, als sie auf der Fahrt Gott und unsern Herrn Jesus Christus sowie seine Apostel mit verpestetem Munde lästerten, ein unausweichlicher Wirbelwind, daß die Schiffe aneinanderprallten und alle untergingen; einiges aber von den Schätzen wurde in den Taschen der Toten, die das Meer ans Land warf, gefunden und zum Grab des heiligen Apostels Petrus zurückgebracht.

Die Schotten[1] wurden, nachdem sie eine lange Reihe von Jahren hindurch von den Normannen angegriffen worden waren, diesen tributpflichtig; die Normannen bemächtigten sich ohne Widerstand aller Inseln im Umkreis und setzten sich darauf fest.

Lothar, Ludwig und Karl schickten Gesandte an den Dänenkönig Horich und ließen ihn wissen, daß, wenn er die Seinigen nicht von ihren Einfällen in die christlichen Länder abhalte, er sicher sein könne, daß man ihn mit Krieg überziehen werde.

Um diese Zeit fielen die Mauren und Sarrazenen in Benevent ein und verwüsteten das Land bis zur Grenze des Gebiets von Rom.

Die Dänen griffen das Küstenland Aquitaniens an und plünderten es; lange Zeit bestürmten sie Bordeaux; andere Dänen bemächtigten sich

[1] Bewohner Irlands.

Hlodowici Germanorum regis exercitus adversus Sclavos prospere dimicant, ita ut quod ante annum ex eis amiserat receperit.

848.

Sclavi in regnum Hlodowici hostiliter irruentes, ab eo in Christi nomine superantur. Karolus Nordomannorum Burde/galam oppugnantium partem adgressus, viriliter superat. Exercitus Hlotharii contra Saracenos Beneventum obtinentes dimicans, victor efficitur. Dani Burdegalam Aquitaniae, Iudaeis prodentibus, captam depopulatamque incendunt.

Aquitani, desidia inertiaque Pippini coacti, Karolum petunt, atque in urbe Aurelianorum omnes pene nobiliores cum episcopis et abbatibus in regem eligunt, sacroque crismate delibutum et benedictione episcopali sollemniter consecrant.

Pyratae Grecorum Massiliam Provinciae nullo obsistente vastantes, inpune recedunt. Nordomanni Metallum vicum[1] populantes incendio tradunt. Scotti super Nordomannos irruentes, auxilio domini nostri Iesu Christi victores, eos a suis finibus propellunt. Unde et rex Scottorum ad Karolum pacis et amicitiae gratia legatos cum muneribus mittit, viam sibi petendi Romam concedi deposcens. Mauri denuo Beneventum invadunt.

Guilhelmus, filius Bernardi, Imporium et Barcinonam dolo magis quam vi capit.

849.

Hlotharius et Karolus, sanioribus usi consiliis, in pacem germanamque concordiam redeunt.

Apud Galliam 13. Kalend. Martii nocte sequenti, clericis nocturnas preces Domino solventibus, terrae motus valide, sed nulla quorumlibet aedificiorum ruina factus est.

Godesscalcus Gallus[2] quidam, monasterii Orbacensis parroechiae Suessonicae monachus et presbyter, scientia tumidus, quibusdam superstitionibus deditus[3], Italiam specie religionis adgressus, inde turpiter eiectus, Dalmatiam, Pannoniam Noreiamque adorsus, quaedam nostrae saluti valde contraria, praecipue sub nomine praedestinationis, pestiferis dictis et scriptis adstruens, in praesentia Hludowici Germanorum regis episcopali concilio detectus atque convictus, tandem ad dioceseos suae urbem metropolim Remorum Durocortorum nomine, cui Ingmarus vir venerabilis praesidet, redire compellitur, quatenus

des Handelsplatzes Dorestadt und der Insel Betuwe und setzten sich daselbst fest.

Die Heere Ludwigs, des Königs der Germanen, kämpften glücklich gegen die Slaven, so daß er wieder gewann, was er im vorigen Jahre an sie verloren hatte.

848.

Die Slaven fielen mit Heeresmacht in das Reich Ludwigs ein, wurden aber von ihm im Namen Christi besiegt. Karl griff den Teil der Normannen an, der Bordeaux belagerte, und errang tapfer den Sieg. Lothars Heer kämpfte gegen die Sarrazenen, die Benevent besetzt hatten, und blieb siegreich. Die Dänen gewannen durch Verrat der Juden Bordeaux in Aquitanien, verwüsteten und verbrannten es.

Die Aquitanier, durch die Untüchtigkeit und Trägheit Pippins gezwungen, wendeten sich Karl zu, und in Orléans wählten ihn fast alle Edlen nebst den Bischöfen und Äbten zu ihrem Könige und weihten ihn feierlich durch die heilige Salbung und bischöflichen Segensspruch.

Griechische Seeräuber verwüsteten ohne Widerstand die Stadt Marseille in der Provence und zogen ungestraft davon. Die Normannen verheerten und verbrannten das Dorf Melle[1]. Die Schotten überfielen die Normannen, besiegten sie mit unseres Herrn Jesu Christi Hilfe und vertrieben sie aus ihrem Lande; und darauf schickte der König der Schotten Gesandte mit Geschenken an Karl des Friedens und der Freundschaft wegen und mit der Bitte, ihm den Durchzug durch sein Land nach Rom zu gestatten. Die Mauren drangen wieder in Benevent ein.

Wilhelm, der Sohn Bernhards, gewann, mehr durch List als Gewalt, Ampurias und Barcelona.

849.

Lothar und Karl kehrten, besserem Rate folgend, zu Frieden und brüderlicher Eintracht zurück.

In Gallien erfolgte in der Nacht nach dem 17. Februar, während die Geistlichen Gott ihre nächtlichen Gebete darbrachten, ein starker Erdstoß, doch kam es nicht zum Einsturz irgendwelcher Gebäude.

Gottschalk, ein Gallier[2], Mönch im Kloster Orbais in der Diözese Soissons und Presbyter, wegen seiner Kenntnisse aufgeblasen und gewissen Irrlehren huldigend[3], war unter dem Schein der Frömmigkeit nach Italien gegangen, und hatte sich, von hier schimpflich verjagt, nach Dalmatien, Pannonien und Baiern begeben. Da dieser in vergifteten Reden und Schriften viele unserer Heilslehre ganz widersprechende Sätze, besonders über die Prädestination, aufstellte, mußte er, in Gegenwart Ludwigs, des

[1] Dép. Deux-Sèvres.

[2] Vielmehr ein Sachse.

[3] Lebeuf glaubt, daß diese Stelle durch Hinkmar interpoliert ist. Ebenso nachher: pestiferis und der Satz: quatenus... perfidiae iudicium nanciscatur.

illic dignum suae perfidiae iudicium nanciscatur. Quem rex Christianae fidei strenuissimus cultor Karolus, advocato sanctorum memoratae dioceseos episcoporum conventu, suis aspectibus praesentari / decrevit. Quo perductus, publice flagellatus librosque suarum adsertionum igni cremare compulsus est.

Hlodowicus et Karolus germana caritate convenientes, tanto amoris fraterni vinculo devincti patuerunt, ut alter alteri baculos publice tribuendo regnum, uxorem et liberos superstiti commendaret.

Karolus Aquitaniam adgreditur. Nomenoius Britto consueta perfidia Andegavis et vicina eis circumquaque loca invadit. Nordomanni Petrocorium Aquitaniae civitatem populantes incendunt atque inpune ad naves remeant. Mauri et Saraceni Lunam Italiae civitatem depredantes, nullo obsistente maritima omnia usque ad Provinciam devastant.

Karolus, filius Pippini, relicto Hlothario, fratrem suum Pippinum in Aquitania vagantem adire cupiens, a fidelibus Karoli regis comprehensus est et ad eius praesentiam perductus est. Qui merito perfidiae in eundem patruum suum et patrem ex fonte sacro sententiam quidem capitalem meruerat, sed clementiae respectu servatus est. Unde et, mense Iunio apud urbem Carnutum Karolo rege conventum habente, post missarum sollemnia ambonem ecclesiae conscendens, innotuit omnibus voce propria, se ob divinae servitutis amorem clericum nullo cogente velle fieri; ibique ab episcopis qui praesentes aderant benedictus et ad clericum tonsus est.

Hludowicus rex Germanorum egrotans, exercitum suum in Sclavos dirigit, qui turpiter profligatus, quid dispendii sibi absentia ducis intulerit, cadendo fugiendoque expertus est.

Karolus Aquitaniam ingressus, pene omnes, Christo sibi propitio, conciliando subiugat, marcam quoque Hispanicam pro libitu disponit. Nomenogius Britto consueta sibi insolentia bacchatur. /

850.

Guilhelmus, Bernardi filius, in marca Hispanica Aledramnum et Isembardum comites dolo capit; sed ipse dolosius captus et aput Barcinonem interfectus est. Mauri usque ad Arelatum, nullo obsistente, cuncta devastant; sed cum redirent, vento contrario reiecti et interfecti sunt. Lotharius filium suum Ludoicum Romam mittit; qui a Leone papa honorifice susceptus et in imperatorem unctus est.

Königs der Germanen, auf einer Bischofssynode entlarvt und überführt, nach Reims, der Metropole seiner Diözese, die der ehrwürdige Hinkmar leitet, zurückkehren, um hier ein seiner Untreue würdiges Urteil zu finden. Als eifriger Pfleger des christlichen Glaubens berief Karl eine Versammlung der heiligen Bischöfe der genannten Diözese und ließ Gottschalk vorführen; nachdem man ihn hingebracht hatte, wurde er öffentlich ausgepeitscht und mußte die Bücher mit seinen Behauptungen ins Feuer werfen.

Ludwig und Karl, in verwandtschaftlicher Gesinnung sich vereinigend, zeigten sich von einem so starken Band brüderlicher Liebe umschlungen, daß sie, einander öffentlich den Stab überreichend, Herrschaft, Frau und Kinder dem Schutze des Überlebenden empfahlen.

Karl zog nach Aquitanien. Der Bretone Nomenogius, in seiner gewohnten Treulosigkeit, drang in Angers und den benachbarten Orten ein. Die Normannen plünderten und verbrannten Périgueux in Aquitanien und kehrten dann ungestraft zu ihren Schiffen zurück. Die Mauren und Sarrazenen plünderten Luna in Italien und verheerten, ohne Widerstand zu finden, die ganze Riviera bis zur Provence.

Karl, Pippins Sohn, hatte Lothar verlassen und suchte zu seinem in Aquitanien umherstreifenden Bruder Pippin zu gelangen, wurde aber von Getreuen des Königs Karl aufgegriffen und ihm vorgeführt; für seine Treulosigkeit gegen diesen seinen Oheim und Taufvater hatte er zwar die Todesstrafe verdient, erhielt aber durch des Königs Gnade das Leben geschenkt. Als darauf im Juni König Karl in Chartres eine Versammlung hielt, bestieg er nach der Feier der Messe die Kanzel der Kirche, verkündete aus eigenem Munde allen, daß er aus Liebe zum Dienste Gottes ungezwungen in den geistlichen Stand treten wolle, und wurde daselbst von den anwesenden Bischöfen gesegnet und zum Geistlichen geschoren.

Ludwig, König der Germanen, schickte sein Heer, da er selbst krank war, gegen die Slaven; aber schmählich besiegt, mußte es in Tod und Flucht erfahren, welchen Schaden ihm die Abwesenheit des Führers brachte.

Karl ging nach Aquitanien und unterwarf in Güte fast alle mit Christi Hilfe; auch verfügte er nach seinem Gefallen über die spanische Mark. Der Bretone Nomenogius wütete in seiner gewohnten Frechheit.

850.

Wilhelm, der Sohn Bernhards, nahm in der spanischen Mark die Grafen Aledram und Isembard durch List gefangen, wurde aber selbst durch noch größere List gefangen und in Barcelona getötet. Die Mauren verwüsteten ohne Widerstand alles bis nach Arles; aber auf der Rückfahrt wurden sie durch Gegenwind zurückgetrieben und getötet. Lothar schickte seinen Sohn Ludwig nach Rom, der vom Papst Leo ehrenvoll empfangen und zum Kaiser gesalbt wurde.

Orich rex Nordomannorum, impugnantibus sese duobus nepotibus suis, bello impetitur. Quibus partitione regni pacatis, Rorich, nepos Herioldi, qui nuper a Lothario defecerat, adsumptis Nordomannorum exercitibus, cum multitudine navium Fresiam et Batavum insulam aliaque vicina loca per Renum et Vahalem devastat. Quem Hlotharius cum comprimere nequiret, in fidem recipit eique Dorestadum et alios comitatus largitur. Ceterorum vero pars Menapios[1], Tarvisios[2] aliosque maritimos depraedantur, pars Brittaniam insulam Anglosque impetentes, ab eis auxilio domini nostri Iesu Christi superantur.

851.

Nomenogius Britto moritur.

Hlotharius, Hludowicus et Karolus apud Marsnam palatium conveniunt. Ubi etiam fraterne paucis diebus morati, haec communi procerum suorum consilio atque consensu decernunt propriorumque nominum monogrammatibus confirmant[a]).

Cap. 1. Ut omnium praeteritorum malorum et contrarietatum et supplantationum ac malorum machinationum seu nocimentorum in invicem actorum abolitio ita inter nos fiat et a nostris cordibus penitus avellatur cum omni malitia et rancore, ut nec in memoriam ad retributionem mali vel contrarietatis vel improperii de cetero exinde quiddam fiat.

Cap. 2. Ut tanta inter nos Domino cooperante verae caritatis benignitas abhinc semper maneat *de corde puro et conscientia bona et fide non ficta*[3], sine dolo et simulatione, ut nemo suo pari suum regnum aut suos fideles, vel quod ad salutem et prosperitatem ac honorem regium / pertinet, discupiat aut forsconsiliet, aut per occultos susurrones libenter composita mendacia seu detractiones acceptet.

Cap. 3. Ut unusquisque fideliter suum parem, ubicumque necessitas illi fuerit et ipse potuerit, aut per se aut per filium aut per fideles suos et consilio et auxilio adiuvet, ut regnum, fideles, prosperitatem atque honorem regium debite valeat obtinere; et veraciter unusquisque erga alterum certatim demonstret, quia in fratris sui adversitate, si evenerit, fraterno modo contristatur et in prosperitate illius laetatur. Et talem fidem, sicut inter nos modo abhinc inante conservaturos confirmatum habemus, sic unusquisque infantibus fratris sui, si obierit, qui superfuerit conservabit.

Cap. 4. Et quia per vagos et inreverentes homines pax et tranquil-

Der Normannenkönig Horich geriet mit seinen zwei Neffen in Streit und wurde von ihnen mit Krieg überzogen; er versöhnte sie, indem er das Reich mit ihnen teilte. Rorich, der Neffe des Heriold, welcher kürzlich von Lothar abgefallen war, sammelte ein Heer von Normannen, befuhr mit einer Menge Schiffe Rhein und Waal und verwüstete Friesland, die Insel Betuwe und andere benachbarte Gegenden. Da ihn Lothar nicht zu besiegen vermochte, so nahm er ihn unter dem Versprechen der Treue auf und gab ihm Dorestadt und andere Grafschaften. Andere Normannen aber verwüsteten teils das Land der Menapier[1], Tarvisier[2] und die übrige Küste, teils überfielen sie die Insel Britannien und die Angeln, wurden aber von diesen mit Hilfe unseres Herrn Jesu Christi besiegt.

851.

Der Bretone Nomenogius starb.

Lothar, Ludwig und Karl trafen sich in der Pfalz Mersen, wo sie mehrere Tage brüderlich verweilend, nach dem Rat und mit der Zustimmung ihrer Großen folgende Vereinbarung beschlossen und durch Beifügung der eigenen Namensunterschrift bekräftigten:

Kap. 1. Für alle gegenseitigen Übeltaten, Widrigkeiten, Angriffe, bösen Anschläge und Schädigungen der Vergangenheit soll unter uns völliges Vergessen eintreten und aus unseren Herzen damit jede Bosheit und Rachsucht gerissen werden, so daß man an eine Vergeltung eines Übels oder einer Feindseligkeit und Ungebührnis nicht einmal mehr denken soll.

Kap. 2. Mit Gottes Hilfe soll fortan allezeit unter uns so sehr die Güte einer echten Liebe wohnen, aus reinem Herzen, gutem Gewissen und ungeheuchelter Treue[3], ohne Trug und List, daß keiner dem andern für sein Königtum oder seine Getreuen, sowie für das, was zum Heil oder zum Gedeihen und zur Ehre des Königs dient, Böses anzuwünschen oder anzutun beabsichtigen noch von geheimen Ohrenbläsern erdichtete Lügen und Verleumdungen willig annehmen soll.

Kap. 3. Ein Jeder soll treulich dem andern, wo immer es diesem nötig und ihm selbst möglich sein wird, sei es in eigner Person oder durch seinen Sohn oder durch seine Getreuen, mit Rat und Tat beistehen, damit er sein Königtum, seine Getreuen und sein Glück und seine Ehre als König geziemend behaupten kann, und einer soll dem andern wetteifernd wahrhaft beweisen, daß er an des Bruders Unglück, wenn es eintreten sollte, brüderlich sich betrübt und an seinem Glück sich freut. Und die Treue, die wir gegenseitig von heute an uns zu bewahren versprochen haben, soll nach dem Tode des einen Bruders jeder der Überlebenden ebenso dessen Kindern bewahren.

a) Ein besserer Text aus unabhängiger handschriftlicher Überlieferung bei MG Capitul. II S. 72–74.

1 Ein Teil von Flandern.

2 Gebiet von Thérouanne.

3 1. Timoth. 1, 5.

litas regni perturbari solet, volumus, ut, ad quemcumque nostrum talis venerit, ut de his quae egit rationem et iustitiam subterfugere velit, nemo ex nobis illum ad aliud recipiat vel retineat, nisi ut ad rectam rationem et debitam emendationem perducatur; et si rationem rectam subterfugerit, omnes in commune, in cuius regnum venerit, illum persequamur, donec aut ad rationem perducatur aut de regno deleatur.

Cap. 5. Similiter et de eo agendum est, qui pro aliquo capitali et publico crimine a quolibet episcopo corripitur vel excommunicatur aut ante excommunicationem crimen faciens, regnum et regis regimen mutat, ne debitam poenitentiam suscipiat aut susceptam legitime peragat; interdum etiam incestam propinquam suam aut sanctimonialem, vel raptam sive adulteram, quam illic ei non licebat habere, fugiens secum duxit: hic talis, cum episcopus ad cuius curam pertinebit nobis notum fecerit, diligenter perquiratur, ne morandi vel latendi locum in regno alicuius nostrum inveniat et Dei ac nostros fideles suo morbo inficiat, sed a nobis vel per ministros rei publicae constringatur et ut simul cum diabolica praeda, quam secum duxit, ad episcopum suum redeat et de quocumque crimine publico debitam poenitentiam suscipiat aut susceptam legitime peragat, compellatur.

Cap. 6. Ut nostri fideles unusquisque in suo ordine et statu veraciter sint de nobis securi, quia nullum abhinc inante contra legem et iustitiam vel auctoritatem ac iustam rationem aut dampnabimus aut dehonorabimus aut opprimemus vel indebitis machinationibus affligemus, et illorum, / scilicet veraciter nobis fidelium, communi consilio, secundum Dei voluntatem et commune salvamentum, ad restitutionem sanctae Dei ecclesiae et statum regni et ad honorem regium atque pacem populi commissi nobis pertinenti adsensum praebebimus, in hoc, ut illi non solum non sint nobis contradicentes et resistentes ad ista exsequenda, verum etiam sic sint nobis fideles et oboedientes ac veri adiutores ac cooperatores vero consilio et sincero auxilio ad ista peragenda quae praemisimus, sicut per rectum unusquisque in suo ordine et statu suo principi et suo seniori esse debet.

Cap. 7. Ut sic simul coniuncti, et nos fratres ad invicem et nos cum fidelibus nostris et fideles nostri nobiscum, et omnes simul cum Deo nos reconiungamus et, ut nobis sit propitius, illi pro devoto munere offeramus, ut unusquisque omnium nostrum absque sua propria excusatione aut iustificatione recognoscamus, in quibus aut singillatim

Kap. 4. Und weil durch freche Umhertreiber der Friede und die Ruhe des Reichs oft gestört wird, so soll, wenn irgend einer dieser Art zu uns käme, um sich der Rechenschaft und dem Urteil über seine Handlungen zu entziehen, keiner von uns ihn bei sich zu irgendeinem andern Zweck aufnehmen und behalten, es sei denn, daß er zur genügenden Verantwortung und schuldigen Genugtuung gebracht werde; wenn er sich aber der gehörigen Verantwortung entzieht, so wollen wir alle insgesamt in dem Reich, wohin er kommt, ihn verfolgen, bis er entweder zur Rechenschaft gezwungen oder aus dem Reich entfernt wird.

Kap. 5. In gleicher Weise soll auch gegen den verfahren werden, der wegen eines todeswürdigen und öffentlichen Verbrechens von einem Bischof ergriffen wird, oder auf dem die Strafe des Kirchenbanns ruht, oder wenn er vor dieser wegen seines Verbrechens Reich und Herrschaft wechselt, um der verdienten Buße zu entgehen oder dic zuerkannte Strafe nicht gebührend abzubüßen; zuweilen aber hat einer eine in Blutschande mit ihm verbundene Verwandte oder Nonne, sei es, daß er sie geraubt oder als seine Beischläferin wider die Gesetze auf der Flucht mit sich geführt: nach einem solchen werden wir, sobald uns der Bischof, dessen Sorge die Angelegenheit zufällt, das zu Ohren bringt, sorgfältig suchen lassen, damit er in keinem unserer Reiche einen Ort des Aufenthalts oder Verstecks finde und nicht Gottes und unsere Getreuen mit seinem Übel anstecke; sondern er soll von uns oder den Dienern des Gemeinwesens festgenommen und gezwungen werden, mit der teuflischen Beute, die er mit sich geführt, zu seinem Bischof zurückzukehren und das für sein öffentlich begangenes Verbrechen verdiente Urteil zu empfangen oder die schon verhängte Strafe gebührend abzubüßen.

Kap. 6. Unsere Getreuen mögen sich ein Jeder in seinem Stand und Range wahrhaft versichert halten, daß wir keinen fortan gegen Recht und Gerechtigkeit und ohne Gesetz und ordentlichen Grund verurteilen, seiner Ehren berauben, unterdrücken oder mit ungerechten Anschlägen verfolgen werden. Und wir werden ihrem, das heißt unserer wahrhaft Getreuen Rat, der, Gottes Willen und dem gemeinen Wohl gemäß, auf die Herstellung der hl. Kirche Gottes und die Erhaltung des Reichs und die Ehre des Königs und den Frieden des uns anvertrauten Volks gerichtet ist, Folge leisten, wobei sie uns in der Ausführung von alledem nicht bloß nicht widersprechen und widerstreben, sondern uns auch getreu und gehorsam, und in der Durchführung des Gesagten wahre Unterstützer und Helfer mit wahrem Rat und aufrichtiger Tat sein wollen, so wie es jeder in seinem Stand und Rang seinem Fürsten und Herrn sein soll.

Kap. 7. So geeinigt, wollen wir Brüder uns miteinander und uns mit unseren Getreuen und unsere Getreuen sich mit uns und wir alle uns insgesamt mit Gott wieder vereinigen und ihm, auf daß er uns gewogen sei, ein demütiges Opfer dadurch darbringen, daß jeder von uns ohne Entschuldigung und Rechtfertigung seiner selbst bekennt und in allen Ein-

aut communiter contra illius mandata et decreta suorum sanctorum fecimus aut consensimus in ordine ecclesiastico et statu regni, et per singula in medium illa producamus, et nemo nostrum suo aut amico aut propinquo vel confoederato, immo nec sibi ipsi seculariter parcat, ut spiritaliter et salubriter parcere possit; quin, sicut praemisimus in praecedenti capitulo, vero consilio et sincero auxilio illa in commune certatim emendare totis viribus procuremus, quanto citius rationabiliter poterimus.

Cap. 8. Et si aliquis ex subditis in quocumque ordine et statu de hac convenientia exierit aut se retraxerit vel huic communi decreto contradixerit, seniores cum veraciter fidelibus suis haec secundum Dei voluntatem et legem ac iustam rationem, velit nolit, ille qui divino consilio et decreto et huic convenientiae resistens et contradicens fuerit, exsequantur. Et si aliquis de senioribus de hac convenientia exierit aut se retraxerit vel huic communi decreto, quod absit, contradixerit, cum plures seniorum nostrorum fideles et regnorum primores convenerint in unum, eorum qui haec observaverint seniorum consilio et episcoporum iudicio ac communi consensu, qualiter de eo qui debite admonitus incorrigibilis perseveraverit agendum sit, favente Domino decernemus.

Et ut obnixius supradicta capitula a nobis auxiliante Domino inviolabiliter observentur, et nos illa observaturos certius credatis, manibus propriis subter firmavimus. /

Post haec pyratae Danorum Fresiam et Batavos populantur; sed et usque ad monasterium Sancti Bavonis quod Gant dicunt debachantes, idem monasterium incendunt; venientesque urbem Rotumum, usque ad Belvacum pedestri gradu perveniunt. Qua incensa, cum redirent, a nostris intercepti et aliqua ex parte profligati sunt.

Respogius, filius Nomenogii, ad Karolum veniens, in urbe Andegavorum datis manibus suscipitur et tam regalibus indumentis quam paternae potestatis ditione donatur, additis insuper ei Redonibus, Namnetis et Ratense.

Saraceni Beneventum[1] et alias civitates quieta statione possident.

Ludoicus rex Sclavos pene omnes populatur et suae subiugat ditioni.

Leo apostolicus, Saracenorum inruptiones metuens, ecclesiam beati Petri hinc inde muro communiens, eundem murum usque ad civitatem perducit Romanaeque urbi contiguum efficit.

zelheiten in der Öffentlichkeit erklärt, worin wir einzeln oder gemeinsam etwas gegen seine Gebote und die Beschlüsse seiner Heiligen getan haben oder haben geschehen lassen, sowohl in Kirchen- als Reichsangelegenheiten; und keiner von uns soll dabei seines Freundes, seines Verwandten oder Verbündeten, aber auch seiner selbst nicht in weltlicher Hinsicht schonen, damit er für die Seele und das wahre Heil Schonung erlangen kann; ja wir wollen, wie wir im vorausgehenden Kapitel sagten, dafür sorgen, daß wir mit wahrem Rat und aufrichtiger Tat gemeinsam wetteifernd und aus vollen Kräften all jenes Übel zur Besserung führen, so schnell wir es füglich zu tun im Stande sind.

Kap. 8. Wenn aber einer unserer Untertanen in irgend einem Stand und Rang dieser Vereinbarung nicht nachkommt oder sich ihr entzieht oder diesem gemeinschaftlichen Beschluß entgegentritt, so sollen dem die Senioren mit ihren wahrhaft Getreuen nachgehen nach dem Willen Gottes, nach dem Gesetz und nach der Gerechtigkeit, mit oder wider den Willen dessen, der dem göttlichen Rat und Beschluß, sowie dieser Vereinbarung in Wort und Tat widerstanden hat. Und wenn einer von den Senioren dieser Vereinbarung nicht nachkommt oder sich ihr entzieht oder, was Gott verhüte, diesem gemeinsamen Beschluß entgegentritt, so werden wir, wenn mehrere Getreue unserer Senioren und Große der Reiche sich versammeln, nach dem Rat der Senioren, welche diesen Bestimmungen treu geblieben, und nach dem Urteil und der gemeinsamen Zustimmung der Bischöfe, mit Gottes Beistand darüber entscheiden, was mit dem geschehen soll, der trotz gebührender Warnung sich unverbesserlich erwiese.

Und damit die obigen Bestimmungen noch mehr von uns mit Gottes Hilfe unverbrüchlich gehalten werden sollen, und damit ihr mit größerer Gewißheit glaubt, daß wir sie halten werden, haben wir dieselben eigenhändig unterschrieben. –

Nach dem verwüsteten dänische Seeräuber Friesland und das Land der Batayer; auf ihrem Raubzug aber drangen sie bis nach Gent zum Kloster des heiligen Bavo und verbrannten es; weiter kamen sie auch nach Rouen und zogen von da zu Lande bis nach Beauvais. Als sie nach Niederbrennung dieser Stadt zurückkehrten, wurden sie von den Unsrigen überfallen und zum Teil vernichtet.

Respogius, der Sohn des Nomenogius, kam zu Karl, wurde in Angers von ihm mit Handschlag empfangen und erhielt zum Geschenk sowohl die königlichen Gewänder als die Herrschaft über das väterliche Reich, zu dem Karl noch Rennes, Nantes und Retz hinzufügte.

Die Sarrazenen behaupteten sich in ruhigem Besitz von Benevent[1] und anderen Städten.

König Ludwig verheerte fast das ganze Gebiet der Slaven und unterwarf es seiner Herrschaft.

[1] Statt Benevent war Bari zu nennen.

852.

Nordomanni 252 navibus Fresiam adeunt, acceptisque multis prout ipsi statuerunt, ad alia divertunt. Mauri Barcinonam, Iudaeis prodentibus, capiunt, interfectisque pene omnibus christianis et urbe vastata inpune redeunt.

Karolus fratrem Hlotharium ad sui conloquium invitans, apud Augustam Viromandorum, quae beati Quintini martyris corpore insignitur, fraterne suscipit, honorifice afficit, germane tractat, regaliter munerat redeuntemque benigne deducit.

Lantbertus et Guarnarius fratres, pars vel maxima discordiarum, alter dolo, alter iudicio interficiuntur. Salomon Britto Karolo fidelis efficitur tertiaque Brittanniae parte donatur. Sancius comes Vasconiae Pippinum, Pippini filium, capit et usque ad praesentiam Karoli servat. Quem Karolus captum in Franciam ducit ac post conloquium Hlotharii in monasterio Sancti Medardi apud Suessiones tonderi iubet. /

Lodowicus, Hlotharii filius, Beneventum adiens, Bairam civitatem obpugnat, interruptoque muro, pessimis usus consiliis, a coepto resilit. Nam, dicentibus consiliariis suis, magnam illic esse partem thesaurorum, qua penitus fraudaretur, si passim omnibus intrandi copia daretur, in castra sese recipit, prohibitos omnibus ab inruptione urbis. Quibus recedentibus, Mauri ita noctu muri interrupta trabibus muniunt, ut venientem in crastinum hostem nullatenus formident; proinde incassum tanto labore deducto, Ludoicus cum exercitu suo ad propria remeat.

Abdirahman rex Saracenorum in Hispania consistentium Cordubae moritur, regnumque eius filius ipsius adsequitur.

Godefridus, Herioldi Dani filius, qui quondam sub imperatore Ludowico Mogontiaci fuerat baptizatus, a Lothario deficiens, ad suos se confert. Unde conrogata manu valida, Fresiam cum multitudine navium adgreditur, deinde vicinia Scaldis fluminis, ad postremum Sequanam ingreditur. Quo occurrentibus Lothario et Karolo cum omni suo exercitu, utramque ripam eiusdem fluminis obsident.

853.

In qua obsidione dominicae nativitatis festivitatem celebrant. Sed nolentibus qui ex parte Karoli erant inire bellum, absque utilitate recessum est. Karolus eundem Godefridum quibusdam pactionibus sibi conciliat. Ceteri Danorum usque ad mensem Martium inibi absque ulla

Papst Leo umgab aus Furcht vor den Einfällen der Sarrazenen die Kirche des heiligen Petrus mit einer Mauer und brachte die Ringmauer, indem er sie bis an die Stadt heranführte, in Verbindung mit Rom.

852.

Die Normannen kamen mit 252 Schiffen nach Friesland; nachdem sie hier Abgaben, so viel sie verlangten, erhalten hatten, zogen sie nach andern Gegenden fort. Die Mauren nahmen durch Verrat der Juden Barcelona ein, töteten fast alle christlichen Einwohner, verwüsteten die Stadt und kehrten dann ungestraft heim.

Karl hatte seinen Bruder Lothar zu einer Unterredung eingeladen und empfing ihn brüderlich in St. Quentin, berühmt durch den Leib des heiligen Märtyrers Quintinus, behandelte ihn ehrenvoll, bezeigte sich ihm liebevoll, beschenkte ihn königlich und gab in Güte dem Rückkehrenden das Geleite.

Die Brüder Lantbert und Guarnar, die Haupturheber der Unruhen, wurden der erstere durch List, der andere kraft Urteils getötet. Der Bretone Salomo schwur Karl Treue und empfing den dritten Teil der Bretagne. Graf Sancius von Wasconien nahm Pippin, den Sohn Pippins, gefangen und hielt ihn bis zur Ankunft Karls in Verwahrung. Karl führte ihn gefangen nach Francien und ließ ihn nach einer Unterredung mit Lothar im Kloster des heiligen Medardus zu Soissons zum Mönch scheren.

Ludwig, der Sohn Lothars, griff in einem Feldzug nach Benevent die Stadt Bari an; aber als schon die Mauer durchbrochen war, gab er, schlechtem Rat nachgebend, das Unternehmen auf; als ihm nämlich seine Räte sagten, in der Stadt gebe es eine große Menge Schätze, deren er ganz verlustig ginge, wenn jedermann Gelegenheit bekomme, überall in die Stadt einzudringen, verbot er allen den Eintritt in die Stadt und zog sich in sein Lager zurück. Als diese abrückten, füllten die Mauren in der Nacht die Bresche in der Mauer durch Balken, so daß sie sich, als die Feinde am andern Morgen kamen, gar nicht vor ihnen zu fürchten brauchten; daher kehrte Ludwig, weil seine ganze Bemühung zunichte gemacht worden war, mit seinem Heere wieder heim.

Abdirahman, der König der in Spanien wohnenden Sarrazenen, starb zu Cordoba, und sein Sohn folgte ihm in der Herrschaft.

Gottfried, des Dänen Heriold Sohn, der früher unter Kaiser Ludwig zu Mainz getauft worden war, fiel von Lothar ab und begab sich zu seinen Landsleuten. Hier sammelte er einen starken Heerhaufen und griff mit einer großen Anzahl Schiffe Friesland an; dann wandte er sich nach dem Scheldegebiet und fuhr zuletzt in die Seine ein. Hier stellten sich ihm Lothar und Karl mit ihrem ganzen Heere entgegen und hielten beide Ufer des Flusses besetzt.

853.

In dieser Stellung feierten sie das Fest der Geburt des Herrn. Da aber die auf Karls Seite nicht in den Kampf gehen wollten, so zog man sich

formidine residentes, cuncta eo furiosius quo liberius diripiunt, cremant atque captivant. Lotharius et Carolus theophaniae sollemnitatem in Carisiaco palatio cum magno gaudio celebrant Lothariusque filiam Karoli a sacro fonte suscipit et post paucos dies ad sua remeare contendit. Dani mense Iulio, relicta Sequana, Ligerim adeuntes, Namnetum urbem et monasterium Sancti Florentii ac vicina loca populantur.

Karolus mense Aprili synodum[1] episcoporum iuxta urbem Suessionum in monasterio Sancti Medardi adgregans, duos presbiteros, monachos eiusdem monasterii, ipse synodo praesidens, episcopis iudicantibus, degradari fecit, eo quod Pippinum furari et cum eo in Aquitaniam fugere disposuissent. Ingmarus Remorum episcopus omnes ecclesiae suae presbiteros, diaconos et subdiaconos, quoscumque Ebo post depositionem suam ordinaverat, sinodo iudicante deposuit[2]. Pippi/nus Karolo regi sacramentum fidelitatis iurat et insuper habitum monachi suscipit regulaeque observationem more monachis solito promittit. Karolus inde ad Carisiacum veniens, cum quibusdam episcopis et abbatibus monasticis quattuor capitula edidit et propria subscriptione roboravit[3]. Quorum primum est: a Deo neminem praedestinatum ad poenam, unamque Dei esse praedestinationem, quae aut ad donum pertinet gratiae aut ad retributionem iustitiae. Secundum: liberum ad bonum arbitrium, quod in primo homine perdidimus, nobis praeveniente et adiuvante Christi gratia redditum. Tertium: velle Deum, generaliter omnes homines salvos fieri, licet non omnes salventur. Quartum: Christi sanguinem pro omnibus fusum, licet non omnes passionis mysterio redimantur.

Aquitani pene omnes a Karolo recedunt atque ad Ludowicum regem Germaniae legatos suae deditionis cum obsidibus mittunt. Idem Ludowicus pro quibusdam conditionibus tempore perturbationum inter se et Karolum factis adversus Karolum acriter permovetur. Guinedes contra Ludowicum solitis sibi perfidiis mentiuntur.

Lotharius imperator, defuncta ante biennium Ermengarda christianissima regina, duas sibi ancillas ex villa regia copulat; ex quarum altera Doda vocabulo filium generat, quem Karlomannum vocari iubet; aliique filii eius similiter adulteriis inserviunt.

Idem pyratae Danorum a Namnetibus superiora petentes, mense

[1] MG Capitul. II S. 263–266.

wieder zurück, ohne irgend etwas ausgerichtet zu haben. Karl gewann diesen Gotfried durch gewisse Abmachungen; die übrigen Dänen blieben daselbst ohne alle Furcht bis zum März, und je ungehinderter, desto wilder verwüsteten, verbrannten und raubten sie alles. Lothar und Karl feierten das Erscheinungsfest in der Pfalz Quierzy mit großer Freude; Lothar hielt eine Tochter Karls über die heilige Taufe und kehrte wenige Tage darauf nach seinem Reiche zurück. Die Dänen zogen im Juli, nachdem sie die Seine verlassen hatten, nach der Loire und verwüsteten die Stadt Nantes, das Kloster des heiligen Florentius und die ganze Umgegend.

Karl versammelte im April eine Synode[1] der Bischöfe zu Soissons im Kloster des heiligen Medardus und ließ, selbst den Vorsitz in der Synode führend, zwei Presbyter, Mönche dieses Klosters, durch Urteil der Bischöfe aus dem Priesterstande stoßen, weil sie den Plan entworfen hatten, Pippin zu entführen und mit ihm nach Aquitanien zu fliehen. Bischof Hinkmar von Reims entsetzte in seiner Diözese nach dem Urteil der Synode alle Presbyter, Diakonen und Subdiakonen, die Ebo nach seiner Absetzung geweiht hatte[2]. Pippin schwur dem König Karl den Eid der Treue, überdies legte er Mönchsgewand an und versprach der Klosterregel gemäß nach der gewöhnlichen Art und Weise der Mönche zu leben. Karl begab sich von da nach Quierzy, stellte mit einigen Bischöfen und Klosteräbten vier Kapitel[3] fest und bekräftigte sie durch Namensunterschrift. Das erste sagte: niemand ist von Gott zur Strafe vorherbestimmt; es gibt nur eine göttliche Prädestination, die sich auf das Geschenk der Gnade oder auf die Gewährung der Gerechtigkeit bezieht. Das zweite: Die freie Entscheidung zum Guten, welche wir im ersten Menschen verloren haben, ist uns durch die Dazwischenkunft und Hilfe der Gnade Christi wiedergegeben worden. Das dritte: Gott will, daß alle Menschen insgesamt gerettet werden, wenn auch nicht alle gerettet werden. Das vierte: Das Blut Christi ist für alle vergossen, wenn auch nicht alle durch das Mysterium des Leidens erlöst werden.

Die Aquitanier fielen fast alle von Karl ab und sandten an Ludwig, den König von Germanien, Gesandte nebst Geiseln, um sich seiner Herrschaft zu unterwerfen. Derselbe Ludwig wurde gegen Karl heftig aufgebracht wegen einiger Bedingungen, die zur Zeit der Unruhen zwischen ihm und Karl vereinbart worden waren. Die Wenden wurden in ihrer gewöhnlichen Treulosigkeit gegen Ludwig wortbrüchig.

Kaiser Lothar, der vor zwei Jahren seine Gemahlin, die fromme Königin Irmengard, verloren hatte, legte sich zwei Mägde aus einem königlichen Gut als Beischläferinnen zu, von denen eine, namens Doda, ihm einen Sohn gebar, dem er den Namen Karlmann geben ließ; noch weitere Söhne von ihm stammen ebenso von Beischläferinnen.

[2] Dazu das Schreiben des Papstes Leo IV. an Hinkmar (MG Epist. 5 S. 589 Nr. 11).

[3] Mansi XIV S. 919, 995.

Novembri, 6. videlicet Idus, urbem Turonum inpune adeunt atque incendunt cum ecclesia sancti Martini et ceteris adiacentibus locis. Sed quia evidenti certitudine hoc praescitum fuerat, corpus beati Martini ad Cormaricum monasterium, thesauri vero eius ecclesiae ad civitatem Aurelianorum transportati sunt.

Bulgari, sociatis sibi Sclavis, et, ut fertur, a nostris muneribus invitati, adversus Lodowicum Germaniae regem acriter permoventur, sed Domino pugnante vincuntur. Greci vero non minus contra Ludowicum, filium Lotharii, regem Italiae, concitantur propter filiam imperatoris Constantinopolitani ab eo desponsatam, sed ad eius nuptias venire differentem. Romani quoque, artati Saracenorum Maurorumque incursionibus, ob sui defensionem omnino neglectam apud imperatorem Lotharium conqueruntur. /

854.

Karolus super fratris sui Ludoici fide suspectus, ad Lotharium in vico Leutico venit. Ubi diu de communi amicitia atque indissolubili tractantes, tandem coram omnibus qui aderant identidem super sancta iurando vicissim firmaverunt, commendatis alternatim filiis, proceribus et regnis[1]. Inter haec Ludowicus adulescens, filius Lodoici regis Germanorum, ab Aquitanis a patre expetitus, Ligerim transit et ab eis a quibus fuerat postulatus suscipitur. Karolus profectionem in Aquitaniam tempore quadragesimae celebrat; in qua usque post paschalem festivitatem[2] demoratur, eiusque populus praedis, incendiis hominumque captivitatibus totum suum laborem impendit nec ab ipsis ecclesiis et altaribus Dei suam cupiditatem aut audaciam cohibet. Lotharius fratrem suum Lodoicum super Rhenum de fraternitate erga Karolum alloquitur. Sed prius acriter sese mordentes, tandem ad concordiam redeunt pacisque nomine foederantur. Unde non modice Karolus sollicitus, ab Aquitania nullo peracto negotio repedans, fratrem Lotharium ad palatium suum Attiniacum invitat. Quo convenientes, quod dudum pepigerant firmaverunt[3].

Dani in Ligere consistentes usque ad Blisum castrum veniunt ipsumque incendunt, volentes inde Aurelianis pervenire eadem patraturi. Praeparantibus vero adversus eos navigia et bellatores episcopo Aurelianensium Agio et Carnutum Burchardo, ab intentione desistunt et inferiora Ligeris repetunt. Alii quoque pyratae Danorum Fresiam Saxoniae adiacentem populantur.

Die dänischen Seeräuber, die von Nantes flußaufwärts zogen, kamen am 8. November ungestraft nach Tours und brannten es samt der Kirche des heiligen Martin und den übrigen nahegelegenen Orten nieder; da man dies aber mit völliger Gewißheit vorher wußte, so brachte man den Leichnam des heiligen Martin nach dem Kloster Cormery, den Kirchenschatz aber nach Orléans.

Die Bulgaren, mit den Slaven verbunden und von den Unsrigen, wie erzählt wird, durch Geschenke gewonnen, drangen mit Macht gegen Ludwig, den König von Germanien, vor, wurden aber, da Gott gegen sie stritt, besiegt. Die Griechen erhoben sich ebenfalls gegen den König Ludwig von Italien, Lothars Sohn, weil er säumte, die Tochter des Kaisers von Konstantinopel, mit der er sich verlobt hatte, zu ehelichen. Auch führten die Römer, bedrängt durch die Einfälle der Sarrazenen und Mauren, bei Kaiser Lothar Klage, daß man ihren Schutz völlig vernachlässige.

854.

Karl, der wegen der Treue seines Bruders Ludwig Argwohn hegte, kam zu Lothar nach Lüttich. Hier verhandelten sie lange über ihr gemeinsames und unauflösliches Freundschaftsband und bekräftigten es zuletzt vor allen Anwesenden wiederholt durch gegenseitigen Eidschwur auf das Heilige, indem sie einander ihre Kinder, ihre Großen und ihre Reiche empfahlen[1]. Inzwischen zog der junge Ludwig, der Sohn Ludwigs, des Königs der Germanen, den sich die Aquitanier von seinem Vater erbeten hatten, über die Loire und wurde hier von denen, welche ihn gerufen hatten, empfangen. Karl machte seinen Zug nach Aquitanien in der Fastenzeit und blieb dort bis nach dem Osterfest[2]; sein Heer aber tat nichts als plündern, brennen und Menschen gefangen wegführen, und selbst die Kirchen und Altäre Gottes blieben von ihrer Gier und Frechheit nicht verschont. Lothar hatte mit seinem Bruder Ludwig am Rhein eine Unterredung wegen des brüderlichen Verhaltens zu Karl; nachdem sie sich zuerst heftig gestritten hatten, kam es doch schließlich wieder zur Versöhnung und sie vereinigten sich zu friedlichem Bunde. Hierüber nicht wenig beunruhigt, verließ Karl, ohne irgend etwas ausgerichtet zu haben, eilends Aquitanien und lud seinen Bruder Lothar nach seiner Pfalz Attigny ein; bei diesem Zusammentreffen bekräftigten sie, was sie vordem vereinbart hatten[3].

Die Dänen, welche sich an der Loire festgesetzt hatten, kamen bis zur Burg Blois und verbrannten sie; von hier wollten sie nach Orléans ziehen, um gleiches zu verüben. Da aber die Bischöfe Agius von Orléans und Burchard von Chartres gegen sie Schiffe und Kriegsmannschaft ausrüsteten, standen sie von ihrem Vorhaben ab und kehrten nach der unteren Loire zurück. Auch verheerten andere dänische Seeräuber das an Sachsen angrenzende Stück von Friesland.

[1] MG Capitul. II S. 76–78. [2] 22. April.
[3] MG Capitul. II S. 277–278.

Lotharius et Karolus legatos ad fratrem Ludoicum pro pacis concordia, et ut filium suum ab Aquitania revocet, mittunt. Karolus iterum Aquitaniam adit. Pippinus, Pippini filius, qui in monasterio Sancti Medardi tonsus habitum monachi susceperat et iuramentum permansionis fecerat, Aquitaniam ingreditur, parsque maxima populi terrae ad eum convolat. Karolus rex, Pippini causa posthabita, Lodowicum nepotem ab Aquitania fugatum ad patrem in Germaniam redire compellit. Karlus, Pippini frater, iam diaconus ordinatus, a Corbeiensi monasterio recedit. Karlus rex Karlomannum, filium suum, tonsura ecclesiastica dedicat. /

Dani intestino inter se praelio dimicantes, adeo tridui concertatione obstinatissima bachati sunt, ut, Orico rege et ceteris cum eo interfectis regibus, pene omnis nobilitas interierit. Pyratae Nordomannorum Ligeri insistentes denuo civitatem Andegavorum incendio concremant.

855.

Lotharius totam Fresiam filio suo Lothario donat. Unde Roric et Godofridus patriam, id est Daniam, repedant spe potestatis regiae nanciscendae.

Lotharius infirmatur; qua de re occasio data est Ludoico et Karlo fratribus ad concordiam redeundi.

Lotharius infirmatur; qua de re occasio data est Ludoico et Karlo fratribus ad concordiam redeundi.

Nordomanni Burdegalam Aquitaniae civitatem invadunt et hac illacque pro libitu pervagantur.

Karlus Aquitanis petentibus Karlum, filium suum, regem designatum adtribuit. Karlus etiam Edilvulfum regem Anglorum Saxonum Romam properantem honorifice suscipit, omni regio habitu donat et usque ad regni sui terminos cum obsequiis rege dignis deduci facit. Lotharius adversus Karlum occasione suspectae fidei queritur. Multa catholicae fidei contraria in regno Karli, ipso quoque non nescio, concitantur.

Mense Augusto Leo apostolicae sedis antistes defunctus est, eique Benedictus successit. Eodem mense duae stellae maioris et minoris quantitatis visae sunt a parte occidentis orientem versus incedere, et hoc per decem vices adeo alternatim, ut, maiore permanente, minor aliquoties nullatenus appareret.

Lothar und Karl schickten an ihren Bruder Ludwig Gesandte der Erhaltung des Friedens wegen und mit der Aufforderung, seinen Sohn aus Aquitanien zurückzurufen. Karl zog wiederum nach Aquitanien. Pippin, der Sohn Pippins, der im Kloster des heiligen Medardus die Tonsur erhalten, Mönchskleidung angenommen und dort zu verbleiben eidlich gelobt hatte, kam nach Aquitanien, und der größte Teil der Bevölkerung des Landes scharte sich um ihn. König Karl, der sich um Pippin weiter nicht kümmerte, vertrieb seinen Neffen Ludwig aus Aquitanien und zwang ihn, zu seinem Vater nach Germanien zurückzukehren. Karl, Pippins Bruder, der schon zum Diakonus geweiht war, verließ das Kloster Corbie. König Karl ließ seinem Sohne Karlmann die geistliche Tonsur geben.

Die Dänen, die unter sich in inneren Kämpfen stritten, lieferten einander eine dreitägige erbitterte Schlacht, wobei König Horich mit den übrigen Königen getötet und fast der ganze Adel vernichtet wurde. Die normannischen Seeräuber an der Loire verbrannten abermals die Stadt Angers.

855.

Lothar gab ganz Friesland seinem Sohne Lothar; daher kehrten Rorich und Gotfried in ihr Vaterland Dänemark zurück, in der Hoffnung, dort die königliche Gewalt zu gewinnen.

Lothar erkrankte, was den Brüdern Ludwig und Karl Anlaß gab, sich wieder miteinander zu versöhnen.

Die Normannen drangen in Bordeaux in Aquitanien ein und durchzogen das Land nach allen Seiten, wie es ihnen beliebte.

Karl bestimmte den Aquitaniern auf ihren Wunsch seinen Sohn Karl zum König. Karl nahm auch den König der Angelsachsen Edilwulf, der nach Rom zog, ehrenvoll auf, beschenkte ihn mit allem, was zum königlichen Anzug gehört, und ließ ihn bis zur Grenze seines Reichs mit allen eines Königs würdigen Ehren geleiten. Lothar beklagte sich gegen Karl wegen seiner zweifelhaft erscheinenden Treue. Vieles, was dem katholischen Glauben widersprach, wurde im Reiche Karls aufgerührt, was auch ihm nicht unbekannt blieb.

Im August starb der römische Papst Leo und Benedikt folgte ihm. Im selben Monat sah man zwei Sterne, einen größeren und einen kleineren, von Westen nach Osten sich bewegen; und zwar zehn Mal in solchem Wechsel, daß der größere blieb und der kleinere etliche Male ganz verschwand.

Kaiser Lothar, von Krankheit ergriffen und am Leben verzweifelnd, begab sich nach dem Ardennenkloster Prüm und ließ sich, der Welt und der Herrschaft völlig entsagend, die Tonsur geben, wobei er demütig Lebensweise und Kleidung der Mönche annahm. Nachdem er sein Reich unter seine Söhne geteilt hatte, die bei ihm waren, so daß Lothar den nach ihm benannten Teil Franciens und Karl die Provence erhielt, starb

Lotharius imperator, morbo correptus vitamque desperans, monasterium Proneae in Arduenna constitutum adiit, seculoque et regno penitus abrenuncians, tonsus est, vitam habitumque monachi humiliter sumens. Dispositoque inter filios, qui secum morabantur, regno, ita ut Lotharius cognomen[a]) eius Franciam, Karlus vero Provinciam optinerent, intra sex dies vita decessit tertio Kalendarum Octobrium, atque in eodem monasterio sepulturam, ut desideraverat, consecutus est.

Aquitani urbem Lemovicum mediante Octobri mense convenientes, Karlum puerum, filium Karli regis, regem / generaliter constituunt, unctoque per pontifices coronam regni imponunt sceptrumque adtribuunt.

Nordomanni Ligerim ingressi, relictis navibus, pedestri itinere urbem Pictavorum adire moliuntur. Sed occurrentibus Aquitanis, adeo profligati sunt, ut ultra trecentos pauci evaserint. Roric et Godofridus, nequaquam arridentibus sibi successibus, Dorestado se continent et parte maxima Fresiae potiuntur.

Ludoicus rex Germanorum crebris Sclavorum defectionibus agitatur.

856.

Hiems asperrima et sicca; pestilentia valida, qua magna pars hominum absumitur. Ludoicus rex Italiae, filius Lotharii, super portione regni paterni in Francia apud patruos suos Ludowicum et Karlum conqueritur, Italiam largitate avi Ludoici imperatoris se asserens assecutum. Aquitani Karlum puerum, quem nuper regem constituerant, spernentes, Pippinum ex monacho, qui de monasterio Sancti Medardi aufugerat, eductum custodia, regem simulant. Karlus rex cum Respogio Brittonum[b]) paciscens, filiam eius filio suo Ludoico despondet[1], dato illi ducatu Cenomannico usque ad viam quae a Lotitia Parisiorum Ceseredunum Turonum ducit. Proceres quondam Hlotharii filium eius Hlotharium regem Franciae etiam sacra unctione constituunt.

Pyratae Danorum 14. Kalend. Mai civitatem Aurelianis adeunt, praedantur, et inpune revertuntur.

Comites pene omnes ex regno Karoli regis cum Aquitaniis adversus eum coniurant, invitantes Ludoicum regem Germanorum ad suum consilium perficiendum. Quo diutius in expeditione Sclavorum detento, ubi et magnam partem sui exercitus amisit, isti moras illius non ferentes, Karlo regi reconciliantur[2]. Et Aquitani, spreto Pippino, Kar-

er 6 Tage darauf, am 29. September, und erhielt, wie er gewünscht hatte, in diesem Kloster seine Ruhestätte.

Die Aquitanier versammelten sich Mitte Oktober in Limoges, erwählten sich einmütig den Knaben Karl, Karls Sohn, zu ihrem König, setzten ihm nach der Salbung durch die Bischöfe die Königskrone auf und überreichten ihm das Szepter.

Die Normannen, die in die Loire eingefahren waren, unternahmen, indem sie die Schiffe verließen, zu Lande einen Zug gegen Poitiers; aber die Aquitanier stellten sich ihnen entgegen und schlugen sie so, daß wenig mehr als dreihundert entkamen. Rorich und Gotfried, deren Unternehmung keineswegs vom Glück begünstigt war, setzten sich in Dorestadt fest und bemächtigten sich Frieslands zum größten Teil.

Ludwig, der König der Germanen, wurde durch häufigen Abfall der Slaven belästigt.

856.

Der Winter war sehr hart und trocken; es wütete eine schwere Seuche, die eine große Zahl von Menschen wegraffte. König Ludwig von Italien, Lothars Sohn, beklagte sich über die Teilung des väterlichen Reichs in Francien bei seinen Oheimen Ludwig und Karl, indem er darauf hinwies, daß er Italien als Geschenk von seinem Großvater, dem Kaiser Ludwig, erhalten habe. Die Aquitanier ließen den Knaben Karl, den sie sich zunächst zum König gesetzt hatten, wieder fallen und nahmen den aus dem Kloster des heiligen Medardus entflohenen Mönch Pippin, nachdem sie ihn aus der Haft befreit hatten, zum Scheinkönig. König Karl schloß mit dem Fürsten der Bretonen Respogius Frieden, verlobte[1] dessen Tochter mit seinem Sohn Ludwig und gab ihm das Herzogtum Maine bis zu der Straße Paris – Tours. Die Großen aus dem Reich des verstorbenen Kaisers Lothar bestellten seinen Sohn Lothar auch durch die heilige Salbung zum König von Francien.

Die dänischen Seeräuber kamen am 18. April nach Orléans, plünderten es und kehrten dann ungestraft zurück.

Fast alle Grafen aus dem Reiche König Karls verschworen sich mit den Aquitaniern gegen ihn und forderten Ludwig, den König der Germanen auf, zu kommen, um ihren Plan durchzuführen; da dieser aber durch einen Feldzug gegen die Slaven länger zurückgehalten wurde, wobei er auch einen großen Teil seines Heeres verlor, ertrugen sie sein Ausbleiben nicht und versöhnten sich wieder mit Karl[2]. Auch die Aquitanier nahmen, Pippin fallen lassend, den Knaben Karl, den Sohn des Königs Karl, an und holten ihn nach Aquitanien zurück.

[a]) als cognominem zu verstehen.

[b]) es ist wohl duce zu ergänzen.

[1] Die Ehe kam nicht zustande (s. z. J. 862).

[2] MG Capitul. II S. 279–282 u. S. 424.

lum puerum, filium Karli regis, quem antea pepulerant, recipiunt et in Aquitaniam reducunt.

Iterum pyratae Danorum alii mediante Augusto Sequanam ingrediuntur, et vastatis direptisque ex utraque fluminis parte civitatibus etiam procul positis ac monasteriis atque villis, locum qui dicitur Fossa-Givaldi Sequanae con/tiguum stationique munitissimum deligunt; ubi hiemem quieti transigunt.

Edilvulf rex occidentalium Anglorum Roma rediens, Iudith, filiam Karli regis, mense Iulio desponsatam, Kalendis Octobribus in Vermeria palatio in matrimonium accipit, et eam, Ingmaro Durocortori Remorum episcopo benedicente, imposito capiti eius diademate, reginae nomine insignit[1], quod sibi suaeque genti eatenus fuerat insuetum; patratoque regiis apparatibus utrimque atque muneribus matrimonio, cum ea Brittaniam, regni sui ditionem, navigio repetit.

Ludoicus imperator Italiae et Hlotharius, frater eius, rex Franciae, cum Karlo puero, germano suo, apud Urbam conveniunt. Ubi adeo pro regni paterni portionibus dissident, ut pene armis inter sese decernant; Karlo tamen, fratri suo, Provinciam et ducatum Lugdunensem iuxta paternam dispositionem distribuunt, eripientibus eum a fratre Lothario optimatibus, qui illum moliebatur in clericum tonsurare.

Saraceni de Benevento Neapolim fraude adeuntes vastant, diripiunt et funditus evertunt.

857.

Pyratae Danorum 5. Kalend. Ianuar. Loticiam Parisiorum invadunt atque incendio tradunt. Hi vero qui apud inferiora Ligeris morabantur Turones et omnia circumquaque loca usque ad Blisum castrum depraedantur.

Aquitanorum aliqui persuasione occulte conspirantium Francorum quorundam in Karlum a Karlo admodum puero deficientes, Pippino sociantur. Karlus rex et Lotharius, nepos eius, sacramentis vicissim exhibitis foederantur[2], similiter Ludoicus rex Germaniae et Ludoicus imperator Italiae. Pippinus Danorum pyratis sociatur, Pictavorum civitatem devastat et multa alia Aquitaniae loca depopulat. Lotharius concubinis abutens, uxorem suam reginam abicit.

In urbe Colonia Agrippina, Guntario episcopo adstante, in aecclesia beati Petri nubes densissima desuper crebris fulminibus incubat, cum

Wiederum drangen andre dänische Seeräuber Mitte August in die Seine ein und nachdem sie die Städte auf beiden Ufern des Flusses, auch die weiter ab gelegenen, sowie die Klöster und Dörfer geplündert und verwüstet hatten, erwählten sie einen Platz an der Seine, der für ein Standlager wohl gesichert war, „Graben des Givaldus“ genannt; hier blieben sie den Winter über in Ruhe.

Auf dem Rückweg von Rom feierte Edilwulf, König der West-Angeln, im Juli seine Verlobung und am 1. Oktober in der Pfalz Verberie seine Vermählung mit Judith, der Tochter König Karls, und nach der Einsegnung durch Bischof Hinkmar von Reims setzte er ihr das königliche Diadem auf und zierte sie mit dem Namen der Königin[1], was bisher bei ihm und seinem Volke nicht Sitte war; und nachdem die Vermählung beiderseits mit königlichem Aufwand und Geschenken gefeiert war, begab er sich mit ihr zu Schiff nach seinem Königreich in Britannien.

Kaiser Ludwig von Italien und sein Bruder, König Lothar von Francien, trafen sich mit ihrem Bruder, dem Knaben Karl, zu Orbe; hier waren sie so uneinig über die Teilung des väterlichen Reiches, daß sie fast die Waffen gegeneinander ergriffen; doch gaben sie die Provence und das Herzogtum Lyon (der väterlichen Bestimmung gemäß) ihrem Bruder Karl, nachdem ihn die Großen dem Bruder Lothar entrissen hatten, der ihn zum Mönch scheren lassen wollte.

Die Sarrazenen von Benevent gewannen durch List Neapel und plünderten, verwüsteten und zerstörten es von Grund aus.

857.

Am 28. Dezember drangen dänische Seeräuber in Paris ein und brannten es nieder. Die an der untern Loire sitzenden Dänen verwüsteten Tours und alle Orte in der Umgebung bis zur Burg Blois.

Einige Aquitanier fielen auf Anstiften mehrerer gegen König Karl heimlich verschworener Franken von dem noch jungen Knaben Karl ab und schlossen sich Pippin an. König Karl und sein Neffe Lothar verbündeten sich miteinander unter wechselseitigen Eidschwüren[2], ebenso Ludwig, König von Germanien, und Kaiser Ludwig von Italien. Pippin verband sich mit dänischen Seeräubern, verwüstete Poitiers und verheerte viele andere Orte Aquitaniens. Lothar, der sich Kebsweibern hingab, verstieß seine Gattin, die Königin.

In Köln lagerte sich auf der Peterskirche in Anwesenheit des Bischofs Günther unter häufigen Blitzen eine dichte Wolke, als plötzlich ein Blitzstrahl in heller Flamme durch den Trauf hereinfuhr, einen Priester, einen Diakonen und einen von den Laien tötete und sich dann tief in der Erde verlor. Auch in Trier legte sich, als Bischof Theutgaud mit dem Klerus und dem Volk den Gottesdienst feierte, eine dunkle Wolke unter Donnern und Blitzen auf die Kirche, warf schreckenerregend den Glocken-

[1] MG Capitul. II S. 425.

[2] MG Capitul. II S. 293–295.

subito fulgur in modum ignis per subgrundia eiusdem aecclesiae intrans, unum sacerdotem et unum diaconum unumque ex laicis interficit, ac terrae ab/ditis reconditur. In Augusta etiam Trevirorum Teotgaudo episcopo cum clero et populo celebrante, nubes teterrima superincumbens tonitruis fulminibusque super ecclesiam territans turrem campanarum sonantium comminuit tantaque tenebrositate ecclesiam implevit, ut vix alterutrum sese valerent agnoscere, visusque est canis nimiae enormitatis in circuitu altaris discurrere, subito terrae hiatu fatiscente[a]).

Dani Sequanae insistentes cuncta libere vastant, Lutetiamque Parisiorum adgressi, basilicam beati Petri et sanctae Genovefae incendunt et ceteras omnes praeter domum sancti Stephani et ecclesiam sancti Wincentii atque Germani praeterque ecclesiam sancti Dyonisii, pro quibus tantummodo ne incenderentur multa solidorum summa soluta est. Alii Danorum emporium quod Dorstadum dicitur vi capiunt totamque Batavorum insulam et cetera loca contermina diripiunt.

Respogius dux Brittonum a Salomone et Almaro Brittonibus diu contra se dissidentibus interimitur. Quidam procerum Karli regis Aquitanis sociati, multas praedas pluraque incommoda perpetrant.

Frotbaldus episcopus Carnotum, insistentibus sibi Danis in eadem civitate, pedes fugiens fluviumque Auduram natatu petens, aquis interceptus moritur.

858.

Ipso[b]) dominicae nativitatis festo noctu et interdiu Moguntiae validus et creberrimus terrae motus efficitur; quem etiam valida hominum mortalitas insequitur. In territorio[c])... mare / quandam arborem radicitus evulsam et Gallicanis provinciis ante ignotam eiecit, carentem foliis, sed loco frondium habentem ramusculos similitudine herbae partim latae sed longioris, loco vero foliorum quaedam triangula spetie, colore autem unguium humanorum vel ossium piscium, quae in eis tenuia sunt; et haec ita summitati earundem herbarum inhaerentia, acsi extrinsecus adposita viderentur, more eorum quae ex diversis metallis in ornamentis cingulorum vel hominum vel equestrium falerarum extrinsecus adfigi solent. In pago Senonico in ecclesia sanctae Porcariae die dominico celebrante missas presbytero, lupus subito introiens plebemque adsistentem discurrendo perturbans, tandem inter feminas identidem faciens, disparuit.

turm ein und erfüllte die Kirche mit solcher Finsternis, daß man einander kaum erkennen konnte, und man sah einen Hund von ungeheurer Größe um den Altar herumlaufen, indem sich plötzlich die Erde auftat.

Die Dänen an der Seine verwüsteten alles ungehindert, drangen in Paris ein, verbrannten die Kirche des hl. Petrus und der hl. Genofeva und alle andern, mit Ausnahme des Hauses des hl. Stephanus, der Kirche des hl. Vincentius und Germanus, sowie der Kirche des hl. Dionysius, für welche, nur damit sie nicht verbrannt würden, eine große Summe Geldes gezahlt wurde. Andere Dänen erstürmten den Handelsplatz Dorestadt und plünderten die ganze Insel der Bataver und das angrenzende Land.

Respogius, der Herzog der Bretonen, wurde von den Bretonen Salomon und Almar, mit denen er seit langem im Streit lag, getötet. Einige der Großen König Karls verbanden sich mit den Aquitaniern und verübten große Räubereien und viele schwere Untaten.

Bischof Frotbald von Chartres, der zu Fuß vor den Dänen, die ihn in dieser Stadt verfolgten, fliehen und sich durch Schwimmen über die Eure retten wollte, kam in den Fluten um.

858.

Gerade[1] am Tage der Geburt des Herrn gab es in Mainz bei Nacht und Tag ein starkes und wiederholtes Erdbeben, dem auch ein großes Sterben unter den Menschen folgte. Im Gebiete von .... warf das Meer einen mit den Wurzeln ausgerissenen, in den Gallischen Ländern bisher unbekannten Baum ans Ufer, der keine Blätter hatte, sondern an Stelle der Äste kleine Zweige, wie Grashalme, zum Teil breit, aber etwas länger, und an Stelle der Blätter etwas Dreieckiges von Gestalt, in der Farbe wie menschliche Nägel oder dünne Fischgräten, und diese saßen an der Spitze jener grasartigen Zweige so, als ob sie äußerlich aufgesetzt erschienen, wie die Zieraten, die aus anderem Metall auf die Gürtel der Menschen oder das Pferdegeschirr äußerlich angebracht zu werden pflegen. Im Gau von Sens kam am Tage des Herrn, als der Priester in der Kirche der heil. Porcaria die Messe las, plötzlich ein Wolf in die Kirche, verwirrte durch sein Umherlaufen das anwesende Volk, tat dasselbe bei den Frauen wiederholt und verschwand schließlich.

a) überliefert ist von diesem Wort nur fan.

b) Der Audomeriensis schaltet hinter ipso ein: quando ipse Karolus intravit in insulam Sequanae dictam Oscellum, ubi magnum sustinuit periculum, sicut a multis tunc fuit cognitum, et quando frater suus Hludowicus super illum venit cum omni hostili apparatu, sed largiente misericordia Dei cum honore non recessit.

c) Name ausgefallen.

1 Die Handschrift von St. Omer fügt hier hinzu: Als Karl selbst auf die Seine-Insel Oscellum kam, wo er große Gefahr bestand, wie damals vielen bekannt wurde, und als sein Bruder Ludwig mit seiner ganzen Heeresmacht über ihn kam, aber durch Gottes reiche Gnade nicht mit Ehre heimkehrte.

Edilvulf rex occidentalium Saxonum moritur; relictam eius, Iudith reginam, Adalboldus, filius eius, uxorem ducit.

Berno dux partis pyratarum Sequanae insistentium ad Karlum regem in Vermeria palatio venit, eiusque se manibus dedens, fidelitatem suatim iurat. Pars altera eorundem pyratarum Ludowicum abbatem monasterii Sancti Dyonisii cum fratre ipsius Gauzleno capiunt eisque redemptionis suae gravissimam multam inponunt. Ob quam multi thesaurorum ecclesiarum Dei ex regno Karli, ipso iubente, exhausti sunt. Sed his minime sufficientibus, ab eodem rege et omnibus episcopis, abbatibus, comitibus ceterisque viris potentibus multa ad suppletionem praedictae summae certatim conlata sunt.

Comites vero Karli regis cum Brittonibus iuncti, deficientes a Karlo, filium eius Ludoicum eiusque sequaces a partibus Cenomanicis deterritum, Sequanam transire atque ad patrem refugere compellunt.

Lotharius rex cum fratre suo Karlo Provinciae rege / amicitiam firmat, datis ei duobus episcopatibus ex regno suae portionis et duobus comitatibus, id est Bilisio et Tarantasia; similiter Karlus eidem fratri suo Lothario regnum suum ea conditione tradidit, ut, si, antequam uxorem acciperet et filios generaret, ab hac vita decederet, ei Lotharius iure hereditario succederet.

Mense Maio in vico Leudico, in quo corpus sancti Landoberti episcopi quiescit, tanta subito pluviarum inundatio effusa est, ut domos et muros lapideos seu quaecumque aedificia cum hominibus et omnibus quaecumque illic invenit usque ad ipsam ecclesiam memoriae sancti Landoberti violenta eruptione in Mosam fluvium praecipitaverit.

Dani Saxoniam adgrediuntur, sed repelluntur.

Benedictus Romanus pontifex moritur; Nicolaus praesentia magis ac favore Ludoici regis et procerum eius quam cleri electione substituitur.

Lotharius rex, cogentibus suis, uxorem quam abiecerat recipit, nec tamen ad torum admittit, sed custodiae tradit.

Karlus rex insulam Sequanae vocabulo Oscellum, Danos in ea commorantes obsessurus, mense Iulio adgreditur; ubi ad eum Karlus puer, filius eius, ab Aquitania pervenit. Cum quo Pippinum iam laicum venientem suscipit et ei comitatus ac monasteria in Aquitania tribuit. Lotharius etiam rex ad eandem insulam mense Augusto properat, avunculo adiutorium conlaturus. Ubi usque nono Kalend. Octobris

Edilwulf, der König der Westsachsen, starb und sein Sohn Adalbold nahm die Witwe seines Vaters, die Königin Judith, zur Gemahlin.

Berno, der Führer der Seeräuber an der Seine, kam zu König Karl nach der Pfalz Verberie, gab sich in seine Hände und leistete ihm aus freien Stücken den Eid der Treue. Ein anderer Teil dieser Seeräuber nahm Ludwig, den Abt von St. Denis, mit seinem Bruder Gauzlin gefangen und legte ihnen für ihre Befreiung eine ungeheure Summe auf, für welche viele Schätze der Kirchen Gottes aus Karls Reich nach seiner eigenen Weisung erschöpft wurden; da diese aber durchaus nicht ausreichten, so wurde von diesem Könige und von allen Bischöfen, Äbten, Grafen und anderen mächtigen Männern wetteifernd viel beigesteuert, um jene Summe voll zu machen.

Die Grafen König Karls, die sich mit den Bretonen verbanden, fielen von Karl ab, vertrieben seinen Sohn Ludwig und seine Anhänger aus Maine und zwangen ihn, die Seine zu überschreiten und sich zu seinem Vater zu flüchten.

König Lothar festigte die Freundschaft mit seinem Bruder Karl, dem Könige der Provence, indem er ihm von seinem Reichsteil zwei Bistümer und zwei Grafschaften schenkte, nämlich Belley und Tarantaise; ebenso übergab Karl sein Reich seinem Bruder Lothar in der Weise, daß ihm, wenn er sterbe, bevor er eine Frau genommen und Kinder gezeugt hätte, Lothar als Erbe nachfolgen solle.

Im Mai trat in Lüttich, wo der Leib des heiligen Bischofs Lambert ruht, plötzlich durch Regengüsse eine solche Überschwemmung ein, daß Häuser und Steinmauern und allerlei Gebäude mit den Bewohnern und allem darin, ja selbst die Kirche des heiligen Lambert durch die Gewalt der Fluten in die Maas fortgerissen wurden.

Die Dänen fielen in Sachsen ein, wurden aber zurückgeschlagen.

Der römische Papst Benedikt starb; Nikolaus trat an seine Stelle, mehr infolge der Anwesenheit und durch die Gunst des Königs Ludwig und seiner Großen als durch die Wahl der Geistlichkeit.

König Lothar nahm auf Drängen der Seinigen die Gemahlin, welche er verstoßen hatte, wieder auf; er behandelte sie aber nicht wie seine Gemahlin, sondern ließ sie in Gewahrsam halten.

König Karl kam im Juli nach der Insel Oscellum, um die Dänen zu belagern, die sich darauf festgesetzt hatten; daselbst traf sein Sohn, der Knabe Karl, aus Aquitanien bei ihm ein. Mit diesem zusammen empfing er den nun als Laien auftretenden Pippin und schenkte ihm Grafschaften und Klöster in Aquitanien. Auch König Lothar kam nach dieser Insel im August, um seinem Oheim Hilfe zu bringen. Und nachdem sie hier bis zum 22. September, ohne die Belagerung zu fördern, geweilt hatten, kehrten sie schließlich nach Haus zurück. Inzwischen führten die Grafen aus König Karls Reich Ludwig, den König der Germanen, herbei, den sie schon fünf Jahre hindurch eingeladen hatten. Dieser traf am 1. Septem-

absque profectu obsidionis demorantes, tandem ad propria remeant. Interim comites ex regno Karli regis Ludoicum Germanorum regem, quem per 5 annos invitaverant, adducunt. Qui Kalendas Septembris Ponteonem regiam villam adveniens, per Catalaunos et Cupedenses Aiedincum Senonum pervenit. Inde Aurelianensem pagum adiens, receptis ab Aquitania et Niustria atque Brittonibus, qui ad eum se venturos spoponderant, eadem poene via usque ad Cupedenses remeat. Quibus Karlus rex compertis, per Catalaunos usque ad Breonam villam festinus graditur. Ubi concurrentibus ad eum Burgundiae primoribus, Ludoicum insequentem praestolatur. Sed intercurrentibus nunciis, cum nulla pacis / compositio fieret, tertio tandem die, id est pridie Idus Novembris, praeparatis hinc inde aciebus, videns Karlus se a suis deseri, recessit et partes Burgundiae petiit. Ludoicus vero, receptis his qui a Karlo defecerant, Augustam Tricorum adit, ibique distribuens invitatoribus suis comitatus, monasteria, villas regias atque proprietates, ad Attiniacum palatium revertitur. Quo Lotharius rex ei occurrit, et confirmatis inter se pactionibus, ad sua repedat. Ludoicus vero per Durocortorum Remorum[1] et Laudunensem pagum ad Augustam Veromandorum, in coenobio videlicet Sancti Quintini martyris dominicae nativitatis festum celebraturus, ingreditur.

Interea quidam monachus[2] ex monasterio Sancti Vincentii martyris vel Sancti Germani confessoris a Corduba civitate Hispaniae rediens, corpora beatorum martyrum Georgii diaconi et Aurelii caputque Nathaliae secum detulit atque in villa Acmanto in loculis servanda conlocavit.

859.

Dani loca ultra Scaldem populantur. Vulgus promiscuum inter Sequanam et Ligerim inter se coniurans, adversus Danos in Sequana consistentes fortiter resistit. Sed quia incaute sumpta est eorum coniuratio, a potentioribus nostris facile interficiuntur.

Karlus rex recuperatis viribus fratrem suum Ludoicum necopinantem adgreditur et de regni sui finibus pellit. Lotharius rex ad Karlum, patruum suum, festinat, et die dominico initii quadragesimae[3] in Artiacas palatio, publice sacramentis vicissim per se ipsos datis, sese iterum adversus omnes hostes suos confirmant. Karlus quaedam monasteria, quae antea clerici habere solebant, laicis distribuit.

Pyratae Danorum longo maris circuitu, inter Hispanias videlicet et Africam navigantes, Rodanum ingrediuntur, depopulatisque quibus-

ber auf dem königlichen Hofgut Ponthion ein und begab sich über Chalons und Queudes nach Sens; von da zog er nach dem Gau Orléans, empfing aus Aquitanien, Neustrien und von den Bretonen die, welche zu ihm zu kommen versprochen hatten, und kehrte dann fast auf demselben Wege nach Queudes zurück. Als dies König Karl erfuhr, zog er eilends über Châlons nach Brienne; hier erwartete er, während die Vornehmsten Burgunds zu ihm eilten, den ihm folgenden Ludwig; da aber durch Gesandte hin und her keine friedliche Verständigung zustande kam, wich Karl am dritten Tage, am 12. November, nachdem man sich beiderseits zur Schlacht gerüstet hatte, zurück, als er sich von den Seinigen verlassen sah, und wandte sich nach Burgund. Ludwig aber zog, nachdem er die von Karl abgefallenen aufgenommen hatte, nach Troyes, verteilte hier unter denen, die ihn gerufen hatten, Grafschaften, Klöster, königliche Güter und Allodien und kehrte dann nach der Pfalz Attigny zurück. Hier stieß zu ihm König Lothar, der nach Erneuerung des Bündnisses wieder in sein Reich zurückkehrte. Ludwig aber begab sich über Reims[1] und den Gau von Laon nach St. Quentin, um dort im Kloster des heiligen Märtyrers Quintinus das Fest der Geburt des Herrn zu begehen.

Inzwischen war ein Mönch[2] aus dem Kloster des hl. Märtyrers Vincentius und des hl. Bekenners Germanus von Cordoba in Spanien mit den Leibern der seligen Märtyrer Georg des Diakonen und Aurelius, sowie dem Haupt der Natalie zurückgekehrt und legte sie in Aimant in besonderen Behältnissen zur Aufbewahrung nieder.

859.

Die Dänen verwüsteten das Land hinter der Schelde. Das gemeine Volk zwischen Seine und Loire, das sich miteinander verschworen hatte, leistete den Dänen, die sich an der Seine festgesetzt hatten, tapfern Widerstand; da aber ihre Verschwörung unvorsichtig betrieben war, so wurden sie von unsern Großen ohne Mühe getötet.

König Karl, der seine Streitkräfte wieder gesammelt hatte, griff seinen Bruder Ludwig unerwartet an und vertrieb ihn aus seines Reiches Grenzen. König Lothar eilte zu seinem Oheim Karl, und am Sonntag zu Anfang der Fasten[3] verbanden sie sich von neuem in der Pfalz Arcis gegen alle ihre Feinde durch persönlich und öffentlich einander geleistete Eide. Karl verteilte einige Klöster, welche früher Geistliche zu besitzen pflegten, an Laien.

[1] Hier sollten sich am 25. November die Bischöfe der Kirchenprovinzen Reims und Rouen einfinden; statt dessen richteten sie unter Hinkmars Vorsitz von Quierzy aus ein Schreiben an den König: MG Capitul. II S. 427–441.

[2] Namens Usuardus. Dieser verfaßte auch 875 im Auftrag Karls des Kahlen ein handschriftlich erhaltenes Martyrologium (s. Manitius, Geschichte der latein. Literatur des Mittelalters Bd. 2 S. 804). Die Geschichte der Translatio schrieb Aimoinus, der Mönch von St. Germain des Prés.

[3] 5. Februar 859.

dam civitatibus ac monasteriis, in insula quae Camarias dicitur sedes ponunt. /

Karlus rex per diversa loca conventus episcoporum agit, sed quarto a Tullo Leucorum miliario in villa Saponarias cum Lothario et Karlo nepotibus suis, regibus, sinodo episcoporum adsistens, libellum accusationis adversus Guanilonem Agedinci Senonum metropolitanum episcopum porrigit[1]. Quae tamen actio propter absentiam eiusdem Guanilonis episcopi dilata est. Inde ad conloquium fratris sui Ludoici regis in insula Reni inter Anturnacum et Confluentes properat. Cuius colloquii effectus differtur usque ad 8. Kalendas Novembris apud Basiliam civitatem. Quo Lodoico adveniente, Karlus propter Lotharii absentiam ab itinere coepto revertitur.

Aquitani ad Karlum puerum omnes pene convertuntur. Pippinus Rotberto comiti et Brittonibus sociatur.

Acies in caelo mense Augusto, Septembri et Octobri nocturno tempore visuntur, ita ut diurna claritas ab oriente usque in septentrionem continue fulserit, et columnae sanguineae ex ea discurrentes processerint.

Dani noviter advenientes monasterium Sancti Walarici et Samarobricam Ambianorum civitatem aliaque circumquaque loca rapinis et incendiis vastant. Alii quoque eorum insulam Reni Patavum simili furore invadunt. Hi vero qui in Sequana morantur Noviomum civitatem noctu adgressi, Immonem episcopum cum aliis nobilibus, tam clericis quam laicis, capiunt, vastataque civitate, secum abducunt atque in itinere interficiunt. Qui etiam ante duos menses Ermenfridum Belvagorum in quadam villa interfecerant, sed et anno praeterito Baltfridum Baiocassium episcopum necaverant. Ossa beatorum martyrum Dyonisii, Rustici et Eleutherii metu eorundem Danorum in pagum Mauripensem in villam sui iuris Novientem devecta sunt atque 11. Kalendas Octobris in loculis diligenter conlocata. /

Lotharius fratri suo Ludoico Italorum regi quandam regni sui portionem adtribuit, ea videlicet quae ultra Iuram montes habebat, id est Genavam, Lausonnam et Sedunum civitates, cum episcopatibus, monasteriis et comitatibus, praeter hospitale quod est in monte Iovis et Pipincensem comitatum.

Guanilo episcopus Senonum absque audientia episcoporum Karlo regi reconciliatur.

Dänische Seeräuber, die einen weiten Seeweg zurückgelegt hatten, indem sie zwischen Afrika und Spanien hindurchschifften, drangen in die Rhone ein, und ließen sich, nachdem sie etliche Städte und Klöster gebrandschatzt hatten, auf der Insel Camargue nieder.

König Karl hielt an verschiedenen Orten Versammlungen der Bischöfe; aber auf der Synode der Bischöfe in Savonnières, vier Meilen von Toul, übergab König Karl, der mit seinen Neffen Lothar und Karl teilnahm, eine Anklageschrift[1] gegen Guanilo, den Metropolitan-Bischof von Sens; doch mußte dieser Prozeß wegen der Abwesenheit dieses Bischofs Guanilo vertagt werden. Von da begab er sich zu einer Unterredung mit seinem Bruder, dem König Ludwig, nach einer Insel des Rheins zwischen Andernach und Koblenz. Der Abschluß dieser Aussprache wurde auf eine zweite Zusammenkunft zum 25. Oktober in Basel verschoben. Während Ludwig dazu eintraf, war Karl, bereits auf dem Wege dahin, wegen Lothars Abwesenheit wieder umgekehrt.

Die Aquitanier wandten sich fast alle dem Knaben Karl zu. Pippin verband sich mit dem Grafen Rotbert und den Bretonen.

Am Himmel wurden im August, September und Oktober zu nächtlicher Zeit Lichter gesehen, in der Art, daß ein tagheller Lichtschein von Osten nach Norden ununterbrochen glänzte, und von demselben ausgehend blutrote Säulen sich über den Himmel verbreiteten.

Die Dänen, die von neuem kamen, verwüsteten mit Rauben und Brennen das Kloster St. Valery, sowie Amiens und andere Orte in der Umgegend. Auch fielen andere von ihnen mit gleicher Wut in der Insel des Rheins, Betuwe, ein; die aber, die in der Seine weilten, griffen nachts Noyon an, nahmen den Bischof Immo mit anderen Edlen, Geistlichen wie Laien, gefangen, führten sie, nachdem sie die Stadt verwüstet hatten, mit sich fort und töteten sie unterwegs. Diese hatten auch zwei Monate vorher den Bischof Ermenfrid von Beauvais in einem Dorfe getötet, aber auch im Jahr vorher hatten sie den Bischof Baltfrid von Bayeux umgebracht. Die Gebeine der seligen Märtyrer Dionysius, Rusticus und Eleutherius wurden aus Furcht vor den Dänen nach dem Mauripensischen Gau in das ihnen gehörige Dorf Nogent gebracht und daselbst am 21. September sorgfältig in besonderen Behältnissen niedergelegt.

Lothar gab seinem Bruder Ludwig, dem König von Italien, einen Teil seines Reiches, nämlich das Land jenseits des Jura: Genf, Lausanne und Sion samt den Bistümern, Klöstern und Grafschaften, ausgenommen das Hospiz auf dem St. Bernhard und die Grafschaft Pümplitz.

Bischof Guanilo von Sens versöhnte sich mit König Karl, ohne vor den Bischöfen zu erscheinen.

[1] MG Capitul. II S. 447–450. Der libellus proclamationis adversus Wenilonem ebd. S. 450–453. Die Akten der Synode von Metz (28. Mai) ebd. S. 441–446.

Nicolaus pontifex Romanus de gratia Dei et libero arbitrio, de veritate geminae praedestinationis et de sanguine Christi, ut pro credentibus omnibus fusus sit, fideliter confirmat et catholice decernit[a]).[1]

860.

Hiems diutina et continuis nivibus ac gelu dira, a mense videlicet Novembri usque ad Aprilem.

Lotharius reginam suam Teutbergam inrevocabili odio habitam et multis contrarietatibus fatigatam ad hoc compulit, ut ipsa coram episcopis confiteretur, fratrem suum Hucbertum sibi sodomitico scelere commixtum; unde et poenitentiae continuo addicta est atque in monasterium retrusa[2].

Karlus rex inani Danorum in Somna consistentium pollicitatione pellectus, exactionem de thesauris ecclesiarum et omnibus mansis ac negotiatoribus etiam paupertinis, ita ut etiam domus eorum et omnia utensilia adpretiarentur et inde statutus census exigeretur, fieri iubet. Nam idem Dani promiserant, ut, si eis tria milia librarum argenti pondere examinato tribueret, se adversus eos Danos qui in Sequana versabantur ituros eosque inde aut expulsuros aut interfecturos.

Pridie Nonas Aprilis nocte sequenti, nona videlicet luna iam inchoata, fertur quaedam obscuritas corniculata, eodem scemate quo luna splendebat, per medium eiusdem lunae apparuisse, ita ut hinc inde luceret, sed in medio obscuraretur. Similiter dicitur 8. Idus Aprilis sol ortus quandam in medio sui orbe tenebrositatem passus, qua ad inferiora eius delabente mox alia a superioribus eius ingruerit eiusque orbem usque ad infima similiter percurrerit, et hoc luna decima.

Dani in Somna consistentes, cum eis non daretur supradictus census, receptis obsidibus, ad Anglos Saxones navi/gant. A quibus profligati atque repulsi, alias partes petunt. Hi vero Dani qui in Rodano morabantur usque ad Valentiam civitatem vastando perveniunt. Unde, direptis quae circa erant omnibus, revertentes, ad insulam in qua sedes posuerant redeunt.

Ludoicus, Karlus et Lotharius reges Kalendas Iunias apud castrum quod Confluentes vocatur conveniunt, ibique de pace inter se diu trac-

a) Hierzu die auf Hinkmar zurückzuführende Randnotiz: Hic Prudentius episcopus de Nicolao scripsit, quod ut fieret voluit; sed quia factum fuerit, verum non dixit.

Der römische Papst Nikolaus entschied, in Bekräftigung des Glaubens der Kirche, über die Lehren von der Gnade Gottes und dem freien Willen, so wie über die Wahrheiten von der doppelten Prädestination und dem Blute Christi, daß es für alle Gläubigen vergossen worden sei[1].

860.

Der Winter war lang und hart bei fortwährendem Schnee und Eis von November bis April.

Lothar zwang seine königliche Gemahlin Theutberga, die er mit unversöhnlichem Haß behandelte und mit vielen Widerwärtigkeiten verfolgte, selbst vor den Bischöfen zu bekennen, daß ihr Bruder Hucbert sodomitischen Frevel mit ihr getrieben habe; infolgedessen wurde sie sofort zur Buße verurteilt und in ein Kloster eingeschlossen[2].

Verleitet durch leere Versprechungen der in der Somme weilenden Dänen ließ König Karl eine Steuer von den Kirchenschätzen und allen Huben und allen, selbst den armen Kaufleuten erheben, in der Art, daß man auch ihre Häuser und allen Hausrat abschätzte und davon einen bestimmten Satz einforderte; die Dänen hatten nämlich versprochen, wenn er ihnen dreitausend Pfund Silber gebe, werden sie gegen die Dänen in der Seine ziehen und diese entweder von dort vertreiben oder töten. In der Nacht vom 4. zum 5. April, als schon der neunte Mond angefangen hatte, zeigte sich, wie berichtet wird, ein dunkler, sichelförmiger Streif von derselben Gestalt wie der Mond selbst mitten durch diesen gelegt, so daß auf beiden Seiten der Mond hell leuchtete, in der Mitte aber verdunkelt war. Ebenso heißt es, am 6. April, nach Sonnenaufgang, sah man in der Mitte der Sonne einen dunkeln Fleck, und als dieser sich bis an den unteren Rand herabgezogen hatte, erschien daraufhin ein anderer an ihrem oberen Rand und durchlief wie der erste die ganze Scheibe wieder bis unten. Dies geschah am zehnten Tage nach Neumond.

Die Dänen auf der Somme ließen sich, als ihnen der obengedachte Tribut nicht gegeben wurde, Geiseln stellen und fuhren übers Meer zu den Angelsachsen; als sie von diesen geschlagen und vertrieben wurden, wandten sie sich nach anderen Gegenden. Die Dänen auf der Rhone drangen alles verwüstend vor bis Valence; dann kehrten sie, nachdem sie die ganze Umgegend gebrandschatzt hatten, nach der Insel zurück, wo sie ihre Sitze aufgeschlagen hatten.

Die Könige Ludwig, Karl und Lothar kamen am 1. Juni in der Burg Koblenz zusammen; und nachdem sie dort lange über den Frieden mit-

[1] Dazu die Randnote Hinkmars in der Pariser Handschrift: „Hier hat der Bischof Prudentius über Nicolaus etwas geschrieben, wovon dieser wünschte, daß es geschehe; aber daß es geschehen sei, diese Aussage entspricht nicht der Wahrheit."

[2] MG Capitul. II S. 463–469.

tantes, tandem concordiam atque amicitiam ipsi per se iuramento firmant[1].

Ludoicus imperator Italiae suorum factione impetitur, et ipse contra eos ac contra Beneventanos rapinis atque incendiis desaevit.

Dani qui in Rodano fuerant Italiam petunt et Pisas civitatem aliasque capiunt, depraedantur atque devastant.

Lotharius rex metuens avunculum suum Karlum, Ludoico regi Germaniae sociatur atque ob eandem societatem partem regni sui, id est Helisaciam, tradit. Uxor Lotharii timens odium viri sui atque insidias, ad fratrem suum Hucbertum in regno Karli aufugit.

Karlus rex monasterium Sancti Martini filio suo Ludoico largitur.

861.

Dani mense Ianuario Luteciam Parisiorum et ecclesiam sancti Vincentii martyris et Sancti Germani confessoris incendio tradunt; negotiatores quoque per Sequanam navigio sursum versus fugientes insecuntur et capiunt. Alii quoque Danorum pyratae Tarvannensem pagum adeunt et devastant.

3. Kalendas Aprilis luna 14. post horam noctis octavam tota in nigredinem vertitur.

Karlus rex filium suum Lotharium claudum in monasterio Sancti Iohannis clericum fieri iubet. /

Galindo cognomento Prudentius Trecassinae civitatis episcopus, natione Hispanus, adprime litteris eruditus, qui ante aliquot annos Gotescalco praedestinatiano restiterat, post, felle commotus, contra quosdam episcopos secum heretico resistentes ipsius heresis defensor acerrimus, indeque non modica inter sese diversa et fidei adversa scriptitans, moritur; sicque, licet diutino langore fatigaretur, ut vivendi ita et scribendi finem fecit.

Carlomannus, Hludowici regis Germaniae filius, cum Resticio Winidorum regulo foederatus, a patre deficit et Resticii auxilio magnam sibi partem usque ad Hin fluvium paterni regni praesumit. Hludowicus socerum Karlomanni filii sui Arnustum honoribus privat et nepotes ipsius a regno suo expellit. Qui cum Adalardo, Yrmintrudis reginae avunculo, suo autem propinquo, quem Hlotharius patrui sui Hludowici factione insequebatur, Karolum adeunt, a quo benigne suscipiuntur et honoribus consolantur. Sed et pene omnes qui nuper a Karolo

einander verhandelt hatten, bekräftigten sie schließlich ihre Eintracht und Freundschaft persönlich durch Eide[1].

Kaiser Ludwig von Italien wurde von einer Partei unter den Seinigen angegriffen und wütete selbst gegen diese und gegen die Beneventaner plündernd und sengend.

Die Dänen in der Rhone zogen nach Italien und eroberten, plünderten und verwüsteten Pisa und andere Städte.

König Lothar verbündete sich aus Furcht vor seinem Oheim Karl mit Ludwig, dem König von Germanien, und überließ ihm, um dieses Bundes willen, einen Teil seines Reichs, das Elsaß. Die Gemahlin Lothars flüchtete sich aus Furcht vor dem Zorn und den Nachstellungen ihres Mannes zu ihrem Bruder Hucbert in das Reich Karls.

König Karl schenkte das Kloster des heiligen Martinus seinem Sohne Ludwig.

861.

Die Dänen verbrannten im Januar die Stadt Paris und die Kirche des hl. Märtyrers Vincentius und des hl. Bekenners Germanus; auch verfolgten und fingen sie die Kaufleute, die zu Schiff die Seine aufwärts zu fliehen suchten. Auch fielen andere dänische Seeräuber verwüstend in den Gau von Thérouanne ein.

Am 30. März verfinsterte sich der 14. Mond nach der achten Stunde der Nacht vollständig.

König Karl hieß seinen gelähmten Sohn Lothar ins Kloster des heiligen Johannes als Geistlichen eintreten.

Galindo, mit dem Zunamen Prudentius, Bischof von Troyes, ein Spanier von Geburt, und vorzüglich in den Wissenschaften gelehrt, verschied; er war, nachdem er einige Jahre vorher gegen den Prädestinatianer Gotschalk aufgetreten war, später aus Ärger über einige Bischöfe, die mit ihm gegen den Ketzer gestritten hatten, der eifrigste Verteidiger dieser Ketzerei geworden und schrieb daher eine Menge einander widersprechender und mit dem Glauben unvereinbarer Schriften, und zwar fand seine Schriftstellerei, wiewohl ihn eine langwierige Krankheit quälte, erst mit dem Ende seines Lebens ein Ziel.

Karlmann, der Sohn Ludwigs, des Königs von Germanien, der sich mit dem Wendenkönig Restiz verbündet hatte, fiel vom Vater ab und bemächtigte sich mit Hilfe des Restiz eines großen Teils des väterlichen Reiches bis zum Inn. Ludwig nahm dem Schwiegervater seines Sohnes Karlmann, Ernst, seine Lehen und vertrieb dessen Neffen aus seinem Reich. Diese begaben sich mit ihrem Verwandten Adalard, dem Mutterbruder der Königin Irmengard, den Lothar auf Anstiften seines Vaterbruders Ludwig verfolgte, zu Karl, von dem sie freundlich aufgenommen und belehnt wurden. Aber auch diejenigen, welche unlängst von Karl zu Lud-

[1] MG Capitul. II S. 152–158. S. 297–301.

ad Hludowicum defecerant ad Karolum revertuntur et ab eo familiaritate et honoribus redonantur.

Dani qui pridem Morinum civitatem incenderant de Anglis revertentes, duce Welando cum ducentis et eo amplius navibus per Sequanam ascendunt et castellum in insula quae Oscellus dicitur a Normannis constructum et eosdem Normannos obsident. Ad quorum obsidentium videlicet locarium quinque milia libras argenti cum animalium atque annonae summa non modica de regno suo, ne depraedaretur, exigi Karolus praecipit. Et Sequanam transiens, Meidunum super Ligerim adit, Rotbertum cum placitis honoribus recipit. Qua occasione Guntfridus et Gauzfridus, quorum consilio Karolus praefatum Rotbertum receperat, cum suis complicibus gentilicia mobilitate et inolita consuetudine a Karolo ad Salomonem Brittonum ducem deficiunt.

Interea Danorum pars altera cum sexaginta navibus per Sequanam / in fluvium Tellas[1] ascendunt indeque ad obsidentes castellum perveniunt et eorum societate iunguntur. Obsessi autem famis inedia et miseriae omnis squalore compulsi, sex milia libras inter aurum et argentum obsidentibus donant eisque sociantur et sic per Sequanam usque ad mare descendunt. Quos imminens hiemps ingredi mare prohibuit; unde se per singulos portus ab ipso loco usque Parisius secundum suas sodalitates dividunt. Welandus autem per Sequanam usque ad castrum Milidunum cum so ciis suis ascendit. Castellani vero cum Welandi filio Fossatis monasterio occupant.

Hincmarus Durocorthori Remorum archiepiscopus synodo conprovinciali apud martyrium sanctorum Crispini et Crispiniani secus civitatem Suessionis Rothadum ipsius urbis episcopum, regulis eclesiasticis oboedire nolentem, episcopali privat communione secundum decreta canonum, donec oboediat.

Karolus, dimisso filio suo Hludowico sub Adalardi, Yrmintrudis reginae avunculi, baiulatione ad custodiam regni contra Normannos, a quibusdam invitatus quasi regnum Provinciae adepturus, quoniam Karolus, Hlotharii quondam imperatoris filius, inutilis atque inconveniens regio honori et nomini ferebatur, cum uxore Burgundiam usque ad civitatem Matescensium peragrat. Ubi rebus parum prospere gestis, et depraedationibus plurimis populo terrae ingestis, Pontigonem palatium redit. Ibique missaticum ex parte Hludowici fratris sui et Hlotharii nepotis sui ab Adventio Mettensium civitatis episcopo et Liu-

wig abgefallen waren, kehrten fast alle wieder zu Karl zurück und gewannen sein Wohlwollen und ihre Lehen wieder.

Die Dänen, welche vordem die Stadt Thérouanne verbrannt hatten, fuhren, von England zurückgekehrt, unter ihrem Herzog Weland mit zweihundert und mehr Schiffen die Seine hinauf und belagerten die von den Normannen erbaute Burg auf der Insel Oscellus und die normannische Besatzung. Als Sold für diese Belagerer ließ Karl aus seinem Reich, damit es von Plünderung verschont bliebe, fünftausend Pfund Silber nebst einer nicht geringen Menge von Vieh und Getreide eintreiben; dann begab er sich, die Seine überschreitend, nach Meung an der Loire und empfing hier mit geziemenden Ehren den Rotbert. Auf diese Veranlassung hin fielen Guntfrid und Gauzfried, auf deren Anraten Karl den genannten Rotbert aufgenommen hatte, mit der ihrem Volk eigenen Unbeständigkeit und nach ihrer eingewurzelten Gewohnheit mit ihren Genossen von Karl ab zu Salomon, dem Herzog der Bretonen.

Inzwischen fuhr ein anderer Teil der Dänen mit 60 Schiffen die Seine aufwärts in den Fluß Tellä[1] hinein und gelangte von hier zu den Belagerern der Burg, mit denen sie Gemeinschaft machten. Die Belagerten aber, durch Hungersnot und jede Art Elend gezwungen, gaben den Belagerern 6000 Pfund Gold und Silber und vereinigten sich mit ihnen, worauf sie alle zusammen die Seine hinab nach dem Meere fuhren. Der heranziehende Winter hinderte sie, in See zu gehen, daher verteilten sie sich nach ihren Genossenschaften auf die einzelnen Landeplätze zwischen diesem Ort und Paris. Weland aber zog mit seinen Genossen die Seine hinauf bis zur Burg Melun. Die aus dem Kastell (Oscellum) aber setzten sich unter Führung von Welands Sohn in dem Kloster St. Maur des Fossés fest.

Erzbischof Hinkmar von Reims schloß in einer Provinzialsynode am Märtyrergrab der hl. Crispin und Crispinian bei Soissons den Bischof dieser Stadt, Rothad, der den Ordnungen der Kirche nicht gehorchen wollte, nach den kanonischen Gesetzen von der Gemeinschaft mit den Bischöfen aus, bis er sich füge.

Nachdem Karl seinen Sohn Ludwig unter der Aufsicht Adalards, des Oheims der Königin Irmintrude, zum Schutz des Reiches gegen die Normannen entsandt hatte, durchzog er mit seiner Gemahlin Burgund bis Mâcon, da er von einigen eingeladen worden war, die Provence an sich zu bringen, weil Karl, des verstorbenen Kaisers Lothar Sohn, unnütz erschien und ungeeignet für die Würde und den Titel eines Königs. Da sich aber hier die Dinge wenig günstig für ihn gestalteten, kehrte er, nachdem er das Volk des Landes der größten Plünderung preisgegeben hatte, nach seiner Pfalz Ponthion zurück. Hier empfing er eine Botschaft seines Bruders Ludwig und seines Neffen Lothar, die ihm durch den Bischof

[1] Nicht bestimmbar (Andella = Andelle?).

tardo comite delatum audit eosque absolvit et diem natalis dominici festive, ut moris est, celebrat.

862.

Karolus per Remi civitatem Suessionis venit. Ubi non incerto nuncio comperit, quia filia eius Iudith, relicta scilicet Edelboldi regis Anglorum, quae, possessionibus venditis quas in Anglorum regno optinuerat, ad patrem rediit et in Silvanectis civitate debito reginae honore sub tuitione paterna et regia atque episcopali custodia servabatur, donec, si se continere non posset, secundum apostolum[1], scilicet competenter ac legaliter, nuberet, Balduinum comitem, ipso lenocinante, et fratre suo Hludowico consentiente, mutato habitu / est secuta; sed et quia Hludowicus, filius eius, a praefatis Guntfrido et Gauzfrido sollicitatus, relictis fidelibus patris, cum paucis noctu aufugit et transfuga ad se sollicitantes pervenit. Unde rex Karolus episcopos et caeteros regni sui primores consulens, post mundanae legis iudicium canonicam in iam dictum Balduinum et Iudith, quae cum fure cucurrit et adulteri portionem se fecit, secundum edicta beati Gregorii[2]: ut, si quis viduam in uxorem furatus fuerit, et consentientes ei, anathema sint, depromi sententiam ab episcopis petiit. Abbatiam quoque Sancti Martini, quam inconsulte prescripto filio suo Hludowico donaverat, non satis consulte Hucberto, clerico coniugato, donavit. Indeque Silvanectum perrexit; ubi dum inmoraretur, expectans, ut ad eum populus conveniret, quatenus aciebus dispositis ex utrisque suis ripis singulae aquae, Isara scilicet, Matrona et Sequana, custodirentur, ne Normanni in praedam ire valerent, nuncium accepit, quia Danorum electi de his qui in Fossatis resederant cum parvis navibus Meldensium civitatem adirent. Ipse autem cum eis quos secum habuit illo pergere maturavit; et quoniam, pontibus a Normannis destructis et navibus occupatis, eos adire non poterat, necessario usus consilio, pontem ad insulam secus Treiectum reficit et Normannis descendendi aditum intercludit, scaras nihilominus ex utraque ripa Matronae ad custodiam deputat. Qua de re Normanni valde constricti, obsides electos et Karolo missos ea conditione donant, ut omnes captivos quos coeperant postquam Matronam intraverant, sine mora aliqua redderent, et aut cum aliis Normannis constituto die placiti a Sequana recedentes mare peterent, aut, si alii cum eis redire non vellent, una cum exercitu Karoli detrectantes ire bello appeterent. Sicque, datis decem obsidibus, sunt ad suos redire

Adventius von Metz und den Grafen Liutard überbracht wurde; nachdem er sie angehört hatte, entließ er diese und beging dort festlich, wie es Sitte ist, den Tag der Geburt des Herrn.

862.

Karl begab sich über Reims nach Soissons. Hier erreichte ihn die zuverlässige Nachricht, seine Tochter Judith, die Witwe des Königs der Angeln Edelbold, die nach dem Verkauf ihrer im Reiche der Angeln erhaltenen Besitzungen zum Vater zurückgekehrt war und in Senlis mit den ihr als Königin gebührenden Ehren unter dem Schutz des Vaters und Königs, sowie unter bischöflicher Obhut gehalten wurde, bis sie, falls sie nach dem Wort des Apostels[1] sich nicht enthalten könne, eine passende und gesetzmäßige Ehe eingehen würde, sei dem Grafen Balduin, von diesem verführt, und mit Bewilligung ihres Bruders Ludwig in Verkleidung gefolgt; sein Sohn Ludwig aber sei von dem genannten Guntfrid und Gauzfrid verlockt, die Getreuen des Vaters verlassend, mit wenigen Nachts entflohen und als Überläufer zu denen, die ihn verlockt hatten, gekommen. Daher beriet sich König Karl mit den Bischöfen und übrigen Großen seines Reiches, und nach dem Urteil auf Grund des weltlichen Gesetzes forderte er die Bischöfe auf, über Balduin und über Judith, die mit dem Dieb entlaufen war und sich zur Genossin der Unzucht gemacht hatte, auch das geistliche Urteil zu fällen, nach den Verordnungen des seligen Gregorius[2], daß, wenn jemand eine Witwe entführe, um sie zu seiner Frau zu machen, er und wer ihm zustimme, verflucht sei. Und die Abtei des heiligen Martinus, die er unbedachterweise seinem obengenannten Sohn Ludwig gegeben hatte, schenkte er, auch nicht sehr überlegt, dem Hucbert, einem verheirateten Priester. Dann begab er sich nach Senlis; während er hier verweilte, in der Erwartung, daß das Volk sich um ihn schare, um auf beiden Ufern der einzelnen Flüsse, d. h. der Oise, der Marne und Seine, einen Heerhaufen zum Schutz dagegen aufzustellen, daß die Normannen auf Beute ausgehen könnten, erhielt er die Nachricht, eine Schar Dänen von denen, welche sich in St. Maur des Fossés festgesetzt hatten, sei auf kleinen Schiffen gegen Meaux gerückt. Nun eilte er selbst mit denen, die er bei sich hatte, dorthin; und weil er, da die Normannen die Brücken zerstört und die Schiffe an sich genommen hatten, an sie nicht herankommen konnte, mußte er sich notgedrungen dazu entschließen, die Brücke bei der Insel in der Nähe von Trilbardou wiederherzustellen, und schnitt so den Normannen die Möglichkeit der Talfahrt ab; trotzdem entsandte er auch noch zum Schutz Heerhaufen auf beide Ufer der Marne. Hierdurch äußerst bedrängt, boten die Normannen Geiseln an, die sie aussuchten und an Karl schickten, daß sie alle Gefangenen, die sie seit ihrem Eintreffen an der Marne gemacht hätten, unverzüglich

[1] 1. Cor. 7, 9.
[2] Gregor II (715–731): Mansi XII S. 264.

permissi. Et post viginti circiter dies ipse Welandus ad Karolum veniens, illi se commendavit et sacramenta cum eis quos secum habuit suatim praebuit. Indeque ad naves regressus, cum omni Danorum navigio usque ad Gemeticum, ubi illorum naves statuerunt reficere et vernale aequinoctium exspectare, descendit. Refectis navibus, Dani mare petentes, per plures classes se dividunt et prout cuique visum est in diversa velificant; maior autem pars Brittanos, qui Salomone duce habitant in Niustria, petit; quibus et illi iunguntur qui in Hispania fuerant. De quibus Rotbertus duodecim / naves, quas Salomon in contrarietatem eius locario iure conduxerat, in fluvio Ligeri capit omnesque qui in illo fuere navigio interfecit, praeter paucos, qui fuga lapsi delituerunt. Rotbertus autem Salomonem sustinere non valens, cum praefatis Normannis qui de Sequana exierunt, antequam eos Salomon sibi adversus eum adscisceret, datis utrimque obsidibus, in sex milibus argenti contra eundem Salomonem convenit. Welandus cum uxore et filiis ad Karolum venit et christianus cum suis efficitur.

Carlomannus, Hludowici regis Germaniae filius, concessa sibi a patre regni portione quam pridem invaserat, et dato sacramento, ne amplius inde sine patris voluntate invaderet, cum patre pacificatur.

Hludowicus denique, filius Karoli regis, consilio Guntfridi adque Gozfridi Salomonem adit, validam Brittonum manum optinet et cum eis Rotbertum, patris fidelem, impetit, Andegavum et alios, quae adire potuit, pagos caede, igni et depraedatione devastat. Rotbertus siquidem Brittones redeuntes cum maxima depraedatione aggreditur et plus quam ducentos Brittonum primores occidit et praedam excutit. Quem iterum Hludowicus bello quaerit, in fugam ab eo vertitur, et dispersis sociis, vix evasit.

Karolus rex Aquitanorum, Karoli regis filius, necdum quindecim annos complens, persuasione Stephani relictam Humberti comitis sine voluntate et conscientia patris in coniugem ducit. Sed et sepefatus Hludowicus, frater ipsius Karoli, e vestigio in ipso quadragesimae sanctae initio filiam[1] Harduini quondam comitis, sororem scilicet Odonis sui multum complaciti, sibi coniugem copulat.

Karolus, horum pater, omnes primores regni sui ad locum qui Pistis dicitur, ubi ex una parte Andella et ex altera Audura Sequanam in-

[1] Ansgardis.

freigeben und entweder mit den andern Normannen an einem vertraglich festgesetzten Tag die Seine verlassen und in See gehen, oder aber, wenn die übrigen nicht mit ihnen fortziehen wollten, vereint mit dem Heere Karls die sich Weigernden mit den Waffen angreifen würden. Daraufhin wurde ihnen, nachdem sie zehn Geiseln gestellt hatten, gestattet, zu den Ihrigen zurückzukehren. Ungefähr zwanzig Tage darauf kam nun Weland selbst zu Karl, gab sich in seine Hände und leistete aus freien Stücken mit denen, welche er bei sich hatte, den Treueid. Von da wieder zu den Schiffen zurückgekehrt, fuhr er mit der ganzen Flotte der Dänen hinab nach Jumièges, wo sie ihre Schiffe ausbessern und die Frühjahrstagundnachtgleiche abwarten wollten. Nach Instandsetzung ihrer Schiffe gingen die Dänen in See, trennten sich in mehrere Geschwader und steuerten je nach Belieben hierhin und dorthin. Der größte Teil aber zog zu den Bretonen, die unter ihrem Herzog Salomo in Neustrien wohnen; und mit diesen verbanden sich auch diejenigen, welche in Spanien gewesen waren. Ihnen nahm Rotbert auf der Loire zwölf Schiffe ab, die Salomo gegen ihn angemietet hatte, und tötete alle auf diesen Schiffen mit Ausnahme der wenigen, die sich flüchtend verbargen. Da aber Rotbert nicht stark genug war gegen Salomo, so einigte er sich mit diesen von der Seine kommenden Normannen, noch ehe sie Salomo gegen ihn herbeigerufen hatte, durch Vertrag unter beiderseitiger Stellung von Geiseln für 6000 Pfund Silber gegen Salomon. Weland kam mit Frau und Kindern zu Karl und wurde mit den Seinen Christ.

Karlmann, der Sohn Ludwigs, des Königs von Germanien, versöhnte sich mit seinem Vater, der ihm den Teil des Reichs überließ, dessen er sich früher bemächtigt hatte; dafür leistete er einen Eid, fernerhin ohne des Vaters Willen kein weiteres Gebiet zu besetzen.

Ludwig, der Sohn König Karls, begab sich auf den Rat des Guntfrid und Gozfrid zu Salomo, erhielt einen starken Heerhaufen Bretonen, griff mit diesen den Getreuen seines Vaters, Rotbert, an und verheerte mit Mord, Feuer und Raub Angers und die andern Gaue, wohin er gelangen konnte. Rotbert jedoch griff die mit großer Beute zurückkehrenden Bretonen an, tötete mehr als 200 Edle der Bretonen und nahm ihnen die Beute ab. Wiederum griff darauf Ludwig den Rotbert an, wurde aber von diesem in die Flucht geschlagen und entkam, während seine Genossen zerstreut wurden, selbst kaum mit dem Leben.

König Karl von Aquitanien, König Karls Sohn, nahm, noch nicht ganz fünfzehn Jahre alt, auf Stephans Rat, ohne Willen und Wissen des Vaters, die Witwe des Grafen Humbert zur Gemahlin. Und auch der obengenannte Ludwig, der Bruder dieses Karl, heiratete seinem Beispiel folgend, gerade zu Anfang der Fasten die Tochter [1] des verstorbenen Grafen Harduin, die Schwester seines Busenfreundes Odo.

Ihr Vater Karl hieß alle Großen seines Reichs in Pîtres, wo von der einen Seite die Andelle und von der andern die Eure in die Seine ein-

fluunt, circa Iunii Kalendas cum multis operariis et carris convenire facit, et in Sequana munitiones construens, ascendendi vel descendendi navibus propter Normannos aditum intercludit. Ipse cum uxore super Ligerim in loco qui Maidunus dicitur, datis per suos sacramentis, cum Karolo filio loquitur, et eo quasi subdito, sed voce submissa et animo contumaci erecto, in Aquitaniam remeante, ipse ad Pistis, quo placitum simul et synodum[1] ante condixerat, redit et inter operandum de sanctae ecclesiae / ac regni negotiis cum fidelibus suis tractat. Ubi Rothadus Suessorum episcopus, homo singularis amentiae, in synodo provinciali regulariter episcoporum communione privatus, cum sua se contumacia quattuor provinciarum concilio praesentavit. Quem fraternus conventus ne deponeretur, penitus, sub appellatione sedis apostolicae servare disposuit. Sed isdem post eiusdem concilii iudicium, unde appellaverat, expetens, constitutis 12 ab eadem synodo iudicii exequendi iudicibus, novus Pharao propter sui cordis duritiam, et vetera secula repraesentans, homo mutatus in beluam, propter designatos excessus, qui gestorum serie continentur, quoniam corrigi noluit, in suburbio Suessorum civitatis deponitur.

Interea contigit miraculum in civitate Morinensi. Nam cuiusdam civis ipsius urbis mancipium mane in die adsumptionis sanctae Mariae[2] vestitum lineum quod camisium vulgo vocatur levigare incipiens, ut illud dominus suus ad missam procedens paratum portare quivisset, ad primum initium quo levigam imprimens traxit vestimentum sanguineum est effectum; sicque, quoties idem mancipium levigam traxit, sanguis est subsecutus, usque quo illud vestimentum totum recenti sanguine est infectum. Quod vestimentum Hunfridus venerabilis ipsius civitatis episcopus ad se fecit deferri et in eadem ecclesia ad testimonium reservari. Et quoniam eadem festivitas ab incolis parrochiae illius non feriabatur, et celebrari et feriari debito honore ab omnibus eandem sollempnitatem praecepit.

Hludowicus, qui a patre dudum defecerat, ad eum redit, et veniam ab eo, sed et ab episcopis pro suis excessibus postulans, patri de cetero fore fidelem districtissimis sacramentis se obligat. Cui pater comitatum Meldensem et abbatiam Sancti Crispini donans, cum uxore de Niustria ad se venire praecepit. Hunfrido, Goziae marchioni, super quem Waremgaudus infidelitatem miserat, petentibus suis fidelibus, ne confligat bello, concessit ipsumque et Waremgaudum pacificavit.

fließt, zu Anfang Juni mit vielen Werkleuten und Karren sich versammeln, und indem er hier Befestigungen in der Seine errichtete, schnitt er der Normannen wegen allen Schiffen die Möglichkeit des Hinauf- und Hinabfahrens ab. Er selbst hatte, von seiner Gemahlin begleitet, in Meung an der Loire, nachdem er durch die Seinen Eide geleistet hatte, eine Unterredung mit seinem Sohne; und als dieser, wie ein Untergebener, aber nur in Worten unterwürfig, sonst aber in gesteigertem Trotz nach Aquitanien zurückkehrte, begab er sich selbst wieder nach Pîtres, wohin er zuvor einen Reichstag und eine Synode[1] berufen hatte, und verhandelte während der Befestigungsarbeiten mit seinen Getreuen über die Angelegenheiten der heiligen Kirche und des Reichs. Hier trat nun Bischof Rothad von Soissons, ein Mensch von besonderem Unverstand, der in einer Provinzialsynode rechtmäßig von der Gemeinschaft der Bischöfe ausgeschlossen war, in seiner Hartnäckigkeit vor eine Versammlung der Bischöfe von vier Provinzen. Die Versammlung seiner Brüder beschloß, die völlige Absetzung im Hinblick auf seine Berufung an den heiligen Stuhl auszusetzen. Da er aber nachträglich um die Entscheidung eben des Konzils bat, gegen das er seine Appellation gerichtet hatte, so wurden von dieser Synode zwölf Richter zur Durchführung des Gerichtsverfahrens bestellt und er, als neuer Pharao in seines Herzens Härtigkeit und als ein zum Tier verwandelter Mensch ein Vertreter alter Zeiten, wegen der bezeichneten Vergehen, die in der Geschichte seines Verhaltens enthalten sind, weil er sich nicht bessern wollte, in der Vorstadt von Soissons entsetzt.

Inzwischen trug sich in Thérouanne ein Wunder zu. Als der Diener eines Bürgers dieser Stadt am Morgen des Festes der Himmelfahrt der heiligen Maria[2] ein leinenes Gewand, gewöhnlich Hemd genannt, zu plätten anfing, damit es sein Herr zur Messe anziehen könnte, wurde das Gewand, da wo er den ersten Strich mit dem aufgesetzten Plätteisen tat, blutigrot; und so oft dieser Diener mit dem Eisen darüber hinfuhr, kam immer wieder Blut hervor, bis zuletzt das ganze Gewand von dem frischen Blut gefärbt war. Dieses Gewand ließ sich Hunfrid, der ehrwürdige Bischof dieser Stadt, bringen und in dieser Kirche zum Zeugnis aufbewahren. Und da dieses Fest von den Bewohnern dieser Diözese nicht gefeiert wurde, befahl er, daß dieser Festtag fortan von allen mit gebührender Ehre begangen und gefeiert würde.

Ludwig, der vor einiger Zeit von seinem Vater abgefallen war, kehrte zu ihm zurück, und indem er ihn, sowie auch die Bischöfe um Verzeihung für seine Übeltaten bat, verpflichtete er sich mit den schwersten Eiden, seinem Vater künftig treu zu bleiben. Sein Vater gab ihm die Grafschaft Meaux und die Abtei des heiligen Crispin und hieß ihn mit seiner Frau aus Neustrien zu ihm kommen. Dem Markgrafen Hunfried von Gothien, den Waremgaud der Untreue angeklagt hatte, erließ er auf Bitten seiner

[1] MG Capitul. II S. 302–310. [2] 15. August.

Hludowicus rex Germaniae Hlotharium, nepotem suum, apud Mogontiam accersiens, petit, ut cum eo contra Winodos qui appellantur.... adversus regulum...[1] cum apparatu hostili pergat; qui se primum iturum promisit, post vero a promissione sua defecit. Hludowicus autem, relicto in patria Karolo filio, quoniam nuper uxorem Ercangarii comitis / filiam duxerat, Hludowicum, filium suum, secum ducens, aggreditur Winedos. Unde, quibusdam amissis primoribus et nihil prospere gestis, sub optentu obsidum ad Franconofurth palatium super Moenum fluvium redit. Dani magnam regni eius partem caede et igni vastantes praedantur. Sed et hostes antea illis populis inexperti, qui Ungri vocantur, regnum eius depopulantur.

Hlotharius Waldradam concubinam, maleficis ut ferebatur artibus dementatus, et ipsius pellicis, pro qua uxorem suam Theotbergam abiecerat, caeco amore inlectus, faventibus sibi Liutfrido, avunculo suo, et Waltario, qui vel ob hoc maxime illi erant familiares, et, quod nefas est dictu, quibusdam etiam regni sui episcopis consentientibus, coronat et quasi coniugem et reginam sibi, amicis dolentibus atque contradicentibus, copulat.

Hincmarus Remorum episcopus, veniente Karolo rege in eandem civitatem, accitis comprovincialibus suis episcopis, matrem ecclesiam ipsius provinciae in honore sanctae Mariae, sicut et antiqua fuerat sacrata, XV. Kal. Octobris venerabiliter dedicat.

Hludowicus rex Germaniae, directis missis blandiloquis ad fratrem suum Karolum, obviam sibi in territorium Tullensem venire petit; et quia Karolus cum Hlothario antea loqui noluit, quam fratri suo causas diceret quae ei in Hlothario displicebant, non mediocri querela inde sermonibus est conflictum[2]. Tandem Karolus cum episcopis qui secum erant Hludowico et episcopis qui erant cum eo scripto capitulatim ostendit, pro quibus Hlothario communicare nolebat, nisi profiteretur, quod inde aut certam redderet rationem aut secundum auctoritatem dignam ostenderet emendationem. Post quam professionem sub hac convenientia Karolus et episcopi qui cum eo erant in communionem Hlotharium receperunt, et scriptas ac consiliariis recitatas adnunciationes, quas de illorum conventu debuerunt populo nunciare, usi consilio praecipue Hludowicus et Hlotharius Chuonradi, sui consiliarii, Karoli autem avunculi, qui superciliosa, sed frivola et nec sibi adeo nec pluribus proficua, more sueto, scientia nitebatur, ne inno-

Getreuen den Zweikampf und versöhnte ihn und Waremgaud wieder miteinander.

Ludwig, der König von Germanien, lud seinen Neffen Lothar nach Mainz ein und bat ihn, zusammen mit ihm gegen die Wenden, welche... heißen, und gegen ihren König...[1] mit Heeresmacht zu ziehen; Lothar versprach zuerst zu kommen, hielt jedoch später sein Versprechen nicht. Ludwig aber, der seinen Sohn Karl daheimließ, weil er vor kurzem die Tochter des Grafen Erkanger als Gattin heimgeführt hatte, zog, von seinem Sohn Ludwig begleitet, gegen die Wenden; nachdem er daselbst einige seiner Großen verloren und nichts ausgerichtet hatte, kehrte er, als man ihm Geiseln stellte, nach seiner Pfalz Frankfurt am Main zurück. Die Dänen verwüsteten einen großen Teil seines Reiches mit Feuer und Schwert; aber auch andere, bisher jenen Völkern unbekannte Feinde, Ungarn genannt, verheerten sein Reich.

Lothar, durch Zauberkünste, wie es heißt, verhext, und von blinder Liebe zu seinem Kebsweibe Waldrada getrieben, deretwegen er seine Gemahlin Theutberga verstoßen hatte, krönte diese seine Beischläferin und nahm sie förmlich als Ehegattin und Königin an; dabei waren ihm besonders sein Oheim Liutfrid und Waltarius behilflich, die eben deswegen ihm so nahe standen, und, unerhört es zu sagen, selbst einige Bischöfe seines Reiches gaben dazu ihre Zustimmung, während Freunde von ihm es bedauerten und ihm widersprachen.

Bischof Hinkmar von Reims weihte in Gegenwart König Karls und der Bischöfe seines Sprengels die Metropolitankirche dieser Provinz am 17. September in Ehrfurcht zu Ehren der heiligen Maria, der schon die alte Kirche geweiht gewesen war.

Ludwig, der König von Germanien, schickte sehr freundliche Botschaft an seinen Bruder Karl und ließ ihn zu einer Unterredung nach dem Raum von Toul einladen; und da Karl nicht eher mit Lothar sprechen wollte, als bis er seinem Bruder mitgeteilt habe, was ihm an Lothar mißfiel, so erhob sich darüber ein nicht geringer Streit in der Unterredung[2]. Zuletzt übergab Karl in Gemeinschaft mit den Bischöfen, die er bei sich hatte, dem Ludwig und den Bischöfen, die dieser bei sich hatte, eine Schrift, in der der Reihe nach die Gründe aufgeführt waren, um deretwillen er nicht mit Lothar verhandeln wollte, wenn er nicht verspreche, untrügliche Rechenschaft für sein Verhalten abzulegen oder nach dem Gutachten würdiger Männer eine Änderung darin vorzunehmen. Nach diesem Versprechen nahmen auf Grund solcher Einigung Karl und die Bischöfe, welche mit ihm waren, den Lothar in ihre Gemeinschaft auf;

[1] Nach den Jahrbüchern von Fulda sind es die Abodriten und ihr König Tabomiuzl.

[2] Das Zusammentreffen fand in Sablonnières statt; vgl. MG Capitul. II S. 159–165.

tescerentur populo causae, quas Karolus Hlothario reputabat, penitus reiecerunt. Verum Karolus contra eorum vota omnibus pleniter notum fecit, quia pro uxore contra euangelicam et apostolicam auctori/tatem relicta et altera ducta, et quia uxori Bosonis et Balduino, qui filiam eius furatus fuerat in uxorem, excommunicatis communicaverunt, Hlothario ante praedictam professionem communicare nolebat; sicque condicentes placitum sui conventus in futuro mense Octobrio in confinio Mosomagensis et Vonzensis comitatus, ab invicem secesserunt. Hludowicus ad reconciliandum vel ad resistendum filio suo Karlomanno, qui auxiliante Resticio Winidorum regulo contra patrem rebellaverat, Baioariam petiit. Karolus de Tullensi territorio per Pontigonem, inde secus littora Matronae fluminis Silvanectum[a]) revertitur ibique dominici natalis diem reverentissime celebrat

863.

Dani mense Ianuario per Rhenum versus Coloniam navigio ascendunt, et depopulato emporio quod Dorestatus dicitur, sed et villam non modicam, ad quam Frisii confugerant, occisis multis Frisiorum negotiatoribus, et capta non modica populi multitudine, usque ad quandam insulam secus castellum Novesium perveniunt. Quibus Hlotharius ex una parte Rheni cum suis et Saxones ex alia parte adgrediuntur et usque circa Kalendas Aprilis consident. Unde idem Dani consilio Rorici, sicut accesserant, et recedunt.

Karolus, Hlotharii imperatoris filius et rex Provinciae, diu epeleptica infirmitate vexatus, moritur. Hludowicus frater eius, Italiae vocatus imperator, Provinciam venit et quos potuit ipsius regni primores sibi conciliavit. Hoc audito, Hlotharius illuc pergit, et mediantibus inter eos domesticis et amicis illorum placitum, quo simul redeant et de ipso regno apud se tractent, condicunt. Hludowicus Italiam, Hlotharius in regnum suum revertitur.

Karolus rex Cinomannis civitatem adit indeque usque ad monasterium quod Interamnis dicitur procedit. Ubi Salomon dux Brittonum cum primoribus suae gentis illi obviam venit seque illi commendat et fidelitatem iurat omnesque primores Brittanniae iurare facit et censum illius terrae secundum antiquam consuetudinem illi exsolvit. Cui Karolus ob fidelitatis suae meritum partem terrae quae Inter-duas-

[a]) Im Audomariensis dafür Carisiacum.

aber die vor den Räten verlesenen schriftlichen Erklärungen, welche sie über ihre Einigung dem Volke geben sollten, verfielen bei Ludwig und Lothar, damit nicht dem Volke die Dinge bekannt würden, die Karl dem Lothar vorwarf, völliger Ablehnung, vor allem auf den Vorschlag ihres Beraters Konrad, des Mutterbruders von Karl, der wie gewöhnlich auf ein hochmütiges und doch eitles, weder ihm noch andern nützliches Wissen sich stützte; Karl aber ließ gegen ihren Willen alle deutlich wissen, er habe mit Lothar vor dem erwähnten Versprechen keine Gemeinschaft haben wollen, weil Lothar seine Gemahlin wider die Autorität des Evangeliums und der Apostel verlassen und eine andere genommen habe, und weil sie den Verkehr mit der Frau des Boso und mit Balduin, der seine Tochter entführt und zur Frau genommen habe, fortsetzten, obgleich beide exkommuniziert waren. Und nachdem sie für eine neue Zusammenkunft einen Reichstag auf den kommenden Oktober auf der Grenze der Grafschaften Mouzon und Voncq festgesetzt hatten, schieden sie voneinander. Ludwig zog nach Baiern, um sich mit seinem Sohn Karlmann, der sich mit Hilfe des Wendenkönigs Restiz gegen den Vater empört hatte, zu versöhnen oder ihm mit Gewalt entgegenzutreten. Karl kehrte vom Gebiet von Toul über Ponthion, dann der Marne entlang nach Senlis zurück und beging daselbst aufs festlichste den Tag der Geburt des Herrn.

863.

Im Januar fuhren die Dänen den Rhein hinauf gegen Köln, und nachdem sie den Hafenplatz Dorestadt sowie eine andere nicht unbedeutende Stadt, in welche sich Friesen geflüchtet hatten, verwüstet, viele friesische Kaufleute getötet und eine nicht geringe Menge Volks gefangen genommen hatten, kamen sie bis zu einer Insel bei der Burg Neuß. Hier griff sie Lothar mit den Seinen von dem einen Ufer des Rheins und die Sachsen von dem andern Ufer an und hielten sie bis Anfang April belagert, worauf die Dänen auf den Rat Rorichs, wie sie gekommen waren, auch wieder fortzogen.

Karl, der Sohn des Kaisers Lothar und König der Provence, starb, nachdem er lange von der Fallsucht geplagt worden war. Sein Bruder Ludwig, der Kaiser von Italien, kam nach der Provence und suchte so viel er konnte die Großen dieses Reichs für sich zu gewinnen. Als dies Lothar hörte, eilte er ebenfalls dahin und durch Vermittlung ihrer Vertrauten und Freunde machten sie eine Zusammenkunft aus, zu der sie beide sich wieder treffen und miteinander über jenes Reich verhandeln sollten. Ludwig kehrte wieder nach Italien und Lothar in sein Reich zurück.

König Karl kam nach le Mans und begab sich von da weiter bis zum Kloster Entrammes; hier stellte sich bei ihm Salomon, der Herzog der Bretonen, mit den Großen seines Volks ein, empfahl sich seiner Huld, gelobte Treue, hieß alle Großen der Bretagne schwören und überbrachte ihm den Tribut des Landes nach alter Gewohnheit. Karl gab ihm zum Lohn für seine Treue einen Teil des Landes, das man das Land „zwischen den

aquas dicitur et abbatiam Sancti Albini[1] in beneficium donat. / Gozfridum et Roricum atque Heriveum caeterosque qui ab eo nuper sicut et saepe defecerant recipit et cum indulgentia honoribus donat. Indeque Cinomannis revertitur et pascha Domini[2] celebrat.

Hunfridus Gotiae marchio sine conscientia Karoli regis, factione solito more Tolosanorum, qui comitibus suis eandem civitatem supplantare sunt soliti, Tolosam Reimundo subripit et sibi usurpat.

Karolus rex de partibus Transsequananis regrediens, Liutardum Papiae episcopum de parte Hludowici imperatoris Italiae et Gebahardum Spirensem episcopum de parte Hludowici, fratris sui, regis Germaniae, et Nantharium comitem de parte Hlotharii, nepotis sui, accipit pro pace petentibus; quam idem Karolus semper servare voluit, quantum infestatio contrariorum sibi permisit. Sed et alium missum fratris sui Hludowici nomine Blitgarium accipit, petentem, ut Karlomannum, filium eius, a Restitio Winido desertum et a se fugatum, si ad illum venerit, non recipiat. Quem non longo post tempore, deceptum atque desertum a suis, sub conditione sacramenti pater suus Hludowicus recepit et secum in libera custodia tenuit.

Karolus missos domni apostolici Nicolai, Raduoldum scilicet Portuensem episcopum et Iohannem Ficoclensem[3] episcopum, satis honorifice Suessionis in monasterio Sancti Medardi recipit. Quos aliquandiu secum retinuit, et concessa Balduino, qui ad limina apostolorum confugium fecerat, indulgentia, pro cuius obtentu venerant[4], cum epistolis ad apostolicam sedem redire muneratos absolvit. Idem autem apostolicae sedis legati Mettis adeunt, synodum habituri ex delegatione apostolica circa medium mensem Iunium pro divortio, quod inter Hlotharium et uxorem suam Theotbergam acciderat, et pro superinductione concubinae Waldradae, quam contra leges ecclesiasticas et mundanas in uxorem sibi adsciverat. In qua synodo praefati missi, corrupti muneribus, epistolas[5] domni apostolici occultantes, nihil de his quae sibi commendata fuerunt secundum sacram auctoritatem egerunt. Ut autem aliquid viderentur egisse, Guntharium Coloniensem archiepiscopum et Theutgaudum Treverensem aeque archiepiscopum cum neniis, quas in eadem synodo subscripserunt episcopi regni Hlo-

[1] St. Aubin in Angers.
[2] 11. April.

beiden Wassern" nannte, sowie die Abtei des heiligen Albinus[1] zu Lehen. Den Gozfrid, Rorich, Heriveus und die übrigen, welche auch kürzlich, wie schon oft, von ihm abgefallen waren, empfing er und belehnte sie gnädig. Darauf kehrte er nach le Mans zurück und feierte dort das Osterfest[2].

Markgraf Hunfrid von Gotien entriß Toulouse dem Reimund ohne Wissen und Willen König Karls durch die hergebrachten Umtriebe der Tolosaner, welche gewohnt sind, ihren Grafen diese Stadt abwendig zu machen, und unterwarf sie seiner Gewalt.

Nach der Rückkehr aus dem Lande jenseits der Seine empfing König Karl den Bischof Liutard von Pavia, der von Kaiser Ludwig von Italien, den Bischof Gebhard von Speier, der von seinem Bruder Ludwig, dem König von Germanien, und den Grafen Nantharius, der von seinem Neffen Lothar kam, die alle um Frieden bitten wollten. Karl selbst wollte diesen immer bewahren, so lange es ihm die Anfeindung der Gegner gestattete. Er empfing aber auch noch einen anderen Gesandten seines Bruders Ludwig, namens Blitgar, der Karl bat, seinen Sohn Karlman, der von dem Wenden Restiz verlassen und von ihm in die Flucht getrieben sei, nicht aufzunehmen, wenn er zu ihm kommen sollte. Nicht lange darauf nahm Ludwig seinen Sohn, der von den Seinen verraten und verlassen worden war, unter der Bedingung eidlichen Gelöbnisses bei sich auf und behielt ihn in freier Haft bei sich.

Karl empfing zu Soissons im Kloster des heiligen Medardus höchst ehrenvoll die Gesandten des Papstes Nikolaus, nämlich den Bischof Radald von Portus und den Bischof Johannes von Ficoclae[3]. Diese behielt er einige Zeit bei sich, und nachdem er dem Balduin, welcher zum apostolischen Stuhl seine Zuflucht genommen hatte, seine Verzeihung gewährt, deretwegen jene Gesandten[4] gekommen waren, entließ er sie beschenkt und mit Briefen an den heiligen Stuhl. Eben diese Gesandten des apostolischen Stuhls begaben sich nach Metz, um daselbst eine Synode Mitte Juni im Auftrage des Papstes zu halten, wegen der Scheidung zwischen Lothar und seiner Gemahlin Theutberga, sowie wegen Verdrängung dieser durch die Beischläferin Waldrada, welche jener gegen die geistlichen und weltlichen Gesetze sich zur Frau genommen hatte. Auf dieser Synode verheimlichten diese Gesandten, weil sie durch Geschenke bestochen waren, die Briefe des heiligen Vaters[5] und taten nichts von dem, was ihnen gemäß dem heiligen Befehl aufgetragen war. Um sich jedoch den Anschein zu geben, als ob sie etwas getan hätten, hießen sie den Erzbischof Gunther von Köln und den Erzbischof Theutgaud von Trier nach Rom gehen, damit dort diese Angelegenheit durch das Urteil des Papstes entschieden würde. Die Geleitschreiben, die diese

[3] jetzt Cervia bei Ravenna.

[4] Vgl. die Briefe des Papstes MG Epistulae 6 S. 272 Nr. 7 u. S. 369 Nr. 60.

[5] MG Epistulae 6 S. 268 Nr. 3.

tharii factione Haganonis versuti et cupi/dissimi Italicae regionis episcopi, Romam ire iusserunt, ut iudicio domni apostolici ipsa causa diffiniretur. Domnus autem apostolicus quae acta fuerant plene cognoscens, et Radoaldum similiter cupiditate in Constantinopoli cum Zacharia socio suo episcopo nuper corruptum dampnare volens, synodum convocavit[1]. Quod sentiens Radoaldus, noctu fuga lapsus, disparuit. Guntharius vero et Theutgaudus Romam pervenientes, primum in synodo et postea in ecclesia sancti Petri, sicut habetur in subditis[2], ab apostolico sunt damnati.

Nicholaus episcopus, servus servorum Dei, reverentissimis et sanctissimis confratribus nostris, Hincmaro Remensi et Waniloni Rotomagensi seu omnibus confratribus nostris, archiepiscopis et episcopis in regno Karoli gloriosi regis consistentibus. Scelus, quod Hlotharius rex, si tamen rex veraciter dici possit, qui nullo salubri regimine corporis appetitus refrenat, sed lubrica enervatione magis ipsius illicitis motibus cedit, in duabus feminis, Theotberga scilicet et Waldrada, commisit, omnibus manifestum est. Sed et dudum episcopos Theotgaudum et Guntharium in tali facto eum habuisse auctores atque fautores, paene totus nobis orbis undique ad limina seu sedem confluens apostolicam referebat, absentibus quoque id ipsum nostro scribentibus apostolatui. Quod nos tanto credere rennuimus, quanto de episcopis tale quid audire nullatenus sperabamus, donec ipsi Romam tempore concilii venientes,coram nobis et sancta synodo tales inventi sunt, quales fuerant a multis saepissime praedicati, ita ut scriptura, quam suis stipulaverant manibus quamque volebant ut nostro roboraremus cyrographo, caperentur et, dum muscipulam innocentibus opponere satagerent, insidiis suis illaqueati sint. Sicque completum est Deo auctore, quod in Proverbiis[3] legitur: ‚*Frustra iacitur rete ante oculos pennatorum*'. Siquidem ipsi obligati sunt et ceciderunt; nos vero, qui in hoc flagitium falso cecidisse dicebamur, faciente Domino cum iustitiae propugnatoribus resurreximus et erecti sumus. Igitur decernente nobiscum sancta synodo, in praesentia depositi et ab officio sacerdotali excommunicati atque a regimine episcopatus alienati indubitanter existunt. Unde vestra fraternitas canonum[4] normam custodiens et decre-

[1] etwa am 30. Oktober 863.

[2] Vgl. das gleichlautende Schreiben des Papstes an Erzbischof Ado von Vienne

beiden mitbekamen, unterzeichneten bei dieser Synode die Bischöfe aus dem Reiche Lothars auf Antrieb des gewandten Hagano, des herrschsüchtigsten Bischofs auf italischem Gebiet. Der heilige Vater aber, vollständig von dem, was geschehen war, unterrichtet und gewillt, den Radoald zu verurteilen, der sich mit seinem Genossen, dem Bischof Zacharias, unlängst ebenfalls in Konstantinopel durch seine Geldgier hatte bestechen lassen, berief eine Synode[1]; als Radoald dies erfuhr, ergriff er bei Nacht die Flucht und verschwand. Gunthar aber und Theutgaud wurden, als sie nach Rom gekommen waren, zuerst in der Synode und sodann in der Kirche des heiligen Petrus, wie nachstehend zu lesen ist[2], verurteilt:

,,Bischof Nikolaus, Knecht der Knechte Gottes, an unsere sehr ehrwürdigen und geweihten Brüder Hinkmar von Reims und Wanilo von Rouen, sowie an alle unsere Brüder, die Erzbischöfe und Bischöfe im Reiche des glorreichen Königs Karl. Der Frevel, den König Lothar, wenn man in Wahrheit noch König nennen kann, wer sich statt durch heilsame Beherrschung die Begierden seines Körpers zu zügeln, in einer bedenklichen Schlaffheit vielmehr seinen unstatthaften Trieben hingibt, mit zwei Frauen, Theutberga und Waldrada, begangen hat, ist allen offenbar. Daß er aber auch an den Bischöfen Theutgaud und Gunthar Anstifter und Begünstiger bei solchem Tun hatte, berichtete uns schon längst fast alle Welt, die von den verschiedensten Seiten zu den Schwellen und dem Sitz der Apostel zusammenströmte, wie auch Abwesende eben dies an unsern apostolischen Stuhl schrieben. Wir hatten aber dies zu glauben um so mehr Anstand genommen, als wir von Bischöfen derartiges zu hören nimmer erwarteten, bis sie selbst, zur Zeit des Konzils nach Rom gekommen, vor uns und der heiligen Synode als solche erfunden worden sind, wie sie von vielen so oft bezeichnet worden waren; dergestalt, daß sie durch die Schrift, die sie eigenhändig aufgesetzt hatten und durch unsere Unterschrift bekräftigt haben wollten, gefangen wurden, und während sie Unschuldigen eine Falle zu stellen dachten, sich in ihren eigenen Netzen verstrickt haben. So hat sich durch Gottes Fügung erfüllt, was in den Sprüchen Salomos[3] zu lesen ist: Vergeblich wird das Netz ausgeworfen vor den Augen der Geflügelten. Denn sie haben sich selbst verstrickt und sind gefallen; wir aber, von denen man fälschlich sagte, wir seien in dieses Verbrechen gefallen, haben durch Gottes Hilfe mit den Verfechtern der Gerechtigkeit uns wieder erhoben und aufgerichtet. Daher sind nach dem, was mit uns die heilige Synode beschlossen hat, unzweifelhaft jene jetzt abgesetzt, von dem Priesteramt ausgeschlossen und der Leitung des Bistums enthoben. Deshalb möge Eure Brüderlichkeit, in Wahrung der Vorschrift der Canones[4] und Beobachtung der Bestimmungen der Dekrete,

(MG Epistulae 6 S. 284 Nr. 18) und an die Bischöfe im ostfränkischen Reichsteil (Annales Fuldenses).

[3] Proverb. Salom. 1, 17.

[4] Concil. Antioch. c. 4 (Mansi II S. 1322) und Nicaen. I c. 5 (Mansi II S. 679).

torum sanctiones observans, caveat, ne hos quos nos abiecimus recipere in sacerdotum / cathalogo praesumat. Depositionis autem sententia, quam in praedictos Theotgaudum et Guntharium protulimus, cum ceteris capitulis, quae sancto concilio nobiscum sanciente promulgavimus, inferius annexa monstrabitur.

Cap. 1. De synodo in Mettensium urbe a Theotgaudo et Gunthario archiepiscopis congregata penitus abolenda.

Synodum, quae nuper, id est sub piissimo imperatore Hludowico per indictionem undecimam mense Iunio, in Mettensium urbe ab episcopis, qui nostrum praevenerant iudicium, collecta est, quique apostolicae sedis instituta temere violarunt, et tunc et nunc et in aeternum iudicamus esse cassatam, et cum Ephesino latrocinio[1] reputatam, apostolica auctoritate in perpetuum sancimus esse dampnandam, nec vocari synodum, sed tamquam adulteris faventem, prostibulum appellari decernimus.

Cap. 2. Depositio Theotgaudi et Guntharii archiepiscoporum.

Theotgaudum Treverensem, primatem Belgicae provinciae, et Guntharium Agripinae Coloniae episcopos, nunc coram nobis et sancta synodo sub gestorum insinuatione, qualiter causam Hlotharii regis et duarum mulierum eius, Theotbergae scilicet et Waldradae, recognoverint et iudicaverint, scriptum super hoc propriis roboratum manibus offerentes, nihilque se plus vel minus aut aliter egisse, ore proprio multis coram positis affirmantes, et sententiam, quam a sede apostolica in Ingildrudem, uxorem Bosonis, sanctissimus frater noster Mediolanensis archiepiscopus Tado et ceteri coepiscopi nostri petiverant emittendam, et nos divino succensi zelo sub anathematis obtestatione canonice protuleramus, publice viva voce se violasse confitentes; – in quibus omnibus invenimus eos apostolicas atque canonicas sanctiones in pluribus excessisse et aequitatis normam nequiter temerasse –: omni iudicamus sacerdotii officio manere penitus alienos, Spiritus sancti iudicio et beati Petri per nos auctoritate omni episcopatus exutos regimine consistere diffinientes. Quod si iuxta praecedentem consuetudinem tamquam episcopi ausi fuerint aliquid de sacro ministerio contingere, nullo modo liceat eis, nec in alia synodo restitutionis spem aut locum habere satisfactionis, sed et communicantes eis omnes abici de ecclesia, et maxime, si postea quam didicerint, adversus memoratos prolatam fuisse sententiam, eisdem communicare temptaverint. /

sich davor hüten, diejenigen, welche wir verworfen haben, noch ferner in das Verzeichnis der Priester aufnehmen zu wollen. Das Absetzungsurteil aber, welches wir gegen die vorgenannten Theutgaud und Gunthar gefällt haben, nebst den übrigen Kapiteln, welche wir in Übereinstimmung mit dem heiligen Konzil veröffentlicht haben, wird aus dem unten Beigefügten zu ersehen sein.

Kap. 1. Völlige Zunichtemachung der in Metz von den Erzbischöfen Theutgaud und Gunthar versammelten Synode.

Die Synode, welche jüngst, das ist unter dem sehr frommen Kaiser Ludwig während der elften Indiction im Monat Juni zu Metz von den unserm Urteil zuvorkommenden Bischöfen versammelt worden ist, die frech die Ordnungen des apostolischen Stuhls verletzten, erklären wir für damals, jetzt und in Ewigkeit für nichtig und der Räubersynode von Ephesus[1] gleichzuachten, verordnen kraft unserer apostolischen Autorität, daß sie in Ewigkeit zu verdammen ist, und bestimmen, daß sie nicht Synode heißt, sondern, da sie den Ehebruch begünstigt, Hurenwirtschaft.

Kap. 2. Absetzung der Erzbischöfe Theutgaud und Gunthar.

Nachdem die Bischöfe Theutgaud von Trier, Primas der Belgischen Kirchenprovinz, und Gunthar, Bischof von Köln, die jetzt vor uns und der heiligen Synode für ihre Handlungen zur Rechenschaft aufgefordert, wie sie den Fall des Königs Lothars und seiner beiden Frauen, der Theutberga und Waldrada, geprüft und entschieden haben, hierüber eine eigenhändig unterzeichnete Schrift überreichten und in Vieler Gegenwart mit eigenem Munde versicherten, daß sie nichts mehr oder weniger oder anders gehandelt haben, und endlich auch öffentlich und laut den Spruch verletzt zu haben bekannten, den gegen Ingeltrud, die Frau des Boso, unser ehrwürdiger Bruder der Bischof Tado von Mailand und unsere übrigen Genossen in der bischöflichen Würde vom apostolischen Stuhl erbeten hatte und den wir, von heiligem Eifer entbrannt, unter Androhung des Bannes kanonisch gefällt hatten: so fällen wir, da wir gefunden haben, daß sie in all dem die apostolischen und kanonischen Vorschriften mehrfach überschritten und das Gebot der Gerechtigkeit freventlich verletzt haben, das Urteil, daß sie jeder priesterlichen Amtshandlung sich unbedingt zu enthalten haben, indem wir nach der Entscheidung des heiligen Geistes und der Macht des heiligen Petrus, die bei uns ist, bestimmen, daß ihnen die Führung des bischöflichen Amts völlig entzogen bleiben soll. Wenn sie aber nach ihrer bisherigen Gewohnheit als Bischöfe wagen würden, irgendwie heilige Diensthandlungen zu verrichten, so sei ihnen in keiner Weise mehr gestattet, auf ihre Wiedereinsetzung in einer anderen Synode oder auf eine Gelegenheit zu einer Genugtuung zu hoffen; wer aber mit ihnen verkehrt, soll jeder aus der Kirche gestoßen werden, vor allem, wenn er wagen sollte, dies zu tun, nachdem er erfahren hat, daß gegen die Vorgenannten das Urteil gefällt ist.

[1] 449 n. Chr.

Cap. 3. De ceteris episcopis.

Ceteri autem episcopi, qui complices horum, Theotgaudi scilicet et Guntharii, vel sectatores esse feruntur, si cum his coniuncti seditiones, coniurationes vel conspirationes fecerint, vel si a capite, id est a sede beati Petri, illis haerendo dissenserint, pari cum eis dampnatione teneantur obstricti. Quod si cum sede apostolica, unde eos principium episcopatus sumpsisse manifestum est, sapere de cetero per semet ipsos, vel missis ad nos legatis cum scriptis suis, professi extiterint, noverint sibi a nobis veniam non negandam, nec amissionem honorum suorum pro retroactis praesumptionibus aut subscriptionibus, quas in profanis fecerunt gestis, per nos ullo modo formidandam.

Cap. 4. De Ingildrude.

Ingildrudem, filiam quondam Mactifredi comitis, quae, Bosone proprio viro relicto, ecce iam per septem circiter annos hac atque illac vagabunda discurrit, nuper cum fautoribus suis regulariter anathematizavimus, sed propter contumaciam iterato anathematis duximus vinculis innodandam. Sit igitur a Patre et Filio et Spiritu sancto, uno et vero Deo, et ab omnibus sanctis patribus et ab universa sancta Dei catholica et apostolica ecclesia et a nobis penitus anathema, cum omnibus complicibus, communicatoribus atque auxiliatoribus suis, ita ut, sicut iam decrevimus, si quis ei communicare vel favere in aliquo praesumpserit, si quidem clericus fuerit, eodem vinculo constrictus officium clericatus amittat, monachi vero et laici, si inoboedientes decreto praesenti fuerint, similiter anathematizentur. Sane si eadem mulier ad virum suum reversa fuerit vel apostolicam beati Petri sedem Romam properans accesserit, veniam ei post dignam satisfactionem procul dubio non denegabimus; verumtamen sub priori vinculo anathematis, quo illam prius et nunc obligavimus, interim constricta permaneat. Si quis autem eidem Ingildrudi[a]) ad apostolicam beati Petri sedem Romam specialiter properanti vel occurrenti nescius communicaverit aut sciens opem in veniendo praestiterit, nullo pro hoc vinculo teneatur annexus.

Cap. 5. De sententiis atque interdictis sedis apostolicae.

Si quis dogmata, mandata, interdicta, sanctiones vel decreta pro catholica fide, pro ecclesiastica disciplina, pro / correctione fidelium, pro emendatione sceleratorum vel interdictione imminentium vel fu-

[a]) Mit diesem Wort endet das Pariser Bruchstück.

Kap. 3. Von den übrigen Bischöfen.

Die übrigen Bischöfe aber, von denen es heißt, daß sie ihre, des Theutgaud und Gunthar, Mitschuldigen oder Anhänger sind, sollen, wenn sie mit diesen verbunden, Unruhen, Zusammenrottungen und Verschwörungen anstiften, oder wenn sie vom Haupte, das ist dem Stuhle des heiligen Petrus, jenen anhängend, abweichen, von gleicher Verdammung wie sie betroffen sein. Wenn sie aber, sei es in eigener Person, sei es schriftlich durch an uns gerichtete Gesandte erklären, daß sie es in Zukunft mit dem apostolischen Stuhl halten, von wo sich, wie bekannt, ihres Bistums Anfang herschreibt, so mögen sie wissen, daß ihnen von uns die Verzeihung nicht versagt werden wird und daß sie in keiner Weise den Verlust ihrer Würden für die vergangenen Anmaßungen oder Unterstützungen, deren sie sich in unheiligen Dingen schuldig gemacht haben, durch uns zu fürchten brauchen.

Kap. 4. Von der Ingiltrud.

Ingiltrud, die Tochter des verstorbenen Grafen Matfrid, die ihren Mann Boso verlassen hat und nun schon ungefähr sieben Jahre lang da und dort unstät umherzieht, haben wir vor kurzem nebst ihren Begünstigern der Regel gemäß in den Bann getan, haben aber ihrer Hartnäckigkeit wegen für nötig gehalten, sie von neuem und wiederholt in die Fesseln des Bannes zu schlagen. Sie sei daher vom Vater und vom Sohne und vom heiligen Geiste, dem einen und wahren Gott, und von allen heiligen Vätern, und von der gesamten heiligen katholischen und apostolischen Kirche Gottes und von uns vollständig verflucht, nebst allen ihren Mitschuldigen, Genossen und Helfershelfern, so, daß, wie wir bereits verordnet haben, wenn irgend jemand mit ihr zu verkehren, oder sie irgendwie zu begünstigen sich unterfinge, er, falls es ein Geistlicher ist, von denselben Banden umfangen, das geistliche Amt verlieren, Mönche und Laien aber, wenn sie dem gegenwärtigen Befehl ungehorsam sind, gleicherweise verflucht sein sollen. Wenn indes jene Frau zu ihrem Manne zurückkehrt oder nach Rom zum apostolischen Stuhl des heiligen Petrus kommt, würden wir ihr nach genügender Buße Verzeihung sicherlich nicht versagen; inzwischen aber soll sie mit dem früheren Bannfluch, den wir vorher und jetzt über sie verhängt haben, belastet bleiben. Wenn aber jemand dieser Ingiltrud gerade auf dem Wege nach Rom zum apostolischen Stuhl begegnet und ohne sie zu kennen, mit ihr verkehrt, oder wenn er sie kennt, ihr zu dieser Reise Unterstützung gewährt, so soll er dafür nicht vom Bannfluch getroffen sein.

Kap. 5. Von den Aussprüchen und Verboten des apostolischen Stuhles.

Wenn jemand die vom Inhaber des heiligen Stuhles zu Nutz und Frommen erlassenen Lehrsätze, Weisungen, Verbote, Bestimmungen und Beschlüsse bezüglich des katholischen Glaubens, der kirchlichen Disziplin, der Zurechtweisung der Gläubigen, der Besserung der Verbrecher, des Ver-

turorum malorum a sedis apostolicae praesule salubriter promulgata contempserit, anathema sit.

Optamus sanctitatem vestram in Christo bene valere.

Karolus 8. Kalend. Novembris synodum in Vermeria palatio habuit, ibique abbatiam Sancti Carilephi super Rotbertum episcopum Cinomannicae urbis, qui eam per apostolicae sedis[a]) commendationem iuri sui episcopatus mancipatam tenere volebat, legaliter evindicavit, et Rothadum nuper depositum, sicut domnus papa ei mandaverat[1], cum suis et episcoporum litteris atque vicariis Romam misit. Iudith, filiam suam, per deprecationem domni apostolici ad pacem et legatum Mahomot regis Sarracenorum cum magnis et multis muneribus ac litteris de pace et foedere amicali loquentibus sollemni more suscepit; quem cum honore et debito salvamento ac subsidio necessario in Silvanectis civitate oportunum tempus, quo remitti honorifice ad regem suum posset, opperiri disposuit. Indeque cum valida manu ad recipiendum virtute filium suum Karolum, si aliter nollet venire, hostiliter versus Aquitaniam pergit et ad Autisiodorum civitatem usque pervenit, ibique filiam suam Iudith, sicut dominus apostolicus eum petierat, consilio fidelium suorum Balduino, quem secuta fuerat, legaliter coniugio sociari permisit. Inde Nivernum civitatem perrexit; ubi filium suum Karolum ad se venientem recepit et sibi fidelitatem et debitam subiectionem[b]) promitti sacramento praecepit et omnes primores Aquitaniae iterum sibi iurari fecit. Duo quoque Nortmanni, qui nuper cum Welando, christianitatem dolo, ut tunc dicebatur et post claruit, postulantes, de navibus exierunt, super eum infidelitatem miserunt. Quorum unus secundum gentis suae morem cum eo negante armis coram rege contendens, illum in certamine interfecit. Interea tristi nuncio comperit, quod Nortmanni Pictavis venerant, et sub redemptione civitate servata, ecclesiam sancti Hilarii magni confessoris incenderint. Natale autem Domini in eodem loco secus Nivernum civitatem, ubi filium suum receperat, celebravit.

864.

Karolus Aquitanios hostiliter contra Normannos, qui ecclesiam sancti Hilarii incenderunt, disposito exercitu ire / praecipiens, filium et aequivocum suum Karolum secum ducens, Compendium rediit, missos suos ad recipiendos civitates et castella in Gothiam misit. Nortmanni Arvernum civitatem petunt, ubi Stephanum, Hugonis filium,

bots drohender oder künftiger Übel mißachtet, so soll er verflucht sein.

Wir wünschen Eurer Heiligkeit ein Wohlergehen in Christo. –

Karl hielt am 25. Oktober eine Synode in der Pfalz Verberie, erstritt sich hier nach dem Gesetz den Besitz der Abtei des heiligen Carilephus gegen den Bischof Rotbert von le Mans, der behauptete, daß sie kraft Zuweisung des päpstlichen Stuhls seiner bischöflichen Gewalt unterstehe, und schickte den kürzlich entsetzten Rothad, wie ihm der Papst aufgetragen hatte[1], mit seinen und der Bischöfe Briefen und Stellvertretern nach Rom. Seine Tochter Judith nahm er auf Bitte des Papstes in Frieden wieder auf und empfing in feierlicher Weise den Gesandten des Sarrazenenkönigs Mahomet, der große und viele Geschenke, sowie Briefe überbrachte, die von Frieden und freundschaftlichem Bündnis handelten; König Karl bestimmte, daß er mit Ehren und unter gebührendem Schutz und erforderlichem Beistand in Senlis den geeigneten Zeitpunkt abwarten solle, wo man ihn ehrenvoll zu seinem Könige zurückschicken könne. Von da brach er mit einer starken Heeresmacht gegen Aquitanien auf, um seinen Sohn Karl, wenn er anders nicht kommen wollte, durch die Waffen in seine Gewalt zu bringen, und kam bis Auxerre; und hier gestattete er, wie der heilige Vater ihn gebeten hatte, nach dem Rat seiner Getreuen, daß seine Tochter Judith mit Balduin, dem sie bisher gefolgt war, in gesetzlich gültiger Ehe sich verband. Darauf zog er nach Nevers, wo er seinen Sohn Karl, der zu ihm kam, empfing; und er befahl seinem Sohne durch einen Eid Treue und schuldige Unterwerfung zu geloben, und ließ sich auch von allen Großen Aquitaniens von neuem einen Eid leisten. Zwei Normannen, welche vor einiger Zeit mit Weland die Schiffe verlassen und das Christentum zum Schein, wie es damals hieß und später klar wurde, gefordert hatten, klagten jenen der Untreue an; und da Weland es leugnete, kämpfte einer von beiden mit ihm nach der Sitte ihres Volkes vor dem Könige und tötete ihn im Kampfe. Unterdessen vernahm er die traurige Kunde, daß die Normannen nach Poitiers gekommen waren und die Stadt zwar gegen Lösegeld verschont, aber die Kirche des heiligen Hilarius, des großen Bekenners, verbrannt hatten. Das Weihnachtsfest feierte er in der Nähe von Nevers an dem Ort, wo er seinen Sohn empfangen hatte.

864.

Nachdem Karl den Aquitaniern befohlen hatte, ein Heer aufzustellen und gegen die Normannen, welche die Kirche des heiligen Hilarius verbrannt, zu ziehen, kehrte er in Begleitung seines gleichnamigen Sohnes Karl nach Compiègne zurück und schickte seine Sendboten nach Gothien, um die

a) sedis fehlt in der Überlieferung.

b) überliefert ist subiectione.

1 MG Epistulae 6 S. 362 Nr. 58.

cum paucis suorum interfectum, inpune ad suas naves redeunt. Pippinus, Pippini filius, ex monacho laicus et apostata factus, se Normannis coniungit et ritum eorum servat. Karolus iuvenis, quem pater nuper ab Aquitania receptum Compendium secum duxerat, noctu rediens de venatione in silva Cotia, iocari cum aliis iuvenibus et coaevis suis putans, operante diabolo ab Albuino iuvene in capite spatha percutitur pene usque ad cerebrum; quae plaga a timpore sinistro usque ad malam dexterae maxillae pervenit.

Hlotharius, Hlotharii filius, de omni regno suo quattuor denarios ex omni manso colligens, summam denariorum cum multa pensione farinae atque pecorum necnon vini ac sicerae Rodulfo Normanno, Herioldi filio, ac suis locarii nomine tribuit.

Hludowicus, imperator Italiae nominatus, incentore Gunthario ad suam iniuriam referens, quoniam legatos sui fratris Hlotharii per ipsius fiduciam et interventionem Romam directos apostolicus, ut supra monstravimus, degradavit, seque ipsum furore non capiens, comitantibus secum eisdem legatis Theutgaudo atque Gunthario, cum coniuge Romam ea intentione pergit, quatenus aut a papa Romano idem restituerentur episcopi, aut hoc facere non volenti noxie quodammodo manum mitteret. Quod audiens apostolicus, cum laetaniis generale ieiunium sibi et Romanis indixit, ut Deus apostolorum suffragiis praefato imperatori mentem bonam et reverentiam erga divinum cultum et apostolicae sedis auctoritatem donaret. Imperatore autem perveniente Romam et secus basilicam beati Petri degente, clerus et populus Romanus cum crucibus et laetaniis ieiunium celebrantes, beati Petri memoriam adeunt, et ab hominibus imperatoris, cum gradus ante basilicam beati Petri ceperunt ascendere, in terram prostrati et variis ictibus flagellati, et crucibus ac vexillis confractis, qui evadere potuerunt fugati sunt. In quo tumultu et crux mirabilis et veneranda a sanctae memoriae Helena decentissime fabricata, in qua lignum vivificae crucis posuit et sancto Petro munere maximo contulit, confracta et in lutum proiecta est; unde a quibusdam, ut fertur, Anglorum gentis hominibus collecta et custodibus reddita / est. Quae flagitia ut apostolicus in Lateranensi palatio degens comperit et paulo post illum capiendum non incerto nuncio didicit, latenter navem intravit et per Tyberim ad ecclesiam sancti Petri se contulit, ubi duobus diebus ac noctibus sine cibo ac potu mansit. Interea homo cuius praesumptione praefata

Städte und Burgen wieder in Besitz zu nehmen. Die Normannen zogen vor Clermont, erschlugen dort Stephan, Hugos Sohn, mit einigen der Seinen und kehrten darauf ungestraft zu ihren Schiffen zurück. Pippin, der Sohn Pippins, der als Mönch Laie und abtrünnig wurde, verband sich mit den Normannen und folgte ihrer Religion. Dem jungen Karl, den der Vater vor kurzem aus Aquitanien nach Compiègne mitgebracht hatte, wurde, als er Nachts von der Jagd im Wald Cuise zurückkehrend mit anderen Jünglingen und Altersgenossen nichts arges ahnend Kurzweil trieb, auf Anstiften des Teufels von dem jungen Albuin mit dem Schwert der Kopf fast bis auf das Hirn gespalten. Der Hieb ging von der linken Schläfe bis zum rechten Kinnbacken.

Lothar, der Sohn Lothars, erhob in seinem ganzen Reich von jeder Hube vier Denare und gab die ganze Geldsumme nebst einer großen Leistung an Mehl, Vieh, Wein und Bier dem Normannen Rudolf, dem Sohne des Heriold, und den Seinigen als Sold.

Kaiser Ludwig von Italien sah auf Anstiften Gunthars eine persönliche Beleidigung darin, daß der heilige Vater, wie wir oben gezeigt haben, die Gesandten seines Bruders Lothar absetzte, die im Vertrauen auf ihn und durch seine Vermittelung nach Rom gesandt worden waren, und da er sich in seiner Wut nicht fassen konnte, zog er in Begleitung eben jener Gesandten Theutgaud und Gunthar mit seiner Frau nach Rom mit dem Ziel, daß jene Bischöfe vom römischen Papst wieder eingesetzt werden, wenn er dies aber nicht tun wolle, werde er Hand an ihn als einen Schuldigen legen. Als dies der heilige Vater hörte, verordnete er Litaneien und ein allgemeines Fasten für sich und die Römer, damit Gott auf die Verwendung der Apostel dem genannten Kaiser einen guten Sinn und Ehrfurcht vor dem göttlichen Dienst und der Autorität des apostolischen Stuhles eingeben möchte. Als nun aber der Kaiser nach Rom kam und bei der Basilika des hl. Petrus verweilte, zogen die Geistlichkeit und das Volk mit Kreuzen und unter dem Gesang der Litaneien, das Fasten feiernd, nach der Kirche des hl. Petrus, wurden aber, als sie begannen, die Stufen vor der Basilika heraufzusteigen, von den Leuten des Kaisers zu Boden geworfen, verschiedentlich geschlagen, und mit zerbrochenen Kreuzen und Fahnen, soweit sie sich retten konnten, in die Flucht gejagt. Bei diesen Unruhen wurde ein wunderbares und würdiges Kreuz, das die Helena seligen Andenkens sehr kunstvoll verfertigt hatte, indem sie darin ein Stück des wundertätigen Kreuzes einfügte, um damit dem hl. Petrus ein großes Geschenk zu machen, zerbrochen und in den Schmutz geworfen; hier wurde es, wie es heißt, von einigen aus dem Volke der Angeln aufgelesen und den Wächtern zurückgegeben. Als der heilige Vater im Lateranpalast von diesen Schandtaten hörte und bald darauf sichere Kunde erhielt, daß man ihn gefangen nehmen wolle, bestieg er heimlich ein Schiff und begab sich auf dem Tiber nach der Kirche des hl. Petrus, wo er zwei Tage und Nächte ohne Speise und Trank blieb. Inzwischen starb der

crux veneranda confracta fuerat moritur, et imperator febre corripitur. Quapropter coniugem ad apostolicum mittit. Cuius fideiiussione apostolicus ad imperatorem venit, et habita mutua sermocinatione, sicut inter eos convenit, apostolicus Romam ad Lateranense palatium rediit. Tunc imperator Guntharium et Theutgaudum degradatos, ut secum venerant, Franciam redire praecepit. Tunc Guntharius haec diabolica capitula et actenus inaudita, quae cum hac praefatione, quando Romam, ut praemisimus, in Hludowici obsequio rediit, episcopis regni Hlotharii misit, per Hilduvinum, fratrem suum, clericum, adiunctis ei suis hominibus, apostolico misit, dans illi in mandatis, ut, si apostolicus illa nollet recipere, super corpus beati Petri ea iactaret:

Sanctis ac venerandis fratribus et coepiscopis Guntharius atque Theotgaudus in Domino salutem. Rogamus suppliciter carissimam fraternitatem vestram, ut nobis pro vobis assidue orantibus sanctarum precum solatia instanter impendatis, et ne turbemini neque terreamini pro his quae fama forte de nobis vobis sinisterius nuntiat. Confidimus de Domini nostri clementissima bonitate, quia neque in regem nostrum neque in nos, opitulante Deo, inimicorum praevalebunt insidiae, neque gaudebunt de nobis adversarii nostri. Nam, quamvis domnus Nicolaus, qui dicitur papa et qui se apostolum inter apostolos adnumerat totiusque mundi imperatorem se facit, ad illorum instinctum et votum, quibus conspiratus favere dinoscitur, nos dampnare voluisset, tamen modis omnibus Christo propitio suae insaniae renitentes invenit, et quicquid inde fecit, non mediocriter illum postmodum poenituit. Misimus vobis haec subscripta capitula, quibus cognoscatis nostram adversus praefatum pontificem querimoniam. Nos autem egressi a Roma longiusque recedentes, iterum ad Romam revocati sumus. Quo nos incipientes reverti, has vobis litterulas scripsimus, ut non miremini, quod longiores agimus moras. Dominum regem nostrum tam per vos ipsos quam per vestros missos et litteras saepius visitate et confortate eique quoscumque potestis amicos et fideles conciliate, maxime Hludowicum regem admonendo semper invitate et cum illo de communi utilitate diligenter inquirite, quoniam in pace eorum regum / erit pax nostra. Aequo animo estote et tranquillo corde, domini fratres, quia Deo volente talia vobis nuntiare speramus, in quibus absque errore poteritis advertere, spiritu Domini docente, quid et quomodo agere debeatis. Tantum omnimodis praefatum regem commonere cu-

Mensch, dessen Frechheit jenes ehrwürdige Kreuz zerbrochen hatte, und der Kaiser wurde vom Fieber befallen. Deshalb sandte er seine Gemahlin an den hl. Vater; auf ihre Bürgschaft hin begab sich der Papst zum Kaiser und kehrte nach der Unterredung, wie es unter ihnen ausgemacht wurde, nach Rom in den Lateranpalast zurück. Darauf befahl der Kaiser dem Gunthar und Theutgaud, abgesetzt so wie sie mit ihm gekommen waren, nach Francien zurückzukehren. Da schickte Gunthar die folgenden teuflischen und bislang unerhörten Kapitel, welche er nebst dieser Einleitung, als er, wie gesagt, in Ludwigs Gefolge nach Rom zurückkehrte, den Bischöfen in Lothars Reich zugesandt hatte, jetzt an den hl. Vater durch seinen Bruder, den Kleriker Hilduin, dem er einige seiner Leute zugesellt hatte, und gab diesem den Auftrag, die Schrift, wenn sie der hl. Vater nicht annehmen wolle, auf die Gebeine des hl. Petrus zu werfen:

„Den heiligen und ehrwürdigen Brüdern und Genossen im bischöflichen Amt entbieten Gunthar und Theutgaud im Herrn ihren Gruß. Wir bitten Euch flehentlich, teuerste Brüder, uns, die wir für Euch fleißig beten, den Trost Eurer heiligen Gebete sofort zu gewähren und Euch nicht beunruhigen oder erschrecken zu lassen durch das, was etwa Euch das Gerücht von uns Ungünstiges meldet. Wir vertrauen auf die gnädigste Güte unseres Herrn, daß weder gegen unsern König, noch gegen uns, mit Gottes Beistand die Nachstellungen der Feinde obsiegen, noch unsere Feinde sich über uns freuen werden. Denn wiewohl Nikolaus, der sich Papst nennt und sich als Apostel zu den Aposteln zählt und sich zum Herrscher über die ganze Welt macht, auf den Antrieb und Wunsch jener, denen man ihn verbunden und günstig gesinnt weiß, uns hat verdammen wollen, so hat er doch auf jede Weise durch Christi Gnade Widerstand gegen seinen Wahnwitz gefunden und, was er dann getan hat, hat er selbst später nicht wenig bereut. Wir senden Euch die unten aufgeschriebenen Kapitel, damit Ihr daraus unsere Klage gegen den genannten Papst erseht. Wir sind aber, nachdem wir Rom verlassen hatten und schon weit entfernt waren, wieder dahin zurückgerufen worden. Zu Beginn unserer Rückreise dahin schreiben wir Euch diesen kleinen Brief, damit Ihr Euch nicht wundert, daß wir länger ausbleiben. Unsern König und Herrn besucht und ermutigt öfters sowohl in Person als durch Eure Botschaften und Briefe, gewinnt so viel Ihr könnt, für ihn Freunde und Getreue, geht vor allem immer mit Ermahnungen den König Ludwig an und beratet mit ihm sorgfältig über das gemeinsame Beste, weil auf dem Frieden dieser Könige unser Friede beruht. Seid festen Mutes und ruhigen Herzens, Ihr Brüder, weil wir mit Gottes Willen solches Euch zu melden hoffen, daß Ihr daraus ohne Irrtum vom Geist Gottes belehrt erkennen könnt, was und wie Ihr handeln sollt. Auf alle Weise aber tragt Sorge, den obengenannten König so mit Eurem Zureden zu befestigen, daß er unter den verschiedenen Anmutungen unbeweglich bleibe, bis auch er die Gründe

rate, ut inter varias suggestiones ita maneat immobilis, donec et ipse rerum causas cognoscat. Ceterum, desiderantissimi fratres, necessarium vobis est et laude dignum, ut promissam regi nostro fidem coram Deo et hominibus inviolabiliter conservemus. Deus omnipotens vos in suo sancto servitio conservare dignetur!

Cap. 1. Audi, domne papa Nicolae. Patres et fratres coepiscopi nostri ad te nos direxerunt, et nos sponte venimus, consulere videlicet tuum magisterium super his quae pariter, prout nobis visum fuit, et adicientibus et approbantibus notum esse potuit, iudicavimus, auctoritates rationesque, quas secuti fuimus, scriptis ostendentes, ut tua sapientia, perscrutatis omnibus, quid inde sentiret et quid vellet, nobis demonstraret. Et si melius illud tua sanctitas inveniret, ut nos instrueres et doceres hoc, humiliter postulamus, parati, quicquid rectius et probabiliter insinuares, una cum confratribus nostris sanis adquiescere documentis.

Cap. 2. Sed nos per tres ebdomadas tuum expectantes responsum, nihil certitudinis nihilque doctrinae nobis expressisti, sed tantum quodam die in publico dixisti, nos excusabiles apparere et innocentes iuxta nostri adsertionem libelli.

Cap. 3. Ad ultimum nos evocati, ad tuam praesentiam deducti sumus, nihil adversitatis suspicantes; ibique obseratis ostiis, conspiratione more latrocinali facta, et ex clericis et laicis turba collecta et permixta, nos opprimere inter tantos violenter studuisti, atque sine synodo et canonico examine, nullo accusante, nullo testificante, nullaque disputationis discretione dirimente vel auctoritatum probatione convincente, absque nostri oris confessione, absentibus aliis metropolitanis et dyocesaneis coepiscopis et / confratribus nostris, extra omnium omnino consensum tuo solius arbitrio et tyrannico furore dampnare nosmet voluisti.

Cap. 4. Sed tuam maledictam sententiam, a paterna benignitate alienam, a fraterna karitate extraneam, adversum nos iniuste et inrationabiliter contra leges canonicas prolatam, nequaquam recipimus, immo cum[a]) omni cetu fraterno quasi maledictum frustra prolatum contempnimus atque abicimus. Te ipsum quoque, dampnatis et anathematizatis sacramque religionem abicientibus ac contempnentibus faventem et communicantem, in nostram communionem nostrumque consortium recipere nolumus, contenti tocius aecclesiae communione

der Dinge kennen lernt. Übrigens, geliebteste Brüder, ist für Euch notwendig und lobenswert, daß wir die unserm König gelobte Treue vor Gott und Menschen unverletzt bewahren. Der allmächtige Gott wolle gnädig Euch in seinem heiligen Dienste behalten."

Kap. 1. Vernimm, Papst Nikolaus. Unsere Väter und Brüder, die unsere Genossen im bischöflichen Amt sind, haben uns an Dich gesandt und wir sind freiwillig gekommen, Deine Meisterschaft um Rat zu fragen über die Dinge, welche wir, so wie es uns richtig erschien und nach der Kenntnis derer, welche uns unterstützten und ihren Beifall schenkten, entschieden haben, und wir haben Dir die Ratschläge und Gründe, von denen wir uns haben leiten lassen, in Schriften vorgelegt, damit Deine Weisheit, nachdem sie alles untersucht, uns darüber ihre Ansicht und Absicht darlege. Und wir haben demütig gebeten, wenn Deine Heiligkeit etwas Besseres finde, mögest Du es uns wissen lassen und uns belehren, bereit wie wir sind, was Du uns Richtigeres und in annehmbarer Weise anweisen würdest, gemeinsam mit unseren Genossen im bischöflichen Amte uns vernünftigen Belehrungen zu unterwerfen.

Kap. 2. Aber während wir drei Wochen lang Deine Antwort erwarteten, hast Du nichts von einer Entscheidung oder Lehre gegen uns ausgesprochen, sondern hast nur eines Tages öffentlich erklärt, daß wir Dir nach der Darlegung unserer Schrift entschuldbar und unschuldig erschienen.

Kap. 3. Endlich vorgeladen, sind wir ohne etwas Arges ahnend vor Dich geführt worden und nun hast Du bei verschlossenen Türen in einer Art Räubersynode durch einen aus Geistlichen und Laien zusammengelesenen und gemischten Haufen uns inmitten einer Überzahl durch Gewalt zu unterdrücken gesucht und ohne Synode und kanonische Untersuchung, ohne Ankläger, ohne Zeugen, ohne daß eine klare Entscheidung die Erörterung beendet oder irgend das Zeugnis von Autoritäten uns überführt hätte, ohne unser eignes mündliches Bekenntnis, in Abwesenheit der anderen Metropolitan- und Diözesan-Bischöfe, unserer Mitbrüder und Genossen im Amt, ganz ohne aller Zustimmung, allein nach Deinem Belieben und Deinem tyrannischen Wüten uns verdammen wollen.

Kap. 4. Aber Deinen verfluchten Urteilsspruch, der mit väterlicher Güte nichts zu tun hat, der brüderlichen Liebe fremd ist und ungerecht und ohne Grund wider die kanonischen Gesetze über uns gefällt worden ist, haben wir nicht angenommen, sondern verachten und verwerfen ihn mit der ganzen Vereinigung unserer Brüder als ein verfluchtes, nichtiges Machwerk. Und Dich selbst, der Du Verurteilte und Verfluchte und solche, welche die heilige Religion verwerfen und verachten, begünstigst und mit ihnen verkehrst, wollen wir nicht in unsere Gemeinschaft und unsere Genossenschaft aufnehmen, zufrieden mit der Gemeinschaft der ganzen Kir-

[a]) fehlt in der Überlieferung.

et fraterna societate, quam tu arroganter te superexaltans despicis, teque ab ea elationis tumore indignum faciens sequestras.

Cap. 5. Igitur ex tuae levitatis temeritate propria tibimet sententia anathematis pestem inflixisti, exclamans: ‚Qui apostolica praecepta non servat, anathema sit'; quae tu multipliciter violare et violasse dinosceris, divinas leges simul et sacros canones, quantum in te est, evacuans, praedecessorum tuorum pontificum Romanorum vestigia sequi nolens.

Cap. 6. Nunc ergo, quia fraudulentiam et calliditatem tuam experti sumus[a])[1], non quasi ad illatam nobis contumeliam provocati sumus, sed contra tuam iniquitatem zelo accensi, nec nostrae vilitatis personam attendentes, sed omnem nostri ordinis universitatem, cui vim inferre conaris, prae oculis habentes:

Cap. 7. Quid nostrae specialis propositionis summa fuerit, in paucis replicamus. Lex divina et canonica apertissime probat, etiam et venerandae seculi leges adstipulantur, quod nulli licet ingenuam virginem alicui viro tradere in concubinatum, maxime si illa puella numquam inlicitae adsentire copulae voluit; et quia suo viro parentum consensu, fide, affectu ac dilectione coniugali sociata est, uxor profecto, non concubina, habenda sit.

Apostolicus autem praecognitus haec recipere noluit. Suprascriptus autem Hilduinus armatus cum hominibus Guntharii ecclesiam beati Petri apostoli sine ulla reverentia in/trans, diabolicum scriptum, sicut suus frater Guntharius ei praeceperat, si apostolicus illud nollet recipere, super corpus beati Petri iactare voluit, et a custodibus prohibitus, eosdem custodes cum fustibus tam ipse quam et sui complices verberare ceperunt, adeo ut unus ibidem occisus fuerit. Tunc ipsum scriptum super corpus beati Petri iactavit, seque isdem et qui cum

[a]) In dem an den Papst selbst gerichteten Schreiben, das in den Annales Fuldenses überliefert ist, finden sich hier folgende Sätze: indignationem quoque tumidumque potentatum agnoscimus, nihil tibi tuaeque superbiae cedimus, qua nos ad vota nostrorum, quibus faves, inimicorum obruere festinabas, sciasque nos non tuos esse, ut te iactas et extollis, clericos, quos ut fratres et coepiscopos recognoscere, si elatio permitteret, debueras. Et haec tibi nostri ordinis non inscii, nimirum tua improbitate compulsi respondemus.

[1] In den Jahrbüchern von Fulda hat dieses Kapitel folgenden Wortlaut: Nun also, da wir Lug und List von Dir erfahren haben, auch Unwürdigkeit und aufgeblasene Herrschsucht an dir erkennen, weichen wir gar nicht vor Dir und

che und mit unserer Bruder-Genossenschaft, welche Du in Anmaßung Dich überhebend verachtest und von der Du Dich ausschließt, durch Deine überhebliche Aufgeblasenheit Dich ihrer unwürdig machend.

Kap. 5. Und so hast Du in Deines Leichtsinns Gedankenlosigkeit mit Deinem eigenen Urteil des Bannfluchs Verderben auf Dich herabgezogen, da Du ausrufst: wer die apostolischen Gebote nicht achtet, sei verflucht; denn man weiß von Dir, daß Du diese vielfach verletzest und verletzt hast, indem Du die göttlichen Gesetze und die heiligen Canones, so viel an Dir ist, aufhebst, und den Spuren Deiner Vorgänger, der römischen Bischöfe, nicht folgen willst.

Kap. 6[1]. Nun aber, da wir Deine Hinterlist und Verschlagenheit kennen gelernt haben, so wollen wir, nicht als ob wir über eine uns angetane Schmach gereizt wären, sondern in Eifer entbrannt gegen Deine Ungerechtigkeit und indem wir nicht an unsere geringe Person denken, sondern die ganze Gesamtheit unseres Standes, dem Du Gewalt anzutun wagst, vor Augen haben, (Kap. 7) was die Summe unserer besonderen Vorstellung gewesen ist, mit wenigen Worten zusammenfassen. Das göttliche und kanonische Gesetz lehrt auf das deutlichste, und die ehrwürdigen weltlichen Gesetze stimmen dem bei, daß es keinem erlaubt ist, eine freie Jungfrau einem Manne zur Beischläferin zu überliefern, besonders wenn ein solches Mädchen nie auf das unerlaubte Verhältnis hat eingehen wollen; und wenn sie ihrem Manne mit Zustimmung der Eltern in ehelicher Treue, Hingebung und Liebe verbunden ist, so soll sie sicherlich als seine Frau und nicht als seine Beischläferin betrachtet werden. –

Da der Papst aber vorher unterrichtet war, wollte er diese Schrift nicht annehmen. Der oben genannte Hilduin drang jedoch bewaffnet mit den Leuten Gunthars in die Kirche des hl. Petrus ohne alle Scheu ein und wollte die teuflische Schrift, wie es ihm sein Bruder Gunthar vorgeschrieben hatte, für den Fall, daß der Papst sie nicht annehmen wollte, auf das Grab des hl. Petrus werfen. Und da die Wächter dies zu verhindern suchten, fielen er und seine Genossen mit Knütteln über die Wächter her, so daß einer von ihnen tot auf der Stelle blieb. Nun warf er jene Schrift auf das Grab des hl. Petrus, worauf er und die mit ihm gekommen waren,

Deinem Hochmut, durch den Du uns nach den Wünschen unserer Feinde, die Du begünstigst, zu vernichten strebtest, vielmehr sollst Du wissen, daß wir nicht, wie Du Dich brüstest und überhebst, Deine Kleriker sind, sondern Menschen, die Du, wenn es Dein Hochmut zuließe, als Brüder und Mitbischöfe hättest anerkennen müssen. Und diese Antwort geben wir Dir, nicht weil wir unseren Stand vergessen hätten, sondern weil uns Dein unbilliges Vorgehen dazu zwingt, nicht etwa gereizt im Hinblick auf die uns angetane Schmach, sondern entflammt von geistlichem Eifer gegen Deine Ungerechtigkeit, und nicht an unserer Person Geringfügigkeit denkend, sondern die ganze Gesamtheit unseres Standes, dem Du Gewalt anzutun wagst, vor Augen habend (Kap. 7 fehlt).

eo venerunt evaginatis gladiis se protegentes, de aecclesia exierunt et ad Guntharium, peracto lugendo negotio, redierunt.

Imperator autem post paucos dies, patratis a comitatu suo multis depraedationibus et mansionum destructionibus ac sanctimonialium ceterarumque feminarum constuprationibus atque hominum cedibus necnon et aecclesiarum infractionibus, Roma exiens, Ravennam venit ibique pascha dominicum[1] cum tali sicut meruit Dei et apostolorum gratia celebravit. Guntharius autem in ipsa coena Domini Coloniam veniens, missas celebrare et sacrum chrisma conficere, ut homo sine Deo, praesumpsit; Theutgaudus vero a ministerio, sicut ei fuerat praeceptum, se reverenter abstinuit. Ceteris denique episcopis apud Hlotharium id satagentibus, episcopatum a Gunthario Hlotharius tulit, et suo tantum consilio Hugoni, Chuonradi, Karoli regis avunculi, et materterae[2] suae filio, tonsura clerico et ordinatione tantummodo subdiacono, moribus autem et vita a fideli laico discrepanti, donavit. Unde motus Guntharius, quicquid de thesauro ecclesiastico in eadem civitate fuit residuum auferens, Romam iterum, ut omnia Hlotharii et sua figmenta de Theutberga et Waldrada apostolico ex ordine pandat, regreditur. Sed et episcopi regni Hlotharii legatos suos cum libellis poenitentiae et professionibus canonicis[3], quoniam ab euangelica veritate et apostolica auctoritate sacrisque regulis in causa Theutbergae ac Waldradae non mediocriter deviaverant, ad apostolicum dirigunt. Hlotharius vero, Ratoldo Argentoratensis urbis episcopo cum scriptis[4] falsa more suo de sua excusatione et voluntaria correctione loquentibus praemisso ad apostolicum, ipse per Gundulfi-villam et Romericimontem obviam fratri suo ad locum qui Urba dicitur vadit.

Karolus cum epistolis per Rodbertum Cinomannicae urbis episcopum Romam, sicut apostolicus iusserat, Rothadum dirigit; sed et episcopi regni eius vicarios suos cum synodicis litteris de causa ipsius Rothadi ad apostolicam / sedem mittunt. Quibus Hludowicus transitum denegat. Ipsi autem legati tam regis quam episcoporum impossibilitatis suae causas Romam veniendi clanculo papae cognitas faciunt. Rothadus simulata infirmitate Vesontio, ceteris patriam repedantibus,

[1] 2. April.

[2] Der Bruder der Kaiserin Judith war mit einer Schwester der Kaiserin Irmingard verheiratet, namens Adelheid. Ihre gleichnamige Enkelin war die zweite Gemahlin Ludwigs des Stammlers (Decker-Hauff, Ztschr. f. Württ. Lan-

mit gezückten Schwertern sich schützend, die Kirche verließen und nach ihrem bedauerlichen Geschäft zu Gunthar zurückkehrten.

Der Kaiser verließ nach wenigen Tagen Rom, nachdem von seiner Begleitung viele Räubereien verübt, Häuser zerstört, Nonnen und andere Frauen geschändet, Männer getötet und Kirchen geplündert worden waren. Er begab sich nach Ravenna und feierte daselbst das Osterfest[1] mit solcher Gnade Gottes und der Apostel, wie er sie verdiente. Gunthar aber, der gerade am Gründonnerstag nach Köln kam, maßte sich als ein Mensch ohne Gott das Recht an, die Messe zu feiern und das heilige Öl zu weihen; Theutgaud jedoch enthielt sich ehrerbietig, wie ihm befohlen war, des Priesterdienstes. Endlich aber auf Betreiben der übrigen Bischöfe, entzog Lothar dem Gunthar sein Bistum und gab es allein nach seinem Gutdünken dem Hugo, dem Sohne Konrads, des Oheims von König Karl, und seiner mütterlichen Tante[2], der zwar durch die Tonsur Priester, der Ordination nach erst Subdiaconus war, aber seinen Sitten und seinem Leben nach nicht einmal einem frommen Laien gleichstand. Dies veranlaßte Gunthar, mit allem, was sich noch an Kirchenschätzen in der Stadt befand, noch einmal nach Rom zu gehen, um Lothars und seine Lügen bezüglich der Theutberga und Waldrada alle der Reihe nach dem heiligen Vater darzulegen. Aber auch die übrigen Bischöfe aus Lothars Reich schickten ihre Gesandten mit Briefen[3] der Reue und mit kanonischen Bekenntnissen, da sie von der evangelischen Wahrheit und der apostolischen Autorität, sowie den heiligen Regeln in der Angelegenheit der Theutberga und Waldrada nicht wenig abgewichen seien. Lothar aber, der den Bischof Ratold von Straßburg an den Papst vorausgeschickt hatte mit Briefen[4], in denen er nach seiner gewöhnlichen Art sich lügnerisch entschuldigte und freiwillige Besserung versprach, begab sich über Gondreville und Remiremont nach Orbe zu einer Zusammenkunft mit seinem Bruder.

Karl schickte mit Briefen durch den Bischof Rotbert von le Mans den Rothad dem Befehl des Papstes gemäß nach Rom; und auch die Bischöfe seines Reichs sandten ihre Vertreter mit Synodalbriefen über die Angelegenheit jenes Rothad an den apostolischen Stuhl; diesen verweigerte jedoch Ludwig von Italien allen den Durchzug. Diese Abgesandten aber, die des Königs wie die der Bischöfe, wußten im Geheimen den Papst von den Ursachen zu unterrichten, welche es ihnen unmöglich machten, nach Rom zu kommen. Rothad, der sich krank stellte, blieb, während die übrigen nach ihrem Lande heimkehrten, in Besançon zurück, und begab sich

desgesch. 14, 1953, 330). Aus einer zweiten Ehe dieser Adelheid mit dem Herzog Rotbert dem Tapferen von Anjou stammen König Odo von Westfranken und sein Bruder Rotbert.

[3] MG Epist. 6 S. 219 Nr. 8 von Adventius von Metz, S. 217 Nr. 6 von Ratholdus von Straßburg.

[4] MG Epist. 6 S. 217 Nr. 7.

remanet, et post aliorum regressum per Curiam, suffragantibus sibi Hlotharii et Hludowici Germaniae regis fautoribus, Hludowicum imperatorem Italiae adiit, quatenus ipsius solatio Romam valeat pervenire.

Missi regis Karoli parum pro quibus missi fuerant utilitatis agentes, a negotio revertuntur; et Huntfrido, dimissa Tholosa ac Gotia, per Provinciam in partes Italiae transeunte, iterum alios missos ad recipiendas civitates et castella Karolus ad Tholosam et in Gotiam mittit.

Hludowicus rex Germaniae hostiliter obviam Bulgarorum cagano ...[a]) nomine, qui se christianum fieri velle promiserat, pergit, inde ad componendam Winidorum marcam, si se prosperari viderit, perrecturus.

Northmanni, qui cum plurimo navigio in Flandris appulerunt, resistentibus sibi pagensibus, per Rhenum ascendunt, et vicinia regnorum Lotharii ac Hludowici ex utraque ripa ipsius fluminis vastant.

Karolus Kalendas Iunii in loco qui Pistis dicitur generale placitum habet. In quo annua dona, sed et censum de Brittania a Salomone Brittanorum duce sibi directum more praedecessorum suorum, quinquaginta scilicet libras argenti, recipit, et firmitates in Sequana, ne Nortmanni per idem fluvium possint ascendere, ibidem fieri iubet. Capitula etiam ad triginta et septem consilio fidelium suorum more praedecessorum ac progenitorum suorum regum constituit et ut legalia per omnem regnum suum observari praecepit[1].

Pippinus apostata a Nortmannorum collegio ab Aquitanis ingenio capitur et in eodem placito praesentatur et primum a regni primoribus ut patriae et christianitatis proditor et demum generaliter ab omnibus ad mortem diiudicatur et in Silvanectis artissima custodia religatur. Bernardus, Bernardi quondam tyranni carne et moribus filius, licentia regis accepta de eodem placito quasi ad honores suos perrecturus, super noctem armata manu regreditur, et in silva se occulens, ut quidam dicebant, regem, qui patrem suum Francorum iudicio occidi iusserat[2], et, ut quidam dicebant, / Rodbertum et Ramnulfum, regis fideles, malitiis occidere locum et horam expectat. Quod regi innotuit; et mittens qui eum caperent et ad praesentiam illius adducerent, fuga sibi consuluit. Unde iudicio suorum fidelium honores quos ei dederat

a) Name ausgefallen.

1 MG Capitul. II S. 310–328.

von hier nach der Abreise der Andern mit Unterstützung seiner Gönner Lothar und Ludwig, des Königs von Germanien, über Chur zu Ludwig, dem Kaiser von Italien, um mit dessen Hilfe nach Rom gelangen zu können.

Die Gesandten des Königs Karl kehrten, ohne in den Angelegenheiten, um deretwillen sie abgeschickt worden waren, einen Erfolg erzielt zu haben, zurück; da aber Huntfrid Toulouse und Gotien aufgab und durch die Provence nach Italien zog, schickte Karl von neuem andere Gesandte nach Toulouse und Gotien, um die Städte und Burgen wieder unter seine Herrschaft zu bringen.

König Ludwig von Germanien unternahm einen Feldzug gegen den Herrscher der Bulgaren namens ..., der versprochen hatte, Christ zu werden; wenn er hierbei Erfolg sehe, so wollte er weiterziehen zur Ordnung der windischen Mark.

Die Normannen landeten mit vielen Schiffen in Flandern; da aber die Einwohner des Landes ihnen Widerstand leisteten, zogen sie den Rhein herauf und verwüsteten auf beiden Ufern dieses Flusses die nächstgelegenen Teile der Reiche Lothars und Ludwig.

Karl hielt am 1. Juni in Pitres einen Reichstag, auf welchem er die Jahresgeschenke, sowie 50 Pfund Silber als den Tribut der Bretagne entgegennahm, den Salomo, der Herzog der Bretonen, nach dem Beispiel seiner Vorfahren übersandte, und befahl Befestigungen in der Seine zu errichten, damit die Normannen nicht diesen Fluß herauffahren könnten. Auch erließ er 37 Kapitel nach dem Rat seiner Getreuen und nach dem Beispiel seiner Vorgänger und Vorfahren, der Könige, und befahl, daß sie als Gesetz im ganzen Lande beobachtet würden[1].

Der abtrünnig gewordene Pippin wurde durch eine List von Aquitaniern mitten aus dem Kreis der Normannen gefangen fortgeführt und vor eben jene Reichsversammlung gebracht. Hier wurde er als Verräter am Vaterland und am Christentum zuerst von den Großen des Reichs und darauf allgemein vom Volk zum Tode verurteilt und in strengster Haft nach Senlis gebracht. Bernhard, leiblich und geistig der Sohn des verstorbenen Tyrannen Bernhard, entfernte sich mit Erlaubnis des Königs vom Reichstag, vorgeblich, um sich nach seinen Lehengütern zu begeben; während der Nacht aber kehrte er mit bewaffneter Macht wieder zurück und wartete in einem Wald versteckt Ort und Stunde ab, um, wie einige sagten, den König, der seinen Vater nach dem Urteil der Franken hatte töten lassen[2], oder wie andere sagten, den Rotbert und Ramnulf, die Getreuen des Königs, aus dem Hinterhalt zu ermorden. Dies erfuhr der König und als er Leute entsandte, die ihn gefangen nehmen und vor ihn bringen sollten, suchte dieser sein Heil in der Flucht. Darauf nahm der König nach dem Urteil seiner Getreuen die Lehen, welche er ihm gegeben hatte, zurück und verlieh sie dem Rotbert, seinem Getreuen. Egfrid, der in

[2] 844, s. o. S. 63.

rex recepit et Rotberto, fideli suo, donavit. Egfridus, qui transactis temporibus cum Stephano filium et aequivocum regis ab obedientia paterna subtraxerat, a Rodberto capitur et regi in eodem placito praesentatur. Cui rex per deprecationem ipsius Rodberti ceterorumque suorum fidelium quod in eum commiserat perdonavit, et sacramento firmatum ac sua gratia muneratum inlesum abire permisit.

Karolus a loco qui Pistis dicitur revertens, intrat Compendium circa Kalendas Iulii, missum Mohometh regis Sarracenorum, qui ante hicmem ad se venerat, muneratum cum plurimis et maximis donis per suos missos ad eundem regem satis honorifice remittit.

Karlomannus, filius Hludowici regis Germaniae, qui in libera custodia cum patre suo morabatur, simulans se venatum ire, a patre fuga labitur et marcas sibi a genitore ablatas cum consensu marchionum qui eum tradiderant reoccupat. Quem pater e vestigio insequens, sub firmitatum conditionem ad se venire facit et ei honores donat. Indeque revertens versus palatium Franconoford, in quodam broilo cervum venans de caballo cadit et costis lesus in vicino monasterio iacet filiumque suum Hludowicum ad praedictum palatium, ubi uxor eius erat, praemittit, ipseque in brevi convalescens subsequitur.

Nicolaus papa denuo epistolas per omnes archiepiscopos et episcopos Galliarum, Germaniarum et Belgicae provinciae mittit pro confirmatione depositionis Theutgaudi Treverorum et Gunthari Coloniensis archiepiscoporum. Sed et aliis episcopis, qui ex regno Hlotharii in divortio Theutbergae et superinductione concubinae Waldradae consenserunt et ad eum cum professione sua miserunt epistolas suas indulgentiam largientes, sicut in scripto superius continente promiserat, dedit. Synodum Romae convocat circa Kalendas Novembris, indicans, se in ea eorundem olim archiepiscoporum depositionem denuo confirmaturum et tractaturum de causa Hlotharii et Ignatii Constantinopolitani episcopi, praece/denti anno depositi, in cuius loco quidam laicus attonsus et mox episcopus est ordinatus. Ad quam synodum praedicti Theutgaudus et Guntharius sponte perrexerunt, putantes, Hludowici imperatoris interventu ab apostolico posse restitui.

Hludowicus, imperator Italiae nominatus, a cervo, quem in rugitu posito sagittare voluit, gravissime vulneratur. A Nicolao Romanae sedis pontifice per Arsenium apocrisiarium petitur, ut eidem papae legatos suos liceat pro quibusdam causis aecclesiasticis ad Karolum

früherer Zeit zusammen mit Stephan den gleichnamigen Sohn König Karls vom Gehorsam gegen seinen Vater abwendig gemacht hatte, wurde von Rotbert gefangen genommen und dem König auf diesem Reichstag vorgeführt. Der König verzieh ihm auf Rotberts und seiner übrigen Getreuen Fürbitte alles, was er gegen ihn begangen hatte, und ließ ihn nach Ableistung eines Treueids in Gnaden beschenkt unversehrt ziehen.

Auf dem Rückweg von Pitres kam Karl Anfang Juli nach Compiègne und schickte von hier den Gesandten des Mahomet, des Königs der Sarrazenen, der schon vor dem Winter zu ihm gekommen war, mit sehr vielen und großen Geschenken in Begleitung seiner eigenen Gesandten in höchst ehrenvoller Weise an jenen König zurück.

Karlmann, der Sohn Ludwigs, des Königs von Germanien, der beim Vater in freier Haft sich aufhielt, entfloh von diesem unter dem Vorgeben, er gehe auf die Jagd, und bemächtigte sich wiederum der ihm vom Vater genommenen Marken mit Zustimmung der Markgrafen, welche ihn früher dem Vater überliefert hatten. Der Vater, der ihm auf dem Fuße nachfolgte, ließ ihn unter dem Versprechen der Sicherheit zu sich kommen und verlieh ihm Lehen. Auf dem Rückweg von hier nach der Pfalz Frankfurt fiel er bei der Hirschjagd auf einem Brühl vom Pferd und mußte, an den Rippen verletzt, in einem nahen Kloster liegen bleiben; er schickte daher seinen Sohn Ludwig nach der genannten Pfalz, wo seine Gemahlin war, voraus und folgte ihm selbst, in kurzem wiederhergestellt, dahin nach.

Papst Nikolaus sandte von neuem Briefe an alle Erzbischöfe und Bischöfe in Gallien, Germanien und der Belgischen Provinz zur Bestätigung der Entsetzung der Erzbischöfe Theutgaud von Trier und Gunthar von Köln. Den übrigen Bischöfen aber, welche aus dem Reiche Lothars mit der Scheidung von Theutberga und der Heirat mit der Beischläferin Waldrada einverstanden waren und an ihn ihre Gesandten mit ihrer Erklärung geschickt hatten, gewährte er brieflich, wie er in seinem oben ausgeführten Schreiben versprochen hatte, Verzeihung. Auf Anfang November berief er eine Synode nach Rom, in welcher er nach seiner Ankündigung die Absetzung jener früheren Erzbischöfe von neuem bestätigen und die Angelegenheit Lothars zur Verhandlung bringen wollte, so wie die des Bischofs Ignatius von Konstantinopel, der im vorigen Jahr abgesetzt und an dessen Stelle ein Laie getreten war, der erst geschoren und dann zum Bischof geweiht wurde. Zu dieser Synode begaben sich die oben genannten Theutgaud und Gunthar freiwillig, indem sie hofften, durch Verwendung Kaiser Ludwigs vom Papst wieder eingesetzt zu werden.

Kaiser Ludwig von Italien wurde von einem Hirsch, den er in der Brunst mit dem Pfeil schießen wollte, schwer verwundet. Von Seiten des römischen Bischofs Nikolaus wurde durch den Apocrisiarius Arsenius um die Erlaubnis nachgesucht, daß dieser Papst Gesandte wegen verschie-

mittere; sed credens, quia non sincera intentione adversus eum velit Franciam missos suos dirigere, contradicit.

Hugbertus clericus coniugatus et abbas monasterii Sancti Martini, qui Sancti Mauricii abbatiam et alios honores Hludowici imperatoris Italiae contra voluntatem ipsius tenebat, ab hominibus eius occiditur; et Theotberga, soror eius, abiecta Lotharii, ad fidem Karoli venit; cui Karolus Avennacum monasterium donat, et abbatiam Sancti Martini Ingelwino diacono palatii sui committit.

Rodbertus comes Andegavensis adgrediens duos cuneos de Nortmannis qui in Ligeri fluvio residebant, unum quidem, exceptis paucis evadentibus, interfecit, et altero maiore retro superveniente, vulneratur. Unde, paucis suorum amissis, sibi secessu consuluit et post paucos dies convaluit.

Anno Domini 865.

Karolus rex nativitatem Domini in Carisiaco palatio celebrat. Vernum villam veniens, et circa medium Febroarium mensem fratrem suum Hludowicum in villa Tusiaco cum filiis venientem satis honorifice suscepit, ibique cum communibus[a]) illorum fidelibus consideratis[1], missaticum per episcopos, Altfridum videlicet et Erchanraum, Hlothario, nepoti suo, transmittunt, mandantes, ut, quia saepe dicebat se Romam iturum, prius secundum domni apostolici et eorum hortamentum emendaret quod contra leges divinas et humanas commiserat in aecclesia, quam sua temeritate scandalizaverat, et tunc, ordinato regno suo, si vellet, pro indulgentia petenda et optinenda ad apostolorum limina properaret. Hlotharius vero putans, quod sibi regnum subripere et inter / se vellent dividere, Liutfridum, avunculum suum, ad fratrem et Italiae imperatorem transmittit, petens, illum apud apostolicum optinere, quatenus pro eo patruis suis epistolas mitteret, ut pacem servantes de regno suo nullum ei impedimentum facerent. Quod et Hludowicus imperator optinuit.

Interea Nortmanni residentes in Ligeri cum maximo impetu, faciento divino iuditio, secundo vento per idem fluvium usque ad monasterium Sancti Benedicti quod Floriacus dicitur navigant et eundem monasterium incendunt, et in redeundo Aurelianis civitatem et monasteria ibidem et circumcirca consistentia igni cremant, praeter ecclesiam sanctae Crucis, quam flamma, cum inde multum laboratum a Nortmannis fuerit, vorare non potuit. Sicque per amnis alveum de-

dener geistlicher Angelegenheiten an Karl sende; Ludwig aber schlug die Bitte ab, weil er glaubte, daß der Papst in unaufrichtiger Absicht gegen ihn seine Gesandten nach Francien schicken wolle.

Hucbert, verheirateter Priester und Abt des Klosters des heiligen Martinus, welcher die Abtei des heiligen Mauritius und andere Lehengüter des Kaisers Ludwig von Italien gegen dessen Willen in Besitz hielt, wurde von dessen Leuten getötet, und seine Schwester Theutberga, die verstoßene Frau Lothars, begab sich in den Schutz Karls, der ihr das Kloster Avenai schenkte und ihrem Palast-Diacon Ingelwin die Abtei des heiligen Martinus verlieh.

Graf Rotbert von Angers griff zwei Haufen von Normannen an, die sich in der Loire festgesetzt hatten, und tötete von dem einen fast alle Leute bis auf wenige, die entkamen; als ihn aber der andere stärkere im Rücken angriff, wurde er verwundet. Deshalb hielt er, nach Verlust einiger von den Seinigen, den Rückzug für geraten und war nach wenigen Tagen auch selbst wieder hergestellt.

865.

König Karl feierte den Tag der Geburt des Herrn in der Pfalz Quierzy. Nachdem er sich nach dem Hofgut Ver begeben hatte, empfing er Mitte Februar in Tusey sehr ehrenvoll seinen Bruder Ludwig, der mit seinen Söhnen dahin kam. Und nachdem hier alles mit ihren Getreuen beraten worden war[1], sandten sie durch die Bischöfe Altfrid und Erchanraus eine Botschaft an ihren Neffen Lothar; da er öfters erklärte, nach Rom gehen zu wollen, möge er zuvörderst nach des apostolischen Vaters und ihrer Ermahnung das bessern, was er gegen die göttlichen und menschlichen Gesetze in der Kirche verbrochen habe, der er durch seinen Übermut großes Ärgernis bereitet habe, und dann erst nach Ordnung seines Reiches möge er, wenn er wolle, zu den Schwellen der Apostel ziehen, um dort Verzeihung zu erbitten und zu erlangen. Lothar aber, welcher glaubte, daß sie ihm sein Reich entreißen und unter sich teilen wollten, schickte seinen Oheim Liutfrid hinüber zu seinem Bruder, dem Kaiser von Italien, mit der Bitte, beim Papst darauf zu dringen, daß er für ihn an seine Oheime Briefe schriebe, sie möchten Frieden halten und ihn in seiner Herrschaft nicht behindern; und dieses erlangte Kaiser Ludwig auch.

Inzwischen fuhren die Normannen, die auf der Loire verweilten, nach Gottes Willen bei günstigem Winde diesen Fluß hinauf bis zum Kloster des heiligen Benedictus Fleury, steckten dieses Kloster in Brand und zündeten auf dem Rückweg Orléans und die dort, sowie in der Umgegend befindlichen Klöster an, außer der Heiligkreuzkirche, welche die Flamme trotz aller darauf von den Normannen verwandten Anstrengung nicht

[a]) Text verderbt; vielleicht: ibique omnibus cum illorum f. c.

[1] MG Capitul. II S. 165–167.

scendentes et vicinia quaeque depopulantes, ad stationem suam reversi sunt.

De Tusiaco Hludowicus Baioariam pergens, Karlomanno filio sibi familiariter reconciliato marcas quas ab eo tulerat reddidit et ad Franconoford palatium rediit.

Karolus autem per Attiniacum ad Silviacum veniens, ibidem sacrum quadragesima et pascha Domini[1] celebrat, et Bernardum, ex quodam Bernardo et filia Rorigonis comitis natum, in Gotiam mittens, partem ipsius markiae illi committit. Et sic demum Vernum villam veniens, episcopos ac ceteros Aquitaniae primores ibidem obvios suscepit. Ad quorum multam petitionem filium suum Karolum necdum bene spassatum in Aquitaniam cum regio nomine ac potestate redire permittit.

Nicolaus papa Arsenium Ortensem episcopum et consiliarium suum cum epistolis[2] ad Hludowicum et Karolum fratres, sed et ad episcopos ac primores regnorum illorum, ea quae Hlotharius per fratrem petierat continentes, non cum apostolica mansuetudine et solita honorabilitate, sicut episcopi Romani reges consueverant in suis epistolis honorare, sed cum malitiosa interminatione, transmittit. Isdem autem Arsenius per Curiam et Alamanniam ad Hludowicum Germaniae regem in Franconoford palatium veniens, epistolas / apostolici ei tradidit. Et inde in Gundulfi-villam ad Hlotharium venit. Cui et episcopis ac primoribus regni sui epistolas[3] papae dedit, continentes, quia, nisi uxorem suam Theodbergam reciperet et Waldradam abiceret, renunciante sibi Arsenio, illum ab omni christianorum societate debuisset reicere, quem in pluribus epistolis has praecedentibus excommunicatum et a consortio christianorum eiectum multoties praedicaverat. Et sic de Hlothario ad Karolum circa medium Iulium mensem in Attiniacum palatium Arsenius veniens, uniformes sicuti Hludowico et Hlothario regibus epistolas satis honorifice tradidit, et Rothadum, canonice a quinque provinciarum episcopis deiectum et a Nicolao papa non regulariter, sed potentialiter restitutum, secum reducens, Karolo praesentavit. Et cum sacri canones[4] dicant, ut, si episcopus a gradu deiectus ab episcopis provinciae ad episcopum Romanum confugerit, scribat Romanus episcopus finitimae et propinquae provinciae episcopis, ut

[1] 22. April.

verzehren konnte. So den Fluß herabfahrend und das nahe Land auf beiden Ufern verwüstend, gelangten sie an ihren Standort zurück.

Von Tusey aus zog Ludwig nach Baiern, gab seinem Sohn Karlmann, mit dem er sich herzlich versöhnte, die Marken wieder, die er ihm genommen hatte, und kehrte dann nach der Pfalz Frankfurt zurück.

Karl aber kam über Attigny nach Servais, feierte daselbst die heilige Fastenzeit und das Osterfest[1] und sandte den Bernhard, den Sohn eines gewissen Bernhard und einer Tochter des Grafen Rorigo, nach Gotien, indem er ihm einen Teil jener Mark übergab. Dann begab er sich wieder nach Ver und empfing dort die Bischöfe und die übrigen Großen von Aquitanien. Auf ihre dringenden Bitten erlaubte er, daß sein Sohn Karl, der sich noch wenig gebessert hatte, mit dem Namen und der Gewalt eines Königs nach Aquitanien zurückkehren durfte.

Papst Nikolaus schickte seinen Rat, den Bischof Arsenius von Orte, an die Brüder Ludwig und Karl, sowie auch an die Bischöfe und Großen ihrer Reiche mit Briefen[2], die das enthielten, was Lothar durch seinen Bruder erbeten hatte, aber nicht in apostolischer Milde und in der gewohnten Höflichkeit, mit der die römischen Bischöfe in ihren Briefen die Könige zu beehren pflegen, sondern voll boshafter Drohungen. Arsenius aber kam, über Chur und Alamannien zu Ludwig, dem König von Germanien, nach der Pfalz Frankfurt und übergab ihm die Briefe des Papstes. Von da ging er nach Gondreville zu Lothar. Diesem und den Bischöfen und Großen seines Reichs stellte er die Briefe des Papstes zu, des Inhalts[3]: wenn er nicht seine Gemahlin Theutberga wieder zu sich nehme und die Waldrada abtue, solle ihn Arsenius, wie er ihm ankündigte, ganz aus der Gemeinschaft der Christenheit ausstoßen, nachdem er, der Papst, ihn schon selbst in mehreren Briefen zuvor für exkommuniziert und wiederholt für ausgeschlossen aus der Gemeinschaft der Christenheit erklärt hatte. Von Lothar kam dann Arsenius Mitte Juli zu Karl nach der Pfalz Attigny und übergab mit großer Ehrerbietung Briefe von gleicher Art wie die an die Könige Ludwig und Lothar. Zugleich stellte er auch Karl den von ihm mitgebrachten Rothad vor, den Papst Nikolaus, nachdem er kanonisch von den Bischöfen von fünf Provinzen entsetzt worden war, nicht nach dem Gesetz, sondern willkürlich wieder eingesetzt hatte. Nun aber sagen die heiligen Canones[4], wenn ein von den Provinzbischöfen seines Amtes entsetzter Bischof seine Zuflucht zu dem römischen Bischof nimmt, solle der römische Bischof den Bischöfen einer angrenzenden und nahen Provinz schreiben, daß sie die Angelegenheit sorgfältig prüfen und wahrheitsgetreu entscheiden, und wenn er auch von die-

[2] Vgl. MG Epist. 6 S. 301 Nr. 33 an König Karl u. S. 304 Nr. 34 an die westfränkischen Bischöfe.

[3] MG Epist. 6 S. 305 Nr. 35.

[4] Concil. Sardic. c. 7 (Mansi III S. 33).

ipsi omnino diligenter causam inquirant et iuxta fidem veritatis diffiniant, et[a]), si is qui deiectus est iterum ab eis moverit Romanum episcopum, aut mittat a latere suo qui auctoritatem eius a quo destinati sunt habentes cum episcopis iudicent, aut credat episcopos sufficere, ut negotio terminum imponant: nihil horum idem apostolicus agere voluit, sed, posthabito episcoporum iudicio, qui iuxta sacras regulas post iudicium sub gestorum specie omnia iudicata ad sedem apostolicam retulerunt, ipse sua potestate illum restituit. Restitutum ergo Karolo misit cum epistolis, in quibus continebatur, ut sine ulla exceptione, si quis eidem Rothado quiddam aut de gradu aut de rebus episcopii contradiceret, anathema foret. Sicque sine interrogatione vel consensu episcoporum qui eum deposuerunt per missum Arsenium Rothadus est in sede sua remissus.

Post haec Arsenius ad Duciacum obviam Hlothario pergit, ducens Theotbergam, quae aliquamdiu honorabiliter in regno Karoli deguit; et accepto sacramento a duodecim hominibus ex parte Hlotharii, eandem Theodbergam, nulla ecclesiastica satisfactione pro adulterio publico ab eo secundum canones sacros patrata, illi in matrimonium reddidit. Sacramentum autem pro Theodberga praestitum ex parte / Hlotharii ita se habet, veluti dictatum et Roma delatum ab ipso Arsenio: Iurans promitto ego talis per haec quatuor sancta Christi euangelia, quae manibus meis tango, atque istas sanctorum reliquias, quia senior meus Hlotharius rex, filius quondam piae recordationis Hlotharii serenissimi imperatoris, amodo et deinceps accipiet Theodbergam uxorem suam pro legitima matrona, et eam sic habebit in omnibus, sicut decet regem habere reginam uxorem. Et propter iam fatas dissensiones neque in vita neque in membris, neque a praedicto seniore meo Hlothario neque a nullo hominum, ipso instigante aut auxiliante vel etiam consentiente, aliquod malum habebit; sed eam sic habebit, sicut regem decet habere uxorem legitimam; ea tamen ratione, ut sic se amodo custodiat, sicut decet uxorem suo seniori in omnibus observare honorem. Haec sunt nomina eorum qui hoc iuraverunt: De comitibus Milo, Ratharius, Herlandus, Theutmarus, Weremboldus, Rocolfus, comes. De militibus Herleboldus, Vulfridus, Heidulfus, Bertmundus, Nithardus, Arnostus. Hoc iuratum est super quatuor Dei euangelia atque pretiosissimum lignum sanctae dominicae crucis et alias sanctorum reliquias in loco qui dicitur Vindonissa, die tertia men-

sen durch zweiten Spruch entsetzt wieder den Papst angehe, so solle dieser entweder Gesandte von seiner Seite bestellen, die, ausgestattet mit der Autorität dessen, der sie sende, in Gemeinschaft mit jenen Bischöfen das Urteil zu fällen haben, oder aber glauben, daß die Bischöfe genügen, um in der Angelegenheit endgültig zu entscheiden. Nichts von dem wollte aber dieser Papst tun, sondern mit Hintansetzung des Urteils der Bischöfe, welche den heiligen Vorschriften gemäß nach gefälltem Urteil mit genauer Darlegung der Tatsachen die ganze Angelegenheit dem Papst unterbreiteten, setzte er den Rothad eigenmächtig wieder ein. Nach dieser Wiedereinsetzung sandte er ihn nun an Karl mit Briefen, worin gesagt war, daß ohne alle Ausnahme vom Bann getroffen sein solle, wer besagtem Rothad irgendwie in bezug auf seine Würde oder die Ausübung seines bischöflichen Amtes in den Weg trete. Und so ohne Befragen und ohne Zustimmung der Bischöfe, die ihn abgesetzt hatten, wurde Rothad durch den Gesandten Arsenius wieder in seinen Bischofssitz eingeführt.

Darnach begab sich Arsenius zur Zusammenkunft mit Lothar nach Douzy, wohin er die Theutberga mit sich führte, welche einige Zeit ehrenvoll in Karls Reich gelebt hatte. Und nachdem er von zwölf Männern von der Partei Lothars einen Eid empfangen, übergab er dem Lothar, ohne daß dieser, wie es die heiligen Canones vorschreiben, irgend welche kirchliche Sühne für seinen öffentlichen Ehebruch geleistet hätte, die Theutberga wieder zur rechtmäßigen Gemahlin. Der von Seiten Lothars für Theutberga geleistete Eid, wie ihn Arsenius selbst vorgeschrieben und von Rom mitgebracht hatte, lautet: Ich der und der, verspreche eidlich auf die vier heiligen Evangelien Christi, welche ich hier in meinen Händen halte, und auf jene Reliquien der Heiligen, daß mein Senior, König Lothar, der Sohn des erlauchten Kaisers Lothar frommen Andenkens, von jetzt an und in Zukunft seine Gemahlin Theutberga als seine rechtmäßige Ehegattin annehmen und in allen Stücken so behandeln wird, wie es einem Könige ziemt, seine königliche Gemahlin zu behandeln. Und wegen der besagten Zwistigkeiten soll sie weder an ihrem Leben noch ihren Gliedern, weder von meinem oben genannten Senior Lothar, noch von irgend einem seiner Leute auf seinen Antrieb, mit seiner Unterstützung oder auch nur Zustimmung Schaden erleiden; sondern er soll sie so behandeln, wie es einem Könige geziemt, seine rechtmäßige Ehegattin zu behandeln: mit der Maßgabe, daß sie fernerhin sich so aufführe, wie es sich für eine Ehefrau ziemt, in allen Stücken ihrem Senior die Ehre zu bewahren. Folgendes sind die Namen derer, welche dies beschworen: Von den Grafen Milo, Rathar, Herland, Theutmar, Werembold, Rocolf. Von den Vasallen Herlebold, Wulfrid, Heidulf, Bertmund, Nithard, Arnost.

[a]) Der Abschnitt von et si is bis huic inserere paginae (S. 148 Z. 18) stand auf einem heute verlorenen Einlegeblatt des Audomeriensis (erstmals von Bouquet verwertet). Auch der Bruxellensis hat ihn auf einem Einzelblatt.

sis Augusti, indictione 14. Hoc factum est temporibus domni ter beatissimi et coangelici Nicolai apostolici, mediante et constituente Arsenio venerabili episcopo, misso et apocrisiario summae sanctae catholicae atque apostolicae sedis, apostolicam habente auctoritatem et legato eiusdem domni Nicolai apostolici[a]). Nomina episcoporum in quorum praesentia et qui interfuerunt haec sunt: Harduicus[b]) archiepiscopus Besintionensis, Remedius archiepiscopus Laudunensis, Hado archiepiscopus Biennensis, Rodlandus archiepiscopus Arelatensis, Adventius episcopus Mettensis, Atto episcopus Bardunensis, Franco episcopus Sancti Landberti, Rathaldus episcopus Stratiburgensis, Fulkericus capellanus et missus imperialis. De regno autem Karoli Ysahac episcopus Linguinensis, Herkanraus episcopus Catalaunensis; de quorum manibus ex parte Karoli regis suscepta est Theodberga regina ab Arsenio venerabili episcopo et legato apostolicae sedis, una cum praenominatis archiepiscopis et episcopis; adstantibus vero in eodem loco de diversis regnis nobilium virorum multitudinem populi puplice haec viden/tibus et audientibus, quorum nomina per omnia non valuimus huic inserere paginae.

Eodem die ipsam Theodbergam reginam Arsenius episcopus et legatus apostolicae sedis cum praenominatis omnibus archiepiscopis et episcopis in manibus Hlotharii regis reddiderunt atque dederunt, non solum sub eadem obtestatione ut supra, sed verum etiam sub adiuratione et excommunicatione, ut, si in omnibus ut superius legitur non observaverit atque impleverit, non solum in praesenti vita, sed etiam in aeterno Dei terribili iudicio cum beato Petro principe apostolorum erit redditurus rationem, et ab ipso aeternaliter esse in eodem iudicio dampnandum et igne perpetuo concremandum.

Interea Hlotharius missos suos ad Karolum dirigit, volens et petens, ut mutua firmitate inter eos amicitia foederarentur. Quod et Irmentrude regina interveniente optinuit; et veniens in Attiniacum, amicabiliter et honorifice a Karolo est susceptus et in foedere postulato receptus. Quo et Arsenius rediens, epistolam[1] Nicolai papae plenam terribilibus et a modestia sedis apostolicae antea inauditis maledictionibus detulit super eos qui ante hos annos eidem Arsenio multam

a) Die Worte mediante et constituente Arsenio bis domini Nicolai apostolici fehlen im Bruxellensis.

Dieses ist beschworen worden auf die vier Evangelien und das höchst wertvolle Stück Holz vom heiligen Kreuz des Herrn und andere Reliquien der Heiligen in Vendresse am 3. August, in der 14. Indiction. Dies ist geschehen zu den Zeiten unseres apostolischen Herrn, des dreimal seligen und engelgleichen Nikolaus, durch Vermittlung und nach Anweisung des ehrwürdigen Bischofs Arsenius, des Abgesandten und Apocrisiarius des heiligen höchsten katholischen und apostolischen Stuhls, der mit der apostolischen Autorität ausgerüstet und von dem apostolischen Herrn Nikolaus geschickt war. Die Namen der Bischöfe, in deren Gegenwart solches geschehen und die daran teilgenommen haben, sind: Hartwich, Erzbischof von Besançon, Remedius, Erzbischof von Lyon, Hado, Erzbischof von Vienne, Rodland, Erzbischof von Arles, Adventius, Bischof von Metz, Atto, Bischof von Verdun, Franko, Bischof von St. Landbertus (Lüttich), Rathald, Bischof von Straßburg, Fulkrich, kaiserlicher Kaplan und Sendbote. Aus dem Reiche Karls: Isaak, Bischof von Langres, Herkanraus, Bischof von Châlons, aus deren Händen von Seiten König Karls die Königin in Empfang genommen wurde von Arsenius, dem ehrwürdigen Bischof und Gesandten des apostolischen Stuhls, gemeinschaftlich mit den genannten Erzbischöfen und Bischöfen, während an demselben Orte aus den verschiedenen Reichen edle Männer und eine Menge Volks gegenwärtig waren, die solches öffentlich sahen und hörten, deren Namen wir aber nicht alle hier auf diese Schrift setzen können.

An diesem Tage übergab Arsenius, der Bischof und Abgesandte des apostolischen Stuhls, mit sämtlichen obengenannten Bischöfen die Königin Theutberga in die Hände des Königs Lothar, nicht nur unter der Beteuerung wie oben, sondern auch unter Beschwörung und Androhung der Exkommunikation, daß er, wenn er nicht alles, wie es oben zu lesen ist, halte und erfülle, er nicht allein in dem gegenwärtigen Leben, sondern auch vor dem ewigen furchtbaren Gericht Gottes und dem heiligen Apostelfürsten Petrus werde Rechenschaft ablegen müssen und daß er von diesem auf ewig in diesem Gerichte werde verdammt und in ewigem Feuer verbrannt werden.

Inzwischen schickte Lothar seine Gesandten an Karl mit dem Wunsche und der Bitte, sich durch Austausch von Sicherheiten in gegenseitiger Freundschaft zu verbinden. Und das erreichte er auch auf Verwendung der Königin Irmintrud, und als er nach Attigny kam, wurde er von Karl freundlich und ehrenvoll empfangen und in das gewünschte Freundschaftsbündnis aufgenommen. Hierhin kam auch Arsenius zurück und brachte einen Brief[1] des Papstes Nikolaus mit, voll von schrecklichen und der Mäßigung des römischen Stuhls bisher unbekannten Verwünschungen gegen diejenigen, welche vor einigen Jahren dem Arsenius eine große

b) überliefert ist Harduinus.

[1] nicht erhalten.

thesauri summam praedantes abstulerant, nisi satisfaciendo quae tulerant ei reddere procurarent. Et relecta eadem epistola, sed et altera[1] de Ingiltrudis excommunicatione, quae virum suum Bosonem reliquerat et cum quodam adultero in Hlotharii regnum aufugerat, ac recepta sub defensione Karoli villa quae Vendopera dicitur, quam piae memoriae Hludowicus imperator sancto Petro tradiderat et Wido quidam comes per plures annos tenuerat, Arsenius episcopus, impetratis apud Karolum pro quibus ad eum venerat, ad Gundulfi-villam cum Hlothario, quo Theodberga eum praecesserat, pergit. Ibi quoque per aliquod dies morans propter Waldradam, quae illuc ad eum adduci et ab eo in Italiam deduci debebat, Hlothario et Theodberga regio cultu paratis et coronatis, in die assumptionis sanctae Mariae[2] missas celebrat, et inde cum praefata Waldrada versus Urbam, quo dicebatur Hludowicus Italiae imperator obviam Hlothario venturus, pergit. Inde per Alamanniam et Baioariam pro recipiendis patrimoniis ecclesiae sancti Petri in eisdem regionibus coniacentibus Romam redit.

Karolus ab Attiniaco contra Nortmannos, qui cum navibus quinquaginta in Sequanam venerant, hostiliter pergit. / In quo itinere custodum neglegentia tres coronas optimas et armillas nobilissimas et quaeque alia pretiosa perdens; et post non paucos dies omnia reinvenit, exceptis paucis gemmis, quae tumultuaria direptione amissae fuerunt. Nortmanni vero residentes in Ligeri libere Pictavum civitatem pedestri ordine pergunt eandemque civitatem incendunt et inpune ad naves suas reveniunt. Rodbertus autem de eisdem Nortmannis qui sedebant in Ligeri amplius quam quingentos sine dampno suorum occidens, vexilla et arma Nortmannica Karolo mittit. Karolus autem perveniens usque ad locum qui dicitur Pistis, ubi immorabantur Nortmanni, fidelium suorum consilio pontes super Isaram et Matronam[a]) in locis quae dicuntur Alvernis et Carentom, quoniam ab incolis qui ex antiquo ipsos pontes fecerant propter infestationem Nortmannorum refici non valebant: ab eis ergo, qui ex longinquioribus partibus ad operandum deputati erant ut perficerent firmitates in Sequana, ea conditione refici iubet propter imminentem necessitatem ipsos pontes, ne umquam per ventura tempora inde qui nunc eosdem pontes refecerint in operando ad hoc opus dispendium patiantur; et deputatis custodibus qui utrasque ripas custodirent, ad Odriacam villam medio mense Septembrio venandi gratia pergit. Ipsi autem

Summe Geldes geraubt hatten, wenn sie nicht dafür Sorge tragen würden, durch Wiedererstattung dessen, was sie genommen, Genugtuung zu leisten. Nachdem Bischof Arsenius diesen Brief und einen andern[1] bezüglich der Exkommunikation der Ingeltrud verlesen hatte, welche ihren Mann Boso verlassen und mit einem Ehebrecher in das Reich Lothars entflohen war, nachdem er weiter unter Karls Schutz das Dorf Vendeuvre wieder gewonnen hatte, das Kaiser Ludwig frommen Andenkens dem hl. Petrus übergeben und ein gewisser Graf Wido längere Jahre besessen hatte, begab er sich, da er von Karl erreicht hatte, weswegen er zu ihm gekommen war, mit Lothar nach Gondreville, wohin Theutberga schon vorausgegangen war. Auch hier blieb er einige Tage lang um der Waldrada willen, die hierher zu ihm gebracht und dann von ihm nach Italien geführt werden sollte, feierte in Gegenwart Lothars und Theutbergas, die in vollem Königsschmuck und mit der Krone auf dem Haupte erschienen, am Tage der Himmelfahrt der heiligen Maria[2] die Messe und begab sich dann von hier mit der genannten Waldrada nach Orbe, wo, wie es hieß, der Kaiser Ludwig von Italien Lothar treffen wollte; von hier kehrte er durch Alamannien und Baiern, um in diesen Ländern liegende Erbgüter der Kirche des hl. Petrus zurückzugewinnen, nach Rom zurück.

Karl zog von Attigny mit einem Heer gegen die Normannen, die mit fünfzig Schiffen in die Seine gekommen waren. Auf dem Wege dahin gingen ihm durch die Unachtsamkeit der Hüter drei kostbare Kronen, sehr wertvolle Armspangen und seine andern Juwelen verloren; doch bekam er nach nicht wenigen Tagen alles wieder, bis auf ein paar Edelsteine, die bei der Hast des Raubes verloren gegangen waren. Die Normannen in der Loire zogen zu Lande ungehindert nach Poitiers, verbrannten die Stadt und kehrten dann ungestraft zu ihren Schiffen zurück. Robert aber tötete von diesen Normannen der Loire mehr als fünfhundert ohne Verlust der Seinigen und übersandte an Karl normannische Fahnen und Waffen. Als Karl nach Pitres kam, wo die Normannen sich festgesetzt hatten, ließ er, auf den Rat seiner Getreuen, die Brücken über Oise und Marne in Auvers und Charenton wiederherstellen, weil die Einwohner, welche früher diese Brücken gebaut hatten, wegen der Anfeindungen der Normannen sie nicht wiederherstellen konnten. Er befahl daher wegen der dringenden Notwendigkeit denen, welche aus den entfernteren Gegenden zur Arbeit abgeordnet worden waren, um die Befestigungen in der Seine herzustellen, unter der Bedingung die Brücken zu bauen, daß wer jetzt diese Brücken wiederherstelle, niemals in Zukunft wieder durch Heranziehung zu dieser Arbeit Schaden leiden sollte. Und nachdem er Mannschaften entsendet hatte, um beide Ufer zu bewachen, begab er sich

[a]) hier fehlt vielleicht das Verbum (refecit?).

[1] nicht erhalten, doch vgl. den späteren Brief des Arsenius in MG Epist. 6 S. 225 Nr. 11.

[2] 15. August.

Nortmanni, quoniam adhuc citra Sequanam custodes non venerant, ex se circiter ducentos Parisyus mittunt; ubi quod quaesierant vinum non invenientes, ad suos qui eos miserant sine indempnitate sui reveniunt. Indeque amplius quam quingenti ultra Sequanam usque ad Carnotum praedatum ire disponentes, a custodibus ripae ipsius fluminis impetuntur, et quibusdam suorum amissis, quibusdam etiam vulneratis, ad naves regrediuntur.

Karolus Hludowicum, filium suum, in Neustriam dirigit, nec reddito nec interdicto sibi nomine regio, sed tantum comitatum Andegavensem et abbatiam Maioris-monasterii et quasdam villas illi donavit. Rodberto autem, qui marchio in Andegavo fuerat, cum aliis honoribus quos habebat comitatum Autisiodorensem et comitatum Nivernensem donavit.

Hludowicus Germanorum rex hostem suam contra Winedos directam et prospere agentem recepit. Cuius filius et aequivocus contra patris voluntatem filiam Adalardi despondit, unde satis animum patris offendit. Karolus obviam fratri suo Hludowico, eius conloquio fruiturus, Coloniam pergit, et / inter alia conlocutionum suarum verba patrem et filium de iam dicta praesumptione pacificat, ea conditione, ut iam ultra Adalardi filiae non copuletur. Hludowicus ad Wormatiam et Karolus ad Carisiacus revertitur. Cui nunciatur in via, quia Nortmanni tertia decima Kalend. Novembris monasterium Sancti Dyonisii intraverunt; ubi viginti circiter diebus immorantes et cotidie praedam exinde ad suas naves ducentes, post multam depraedationem sine contradictione cuiusquam ad castra sua non longe ab eodem monasterio sunt reversi.

Interea Nortmanni residentes in Ligeri commixti cum Brittonibus Cinomannis civitatem petunt, et inpune depraedantes eam, ad suas naves revertuntur. Aquitani confligentes cum Nortmannis qui in Carento Sigefrido duce resident, quadringentos circiter ex eis occiderunt; ceteri autem fugientes, ad suas naves redierunt.

Karolus missos suos, quos praecedenti anno Cordubam ad Mohomet direxerat, cum multis donis, camelis videlicet, lecta et papiliones gestantes, et cum diversi generis pannis et multis odoramentis in Compendio recipit. Inde ad Rofiacum villam veniens, Adalardo, cui custodiam contra Nortmannos commiserat, sed et suis propinquis Hutoni[a]) et Berengario, quia nihil utilitatis contra Nortmannos egerant, con-

Mitte September zur Jagd nach Orville. Die Normannen selbst schickten, da die Wachmannschaften noch nicht bis diesseits der Seine gekommen waren, ungefähr zweihundert von den Ihrigen nach Paris; als diese hier den Wein, den sie suchten, nicht fanden, kehrten sie zu den Ihren, welche sie gesandt hatten, nicht ohne Verluste zurück. Mehr als fünfhundert Normannen, welche von hier jenseits der Seine bis nach Chartres ihren Raub ausdehnen wollten, wurden von den Wächtern des Ufers dieses Flusses angegriffen und zogen sich, nachdem einige der Ihren gefallen, einige auch verwundet worden waren, nach ihren Schiffen zurück. Karl schickte seinen Sohn Ludwig nach Neustrien, ohne ihm den königlichen Namen wieder zu verleihen oder zu untersagen, und gab ihm nur die Grafschaft Angers, die Abtei Marmoutiers und einige Dörfer. Dem Robert, der Markgraf in Angers gewesen war, verlieh Karl zu den andern Lehen, welche er inne hatte, die Grafschaften Auxerre und Nevers.

Ludwig, König der Germanen, rief sein Heer zurück, welches gegen die Wenden ausgesandt worden war und mit Erfolg wirkte. Sein gleichnamiger Sohn verlobte sich wider des Vaters Willen mit der Tochter Adalards, wodurch er den Vater schwer kränkte. Karl begab sich zu einer Unterredung mit seinem Bruder Ludwig nach Köln und brachte, neben andern Gegenständen der Unterredung, zwischen dem Vater und Sohn wegen jener eigenmächtigen Handlung des letzteren eine Versöhnung zustande, unter der Bedingung, daß der Sohn nicht weiter mit der Tochter des Adalard verbunden bliebe. Von da kehrte Ludwig nach Worms und Karl nach Quierzy zurück; unterwegs wurde diesem gemeldet, daß die Normannen am 20. Oktober in St. Denis eingedrungen waren; hier blieben sie etwa 20 Tage, brachten Tag für Tag ihre Beute daraus zu ihren Schiffen und kehrten nach vielem Plündern von niemand gestört zu ihren Standquartieren unweit dieses Klosters zurück.

Inzwischen zogen die Normannen in der Loire vereint mit den Bretonen nach le Mans, plünderten diese Stadt ungestraft und kehrten dann zu ihren Schiffen zurück. Die Aquitanier kämpften mit den Normannen, die unter ihrem Herzog Siegfrid in der Charente lagen, und töteten von ihnen ungefähr vierhundert; die übrigen ergriffen die Flucht und zogen sich nach ihren Schiffen zurück.

Karl empfing zu Compiègne seine Gesandten, die er im vorigen Jahre nach Cordoba an Mohamet geschickt hatte und die nun von da mit reichen Geschenken, wie Kamelen, die Polster und Zelte trugen, Tüchern verschiedener Art und vielen Wohlgerüchen, zurückkehrten. Von Compiègne kam Karl nach dem Hofgut Rouy und nahm dem Adalard, welchem er die Wacht gegen die Normannen übertragen hatte, sowie seinen Verwandten Uto und Berengar, die nichts Ersprießliches gegen die Normannen vollbracht hatten, die ihnen verliehenen Lehen und verteilte die-

a) überliefert ist Hugoni.

latos honores tollit et per diversos eosdem honores disponit. Nortmanni, qui praefatum monasterium depraedati sunt, vario modo infirmantur, et quidam in rabiem versi, quidam autem scabie correpti, quidam intestina cum aqualiculo per anum emittentes, moriuntur. Karolus, dimissis custodibus contra eosdem Nortmannos, Silvanectis revertitur, nativitatis dominicae sollemnia celebraturus. Ubi ei Hlotharius, filius suus et abbas monasterii Sancti Germani, mortuus nunciatur.

Anno incarnationis dominicae 866.

4. Kalendas Ianuarias de Nortmannis in Ligeri residentibus quaedam pars praedatum exiens in Neustriam, Gauzfridum et Heriveum atque Rorigum comites congredientes offendit. In qua congressione Rorigus, frater Gauzfridi, occubuit, et quam plurimis Nortmanni suorum amissis, fugiendo ad naves reveniunt. Rodulfus, Karoli regis avunculus, passione collexica[a]) moritur. Nortmanni per alveum / Sequanae ascendentes usque ad castrum Milidunum et scarae Karoli ex utraque parte ipsius fluminis pergunt, et egressis eisdem Nortmannis a navibus super scaram quae maior et fortior videbatur, cuius praefecti erant Rotbertus et Odo, sine conflictu eam in fugam mittunt et onustis praeda navibus ad suos redeunt. Karolus cum eisdem Nortmannis in quattuor milium libris argenti ad pensam eorum paciscitur, et indicta per regnum suum conlatione ad idem exsolvendum tributum, de unoquoque manso ingenuili exiguntur sex denarii et de servili tres et de accola unus et de duobus hospitiis unus denarius et decima de omnibus quae negotiatores videbantur habere; sed et a presbiteris secundum quod unusquisque habuit vectigal exigitur, et heribanni de omnibus Francis accipiuntur. Inde de unoquoque manso, tam ingenuili quam et servili, unus denarius sumitur, et demum per duas vices, iuxta quod unusquisque regni primorum de honoribus habuit, coniectum tam in argento quam et in vino ad pensum quod ipsis Nortmannis pactum fuerat persolvendum contulit. Praeterea quoque et mancipia a Nortmannis praedata, quae post pactum ab eis fugerant, aut reddita aut secundum eorum placitum redempta fuerunt; et si aliquis de Nortmannis occisus fuit, quaesitum pretium pro eo est exsolutum.

Hludowicus Italiae imperator una cum uxore sua Ingelberga in Beneventum contra Sarracenos movit. Hlotharius, interventu, ut quidam autumant, Hludowici imperatoris et fratris sui, episcopium Coloniense ab Hugone recepto, Hilduino, fratri Guntarii, sub provisionis

selben unter verschiedene andere. Die Normannen, welche das oben genannte Kloster verwüstet hatten, wurden von allerlei Elend getroffen; einige verfielen in Raserei, andere wurden vom Aussatz befallen, andere starben, indem ihnen nach und nach mit dem Stuhlgang der Magen und alle Eingeweide abgingen. Nachdem Karl zum Schutz gegen diese Normannen Mannschaften abgesendet hatte, kehrte er nach Senlis zurück, um hier das Fest der Geburt des Herrn zu feiern. Hier erhielt er die Nachricht, daß sein Sohn Lothar, Abt von St. Germain, gestorben war.

866.

Am 29. Dezember stieß eine Abteilung der in der Loire weilenden Normannen, die auf Raub nach Neustrien zog, auf die Grafen Gauzfrid, Heriveus und Rorich; in diesem Kampfe fiel Rorich, der Bruder des Gauzfrid; die Normannen aber kehrten, nachdem sie sehr viele der Ihrigen verloren hatten, flüchtend zu ihren Schiffen zurück. Rodulf, der Oheim König Karls, starb an einem Gallenleiden. Die Normannen kamen, die Seine hinauffahrend, bis zur Burg Melun, Karls Scharen zogen ihnen auf beiden Ufern des Flusses nach, da verließen diese Normannen ihre Schiffe, warfen sich auf den, wie es schien, größeren und stärkeren Heerhaufen, der unter dem Befehl Rotberts und Odos stand, jagten ihn ohne Kampf in die Flucht und kehrten auf ihren beutebeladenen Schiffen zu den Ihrigen zurück. Karl schloß mit diesen Normannen ein Abkommen, ihnen eine Summe von viertausend Pfund Silber zu zahlen, und legte, um diesen Tribut aufzubringen, eine Steuer auf sein Reich: von jeder freien Hube wurden 6 Denare gefordert, von einer unfreien 3, von dem Beisassen einer und von je zwei Häuslern auch einer, sowie der Zehnte von allem, was in den Händen der Kaufleute zu sehen war; aber auch von den Geistlichen wurde, je nach dem was jeder besaß, eine Steuer erhoben und von allen Franken der Heerbannschoß eingezogen. Dann wurde von jeder Hube, der freien wie der unfreien, ein weiterer Denar erhoben, und endlich mußte zu zwei Malen jeder der Großen des Reichs je nach dem, was er an Lehen besaß, einen Beitrag sowohl in Geld als in Wein leisten, um die Zahlung aufzubringen, die man mit diesen Normannen ausgemacht hatte. Außerdem wurden auch die von den Normannen geraubten Sklaven, die nach Abschluß jenes Vertrages ihnen entflohen waren, ausgeliefert oder nach ihrem Gutdünken freigekauft; und wenn einer der Normannen getötet war, so wurde eine Buße gezahlt, wie sie von den Normannen für ihn gefordert wurde.

Kaiser Ludwig von Italien zog in Begleitung seiner Gemahlin Ingelberga nach Benevent gegen die Sarrazenen. Lothar übergab, wie einige wissen wollen, auf Verwendung seines Bruders, des Kaisers Ludwig, das Bistum Köln, das er dem Hugo wieder genommen hatte, angeblich zur Versehung dem Hilduin, Gunthars Bruder; in Wahrheit aber blieb seine

[a]) ob colerica?

obtentu committit; sed revera dispositio illius, excepto episcopali ministerio, penes Guntarium manet, ipsaque metropolis, sed et ecclesia Treverensis, diutino tempore contra sacras regulas cum magno et multorum periculo pastore vacant. Karolus Rotberto comiti abbatiam Sancti Martini ab Engilwino ablatam donat et eius consilio honores qui ultra Sequanam erant per illius complices dividit, comitatum quoque Augustidunensem, a Bernardo, filio Bernardi, super Rodbertum occupatum, Hludowico, filio suo, ipsius Rotberti consilio ad eum ditandum committit.

Nortmanni mense Iunio ab insula secus monasterium Sancti Dyonisii movent, et descendentes per Sequanam, usque ad locum sibi aptum ad reficiendas suas et novas faciendas naves perveniunt, ibique quod eis persolvendum erat exspectant. Karolus hostiliter ad locum qui dicitur / Pisti cum operariis et carris ad perficienda opera, ne iterum Nortmanni sursum ascendere valeant, pergit.

Hludowicus Germaniae rex contra quosdam suorum in marca adversus Winidos rebellionem molientes hostem movit. Quam praecedens, in brevi rebellantes sine conflictu domat et hostem nondum pene promotum domi residere mandavit.

Nortmanni mense Iulio mare intrant, et pars quaedam ex ipsis aliquandiu in pago Italiae redit et libitibus suis, excepta publica Hlotharii coniunctione, perfruitur.

Karolus ad villam abbatiae Sancti Quintini quae Ortivineas dicitur cum uxore obviam Hlothario pergit, et pro quibusdam convenientiis, ut dicebatur, firmitatibus inter se factis, abbatiam Sancti Vedasti, donante sibi Hlothario, suscipit.

Karolus mense Augusto Suessionis civitatem adit et synodo a Nicolao papa convocatae considet. Ubi secundum praedicti apostolici commendationem quaestione[1] dirempta de Vulfado et collegis eius ab Ebone quondam Remorum archiepiscopo post depositionem suam ordinatis, quoniam regulae sacrae non poterant aperte convelli, pro sui reverentia et quorundam respectu, et rege ac quibusdam pro Vulfado nimium satagentibus, scisma et scandalum aliter vitari non potuit: inventum est, ut, quia synodi episcoporum quinque provinciarum regularis diffinitio de praefatorum deiectione Benedicti papae et Nicolai subscriptionibus fuerat confirmata, secundum indulgentiam Nicaenae synodi de his quos dampnatus ordinavit Meletius et iuxta traditionem

Verwaltung mit Ausnahme der rein priesterlichen Verrichtungen des Bischofs in den Händen Gunthars, und so blieb diese Metropole wie auch die Trierer Kirche, wider die heiligen Vorschriften und unter großer Gefährdung vieler Gläubigen längere Zeit ohne Hirten. Karl übergab dem Grafen Rotbert die dem Engilwin entzogene Abtei des heiligen Martin und verteilte auf seinen Rat die Lehen jenseits der Seine unter seine Genossen; auch gab er auf den Rat dieses Rotbert die Grafschaft Autun, die Bernhard, Bernhards Sohn, dem Rotbert entrissen hatte, seinem Sohn Ludwig, um ihn zu bereichern.

Im Juni verließen die Normannen die Insel bei St. Denis, fuhren die Seine hinab bis zu einem Ort, der geeignet war, um ihre Schiffe auszubessern und neue zu bauen, und erwarteten dort die Aushändigung des Tributs. Karl zog mit seinem Heere nach Pitres, Arbeiter nebst Karren zur Vollendung der Befestigungswerke mit sich führend, damit die Normannen nicht wieder den Fluß herauffahren könnten.

Ludwig, der König von Germanien, bot ein Heer gegen mehrere der Seinigen auf, welche in der Mark der Wenden auf Abfall sannen; er selbst eilte diesem voraus, unterwarf in kurzem ohne Kampf die Aufrührer und befahl nun dem Heer, das noch wenig vorgerückt war, in der Heimat zu bleiben.

Im Juli gingen die Normannen in See, und ein Teil von ihnen nahm einige Zeit seinen Aufenthalt im Ysselgau, wo sie, abgesehen davon, daß Lothar keinen förmlichen Vertrag mit ihnen schloß, alle ihre Gelüste befriedigten.

Karl begab sich mit seiner Gemahlin nach Ortivineä, einem Gute der Abtei St. Quentin, zur Zusammenkunft mit Lothar und erhielt für verschiedene Gefälligkeiten, wie man sagt, indem sie untereinander Vereinbarungen trafen, von Lothar die Abtei St. Vaast zum Geschenk.

Karl begab sich im August nach Soissons und nahm an der vom Papst Nikolaus zusammenberufenen Synode teil. Hier wurde auf Anraten des genannten Papstes der Prozeß[1] gegen Wulfad und seine Genossen, welche von dem früheren Erzbischof von Reims, Ebo, nach seiner Entsetzung geweiht worden waren, niedergeschlagen. Weil aber die heiligen Regeln aus Achtung für ihn und aus Rücksicht für mehrere nicht offen verletzt werden konnten, andererseits aber der König und einige andere aufs lebhafteste für Wulfad eintraten und Zwiespalt und Ärgernis nicht anders zu vermeiden war, so verfiel man darauf, da die regelrechte Entscheidung der Synode der Bischöfe aus den fünf Provinzen über die Entsetzung der oben genannten durch die Unterschriften der Päpste Benedictus und Nikolaus bestätigt worden war, jene gemäß der Nachsicht des Konzils von Nicaea wider die, welche der verurteilte Meletius ordiniert hatte, sowie

[1] Vgl. Hinkmars Denkschrift an die Synode, MG Epist. 8 S. 173 Nr. 184 und sein Schreiben an den Papst ebda. S. 187 Nr. 185.

Africani concilii de Donatistis, in gradibus reciperentur, si tamen Nicolao papae placeret suam immutare, quam confirmavit, sententiam. Indeque synodus congregata per Egilonem Sennensem archiepiscopum[1] cum aliis pro quibus perrexerat praescripta conditione Nicolao papae litteras mittens, sine sacerdotum discordia est soluta. Et licet iuxta Innocentii decreta[2] quod de huiusmodi necessitas temporis quondam repperit, cessante necessitate debuisset 'utique cessare pariter quod urgebat, quia alius est ordo legitimus, alia usurpatio quam ad praesens fieri tempus impellit'; quoniam nihil aliud, / sed hoc summopere quaerebatur, ut quocumque modo Vulfadus fieri posset episcopus, tolerabilius quibusdam est visum, propter vitandam seditionem hanc necessitatem, quae nunc sicut et tunc urgebat, iterum in medium devocare, et, acsi consilio Iacobi et seniorum Hierusalem etiam post legis abolitionem circumciso Timotheo, cum Paulo legis cerimonias exercere quam tumultus in ecclesia et in potestate regia concitare. His ita dispositis, Karolus iam dicto Vulfado Bituricensem metropolim, nuper defuncto Rhodulfo archiepiscopo, ante causae diffinitionem arbitratu suo committit. Sed antequam idem episcopi ab ipsa recederent urbe, Karolus eos petit, ut uxorem suam Hyrmintrudem in reginam sacrarent; quod et ipso adtestante in basilica sancti Medardi fecerunt et una cum eo illi coronam imposuerunt[3]. De quo loco idem rex cum regina Attiniacum palatium obviam Hlothario adit. Quo Teutbergam, nomine tantum reginam Lotharii, quae Romam pergendi licentiam habuit, revocant; et missaticum communiter ordinantes, Karolus per Egilonem Sennensem archiepiscopum et Hlotharius per Adonem Viennensem archiepiscopum ac per Waltarium suum a secretis domesticum papae Nicolao quae sibi visa sunt secretius mandant. Post haec Karolus ad consignandam Bituricensem metropolim Vulfado filium suum Karlomannum abbatem monasterii Sancti Medardi transmittit. Quo pervenientes post solutam, ut praemissum est, synodum, atque post litteras ex eadem synodo per Egilonem archiepiscopum Nicolao papae directas, statim in mense Septembrio a quibusdam episcopis legibus ecclesiasticis minus necessario peritis, factione praedicti Vulfadi emendicatis et minis a Karlomanno ex auctoritate patris sui flexis, contra omnes leges ecclesiasticas sepe fatus Vulfadus pro ordi-

[1] Vgl. Hinkmars Instruction für ihn MG Epist. 8 S. 190 Nr. 186.

nach der Tradition des Afrikanischen Konzils bezüglich der Donatisten wieder in ihre Würden einzusetzen, sofern es dem Papst Nikolaus gefiele, den von ihm bestätigten Urteilsspruch zu ändern. Nachdem daher die versammelte Synode durch Erzbischof Egilo von Sens[1] nebst andern Aufträgen, um deren willen er reiste, einen Brief mit dieser Bedingung an Papst Nikolaus gesandt hatte, löste sie sich ohne Zwiespalt unter den Geistlichen auf. Und mag auch nach den Dekreten des Innocentius[2] in bezug auf einen solchen Fall die Notwendigkeit der Zeitumstände einst etwas herbeigeführt haben: mit Aufhören der Notwendigkeit hätte jedenfalls ebenso aufhören sollen was sie erzwang, da die gesetzmäßige Ordnung etwas anderes ist als die Willkür, zu der für den Augenblick die Zeitumstände nötigen; weil nun nichts anderes, sondern das besonders gefordert wurde, daß auf irgend welche Weise Wulfad wieder Bischof werden könne, so schien es zur Vermeidung von Aufruhr manchem erträglicher, diese Notwendigkeit, welche jetzt wie damals drängte, wiederum ins Mittel zu rufen und, wie nach dem Rat des Jakobus und der Ältesten von Jerusalem Timotheus auch nach Aufhebung des Gesetzes beschnitten wurde, mit Paulus die Gebräuche des Gesetzes anzuwenden als Unruhen in der Kirche und in der Regierung des Königs zu verursachen. Nachdem dies so geordnet war, übertrug Karl dem genannten Wulfad vor Entscheidung der Angelegenheit aus eigener Macht die Metropole Bourges, deren Erzbischof Rodulph vor kurzem gestorben war. Ehe aber jene Bischöfe diese Stadt verließen, bat sie Karl, seine Gemahlin Irmintrud zur Königin zu weihen; und dies taten sie in seinem Beisein in der Basilika des heiligen Medardus und setzten ihr zugleich mit ihm eine Krone auf[3]. Von dieser Stadt aus begab sich der König mit der Königin nach der Pfalz Attigny zu einer Zusammenkunft mit Lothar. Hierhin riefen sie Theutberga, nur dem Namen nach die Gemahlin eines Königs, welche die Erlaubnis zu einer Romfahrt hatte, zurück, und gemeinsam eine Botschaft anordnend, ließen sie, Karl durch Erzbischof Egilo von Sens und Lothar durch Erzbischof Ado von Vienne und durch seinen vertrauten Diener Walter, dem Papst Nikolaus ihre Ansichten im Geheimen mitteilen. Darauf sandte Karl seinen Sohn Karlmann, Abt des Klosters des hl. Medardus, nach Bourges, um die Metropole dem Wulfad zu übertragen. Als sie nach der oben berichteten Schließung der Synode und nach der Absendung des Schreibens von dieser Synode durch Erzbischof Egilo an den Papst hierhin kamen, wurde Wulfad sofort im September von einigen Bischöfen, die weniger als notwendig in den Gesetzen der Kirche bewandert und so von der Partei des genannten Wulfad gewonnen und durch Drohungen von Karlmann im Auftrag seines Vaters umgestimmt waren, wider alle kirchlichen Gesetze anstatt mit der bischöflichen Ordi-

[2] Brief an Rufus und Eusebius, Mansi III S. 1061.
[3] MG. Capitul. II S. 453–455.

natione episcopali maledictione indutus est sicut vestimento. Cuius exordinator potius quam ordinator Aldo Lemovicensis episcopus in ipsa ordinatione febre correptus, in brevi moritur.

Karoli filius nomine Karolus et Aquitanorum rex, ex plaga quam in capite ante aliquot annos acceperat cerebro commoto, diutius epelemtica passione vexatus, 3. Kalendas Octobris in quadam villa secus Bosentiacas moritur, et a Karlomanno, fratre suo, atque a Vulfado in aecclesia sancti Sulpitii apud Biturigum sepelitur. /

Karolus Willelmum, sobrinum suum[1], Odonis quondam comitis Aurelianensis filium, a quibusdam suorum in Burgundia captum, quasi contra rem publicam agentem secus Silvanectum civitatem decollari fecit.

Nortmanni commixti Brittonibus, circiter quadringenti de Ligeri cum caballis egressi, Cinomannis civitatem adeunt. Qua depraedata, in regressu suo usque ad locum qui dicitur Brieserta veniunt; ubi Rotbertum et Ramnulfum, Gozfridum quoque et Heriveum comites cum valida manu armatorum, si Deus cum eis esset, offendunt. Et conserto praelio, Rotbertus occiditur, Ramnulfus plagatus, cuius vulnere postea mortuus est, fugatur; et Heriveo vulnerato, et aliis quibusdam occisis, caeteri ad sua quique discedunt. Et quoniam Ramnulfus et Rotbertus de praecedentium se vindicta, qui contra suum ordinem alter abbatiam Sancti Hilarii, alter abbatiam Sancti Martini praesumpserat, castigari noluerunt, in se ultionem experiri meruerunt.

Hludowicus, Hludowici Germaniae regis filius, consilio Warnarii ac ceterorum, a quibus pater eius propter infidelitatem suam honores tulit, rixam contra patrem suum movit, concitato Restitio Winido, ut usque ad Baiowariam praedatum veniat, quatenus, in illis partibus occupato patre vel eius fidelibus, ipse liberius quod coepit prosequi posset. Sed Karlomanno, cui pater ipsam marcham dederat, satagente, Restitius intra sua se cohibet. Hludowicus autem senior in talibus experientia prudens, concite ad palatium quod Franconofurdh dicitur properat et, datis mutuo dextris, eundem filium suum ad se venire facit, ipsaeque dexterae usque 5. Kalendas Novembris manere invicem promittuntur. Sicque Hludowicus ad confirmandam marcham suam contra Restitium velociter repedat, reversurus octavo die ante missam sancti Martini obviam fratri suo Karolo et nepoti suo Hlothario secus civitatem Mettensium. Quo Karolus hostiliter, cum tali hoste,

nation mit der Verfluchung bekleidet; Bischof Aldo von Limoges aber, der jenen vielmehr exordiniert als ordiniert hatte, wurde bei der Ordination selbst vom Fieber befallen und starb in kurzem.

Karls Sohn Karl, der König der Aquitanier, der durch den Hieb in den Kopf vor einigen Jahren eine Gehirnerschütterung erhalten hatte, starb, nachdem er längere Zeit an der Fallsucht gelitten hatte, am 29. September auf einem Gut nahe bei Buzançais und wurde von seinem Bruder Karlmann und von Wulfad in der Kirche des heiligen Sulpicius zu Bourges beigesetzt.

Karl ließ seinen Vetter[1] Wilhelm, den Sohn des verstorbenen Grafen Odo von Orléans, der von einigen der Seinigen in Burgund gefangen genommen worden war, als einen Feind des Reichs in der Stadt Senlis enthaupten.

Ungefähr vierhundert Normannen zogen mit Bretonen vereint von der Loire mit Pferden aus und kamen nach le Mans. Nach Plünderung dieser Stadt kamen sie auf ihrem Rückzug nach Brissarthe; hier stießen sie auf die Grafen Rotbert und Ramnulf, sowie Gotfrid und Heriveus mit einer, wenn Gott bei ihnen gewesen wäre, starken Macht Bewaffneter. In dem Kampf, der sich nun entspann, wurde Rotbert getötet, Ramnulf aber, schwer von einem Pfeil getroffen, an dessen Folgen er später starb, in die Flucht getrieben; und nachdem auch Heriveus verwundet, sowie mancher andere getötet worden war, zerstreuten sich die Übrigen, jeder nach Haus. Und weil Ramnulf und Rotbert für ihre früheren Taten, indem der eine wider das Recht die Abtei des heiligen Hilarius, der andere die des heiligen Martinus sich angemaßt hatte, sich nicht durch Buße hatten reinigen wollen, so verdienten sie, daß die Vergeltung über sie kam.

Ludwig, der Sohn Ludwigs, des Königs von Germanien, erhob sich auf Anraten Warnars und der Übrigen, denen der Vater wegen ihrer Untreue ihre Lehen genommen hatte, zum Kampf gegen seinen Vater, indem er zugleich den Wenden Restiz aufreizte, bis nach Baiern hin plündernd vorzudringen, damit er selbst, während der Vater oder seine Getreuen in jenen Gegenden beschäftigt seien, ungehinderter sein Beginnen durchführen könnte. Da aber Karlmann, dem der Vater eben jene Mark gegeben hatte, sehr sorgsam wachte, so blieb Restiz in seinem Lande. Ludwig, der Vater aber, durch Erfahrung in diesen Dingen gewitzigt, eilte sofort nach der Pfalz Frankfurt und hieß seinen Sohn unter gegenseitig geleisteter Bürgschaft zu sich kommen, und zwar sollte diese Bürgschaft nach ihrem gegenseitigen Versprechen bis zum 28. Oktober gelten. Schnell begab sich nun Ludwig zurück, um seine Mark gegen Restiz zu sichern, in der Absicht, acht Tage vor dem Fest des heiligen Martin zu einer Zusammenkunft mit seinem Bruder Karl und seinem Neffen Lothar in der Nähe von Metz zurück zu sein. Karl kündigte den Seinigen an, daß er dahin

[1] vielmehr: Bruder der Königin.

confecta maxime de episcopis, sicut tunc coniectare potuit, se perrecturum suis denuncians, Hugoni clerico, avunculi sui Chonradi filio, comitatum Turonicum et comitatum Andegavensem cum abbatia Sancti Martini et cum aliis etiam abbatiis donat eumque in Neustriam loco Rotberti dirigit; de abbatia Sancti Vedasti, sicut et pridem de abbatia Sancti Quintini fecerat, caput cum electioribus villis sibi retinens, cetera quaeque per quoscumque suos non cum tanto illorum / profectu quam cum animae suae detrimento dividit; sicque hostile iter quod denuntiaverat conficiens, per Remorum civitatem Mettensium partes una cum sua uxore adgreditur et usque ad Viridunum pervenit. Ibique obvios fratris sui Hludowici missos habuit, nunciantes, quia non erat ei necesse ad fratrem[a]) suum pro quacumque necessitate cum hoste ire, quoniam suum filium, sicut ipse disposuit, receptum habebat et seditionem quae contra eum commota fuit usquequaque sedatam; et illi tunc non erat commodum obviam illi usque ad Mettis venire, quoniam pro quibusdam regni sui necessitatibus in Baiowariam festinabat. Karolus autem residens in Viriduno per viginti circiter dies, eandem civitatem atque illius vicinia hostili more depraedans, praestolatus est adventum Hlotharii, qui apud Treverim cum sui regni episcopis satagebat, ut iterum Theodberga se falso crimine insimularet et velamentum reciperet; quod optinere non potuit. Tandem Karolus per viam qua perrexerat, depredantibus suis loca per quae redierunt, iterum Remanam civitatem adit, indeque Compendium venit; ubi nativitatem Domini celebravit.

Rex Bulgarorum, qui praecedente anno, Deo inspirante et signis atque afflictionibus in populo regni sui monente, christianus fieri meditatus fuerat, sacrum baptisma suscepit. Quod proceres sui moleste ferentes, concitaverunt populum adversus eum, ut illum interficerent. Quotquot igitur fuerunt intra decem comitatus, adunaverunt se circa palatium eius. Ille vero, invocato Christi nomine, cum quadraginta tantum octo hominibus, qui erga christianam devotionem ferventes sibi remanserant, profectus est contra omnem illam multitudinem; et mox ut portas civitatis exiit, apparuerunt ei et his qui cum eo erant septem clerici, et unusquisque eorum tenebat cereum ardentem in manu sua, sicque praecedebant regem et illos qui cum eo erant. Eis vero qui contra eum insurrexerant visum erat, quod magna villa ardens super eos caderet, et equi eorum qui cum rege erant, sicut con-

mit einem Heer ziehen wollte, so gut er es gerade, größtenteils von den Bischöfen, zusammenbringen konnte. Dem Geistlichen Hugo, dem Sohn seines Oheims Konrad, verlieh er die Grafschaft Tours und die Grafschaft von Angers mit der Abtei des heiligen Martin und noch anderen Abteien und schickte ihn an Rotberts Stelle nach Neustrien. Von der Abtei St. Vaast behielt er, wie schon früher bei der Abtei St. Quentin, den Hauptsitz mit den bevorzugten Klostergütern für sich; das Übrige verteilte er unter die Seinen, nicht so sehr zu ihrem Vorteil wie zum Schaden seiner Seele. Dann zog er in Ausführung seines angekündigten Planes in Begleitung seiner Gemahlin mit dem Heere über Reims in Richtung Metz und gelangte bis Verdun. Hier traf er auf Gesandte seines Bruders Ludwig, die ihm mitteilten, daß er nicht mehr seinem Bruder mit dem Heer aus irgend einer Notwendigkeit zu Hilfe kommen müsse, weil er sich, wie seine Absicht war, mit seinem Sohne wieder versöhnt habe und der Aufstand gegen ihn überall beschwichtigt sei; auch paßte es ihm selber damals nicht, nach Metz zur Zusammenkunft mit seinem Bruder zu kommen, weil er wegen verschiedener dringender Angelegenheiten seines Reichs nach Baiern eilte. Karl blieb ungefähr zwanzig Tage in Verdun, diese Stadt und ihre Umgegend wie ein Feind verwüstend, und erwartete Lothars Ankunft, der zu Trier mit den[a] Bischöfen seines Reichs darauf hinarbeitete, daß Theutberga wiederum sich eines erdichteten Verbrechens anklagen und den Schleier nehmen sollte, was er jedoch nicht erreichen konnte. Schließlich kam Karl auf dem Wege, welchen er vorher gezogen war, indem die Seinen die Gegenden, durch welche der Rückweg führte, verwüsteten, wiederum nach Reims und begab sich von hier nach Compiègne, wo er das Geburtsfest des Herrn feierte.

Der König der Bulgaren, der im vorigen Jahre auf Gottes Eingebung und Mahnung durch Zeichen und Unglücksfälle unter dem Volke seines Reichs den Plan gefaßt hatte, Christ zu werden, empfing die heilige Taufe. Seine Großen aber, darüber aufgebracht, riefen das Volk gegen ihn auf, daß es ihn töten solle. Und alle Bewohner der zehn Grafschaften sammelten sich um seinen Palast; er aber zog, nachdem er Christi Namen angerufen, mit nur achtundvierzig Begleitern, die, für den christlichen Glauben erglühend, bei ihm geblieben waren, gegen jene ganze Menge. Und alsbald nachdem er die Tore der Stadt verlassen hatte, erschienen ihm und denen, die mit ihm waren, sieben Geistliche, von denen jeder eine brennende Kerze in seiner Hand hielt, und schritten so vor dem König her und vor denen, die mit ihm waren. Denjenigen aber, welche sich gegen ihn empört hatten, schien es, als ob eine große Stadt brennend über sie zusammenstürzte, und die Pferde derer, welche mit dem Könige waren, schritten, wie die Gegner zu sehen glaubten, aufrecht einher und schlugen sie mit den Vorderfüßen nieder; und eine solche Furcht

a) fratrem fehlt in der Überlieferung.

trariis videbatur, erecti incedebant et cum anterioribus pedibus eos percutiebant; tantusque timor eos apprehendit, ut nec ad fugiendum nec ad defendendum se praepararent, sed prostrati solo se movere nequibant. Rex autem ex proceribus, qui populum maxime adversus eum incitaverunt, interfecit numero quinquaginta duos, reliquum autem populum inlaesum abire permisit; et mittens ad Hludowicum regem/ Germaniae, qui ei foedere pacis coniunctus erat, episcopum et presbiteros postulavit, et ab eo missos cum debita veneratione suscepit. Hludowicus autem ad Karolum, fratrem suum, mittens, in ministerium clericorum apud fratrem suum vasa sacrata sacrasque vestes ac libros petit. Unde Karolus ab episcopis regni sui non parvam summam accipiens, ei ad dirigendum regi. Bulgarorum rex filium suum et plures ex proceribus regni sui Romam direxit et arma, quibus indutus fuerat, quando in Christo nomine de suis adversariis triumphavit, cum aliis donis sancto Petro transmisit et plures quaestiones de sacramentis fidei consulendo Nicolao papae direxit et episcopos atque presbiteros mitti ab eo sibi poposcit; quod et obtinuit. Hludowicus vero Italiae imperator hoc audiens, ad Nicolaum papam misit, iubens, ut arma et alia quae rex Bulgarorum sancto Petro miserat ei dirigeret. De quibus quaedam Nicolaus papa per Arsenium ei consistenti in partibus Beneventanis transmisit et de quibusdam excusationem mandavit.

Anno Domini 867.

Hludowicus abbas monasterii Sancti Dyonisii[a]) et nepos Karoli imperatoris ex filia maiori natu Rohtrude, 5. Idus Ianuarii obiit, et Karolus rex abbatiam ipsius monasterii sibi retinuit, causas monasterii et conlaborationem per praepositum et decanum atque thesaurarium, militiae quoque curam per maiorem domus sua commendatione geri disponens. Et circa mediam quadragesimam super Ligerim fluvium ad villam quae Bellus-Pauliacus dicitur perrexit; ubi primores Aquitaniorum sibi obviam accersivit et filium suum Hludowicum, ordinatis illi ministerialibus de palatio suo, eisdem Aquitanis regem praefecit. Inde reversus, pascha Domini[1] in monasterio Sancti Dyonisii celebravit. Deinde pergens Mettis ad conloquium[2] fratris sui Hludowici regis Germaniae, 13. Kalendas Iunii obvium habuit in palatio Salmuntiaco Egilonem Sennensem archiepiscopum cum epi/stolis Nicolai papae[3] de restitutione clericorum Remensis aecclesiae, Vulfadi scilicet et colle-

erfaßte sie, daß sie weder Anstalten zur Flucht noch zur Verteidigung machten, sondern auf den Erdboden hingestreckt sich nicht zu bewegen vermochten. Der König aber ließ von den Großen, welche zumeist das Volk gegen ihn aufgereizt hatten, zweiundfünfzig töten, das übrige Volk jedoch unversehrt nach Hause ziehen. Und er schickte an Ludwig, den König von Germanien, der mit ihm in Friedensbündnis stand, erbat sich von ihm einen Bischof und mehrere Presbyter und empfing die von diesem übersandten mit schuldiger Ehrerbietung. Ludwig aber schickte an seinen Bruder Karl und bat zum Dienst für die Geistlichen bei dem Bruder um gewählte Gefäße, heilige Gewänder und Bücher und Karl erhielt darauf von den Bischöfen seines Reichs von diesen Sachen eine große Menge, um sie jenem Könige zuzusenden. Der König der Bulgaren sandte seinen Sohn und mehrere von den Großen seines Reiches nach Rom und überschickte dem hl. Petrus die Waffen, die er getragen hatte, als er im Namen Christi über seine Gegner siegte, nebst anderen Geschenken; auch richtete er mehrere Fragen über die Glaubenssakramente an den Papst Nikolaus und ging ihn an, Bischöfe und Presbyter nach Bulgarien zu senden, was er auch erlangte. Als aber Kaiser Ludwig von Italien dies hörte, schickte er an den Papst Nikolaus und forderte ihn auf, die Waffen und andere Geschenke, welche der König der Bulgaren dem hl. Petrus gesandt hatte, ihm zuzustellen. Einige von diesen Geschenken überschickte der Papst durch Arsenius dem Kaiser in die Gegend von Benevent, wo er sich aufhielt, wegen anderer ließ er sich entschuldigen.

867.

Ludwig, Abt von St. Denis und Enkel Karls des Großen von seiner ältesten Tochter Rotrud, starb am 9. Januar und König Karl behielt die Abtswürde in diesem Kloster für sich, indem er bestimmte, daß nach seinen Richtlinien die Angelegenheiten des Klosters und die Güterverwaltung durch Propst, Dekan und Schatzmeister geführt, die Besorgung aber der Militärangelegenheiten von dem Hausmeier übernommen würde. Um die Mitte der Fasten zog er nach Pouilly sur Loire; hierhin berief er die Großen Aquitaniens und gab ihnen seinen Sohn Ludwig zum König, indem er ihm die nötige Dienerschaft von seinem Palast zuwies. Von da zurückgekehrt, feierte er das Osterfest[1] in St. Denis. Als er sich von hier nach Metz zu einer Unterredung[2] mit seinem Bruder Ludwig, dem König von Germanien, begab, traf er unterwegs am 25. Mai in der Pfalz zu Samoussy den Erzbischof Egilo von Sens mit Briefen des Papstes Nikolaus[3] bezüglich der Wiedereinsetzung der Geistlichen der Kirche von Reims,

[a]) Sancti Dionysii in der Überlieferung ausgefallen.

[1] 30. März.

[2] Vgl. MG Capitul. II S. 167 f. (in der hdschr. Überlieferung auf 868 datiert).

[3] Vgl. die Briefe des Papstes vom 6. Dez. 866 (MG Epist. 6 S. 412–432 Nr. 78 bis 81) und die Antwortschreiben Hinkmars (MG Epist. 8 S. 204 Nr. 198. 199).

garum eius. Pro quibus valde satagens, ut in suis habeantur gradibus restituti, multa Hincmaro Remorum archiepiscopo imposuit in eisdem epistolis, quae non esse vera manifesta ratione constabant. Attulit etiam praefatus archiepiscopus eidem domno Karolo epistolas praedicti papae[1] ad Hlotharium et episcopos regni eius de causa uxorum illius, Theotbergae videlicet atque Waldradae, eandem Waldradam mitti Romam praecipiens. Quas Karolus Hlothario obviam sibi ad Attiniacum palatium venienti ex parte ipsius apostolici dedit. Indeque ad conloquium fratris sui perrexit, et ab eo revertens, per Hlotharium in saltu Arduennae consistentem rediit. Et generaliter per omne regnum suum hoste denunciata, placitum suum Kalendis Augusti in Carnutu civitate condixit, in Brittanniam super Salomonem ducem Brittonum perrecturus. Interea missis intercurrentibus, eo usque paciscendae pacis est perducta conditio, ut, a Karolo datis obsidibus, Paswithen, gener Salomonis, cuius consilio plurimum utitur, ad Karolum in Compendium circa praefatas Kalendas Augusti veniat, et quod tunc ibi inventum et confirmatum utrimque fuerit teneatur, populus autem in hostem denuntiatus interim paratus domi resideat, usque quo, si necesse fuerit et rex demandaverit, 8. Kalendas Septembris Carnutum hostiliter veniat.

Hludowicus rex Germaniae Hludowicum, filium suum, cum Saxonibus et Toringis contra Abodritos hostiliter dirigit et reliquum populum regni sui paratum esse praecipit, quatenus, mox ut ipse iusserit, praeparati movere hostiliter possint.

Hlotharius suspectum habens Karolum ad Hludowicum revertentem, a Mettis civitate versus Franconofurth pergit et cum eo pridem sibi satis adverso se pacificat, filioque suo de Waldrada Hugoni ducatum Elisatium donat eumque Hludowico commendat ac ceterum regnum suum, quasi Romam perrecturus et Waldradam praemissurus, committit. Inde revertens, hostem ad patriae defensionem per regnum suum indicit quasi contra Nortmannos, putans Rorigum, quem incolae, qui Cokingi novo nomine dicuntur, a Fresia expulerant, cum auxiliatoribus Danis reverti.

Karolus, datis obsidibus, Paswithen, Salomonis legatum, Kalendis Augusti in Compendio suscipit et ei, vicario scilicet / Salomonis, comitatum Constantini cum omnibus fiscis et villis regiis et abbatiis in eodem comitatu consistentibus ac rebus ubicumque ad se pertinenti-

nämlich Wulfads und seiner Genossen. Eifrig für sie besorgt, daß sie als wieder in ihre Würden eingesetzt gelten sollten, legte er in diesen Briefen dem Erzbischof Hinkmar von Reims vieles auf, was offenkundig nicht der Wahrheit entsprach. Auch brachte der oben genannte Erzbischof dem König Karl Briefe dieses Papstes[1] an Lothar und die Bischöfe seines Reichs über die Angelegenheiten seiner Frauen, der Theutberga und Waldrada, mit der Anweisung, Waldrada nach Rom zu schicken. Diese Briefe übergab Karl im Namen des Papstes dem Lothar, als er zu ihm nach der Pfalz Attigny kam. Von hier begab er sich zur Zusammenkunft mit seinem Bruder und traf sich auf dem Rückweg wieder mit Lothar, der im Ardenner Wald verweilte. Karl aber erließ in seinem ganzen Reich ein Heeresaufgebot und berief die Reichsversammlung zum 1. August nach Chartres, um von da aus nach der Bretagne gegen Salomo, den Herzog der Bretonen, zu ziehen. Inzwischen wurden Gesandte hin und wieder geschickt, und es kam unter der Bedingung ein Friedensvertrag zustande, daß, sobald Karl Geiseln stelle, Paswithen, der Schwiegersohn Salomos, dessen Rat er am meisten folgte, um den Anfang August zu Karl nach Compiègne kommen und das gelten solle, was daselbst festgesetzt und von beiden Seiten versprochen werde; das zum Heerdienst aufgebotene Volk solle inzwischen ruhig zu Hause bleiben, sich bereit haltend, daß es, wenn es nötig wäre und der König es befehle, zum 25. August zu Chartres sich in Waffen sammeln könne.

König Ludwig von Germanien schickte seinen Sohn Ludwig mit den Sachsen und Thüringern zu einem Feldzug gegen die Abodriten und befahl dem übrigen Volk im Reich sich bereit zu halten, um, wenn er es befehle, alsbald gerüstet zu Felde ziehen zu können.

Erfüllt von Mißtrauen gegen Karl, als dieser von der Zusammenkunft mit Ludwig zurückkehrte, begab sich Lothar von Metz nach Frankfurt und versöhnte sich mit diesem, der ihm seither sehr feindlich gesinnt gewesen war. Seinem Sohn von der Waldrada, Hugo, gab er das Herzogtum Elsaß, empfahl ihn dem Ludwig und übergab diesem sein übriges Reich, weil er nach Rom ziehen und Waldrada vorausschicken wolle. Von hier zurückgekehrt, bot er zum Schutz des Landes im ganzen Reich ein Heer auf gegen die Normannen, indem er glaubte, daß Rorich, den aus Friesland die Einwohner, welche mit dem neuen Namen Cokinger genannt werden, vertrieben hatten, mit Hilfe der Dänen wiederkehren würde.

Nachdem König Karl Geiseln gestellt hatte, empfing er Paswithen, den Abgesandten Salomos, am 1. August zu Compiègne und übergab ihm als Stellvertreter Salomos, die Grafschaft Coutance mit allen Domänen, Kö-

[1] Vgl. MG Epist. 6 S. 319 Nr. 45 an Theutberga, S. 322 Nr. 46 an König Lothar II, S. 325 Nr. 47 an die lothringischen Bischöfe, S. 329 Nr. 48 an König Karl.

bus, excepto episcopatu, donat et sacramento primorum suorum confirmat, et ex parte Salomonis a praefato ipsius vicario fidelitatis et pacis atque praestandi adiutorium contra inimicos suos sacramentum ea conditione suscipit, ut Salomon et filius eius cum his quae antea habebat hoc donum etiam habeant et Karolo ac filio eius fideles existant. Quo patrato negotio, Karolus synodum apud Trecas 8. Kalendas Novembris auctoritate Nicolai papae indicit, et causa venandi ac expendendi autumnale tempus in abbatia Sancti Vedasti et in Audriaca villa ac circumcirca morandi disponit.

Synodus provinciarum Remensis, Rotomagensis, Turonensis, Sennonum, Burdegalensium atque Bituricensium apud Trecas 8. Kalendas Novembris convenit. Ubi quidam episcopi, ut assolet, gratia regis Karoli Wulfado faventes, quaedam contra veritatem et canonum sacram auctoritatem adversus Hincmarum moliri coeperunt. Sed isdem Hincmarus eorum molitionibus ratione et auctoritate obvians, plurimorum sententia praevalente, rerum gestarum ordinem, de quibus agebatur, communi consensu epistola[1] scriptum, per Actardum venerabilem Namnetensem episcopum papae Nicolao episcopi qui convenerant transmiserunt. Cuius epistolae tenor idem extitit qui fuit in epistola[2] Hincmari Remorum episcopi, quam per clericos suos sub peregrinorum habitu propter contrariorum vitandas insidias praecedente Iulio mense Romam miserat. Epistolam autem in praescripta synodo factam et archiepiscoporum qui convenerant sigillis signatam Actardus perferendam suscipiens, cum quibusdam episcopis ad Karolum, sicut ipse praeceperat, rediit. Karolus autem, immemor fidelitatis atque laborum, quos pro eius honore et regni obtentu saepe fatus Hincmarus per plures annos subierat, eandem epistolam ab Actardo sibi dari exegit, et archiepiscoporum sigilla confringens, gesta synodi relegit; et quia, sicut voluerat, in eadem synodo Hincmarus non extitit confutatus, epistolam[3] suo nomine ad Nicolaum papam dictari in contrarietatem Hincmari fecit, quam et bulla sui nominis sigillavit et cum epistola synodali / per ipsum Actardum Romam direxit. Praefati autem Hincmari clerici in mense Augusto Romam venientes, Nicolaum papam iam valde infirmatum et in contentione, quam contra Grecorum imperatores Michahelem et Basilium, sed et contra orientales episcopos habebat, magnopere laborantem invenerunt. Quapropter usque ad mensem Octobrium ibidem sunt immorati. Nicolaus vero papa gra-

nigshöfen und Abteien in dieser Grafschaft, sowie allem Zugehör, mit Ausnahme des Bistums, und bestätigte dies Geschenk durch einen Eid seiner Großen; von seiten Salomos nahm er von seinem ebengenannten Stellvertreter den Eid der Treue, des Friedens und der Hilfeleistung gegen seine Feinde entgegen, in der Art, daß Salomo und sein Sohn zu dem seitherigen Besitz auch dies Geschenk besitzen und Karl und seinem Sohn treu bleiben sollen. Nach Erledigung dieser Angelegenheit berief Karl mit Ermächtigung des Papstes Nikolaus eine Synode nach Troyes zum 25. Oktober und beschloß, zum Jagen und zum Verbringen der Herbstzeit in der Abtei St. Vaast und auf dem Hofgut Orville und in der Umgegend seinen Aufenthalt zu nehmen.

Die Synode der Provinzen Reims, Rouen, Tours, Sens, Bordeaux und Bourges kam am 25. Oktober zu Troyes zusammen. Hier begannen einige Bischöfe, die, wie so oft um der Gnade des Königs Karl willen, Wulfad begünstigten, einiges wider die Wahrheit und die heilige Autorität der Canones gegen Hinkmar vorzubringen; Hinkmar aber trat ihren Wühlereien mit Beweisen der Vernunft und der Autorität entgegen, und nach der Ansicht der überwiegenden Anzahl der Anwesenden verfaßten die versammelten Bischöfe eine Darstellung der Tatsachen, um die es sich handelte, und übersandten das Schreiben[1] durch den ehrwürdigen Bischof Actard von Nantes an Papst Nikolaus. Und der Inhalt dieses Briefes deckte sich mit einem Schreiben[2] des Bischofs Hinkmar von Reims, das dieser durch seine Kleriker, die, um den Nachstellungen der Gegner zu entgehen, Pilgergewand angenommen hatten, im verflossenen Monat Juli nach Rom gesendet hatte. Das in der erwähnten Synode verfaßte und mit den Siegeln der versammelten Erzbischöfe versehene Schreiben übernahm Actard zur Beförderung, kehrte aber in Begleitung einiger Bischöfe zu Karl, wie dieser befohlen hatte, zurück. Doch ohne der Treue und der Mühen zu gedenken, welche für seine Ehre und die Erhaltung seines Reichs der oben erwähnte Hinkmar mehrere Jahre hindurch auf sich genommen hatte, ließ sich Karl von Actard dieses Schreiben aushändigen, zerbrach die Siegel der Erzbischöfe und las den Bericht der Synode. Und weil Hinkmar auf dieser Synode nicht, wie er gewollt hatte, widerlegt worden war, so ließ er in eigenem Namen an Papst Nikolaus einen Brief[3] gegen Hinkmar schreiben, den er mit seinem Namenszuge siegelte und mit dem Synodalschreiben durch diesen Actard nach Rom sandte. Die oben erwähnten Kleriker Hinkmars aber kamen im August nach Rom und trafen den Papst Nikolaus schon sehr leidend und von dem Streit gegen die Griechischen Kaiser Michael und Basilius sowie auch gegen die orientalischen Bischöfe sehr angegriffen; deshalb blieben sie bis zum Oktober in Rom. Papst Nikolaus aber nahm alles, was Hinkmar geschrieben

[1] Hinkmars Schreiben MG Epist. 8 S. 217–223 Nr. 199, das der Bischöfe Mansi XV, 791–796.

[2] MG Epist. 8 S. 204–217 Nr. 198.

[3] Mansi XV, 796–800.

tanter suscipiens quae Hincmarus scripserat ei, de omnibus sibi satisfactum esse rescripsit[1]. Sed et alteram epistolam[2] eidem et ceteris archiepiscopis et episcopis in regno Karoli constitutis transmisit, innotescens, praefatos Grecorum imperatores, sed et orientales episcopos calumniari sanctam Romanam ecclesiam, immo[a]) omnem ecclesiam quae Latina utitur lingua, quia ieiunamus in sabbatis, quod Spiritum sanctum ex Patre Filioque procedere dicimus, quia presbiteros sortiri coniuges prohibemus et quoniam eosdem presbiteros chrismate linire baptizatorum frontes inhibemus; dicentes ipsi Greci, quod chrisma ex aqua fluminis Latini conficiamus; reprehendentes nos Latinos, quod 8 ebdomadibus ante pascha a carnium et 7 ebdomadibus a casei et ovorum esu more suo non cessamus; dicentes etiam, quod in pascha more Iudaeorum super altare pariter cum dominico corpore agnum benedicamus et offeramus; succensentes etiam nos, quia clerici apud nos barbas suas radunt; et dicentes, quia diaconus non suscepto presbiteratus officio apud nos episcopus ordinatur. De quibus omnibus per singulas provincias a metropolitanis cum eorum coepiscopis sibi rescribi praecepit, alloquens eundem Hincmarum in epistolae fine[b]) hoc modo: Tua, inquit, frater Hincmare, caritas cum hanc epistolam legerit, mox ut etiam ad alios archiepiscopos, qui in regno filii nostri Karoli gloriosi regis consistunt, deferatur, summopere agere studeat, et ut de his singuli in diocesibus propriis una cum suffraganeis suis, in cuiuscumque regno sint constituti, convenienter tractare et nobis quae reppererint suggerere curent, eos incitare non neglegat, ita ut eorum omnium quae praesentis epistolae nostrae circumstantia continet, tu et strenuus exsecutor illic existas et apud nos verax et prudens scriptorum tuorum serie relator inveniaris. Data X. Kalendas Novembris, indictione prima. Quam epistolam Hincmarus / Idus Decembrias primae indictionis suscipiens, in Corbonaco palatio consistenti regi Karolo cum pluribus episcopis relegit et per alios archiepiscopos, sicut in mandato acceperat, dirigere studuit[3].

Nicolaus papa Idus proxime praecedentis mensis Decembris[c]) obiit. Cui successit Adrianus papa electione clericorum et consensu Hludowici imperatoris in pontificatu. Quem Actardus Romam veniens cum supra scriptis epistolis in apostolica sede iam ordinatum invenit[4]. Ar-

[a]) Vgl. MG Epistulae 6 S. 603 Z. 23–34.
[b]) Vgl. ebd. S. 608 Z. 35–S. 609 Z. 5.

hatte, freundlich auf und erwiderte[1] ihm, daß er in allen Punkten zufriedengestellt sei; zugleich aber übersandte er ihm und den übrigen Erzbischöfen und Bischöfen im Reiche Karls einen zweiten Brief[2], worin er ihnen Kenntnis gab von den Verleumdungen der genannten griechischen Kaiser sowie der orientalischen Bischöfe gegen die heilige römische Kirche, ja gegen die gesamte Kirche, welche sich der lateinischen Sprache bediente, daß wir nämlich am Sabbath fasten, daß wir sagen, der heilige Geist gehe vom Vater und Sohne aus, daß wir den Priestern verbieten, sich zu verheiraten, und daß wir auch den Priestern untersagen, die Stirn der Getauften mit dem Taufwasser zu berühren; ferner sagen die Griechen, daß die Lateiner das Taufwasser aus Flußwasser nehmen, und sie tadeln uns Lateiner, daß wir uns nicht wie sie acht Wochen vor Ostern des Fleisches und sieben Wochen des Genusses von Käse und Eiern enthalten. Ferner sagen sie, daß wir Ostern nach Sitte der Juden über dem Altar zugleich mit dem Leib des Herrn ein Lamm segnen und opfern; auch zürnen sie uns, weil bei uns die Geistlichen die Bärte scheren, und behaupten, daß bei uns ein Diakon, ohne die Priesterwürde erhalten zu haben, zum Bischof geweiht werde. Über alle diese Dinge trug der Papst in den verschiedenen Provinzen den Metropolitanen nebst ihren Mitbischöfen auf, ihm zu schreiben, indem er am Ende seines Briefes Hinkmar in folgender Weise anredete: „Wenn Du, geliebter Bruder Hinkmar, diesen Brief gelesen hast, so trage eifrigst Sorge, daß er auch baldigst an die anderen Erzbischöfe im Reiche unseres Sohnes, des glorreichen Königs Karl, gelange, und unterlaß nicht sie anzutreiben, daß sie hierüber jeder in seinem Sprengel mit ihren Suffraganen, in wessen Reich sie auch sein mögen, gehörig verhandeln und uns über ihre Ermittlungen berichten, so daß Du für alle Aufträge, welche unser gegenwärtiger Brief enthält, dort ein eifriger Vollstrecker bist und bei uns in Deinen Schreiben als wahrer und kluger Berichterstatter erfunden werdest. Gegeben den 23. Oktober in der ersten Indiction.“ Nachdem Hinkmar diesen Brief am 13. Dezember in der ersten Indiction erhalten hatte, teilte er ihn dem König Karl und vielen Bischöfen in der Pfalz Corbeny mit und sorgte, wie er den Auftrag erhalten hatte, für dessen Beförderung an die anderen Erzbischöfe[3].

Papst Nikolaus verschied am 13. des unmittelbar vorangehenden Monats November und Papst Adrian folgte ihm nach der Wahl der Geistlichkeit und mit Zustimmung des Kaisers Ludwig im Pontifikat. Diesen fand Actard bereits auf dem apostolischen Stuhle eingesetzt, als er mit den oben erwähnten Briefen nach Rom kam[4]. Arsenius aber, ein Mensch

[c]) es müßte Novembris stehen.

[1] Dieses Schreiben des Papstes hat sich nicht erhalten.

[2] MG Epist. 6 S. 600 Nr. 100.

[3] MG Epist. 8 S. 225 Nr. 201–204.

[4] Antwortschreiben des Papstes MG Epist. 6 S. 699 Nr. 3.

senius autem, magnae calliditatis et nimiae cupiditatis homo, spe falsa seducens Teutgaudum et Guntarium de restitutione ipsorum, ut ab eis exenia acciperet, Romam venire fecit. Qui diutius ibi manentes, pene omnes suos amiserunt; tandem autem Teutgaudus ibidem mortuus est, et Guntarius vix corporis mortem evasit.

Hlotharius Theutbergam uxorem suam Romam misit, ut se ipsam criminaretur, quatenus ab eius coniugio separari valeret. Sed Adrianus papa atque Romani talibus neniis non credentes, iussa est ad virum suum reverti[1].

Karolus consensu fratris sui Hludowici quosdam episcopos ad Autisiodorum in futuris Kalendis Februarii convenire praecepit, ut de causa Hlotharii quaedam tractarent. Karolus denique, quoniam ab Acfrido, abbatiam Sancti Hilarii cum aliis plurimis honorabilibus beneficiis habente, sicut quidam dixerunt, exenia non modica suscipiens, comitatum Bituricum sine praesentia illius vel culpae alicuius reputatione a Gerardo comite abstulit et praefato Acfrido dedit. Sed isdem Acfridus super Gerardum eundem comitatum evindicare non valuit. Quapropter Karolus per civitatem Remorum transiens, Trecas venit indeque Autisiodorum adiit. Ubi nativitatem Domini celebravit

anno 868.

Karolus ad Autisiodorum super Ligerim fluvium ad villam quae Bellus-Pauliacus dicitur pervenit. Interea homines[a]) Gerardi comitis Acfridum in quadam villa bello conveniunt, et quia de casa firmissima Acfridus exire noluit, in qua se[b]) recluserat, igne ipsi casae admoto, Acfridum ex ipsa expellunt, et truncato illi capite, corpus in ignem reiciunt. Tunc Karolus quasi ad hoc vindicandum flagitium pagum Bituricum adiit; in quo tanta mala et in ecclesiarum con/fractione et in pauperum oppressione atque in omnium flagitiorum commissione atque terrae devastatione commissa sunt, ut dici ore non possint, sicut multorum milium hominum fame mortuorum pro ipsa depopulatione attestatio demonstravit. Vindicta autem in Gerardum et eius comites non solum ulla non extitit, verum nec ipsi de pago Biturico a quoquam expulsi sunt. Ablatis denique a Rotberti filio his quae post mortem patris de honoribus ipsius ei concesserat et per alios divisis, sed et a filiis Ramnulfi tultis paternis honoribus, et data Sancti Hilarii ab-

a) homines in der Überlieferung ausgefallen.

von großer Schlauheit und unmäßiger Geldgier, der Theutgaud und Gunthar durch falsche Hoffnungen über ihre Wiedereinsetzung verlockte, um von ihnen Geldgeschenke zu erhalten, bewog diese nach Rom zu kommen; während sie hier längere Zeit verweilten, verloren sie fast alle die Ihrigen; schließlich starb Theutgaud dort und Gunthar entging nur mit Mühe dem leiblichen Tod.

Lothar schickte seine Gemahlin Theutberga nach Rom, damit sie sich hier selbst anklage, so daß er von ihr geschieden werden könne. Papst Adrian aber und die Römer schenkten diesen Fabeln keinen Glauben und sie erhielt den Befehl, zu ihrem Gemahl zurückzukehren[1].

Karl befahl, mit Zustimmung seines Bruders Ludwig, einer Anzahl Bischöfe sich zum künftigen ersten Februar in Auxerre zu versammeln, um einiges über die Sache Lothars zu verhandeln. Endlich nahm Karl, von Acfrid, der schon die Abtei des heiligen Hilarius nebst sehr vielen andern bedeutenden Lehen besaß, wie manche behaupteten, durch bedeutende Geldgeschenke gewonnen, die Grafschaft Bourges dem Grafen Gerard in seiner Abwesenheit und ohne ihm irgend eine Schuld beizumessen, und gab sie dem genannten Acfrid. Aber dieser Acfrid vermochte die Grafschaft diesem Gerard nicht zu entreißen; deshalb zog Karl über Reims nach Troyes und kam von hier nach Auxerre, wo er das Geburtsfest des Herrn feierte.

868.

Karl kam von Auxerre nach Pouilly sur Loire. Inzwischen überzogen die Leute des Grafen Gerard den Acfrid in einem Dorfe mit Krieg, und da Acfrid aus einem sehr festen Hause, in welches er sich eingeschlossen hatte, nicht herauskommen wollte, vertrieben sie Acfrid daraus, indem sie an dieses Haus Feuer legten, und nachdem sie ihm den Kopf abgehauen hatten, warfen sie die Leiche wieder ins Feuer. Darauf zog Karl, um diese Untat zu rächen, in den Gau Bourges und hier wurde mit Plünderung der Kirchen, Bedrückung der Armen und Verübung jeglicher Art Schandtaten, sowie mit Verwüstung des Landes so viel Übles vollbracht, daß es der Mund nicht erzählen kann, wie ja auch der Hungertod vieler tausende von Menschen als Zeugnis für diese Verheerung bewiesen hat. An Gerard aber und seinen Gefolgsleuten wurde nicht nur keine Strafe vollzogen, sondern sie wurden nicht einmal von irgend jemand aus dem Gau Bourges vertrieben. Nachdem Karl darauf dem Sohne Rotberts das, was er ihm nach dem Tode seines Vaters von dessen Lehen überlassen hatte, genommen und unter andere verteilt hatte, sowie auch den Söhnen Ramnulfs die väterlichen Lehen entzogen und die Abtei des heiligen Hilarius, welche jener besaß, dem Erzbischof Frotarius von Bordeaux ge-

[b]) se fehlt in der Überlieferung.

[1] Vgl. MG Epist. 6 S. 695 Nr. 1 (Brief des Papstes an ihren Gemahl König Lothar II).

batia, quam isdem habuit, Frotario Burdegalensium archiepiscopo, caput ieiunii ante sanctum quadragesima[1] ad monasterium Sancti Dyonisii rediit et inde Silvanectis perrexit.

Nortmanni vero per Ligerim ascendentes, Aurelianis perveniunt et, accepta praeda, inpune ad suum diversorium redeunt.

Karolus vero sabbato ante palmas[2] ad monasterium Sancti Dyonisii rediit ibique pascha celebravit. Et inde antequam Silvacum adiret, secunda die rogationum[3] Adventio Mettensium episcopo et Grimlando Hlotharii cancellario deferentibus epistolas Adriani papae, accepit unam sibi directam[4], in qua isdem apostolicus praecepit, ut regno Hludowici imperatoris ac regno Hlotharii nullam molestiam ingerat; alteram autem epistolam de absolutione Waldradae ad episcopos regni ipsius Karoli detulerunt, similes dicentes missas[5] episcopis regni Hludowici atque Hlotharii. Absolutio autem ipsius Waldradae ea conditione est facta, ut Hlothario nullo pacto cohaereat[6]. Silvacum autem Karolus perveniens, Actardum Namnetensem episcopum Roma venientem sucepit, sibi deferentem epistolas, quarum una[7] responsum reddidit de his quae Nicolao in contrarietate Hincmari mandavit, inter cetera ei inculcans, ut de cetero ac perpetuo talis inutilis quaestio sopita maneret; alteram[8] autem epistolam Hincmaro detulit laudibus et fidelitatis dilectione repletam, et ut eius vice in istis partibus de Hlothario fungeretur; tertiam[9] autem archiepiscopis aliisque episcopis Cisalpinis detulit, ut, quia isdem Actardus pro paganorum infestatione et Brittonum oppressione in sua civitate manere non poterat, si locus eveniret, etiam de metropoli, isdem Actardus in / vacante civitate pastore auctoritate apostolica[10] ab episcopis provinciae ipsius incardinetur.

Quarta autem feria post initium quadragesimae[11] factione Arsenii filius eius Eleutherius filiam Adriani papae ab alio desponsatam dolo decepit et rapuit sibique coniunxit; unde idem papa nimium est contristatus. Arsenius ad Hludowicum imperatorem pergens in Beneventum, infirmitate corripitur, et thesaurum suum in manus Ingelbergae

[1] 3. März 868.

[2] 17. April 868.

[3] 4. Juni 868.

[4] Nicht erhalten, doch vgl. MG Epist. 6 S. 702 Nr. 6 (Schreiben des Papstes in gleicher Sache an König Ludwig von Germanien).

geben hatte, kehrte er zu Beginn der hl. Fastenzeit[1] nach St. Denis zurück und begab sich von da nach Senlis.

Die Normannen kamen, die Loire herauffahrend nach Orléans und kehrten mit ihrer Beute ungestraft zu ihrem Standlager zurück.

Karl begab sich am Sabbat[2] vor Palmsonntag wieder nach St. Denis und feierte hier das Osterfest. Und ehe er sich von hier nach Servais begab, am zweiten Tag der Rogationen[3], erhielt er durch Bischof Adventius von Metz und Lothars Kanzler Grimland, welche Briefe des Papstes Adrian überbrachten, ein von diesem Papst an ihn gerichtetes Schreiben[4], in welchem er ihm befahl, dem Reich des Kaisers Ludwig und dem Lothars kein Ungemach zu bereiten; einen anderen Brief, bezüglich der Lösung Waldradas vom Bann, brachten sie an die Bischöfe im Reiche Karls und sagten, daß ähnliche an die Bischöfe in den Reichen Ludwigs und Lothars gesandt wären[5]. Die Lösung der Waldrada war aber unter der Bedingung erfolgt, daß sie in keiner Weise mehr mit Lothar Gemeinschaft pflegen dürfe[6]. Als Karl nach Servais gekommen war, empfing er den Bischof Actard von Nantes, der von Rom kam und ihm Briefe überbrachte; einer derselben[7] enthielt die Antwort auf das, was Karl dem Nikolaus im Gegensatz zu Hinkmar mitgeteilt hatte, und es war darin unter anderen ihm eingeschärft, daß fortan und für immer eine solche unnütze Frage unberührt bleiben sollte; einen andern Brief[8] aber übergab er dem Hinkmar, voll von Lobeserhebungen und liebreicher Worte über seine Treue, in dem er ihm die örtliche Vertretung des Papstes in Lothars Sache übertrug; einen dritten Brief[9] überbrachte er an die Erzbischöfe und andern Bischöfe nördlich der Alpen des Inhalts: da jener Actard wegen der Anfeindungen der Heiden und der Bedrückungen der Bretonen in seiner Stadt nicht bleiben könne, solle Actard, wenn sich eine freie Stelle ergebe, selbst wenn es eine Metropole wäre, in der ihres Hirten entbehrenden Stadt kraft der apostolischen Autorität[10] von den Bischöfen der betreffenden Provinz eingesetzt werden.

Am Mittwoch[11] nach Anfang der Fasten wurde auf Anstiften des Arsenius von seinem Sohne Eleutherius die Tochter des Papstes Adrian, die einem andern verlobt war, durch List getäuscht und entführt und von ihm zur Frau genommen, worüber der Papst sich in hohem Grade betrübte. Arsenius wurde auf dem Wege nach Benevent zu Kaiser Ludwig krank, und nachdem er seinen Schatz in die Hände der Kaiserin Ingel-

[5] Erhalten ist nur das Schreiben an die ostfränkischen Bischöfe (MG Epist. 6 S. 702 Nr. 5).

[6] MG Epist. 6 S. 700 Nr. 4.

[7] Ebd. S. 704 Nr. 7.

[8] Ebd. S. 710 Nr. 10.

[9] Ebd. S. 707 Nr. 8.

[10] Verleihung des Palliums an Actard ebd. S. 709 Nr. 9.

[11] 10. März 868.

imperatricis committens, et, ut dicebatur, cum daemonibus confabulans, sine communione abiit in locum suum[1]. Quo mortuo, Adrianus papa apud imperatorem missos optinuit, qui praefatum Eleutherium secundum leges Romanas iudicarent. Isdem vero Eleutherius, consilio, ut fertur, fratris sui Anastasii, quem bibliothecarium Romanae ecclesiae in exordio ordinationis suae Adrianus constituerat, Stephaniam, uxorem ipsius pontificis, et eius filiam, quam sibi rapuit, interfecit, et isdem Eleutherius a missis imperatoris occisus est. Adrianus vero papa congregans synodum, supradictum Anastasium hoc modo, sicut subsequitur[2], post dampnationes in eum latas iterum condempnavit.

Haec in imagine in dextera parte scripta sunt: Imperantibus dominis nostris imperatoribus Lothario et Hludowico augustis, mensis Decembris die 16, indictione 14[3]. Excommunicatio quam fecit Leo episcopus de Anastasio presbytero, et postea Adrianus. Leo episcopus, servus servorum Dei. Anastasius presbyter cardinis nostri, quem in titulo beati Marcelli ordinavimus, quique secedens ab eo ad alienas parroechias absque nostra pontificali scientia demigratus est, quem per missos et litteras nostras vocavimus, et pro quo dominos imperatores supplicati per missos nostros, ut eum ad suam parroechiam redire iuberent, qui nunc huc nunc [a]) illuc latitando in ipsa demigratione per biennium moratus est, et ad duo vocatus concilia nostra minime venit, sed neque inventus est: quia, ut praediximus, veluti ovis errans extraneis regionibus, suadente diabolo, occulte inhabitat, secundum canonica statuta ex Dei omnipotentis et beati Petri apostoli nostraque simul apostolica auctoritate ab hodie sit communione privatus, donec ipse meae speciali praesentiae in canonico iudicio fuerit praesentatus; et, si / non venerit, numquam communicet. Post Romanum pontificem in hac excommunicatione consenserunt archiepiscopus Ravennatis ac Mediolanensis aliique numero 75.

Haec in imagine in sinistra parte scripta sunt: Leo episcopus, servus servorum Dei, omnibus episcopis, presbiteris, diaconibus, subdiaconibus et universis clericis cunctoque populo christiano. Quod bene ac pleniter vobiscum simus, fratres karissimi, scitis. Nunc iterum pro cautela et memoria temporum futurorum dilectioni vestrae cognitum esse volumus, quomodo, instigante ac suadente diabolo, Anastasius presbiter cardinis nostri, quem nos in titulo beati Marcelli ordinavi-

berga gelegt und, wie es hieß, mit den bösen Geistern gesprochen hatte, ging er ohne Abendmahl ab an seinen Ort[1]. Nach seinem Tode erreichte Papst Adrian beim Kaiser die Entsendung von Männern, die den genannten Eleutherius nach den römischen Gesetzen richten sollten. Dieser Eleutherius aber brachte auf den Rat, wie es heißt, seines Bruders Anastasius, den Adrian sofort nach seiner Erhebung zum Bibliothekar der römischen Kirche ernannt hatte, Stephania die Gattin des Papstes und deren von ihm entführte Tochter um. Eleutherius selbst wurde von den Abgesandten des Kaisers getötet. Adrian jedoch versammelte eine Synode und verurteilte den genannten Anastasius, nachdem bereits über ihn die Verdammung ausgesprochen war, in folgender Weise[2] zum zweiten Male.

Auf dem Bild steht rechts folgendes: Unter der Regierung unserer Herren, der Kaiser Lothar und Ludwig, am 16. Dezember in der 14. Indiction[3]. Exkommunikation, welche Bischof Leo über den Priester Anastasius verhängt hat, und später Adrian. Wir Bischof Leo, Knecht der Knechte Gottes. Anastasius, Priester unserer Kirche, den wir in der Kirche des heiligen Marcellus ordiniert haben und der sich von da hinweg nach fremden Pfarreien ohne unser oberhirtliches Wissen begeben hat, den wir durch unsere Boten und Briefe zurückgerufen haben und dem den Befehl zur Rückkehr nach seiner Pfarrei zu geben, wir die beiden Herren Kaiser durch unsere Abgesandten gebeten haben, der, sich bald hier bald da verbergend, nun schon zwei Jahre in der Ferne sich umhertreibt und der zu zwei Konzilien von uns vorgeladen, nicht gekommen und nicht einmal gefunden worden ist: soll, weil er, wie gesagt, gleich einem verirrten Schaf in fremden Ländern auf den Rat des Teufels heimlich verweilt, gemäß den kanonischen Vorschriften nach dem Willen des allmächtigen Gottes und des seligen Apostels Petrus und zugleich kraft unserer eigenen apostolischen Autorität von heut an von der Kommunion ausgeschlossen sein, bis er mir persönlich in einem kanonischen Prozeß vorgestellt wird, und wenn er nicht kommt, für immer exkommuniziert bleiben. – Nach dem römischen Oberpriester erklärten ihre Zustimmung zu dieser Exkommunikation die Erzbischöfe von Ravenna und Mailand und andere, insgesamt 75.

Auf der linken Seite des Bildes steht:

Wir Bischof Leo, Knecht der Knechte Gottes, allen Bischöfen, Priestern, Diakonen, Subdiakonen, sowie allen Geistlichen und dem gesamten christlichen Volk. Daß wir ganz und gar mit Euch sind, wißt Ihr, geliebteste Brüder. Nunmehr wollen wir wiederum aus Vorsicht und zur Erinnerung für die künftigen Zeiten Eure Liebe wissen lassen, daß auf Anstiften und Rat des Teufels Anastasius, Priester unserer Kirche, den wir an der Kirche des hl. Marcellus ordiniert haben, wider die Bestim-

[a]) huc nunc in der Überlieferung ausgefallen.

[1] Die Hölle.

[2] Es folgt die Beschreibung eines Wandgemäldes.

[3] 16. Dezember 850.

mus, contra statuta patrum provinciam ecclesiamque deserens, ecce iam per quinquennii tempus in alienas parroechias veluti ovis errans discurrit, quem etiam auctoritate suffulti canonica apostolicis litteris per tertiam quartamque vicem vocavimus. At ubi redire distulit, duo pro eo episcoporum concilia congregavimus, quorum conventu cum eius non potuissemus videre vel habere specialem praesentiam, communi eum decreto sancta communione privavimus, volentes siquidem suam per huius excommunicationis censuram ad gremium sanctae, a quo discesserat, matris ecclesiae personam reducere. Sed apostolica monita sanctique concilii pro nihilo ducens, erroris inretitus caligine, redire nullatenus voluit. Proinde, sicut Ravenna nobis degentibus de eo in ecclesia beati Vitalis martyris mense Maio die 29, indictione prima[1], ore proprio promulgavimus, nunc iterum in ecclesia beati Petri apostoli mense Iunio die 19, indictione superius annotata, similiter promulgavimus: sit ille a sanctis patribus et a nobis anathema, et omnes, qui ei sive in electione, quod absit, aut pontificatus honore adiutorium praestare vel solatium quodcumque voluerint, simili anathemate subiaceant. Post Romanum pontificem in hoc anathemate consenserunt Iohannes archiepiscopus Ravennatis, Nottingus et Sigilfredus, episcopi domni imperatoris, et 6 episcopi ad praedictum archiepiscopum pertinentes, quorum notitiam non recolimus, et alii tam ex Romana urbe quam ex aliis numero 56, absque presbyteris et diaconibus sanctae Romanae ecclesiae.

Super valvas argenteas haec scripta sunt: In nomine Patris et Filii et Spiritus sancti. Incipit sancta ac veneranda synodus, quae per Domini gratiam / et eius divinum consilium congregata est in ecclesia beati Petri apostoli, anno scilicet pontificatus sanctissimi ac coangelici et universalis quarti papae Leonis septimo atque invictissimorum Hlotharii ac Hludowici imperatorum anno imperii quadragesimo secundo[2], mense Decembri die 8, indictione 2. In hac siquidem sancta ac venerabili synodo Domini solatiante gratia nobiliter celebrata, post diversas episcoporum sacerdotumque vel clericorum atque omnium christianorum pias ac salutiferas ammonitiones et exortationes depositus est iuste atque canonice Anastasius presbyter tituli sancti Marcelli, eo quod contra auctoritatem canonicam propriam parroechiam deseruisset per annos scilicet 5, et in alienas adusque hodie demoratur, et neque vocatus neque excommunicatus et ad ultimum anathe-

mungen der Väter seinen Sprengel und seine Kirche verlassen hat und nun schon seit fünf Jahren in fremden Pfarreien wie ein verirrtes Schaf umherzieht. Gestützt auf die kanonische Autorität haben wir ihn vergeblich durch apostolische Briefe zum dritten und vierten Male zurückgerufen. Da er aber zu kommen sich nicht gewillt zeigte, haben wir seinetwegen zwei Konzilien der Bischöfe versammelt und da wir ihn in ihrer Versammlung nicht persönlich anwesend sehen und haben konnten, haben wir ihn nach gemeinsamem Urteil von der heiligen Kommunion ausgeschlossen, indem wir seine Person durch dieses Exkommunikationsurteil in den Schoß der heiligen Mutter Kirche, die er verlassen hat, zurückführen wollten. Aber die apostolischen Ermahnungen und die des heiligen Konzils verachtend und umfangen von der Finsternis des Irrtums wollte er durchaus nicht zurückkehren: darum haben wir über denselben, wie wir zur Zeit unseres Aufenthalts in Ravenna in der Kirche des seligen Märtyrers Vitalis am 29. Mai in der 1. Indiction[1] mit eignem Munde bereits getan hatten, nunmehr wiederum in der Kirche des seligen Apostels Petrus am 19. Juni in der oben bezeichneten Indiction verkündet: er solle von den hl. Vätern und uns verflucht sein, und alle, welche ihm, was Gott verhüten wolle, für die Wahl zum Papst oder in der Würde des Pontifikats irgend welche Unterstützung und Beistand leisten würden, sollen dem gleichen Fluch unterliegen. – Nach dem römischen Oberpriester gaben zu diesem Bannspruch ihre Zustimmung Erzbischof Johannes von Ravenna, Notting und Sigilfred, die Bischöfe des Herrn Kaisers, und sechs Bischöfe, welche zu jenem Erzbistum gehören, deren Namen uns nicht in Erinnerung sind, sowie andere sowohl aus der Stadt Rom wie aus andern Städten, insgesamt 56, die Priester und Diakonen der heiligen römischen Kirche ungerechnet.

Auf den silbernen Türflügeln steht folgendes:

Im Namen des Vaters und des Sohnes und des heiligen Geistes. Es hat die heilige und verehrungswürdige Synode, welche durch die Gnade Gottes und seinen göttlichen Ratschluß in der Kirche des seligen Apostels Petrus versammelt worden ist, begonnen im 7. Jahre des Pontifikats des heiligsten, engelgleichen und allgemeinen Papstes Leo IV. und im 42. Jahre der Herrschaft[2] der siegreichsten Kaiser Lothar und Ludwig, am 8. Dezember in der 2. Indiction. In dieser heiligen und ehrwürdigen Synode wurde, nachdem die helfende Gnade des Herrn würdig gefeiert, und nach verschiedenen frommen und heilbringenden Ermahnungen und Ermunterungen an die Bischöfe, Priester, Geistlichen und alle Christen Anastasius, Priester der Kirche des heiligen Marcellus, nach dem Recht und den Canones entsetzt, weil er, gegen die kanonische Autorität, seine eigene Pfarrei fünf Jahre hindurch verlassen hat und sich in fremden bis auf

[1] Im Jahr 853.

[2] Die Jahre Lothars (37) und Ludwigs (5) sind zusammengezählt.

matizatus, sicut de eo in hac synodo veridica pictura demonstrat, ad congregata duo pro eo episcoporum concilia venire noluit: ideo tam a summo pontifice quamque ab universis episcopis tunc synodo residentibus, videlicet numero 67, ob suam stultam audaciam merito, ut praediximus, est depositus et sacerdotali honore privatus, anno denique, mense ac die atque indictione ut supra. Huc usque Leo pontifex scribi iussit.

Post mortem vero iam dicti Leonis dignae memoriae praesulis ipse anathematizatus atque depositus Anastasius seculari potentia rediens ab abditis, quibus sicut fur latitaverat, locis, diabolica fraude seductus inretitusque caligine, latronum more hanc quam non debuerat introire ecclesiam invasit, veluti aethnicus atque barbarus, ad perditionem suae animae atque periculum huius venerandae synodi cum suis nequissimis consentaneis atque sequacibus picturam destruxit imaginemque[a]) deiecit, quam beatissimus papa Benedictus atque egregius restauravit et lucifluis coloribus decoravit.

Adrianus episcopus, servus servorum Dei. Omni Dei ecclesiae notum est, quid Anastasius tempore praedecessorum nostrorum pontificum gesserit, sed et qualiter de illo sanctae recordationis Leo et Benedictus eximii praesules instituerint, / palam est cunctis. Quorum unus eum deposuit, excommunicavit et anathematizavit, alter vero sacerdotalibus expolians vestimentis, inter laicos in communione recepit. Decessor itaque noster sanctissimus papa Nicolaus eum postea, si fideliter erga sanctam Romanam ecclesiam incederet, in gremio pari modo recepisset ecclesiae; sed infidelitas eius nunc in tantum apparuit, ut post depraedationem patriarchii nostri ablationemque synodalium scripturarum, quas tam super se quam super[b]) eiusmodi a sanctissimis praesulibus diversis temporibus decretas reppererat, institutionem quoque venerandae synodi ab ipsis sanctis pontificibus factam atque sub interpositione anathematis refactam violari nobis subripiendo fecerit, et homines ad seminandum inter piissimos principes et ecclesiam Dei discordias per muros huius civitatis more furis exire coegerit quendamque Adalgrimum ad ecclesiam confugium facientem oculis et lingua privari suggesserit. Modo vero, sicut multi vestrum mecum a quodam presbitero, consanguineo eius, nomine Adone, audistis, et aliis modis nobis revelatum est, beneficiorum quoque nostrorum immemor, hominem ad Eleutherium misit, exhortans

den heutigen Tag aufhält, und weil er trotz Vorladung, Exkommunikation und Bannung, wie es von ihm das wahrhafte Bild in dieser Synode zeigt, zu den beiden um seinetwillen versammelten Konzilien der Bischöfe nicht hat kommen wollen: deswegen ist er vom Oberpriester wie von sämtlichen in dieser Synode gegenwärtigen Bischöfen, 67 an der Zahl, wegen seines unsinnigen Übermutes nach Verdienst, wie gesagt, entsetzt und der priesterlichen Würde entkleidet worden, im Jahr, Monat, am Tag und in der Indiktion wie oben angegeben. – Soweit das, was Papst Leo schreiben ließ.

Nach dem Tode Leos aber, des hohen Vorstehers würdigen Andenkens, kam jener verfluchte und abgesetzte Anastasius mit Hilfe der weltlichen Gewalt aus den Verstecken, in denen er sich wie ein Dieb verborgen gehalten hatte, hervor, drang mit teuflischer List und in Dunkel gehüllt, nach Art der Räuber in die Kirche, welche zu betreten ihm verboten war, und zerstörte wie ein Heide und Barbar, zum Verderben für seine Seele und zur Gefährdung dieser ehrwürdigen Synode mit seinen schändlichen Mitschuldigen und Genossen die Malerei und riß das Bild ab, das der selige und vortreffliche Papst Benedikt wiederherstellen und mit leuchtenden Farben schmücken ließ.

Wir Bischof Adrian, Knecht der Knechte Gottes. Der ganzen Kirche Gottes ist bekannt, was Anastasius zu Zeiten unserer Vorgänger im Hohenpriesteramt begangen hat; aber auch wie gegen ihn Leo und Benedikt, die erlauchten Päpste seligen Andenkens, verfahren sind, ist allen offenkundig. Der eine von diesen entsetzte, exkommunizierte und verfluchte ihn, der andere aber nahm ihm die priesterlichen Kleider und ließ ihn nur bei den Laien zur Kommunion. Unser Vorgänger nun, der heilige Papst Nikolaus, hätte ihn daher später, wenn er treu gegen die heilige römische Kirche sich weiter erwiesen hätte, in gleicher Weise in den Schoß der Kirche wieder aufgenommen; aber seine Untreue ist jetzt in solchem Maße deutlich geworden, daß er nach Beraubung unseres Patriarchiums und nach Wegnahme der Synodalschriften, die er sowohl ihn betreffend als bezüglich ähnlicher Dinge von den heiligen Päpsten zu verschiedenen Zeiten erlassen fand, auch die Bestimmungen der ehrwürdigen Synode, welche von den heiligen Päpsten selbst getroffen und unter Hinzufügung des Bannfluchs erneuert waren, indem er sie uns heimlich entwendete, entweihte und, um Unfriede zwischen den frommen Fürsten und der Kirche Gottes zu säen, Menschen aus den Mauern dieser Stadt wie Diebe zu gehen zwang und einen gewissen Adalgrim, der sich in eine Kirche geflüchtet hatte, der Augen und der Zunge berauben ließ. Soeben aber hat er, wie viele von Euch mit mir von einem Priester namens Ado, seinem Vetter, gehört haben und wie auch sonst vielfach uns mitgeteilt worden

a) überliefert ist imaque.

b) Die Worte se quam super sind in der Überlieferung ausgefallen.

homicidia perpetrari, quae, sicut scitis, proh dolor! facta sunt. Et ideo pro his omnibus et pro aliis multis, quibus ecclesiam Domini perculit atque laesit, quam etiam subdolis machinationibus hactenus tundere non desistit, auctoritate Dei omnipotentis omniumque sanctorum patrum ac venerandorum conciliorum praedictorumque pontificum simul et iudicii nostri sententia sancimus, illum eundem Anastasium esse tenendum, quemadmodum de eo idem pontifices domini Leo et Benedictus sollemniter et synodice statuerunt, nihil in eius anathemate vel causa penitus adiungentes vel minuentes, nisi ut omni communione ecclesiastica privatus existat, donec de omnibus quibus impetitur nobis coram synodo rationem ponat; et qui cum eo in locutione, cibo vel potu communicaverit, pari excommunicatione cum eo teneatur annexus, quia pro eo, quod altiora se petens, quod sibi toties interdictum fuerat, temere usurpavit ac vetitum locum conscendit, satis nostra ecclesia murmuravit et murmurat. Sane, si vel ab urbe Roma quantisper discesserit vel sacerdotium vel clericalem aliquem ordinem sive ministerium quodlibet repetere aut recipere praesumpserit, quia contra statuta praefatorum praesulum contraque iusiurandum, quod pollicitus est, numquam se ab urbe plus 40 milibus abscessurum, nec[a]) sacerdotium vel gradum / clericalis esse ministerii petiturum, facere videbitur, cum omnibus factoribus[b]), consentaneis et sequacibus suis anathemate perhenni subiaceat. Prolata in conspectu totius sanctae Romanae ecclesiae ante hunc eundem Anastasium apud Sanctam Praxedem positum, anno pontificatus domni Adriani summi pontificis et universalis papae 1, per 4. Idus Octobris, indictione secunda[1].

Hlotharius suspectum habens Karolum, ad Hludowicum se iterum contulit; et obtinuit, ut sacramentum illi fieri ex sua parte faceret, quatenus in nullo nocumento illi foret, si in coniugem Waldradam acciperet. Sicque ad palatium Attiniacum ad conloquium Karoli venit ibique placitum accepit, ut post futuras Kalendas Octobris simul iterum loquerentur. Karolus autem per curtes regias in pago Laudunensi consistentes pergens, Hincmarum Laudunensem episcopum, nullo episcopo suae provinciae conscio, iussit, ut ad causas suas, id est ad seculare iudicium, advocatum suum daret, pro eo quod beneficia quibusdam suis hominibus abstulit. Isdem autem episcopus se reclamans,

a) nec fehlt in der Handschrift. b) statt fautoribus.

ist, uneingedenk der ihm von uns erwiesenen Wohltaten, einen Menschen an Eleutherius gesandt mit der Aufforderung, Morde zu vollbringen, die, wie Ihr wißt, leider verübt worden sind. Für dieses alles nun und für vieles andere, womit er die Kirche des Herrn schwer getroffen und verletzt hat, die er bis jetzt nicht aufhört, mit seinen geheimen Ränken anzugreifen, verordnen wir mit der Autorität des allmächtigen Gottes und aller heiligen Väter und der ehrwürdigen Konzilien und der obengenannten Päpste, sowie nach dem Spruch unseres Gerichts, daß es mit jenem Anastasius zu halten sei, wie über ihn auch die Päpste Leo und Benedikt feierlich und nach Synodalbeschluß befunden haben, indem wir an seinem Verdammungsurteil und an seiner Sache durchaus nichts ändern, weder durch Zutun oder durch Wegtun, außer, daß er aus aller kirchlichen Gemeinschaft ausgeschlossen sein soll, bis er über alles, dessen er beschuldigt wird, vor uns persönlich in der Synode Rechenschaft ablegt. Und wer mit ihm in Rede, Speise und Trank Gemeinschaft zu halten wagt, soll von derselben Exkommunikation wie er betroffen sein, denn unsere Kirche hat genug über ihn gemurrt und murrt noch, weil er über sich hinausstrebend, was ihm so oft verboten worden war, in seiner Frechheit sich angemaßt hat und in den ihm verbotenen Ort eingedrungen ist. Und wenn er sich daher von Rom eine Zeitlang entfernen oder wagen würde, irgend ein priesterliches Amt oder eine geistliche Stelle oder irgend welchen dergleichen Dienst zu fordern oder anzunehmen, so soll er, weil er damit offenbar gegen die Befehle der oben genannten Bischöfe handelt und gegen sein eidliches Versprechen, sich nie über 40 Meilen von der Stadt zu entfernen noch irgend eine priesterliche Verrichtung oder priesterliches Amt anzustreben, mit allen seinen Helfern, Gleichgesinnten und Begleitern mit dem ewigen Bannfluch belegt sein. Verkündet im Angesicht der ganzen hl. römischen Kirche vor eben diesem Anastasius in der Kirche der hl. Praxedis im 1. Jahre des Oberpriesteramts des Herrn Adrian, des obersten Priesters und allgemeinen Papstes, am 12. Oktober in der 2. Indiction[1]. –

Aus Argwohn gegen Karl begab sich Lothar wiederum zu Ludwig und erreichte, daß dieser ihm von sich ein eidliches Versprechen geben ließ, daß Ludwig ihm in keiner Weise Schaden zufügen wolle, wenn er Waldrada zur Gemahlin nehme; hiernach ging er nach der Pfalz Attigny zur Unterredung mit Karl und nahm den Vorschlag an, daß sie nach dem nächsten ersten Oktober wiederum zusammen eine Unterredung haben wollten. Karl, der auf den königlichen Höfen im Gau von Laon umherreiste, befahl dem Bischof Hinkmar von Laon, ohne daß ein Bischof jener Provinz davon wußte, für seinen Prozeß, d. h. vor das weltliche Gericht, seinen Vogt zu stellen, weil er einigen seiner Leute ihre Lehen genommen hatte. Der Bischof aber erhob dagegen Einspruch, indem er erklärte, daß

[1] 12. Oktober 868.

quod relicto ecclesiastico iudicio non auderet saeculare adire iudicium, sicut ei iussum fuerat, ad locum nominatum saecularis iudicii non venit, sed causas suae impossibilitatis regi mandavit. Rex autem Karolus iubens inde quasdam iudicare etiam infames personas, quia personam praefatus episcopus non misit, qui iuraret, quod illuc venire non posset, et quoniam advocatum suum de se in iudicio seculari non dedit, praedictarum personarum iudicio, quicquid isdem episcopus de rebus et facultatibus ecclesiasticis in usibus episcopii specialiter habebat, proscriptum est. Sicque idem rex ad Pistas medio mense Augusto veniens, annua dona sua ibidem accepit, et castellum mensurans, pedituras singulis ex suo regno dedit.

Hincmarus autem Remorum archiepiscopus Hincmarum episcopum Laudunensem secum ducens, apud Pistas cum aliis episcopis scriptis et verbis regem adiit, ostendens, quantum praeiudicium et episcopalis auctoritas et universalis aecclesia in tali facto patiebatur; et optinuit, ut, revestito episcopo quibus fuerat spoliatus, sicut sacrae leges praecipiunt, in provincia ubi haec causa iudicanda erat electorum iudicum iudicio et, si necesse foret, post hoc synodali terminaretur examine. Sed et in eodem placito rex markiones, / Bernardum scilicet Tolosae et iterum Bernardum Gothiae, itemque Bernardum alium suscepit. Missum etiam Salomonis Brittonum ducis ibi obvium habuit, per quem Salomon illi mandavit, ut haut ipse pergeret ad expugnandos Nortmannos qui residebant in Ligeri, quia isdem Salomon cum valida manu Brittonum parátus erat illos adgredi, tantum ut adiutorium ex Karoli parte haberet. Ad quem idem rex praemittens Engelramnum camerarium et hostiariorum magistrum atque a secretis consiliarium suum cum corona auro et gemmis ornata, sed et cum omni paramento regio cultu exculto, Karlomannum, filium suum, diaconum et abbatem, cum scare e vestigio, sicut Salomon ei mandaverat, misit, et inde Audriacam villam gratia venandi perrexit. Scara, quae cum Karlomanno a Karolo rege trans Sequanam missa, terram quidem vastavit, sed nullius utilitatis effectum ex Nortmannis, ad quos resistendum missa fuerat, faciens, iubente rege Karolo rediit; et sic unusquisque ad sua perrexit. Pictavenses autem vota facientes Deo et sancto Hilario, tertio eosdem Nortmannos fuere aggressi, quorum plures occiderunt, ceteros vero in fugam miserunt et de omni praeda, excepta voluntaria oblatione, decimam sancto Hilario contulerunt.

er es nicht über sich bringe, mit Aufgabe des geistlichen Gerichts sich vor das weltliche Gericht zu stellen, wie ihm befohlen war, und erschien nicht an dem bezeichneten Ort des weltlichen Gerichts, sondern teilte dem König schriftlich die Gründe mit, welche ihm dies unmöglich machten. König Karl aber setzte nun einige Menschen zu Gericht, sogar solche mit üblem Leumund, und da der genannte Bischof niemand sandte, der geschworen hätte, daß er zum Gericht nicht kommen könne, und da er auch nicht seinen Vogt für sich vor das weltliche Gericht stellte, so wurde nach dem Urteil jener bezeichneten Personen dem Bischof alles, was er von geistlichem Gut und Besitztümern zum besonderen Gebrauch und Nutzen des Bistums besaß, abgesprochen. Darauf begab sich der König Mitte August nach Pitres, empfing hier die Jahresgeschenke und verteilte, die Burg abmessend, die Bauabschnitte unter die Einzelnen aus seinem Reich.

Erzbischof Hinkmar von Reims, den der Bischof Hinkmar von Laon mitbrachte, wandte sich mit andern Bischöfen in Pitres schriftlich und mündlich an den König und zeigte, wie die bischöfliche Autorität und die ganze Kirche unter solchem Verfahren Schaden litt; und er erreichte, daß der Bischof wieder in den Besitz der Güter, deren er beraubt worden, gesetzt und die Angelegenheit, so wie es die heiligen Gesetze vorschreiben, in der Provinz, wo sie zu entscheiden war, durch ein Gericht erwählter Richter, und wenn es nötig wäre, in weiterer Instanz durch eine Synodaluntersuchung entschieden wurde. Auf diesem Reichstag empfing der König auch die drei Markgrafen Bernhard von Toulouse, Bernhard von Gothien und noch einen dritten Bernhard. Auch traf daselbst ein Gesandter des Bretonenherzogs Salomo ein, durch den ihm Salomo sagen ließ, Karl solle nicht selbst zur Bekämpfung gegen die Normannen auf der Loire ziehen, weil er, Salomo, mit einer starken Anzahl Bretonen bereit sei, dieselben anzugreifen, wenn er von Seiten Karls nur eine Unterstützung erhalte. Hierauf sandte der König zuerst an ihn den Engelram, seinen Kämmerer, Führer der Leibwache und geheimen Rat, mit einer durch Gold und Edelsteine gezierten Krone, sowie mit jeglichem Gewandstück, das zum königlichen Schmuck gehört, und unmittelbar darauf seinen Sohn Karlmann, den Diakon und Abt, mit einer Heeresabteilung, so wie Salomon es ihm hatte sagen lassen; er selbst aber begab sich von da nach Orville auf die Jagd. Die Schar, die unter Karlmann von König Karl über die Seine geschickt worden war, verwüstete zwar das Land, gewann aber gar keinen Vorteil über die Normannen, gegen die sie zum Kampf entsendet worden war, und kehrte daher auf des Königs Karl Befehl zurück: und so zog ein jeder wieder nach seiner Heimat. Die Einwohner von Poitiers aber griffen, nachdem sie Gott und dem heiligen Hilarius Gelübde getan hatten, zum dritten Male jene Normannen an, töteten viele derselben und jagten die übrigen in die Flucht; von der gesamten Beute aber, ungerechnet was jeder einzelne freiwillig darbrachte, überwiesen sie den zehnten Teil dem heiligen Hilarius.

Karolus rex Kalendis Decembris Carisiacum veniens, quosdam primores, tam ex episcopis quam ex aliis regni sui, obviam sibi accersivit, et commotus contra Hincmarum Laudunensem episcopum, quia Romam sine illius conscientia miserat et epistolas[1] pro quibus non convenerat obtinuerat, eidem vero episcopo contumaciter sibi resistenti valde infensus erat. Unde isdem episcopus sine illius licentia, cum saepe ab eo evocatus fuerat et ad illum venire distulisset, ad sedem suam perrexit et amplius quam episcopalis gravitas postulat eundem regem contra se excitavit. Karolus autem Compendium veniens, ibidem nativitatem Domini celebravit

anno Domini 869.

Et quoniam isdem episcopus, etiam per alios episcopos edoctus ut ad illum veniret, iussionem illius implere detrectavit, scaram ex quam plurimis comitibus regni sui confectam / Laudunum misit, ut ipsum episcopum violenter ad eum perducerent. Isdem autem episcopus cum clericis suis iuxta altare resedit, et quibusdam episcopis satagentibus, actum est, ut ipsi qui missi fuerant de ecclesia eum non extraherent, sed sine illo ad Karolum redierunt, omnesque homines ipsius episcopii liberos sibi sacramenta fieri fecit. Karolus autem valde commotus, synodum omnium episcoporum regni sui 8. Kalendas Mai secundae indictionis apud Vermeriam condixit, quo eundem Hincmarum episcopum vocari praecepit. Ipse autem ad Conadam vicum nimis incongruenter et pro qualitate temporis et pro nimietate famis perrexit; ubi quosdam Aquitanos obvios habuit; sed markiones, tres videlicet Bernardos, quos sibi occurrere putavit, non habens obvios, non sine sollicitudine et sine utilitatis effectu ad Silvanectum rediit. Indeque quarta feria ante initium quadragesimae[2] ad monasterium Sancti Dyonisii perrexit ibique sanctum quadragesimae ieiunium exegit et pascha Domini[3] celebravit et castellum in giro ipsius monasterii ex ligno et lapide conficere coepit. Et antequam ad Conadam pergeret, per omne regnum suum litteras misit, ut episcopi, abbates et abbatissae breves de honoribus suis, quanta mansa quisque haberet, futuras Kalendas Mai deferre curarent, vassalli autem dominici comitum beneficia et comites vassallorum beneficia inbreviarent et praedicto placito aedium breves inde deferrent, et de centum mansis unum haistaldum[4] et de mille mansis unum carrum cum duobus bobus praedicto placito cum aliis exeniis, quae regnum illius admodum gravant, ad

König Karl kam am 1. Dezember nach Quierzy und traf hier mehrere Große seines Reiches, Bischöfe wie Laien, die er hinbeschieden hatte. Und erzürnt über Bischof Hinkmar von Laon, weil er ohne des Königs Wissen nach Rom geschickt und Briefe[1] erlangt hatte, bezüglich solcher Dinge, über die man sich nicht geeinigt hatte, war er gegen diesen Bischof wegen seines hartnäckigen Widerstandes sehr aufgebracht. Der Bischof aber ging ohne Erlaubnis des Königs, da er öfter vor diesem zu erscheinen aufgefordert wurde, aber zu ihm zu kommen nicht gewillt war, nach seinem Bischofssitz und reizte dadurch den König mehr gegen sich, als es die bischöfliche Würde erforderte. Karl ging nach Compiègne und feierte hier das Geburtsfest des Herrn

869.

Und weil jener Bischof, trotzdem er auch von andern Bischöfen aufgefordert wurde, vor ihm zu erscheinen, sich weigerte, dem königlichen Befehl nachzukommen, so entsandte der König eine Schar, in der sich eine möglichst große Anzahl von Großen aus seinem Reich befand, nach Laon, um diesen Bischof mit Gewalt zu ihm zu führen. Der Bischof aber setzte sich mit seinen Geistlichen an den Altar und nur durch die Bemühung einiger Bischöfe geschah es, daß die, welche der König entsendet hatte, den Bischof nicht aus der Kirche fortschleppten, sondern ohne ihn zu Karl zurückkehrten, und er ließ sich von allen freien Einwohnern dieses Bistums einen Eid schwören. Karl aber, äußerst erzürnt, berief eine Synode aller Bischöfe seines Reichs zum 24. April in der 2. Indiction nach Verberie und ließ dazu jenen Bischof Hinkmar vorladen. Er selbst begab sich unter ungewöhnlichen Schwierigkeiten sowohl wegen der Beschaffenheit des Wetters als des großen Mangels an Lebensmitteln nach Cosne, wo er einige Aquitanier vorfand, die ihn erwarteten. Die drei Markgrafen aber, nämlich jene drei Bernharde, welche er anzutreffen gehofft hatte, fand er nicht, und kehrte daher, nicht ohne Sorge und ohne allen Erfolg, nach Senlis zurück. Von hier begab er sich am Mittwoch vor Anfang der Fasten[2] nach dem Kloster des heiligen Dionysius, verbrachte daselbst die heilige Fastenzeit und feierte das Osterfest[3], und begann im innern Raum dieses Klosters eine Burg aus Holz und Stein aufführen zu lassen. Noch bevor er aber nach Cosne ging, ließ er im ganzen Reich den Befehl ergehen, daß die Bischöfe, Äbte und Äbtissinnen ein Verzeichnis aller ihrer Lehen, so viel jedes Hufen hätte, bis zum nächsten 1. Mai einreichen; die herrschaftlichen Vasallen sollten aber die Lehen der Grafen und die Grafen die Lehen der Vasallen verzeichnen und auf dem erwähnten Reichstage die Liste der Häuser vorlegen. Zugleich befahl er, daß von je hundert Hufen immer ein Haistald[4] und von je tausend Hufen ein Wagen mit zwei Ochsen nebst

[1] Vgl. MG Epist. 6 S. 715–717 Nr. 14 u. 15 (Briefe des Papstes an König Karl und an Hinkmar von Reims).

[2] 16. Februar 869.

[3] 3. April 869.

[4] freier Taglöhner.

Pistas mitti praecepit, quatenus ipsi haistaldi castellum, quod ibidem ex ligno et lapide fieri praecepit, excolerent et custodirent.

Hlotharius mittens ad eum, sed et ad Hludowicum, petiit, ut in suo regno nullum impedimentum ei facerent, donec ipse Roma rediret. A Karolo autem nullam firmitatem accepit, sed a Hludowico, sicut dicitur, firmitatem inde suscipiens, Romam perrexit, locuturus prius cum Hludowico, fratre suo, imperatore, ut tunc, si posset, per eum apud Adrianum papam obtineret, quatenus Teutbergam reiceret et Waldradam resumeret; ipsamque Teutbergam post se Romam ire praecepit. Sed, ut dicebatur, Hludowicus imperator ab obsessione Sarracenorum[1] pro fratris sui petitione non debuisset discedere; cui amplius quam ducentas naves rex Grecorum in / auxilium contra eosdem Sarracenos festinato mittebat. Hlotharius iter, quod tempore inconvenienti, scilicet mense Iunio, causa uxorum suarum in parte Romae coeperat, contendens perficere, usque Ravennam venit. Ubi missos fratris sui obvios habuit, per quos ei contradixit, ut nec in antea procederet, nec diutius in eodem regno immoraretur, sed ad suum regnum rediret, et tempore commodo et oportuno loco simul convenirent, et de quibus vellet cum eo satageret. Hlotharius autem Romam rediens[a]) a latere ad suum fratrem in Beneventum usque pervenit, et apud eum per Engelbergam multis petitionibus et muneribus atque inconvenientibus obtinuit, ut ipsa Engelberga cum eo usque ad monasterium Sancti Benedicti, quod in monte Cassino situm est, rediret. Quo etiam Adrianum papam eidem Engelbergae et sibi ex iussione imperatoris venire fecit, et apud eum, datis illi multis muneribus, per ipsam Engelbergam obtinuit, ut idem papa illi missam cantaverit et sacram communionem hac convenientia ei donaverit, si, postquam Nicolaus papa Waldradam excommunicavit, nullum cum ea contubernium vel carnalis copulae mercimonium, quin nec conloquium quoddam habuerit. Ipse autem infelix more Iudae simulata bona conscientia et impudenti fronte eandem sacram communionem sub hac conventione accipere non pertimuit nec recusavit; sed et sui fautores cum eo ab ipso papa percepere communionem. Inter quos et Guntharius, auctor et incentor huius puplici adulterii, communionem inter laicos ab eodem Adriano papa accepit, data illi prius coram omnibus professione, quae ita habetur:

Profiteor ego Guntarius coram Deo et sanctis eius vobis, domino

andern Abgaben, welche auf Karls Reich schwer lasten, zu jener Reichsversammlung nach Pitres gesandt werde, damit diese Haistalden die Burg, die er daselbst aus Holz und Stein anlegen ließ, ausbauen und bewachen.

Lothar schickte an Karl sowie an Ludwig und bat sie, ihm an seinem Reich keinen Schaden und Abbruch tun, bis er selbst von Rom zurück sei. Von Karl erhielt er kein sicheres Versprechen; da er aber von Ludwig, wie es heißt, ein solches erlangte, begab er sich auf den Weg nach Rom in der Absicht, sich zuerst mit seinem Bruder, dem Kaiser Ludwig, zu unterreden, um dann, wenn möglich, beim Papst Adrian zu erlangen, daß er Theutberga verstoßen und Waldrada wieder zu sich nehmen könne; der Theutberga selbst gab er die Weisung, ihm nach Rom zu folgen. Aber wie es hieß, habe Kaiser Ludwig um des Bruders Bitte willen nicht von der Einschließung der Sarrazenen[1] abstehen dürfen, da ihm der König der Griechen mehr als zweihundert Schiffe eiligst als Unterstützung gegen diese Sarrazenen schickte. Lothar nun war im Verfolg seiner Romreise, die er zu ungünstiger Zeit, nämlich im Juni, wegen seiner Frauen angetreten hatte, bis Ravenna gekommen. Hier trafen ihn die Gesandten seines Bruders Ludwig, durch welche dieser ihm erklärte, er solle die Reise nicht fortsetzen noch länger in diesem Reiche verweilen, sondern nach seinem Reich zurückkehren; zu gelegener Zeit und am geeigneten Orte sollten sie später zusammentreffen und dann werde er mit ihm, worüber er wolle, verhandeln. Lothar jedoch, Rom seitwärts liegen lassend, zog zu seinem Bruder nach Benevent und erlangte von ihm durch Engelberga mit vielen Bitten, Geschenken und Mühen, daß Engelberga mit ihm bis zum Kloster des heiligen Benedikt in Montecassino zurückkehrte. Hierhin ließ er auch zu sich und Engelberga auf Befehl des Kaisers den Papst Adrian kommen und erreichte von ihm durch Engelberga, nachdem er ihm viele Geschenke gegeben hatte, daß der Papst ihm die Messe sang und ihm das heilige Abendmahl unter der Voraussetzung reichte, daß er, seit Papst Nikolaus die Waldrada exkommuniziert hatte, mit ihr keine Hausgemeinschaft, noch fleischlichen Verkehr, ja nicht einmal eine Unterredung gehabt habe. Jener unselige aber, nach Art des Judas, scheute sich nicht und stand nicht an, mit erheucheltem guten Gewissen und mit frecher Stirn die heilige Kommunion gegen diese Zusage anzunehmen; und auch seine Helfershelfer nahmen mit ihm zusammen aus den Händen des Papstes das Abendmahl. Unter diesen erhielt auch Gunthar, der Urheber und Betreiber dieses öffentlichen Ehebruchs, die Laien-Kommunion aus den Händen dieses Papstes Adrian, nachdem er zuvor in aller Gegenwart folgende Erklärung gegeben hatte:

Ich Gunthar, erkläre vor Gott und seinen Heiligen Euch meinem Herrn Adrian, dem Hohenpriester und allgemeinen Papst, und den Dir unter-

a) Statt rediens, was keinen Sinn gibt, ist praetergrediens übersetzt.

[1] in Bari.

meo Adriano, summo pontifici et universali papae, ac venerandis tibi subditis episcopis reliquoque conventu, quoniam iudicium depositionis in me a domno Nicolao canonice datum non reprehendo, sed humiliter porto. Unde nec ulterius sacrum ministerium contingere praesumo, nisi per misericordiam mihi subvenire volueritis, nec aliquando contra sanctam Romanam ecclesiam aut eius pontificem aliquod scandalum vel quicquam adversi movere volo, sed devotum me eidem sanctae matri ecclesiae eiusque praesuli exhibere atque obedientem permanere protestor. Ego Guntarius huic professioni a me factae manu propria subscripsi. Data Kalendis Iulii, indictione secunda, in ecclesia sancti Salvatoris, quae est in monasterio Sancti Benedicti Cassino.

Accipiens autem isdem papa a Guntario consistente inter laicos hanc professionem, relectam inter laicos ab ipso / publice coram omnibus, dixit illi: ‚Et ego tibi concedo laicam communionem, ea conditione, ut ita, quamdiu vixeris, observes, sicut modo professus fuisti'.

Engelberga denique redeunte ad suum imperatorem, Adrianus papa Romam reversus est. Quem e vestigio Hlotharius est prosecutus. Et Adriano papa Romam ingrediente, Hlotharius ad aecclesiam beati Petri venit. Ubi nullum clericum obvium habuit, sed tantum ipse usque ad sepulchrum sancti Petri cum suis pervenit, indeque solarium secus ecclesiam beati Petri mansionem habiturus intravit; quem nec etiam scopa mundatum invenit. Putavitque in crastina, subsequente videlicet dominica – nam sabbato ad basilicam sancti Petri pervenit – sibi cantari debere missam; a praefato pontifice hoc obtinere non potuit. Inde secunda feria Romam ingrediens, in palatio Lateranensi cum ipso apostolico prandidit, et datis ei muneribus in vasis aureis et argenteis obtinuit, ut ei ipse pontifex leenam et palmam ac ferulam daret; sicut et fecit. Quae munera ita ipse et sui interpretati sunt, videlicet ut per leenam de Waldrada revestiretur, per palmam victorem se in his quae coeperat demonstraret, per ferulam episcopos suae voluntati resistentes obsistendo distringeret. Sed aliter ab eodem papa et Romanis fuere disposita. Nam idem pontifex Formosum episcopum et alium etiam cum eo episcopum in has Galliarum partes mittendos disposuit, ut cum pluralitate episcoporum de his quae Hlotharius petebat tractarent et illi Kalendis Martii quae inventa forent in synodo renuntiarent, quam Romae in ipsis Kalendis Martii denunciavit; quo etiam quattuor episcopos ex regno Hludowici regis Germaniae cum

gebenen ehrwürdigen Bischöfen und der übrigen Versammlung, daß ich das gegen mich von dem Herrn Nikolaus kanonisch gefällte Absetzungsurteil nicht anfechte, sondern in Demut hinnehme. Daher erhebe ich keinen Anspruch darauf, fernerhin irgend einen heiligen Dienst zu verrichten, es sei denn, daß Ihr mir es aus Erbarmen gestatten wollt, noch will ich irgend wann gegen die heilige römische Kirche oder gegen ihren Hohenpriester irgend welches Ärgernis oder irgend welche Widrigkeiten erregen, sondern verspreche, mich der heiligen römischen Kirche und ihrem Vorsteher stets ergeben zeigen und in Gehorsam verharren zu wollen. Ich Gunthar habe diese von mir abgegebene Erklärung eigenhändig unterschrieben. Gegeben am 1. Juli in der zweiten Indiction, in der Kirche zum heiligen Salvator im Kloster des heiligen Benediktus in Monte Cassino.

Nachdem der Papst von Gunthar, der unter den Laien stand, diese Erklärung entgegengenommen und Gunthar sie selbst offen in aller Gegenwart vorgelesen hatte, sprach der Papst zu ihm: Und ich gewähre Dir die Laien-Kommunion unter der Bedingung, daß Du, so lange Du lebst, hältst, was Du soeben versprochen hast.

Hierauf kehrte Engelberga zu ihrem Gemahl dem Kaiser, Adrian aber nach Rom zurück und Lothar folgte unmittelbar nach. Und während der Papst in Rom einzog, kam Lothar vor die Kirche des hl. Petrus. Hier traf er keinen Geistlichen, sondern begab sich allein mit den Seinigen zum Grab des hl. Petrus und nahm dann dicht bei der Kirche des hl. Petrus einen Söller zur Wohnung, den er aber nicht einmal mit dem Besen gereinigt fand. Er dachte aber, am nächsten Tage, das war ein Sonntag, – denn Sonnabend kam er zur Kirche des hl. Petrus, – müsse man ihm die Messe singen, konnte das jedoch vom genannten Papste nicht erlangen. Am Montag zog er daher in Rom ein und frühstückte mit dem Papst im Palast des Lateran. Und durch reiche Geschenke, die er dem Papst mit goldnen und silbernen Gefäßen machte, erreichte er, daß ihm der Papst seinerseits einen wollenen Mantel, einen Palmzweig und einen Stab gab. Diesen Geschenken gab er und die Seinen die Auslegung, durch den Mantel solle er wieder in den Besitz der Waldrada kommen, durch die Palme sich als Sieger in dem, was er begonnen, erweisen und durch den Stab die seinem Willen widerstrebenden Bischöfe durch Beharrlichkeit unterwerfen. Dieser Papst aber und die Römer hatten andere Pläne, denn der Papst schickte den Bischof Formosus und mit ihm noch einen andern Bischof nach den gallischen Ländern, um mit der Mehrzahl der Bischöfe über die Bitte Lothars zu beraten und ihm selbst zum 1. März über das Beschlossene auf der Synode in Rom Bericht zu erstatten, die er zum 1. März ankündigte. Dazu bestellte er brieflich vier Bischöfe aus dem Reiche Ludwigs, des Königs von Germanien, mit dessen Gesandten, sowie vier Bischöfe aus dem Reiche Karls mit dessen Gesandten und endlich mehrere Bischöfe aus dem Reiche Lothars mit der Maßgabe, daß diese alles, was auf der Synode zu untersuchen und zu tun wäre, im Namen

ipsius legatis et quattuor episcopos ex regno Karoli cum eius legatis et quosdam episcopos ex regno Hlotharii epistolis suis hac conditione venire praecepit, ut, quae in synodo vel examinanda vel gerenda forent, in personis aliorum confirmarent, tam ex occidentalibus partibus quam ex orientalibus. Unde missos suos, quos nuper Constantinopolim pro contentione quam orientales cum Nicolao papa habuere miserat, tunc venturos sperabat.

Hlotharius[a]) vero Roma laetus promovens, usque Lucam civitatem venit. Ubi febre corripitur, et grassante clade in suos, quos in oculos suos coacervatim mori / conspiciebat, sed iudicium Dei intellegere nolens, usque Placentiam 8. Idus Augusti pervenit; ibique dominica die superdiurnans, circa horam nonam inopinate exanimis paene effectus est et obmutuit, atque in crastino hora diei secunda moritur, et a paucis suorum qui a clade remanserant in quodam monasteriolo[1] secus ipsam civitatem terrae mandatur.

Quod Karolus apud Silvanectis civitatem degens, ubi tam ipse quam et uxor sua thesauros, quos in quibuscumque rebus habuerant, per loca sancta in suam elemosinam dispensantes, a Pistis reversi, Domino, de cuius manu illos acceperant, reddiderunt, non incerto comperiens nuncio, ab ipsa civitate movens, Attiniacum venit. Ubi a quibusdam episcopis, sed et ab aliquibus primoribus regni quondam Hlotharii missos directos suscepit, ut ibi resideret et in regnum quod Hlotharii fuerat non intraret, donec frater suus Hludowicus rex Germaniae ab expeditione hostili de Winidis, cum quibus praesenti et praeterito anno saepe comminus sui congredientes aut nihil aut parum utilitatis egerunt, sed dampnum maximum retulerunt, reverteretur; petierunt ergo, ut in palatio residens Engiliheim ad eum missos suos dirigeret et ei mandaret, ubi et quando simul convenirent et de regni ipsius divisione tractarent. Plures autem saniori consilio illi mandaverunt, ut, quantocius commode posset, usque Mettis properare satageret, et ipsi tam in itinere quam ad ipsam civitatem ei occurrere maturarent. Quorum consilium Karolus acceptabilius et sibi salubrius esse intellegens, iuxta eorum suggestionem agere festinavit. Veniens ergo usque Viridunum, plurimos de eodem regno, sed et Hattonem ipsius civitatis episcopum et Arnulfum Tullensis urbis episcopum, sibi se commendantes suscepit. Indeque Mettis Nonas Septembris veniens, Adventium ipsius civitatis praesulem et Franconem Tungrensem episcopum cum multis

der übrigen Bischöfe sowohl aus den westlichen als den östlichen Ländern bestätigen sollten. Auch hoffte der Papst, daß seine Gesandten, welche er vor kurzem nach Konstantinopel geschickt hatte wegen des Streits, der zwischen den Orientalen und dem Papst Nikolaus entstanden war, um diese Zeit von dort zurück sein würden.

Lothar aber brach fröhlich von Rom auf und kam bis Lucca; hier wurde er vom Fieber befallen und eine Seuche brach über die Seinigen herein, die er vor seinen Augen haufenweise hinsterben sah. Lothar aber wollte das Strafgericht Gottes nicht erkennen und traf am 6. August in Piacenza ein. Während er hier am Sonntag verweilte, wurde er plötzlich um die neunte Stunde fast leblos und verlor die Sprache und starb am folgenden Tage um die zweite Stunde. Die wenigen aber von den Seinen, welche das allgemeine Verderben überlebten, begruben ihn in einem kleinen Kloster[1] in der Nähe dieser Stadt.

Karl befand sich zu Senlis, wo er und seine Gemahlin nach der Rückkehr von Pitres die großen Reichtümer, welche sie an allen Dingen besaßen, als Almosen an die heiligen Orte verteilten und so Gott wiedererstatteten, was sie aus seiner Hand erhalten hatten, als er sichere Nachricht von dem Tode Lothars erhielt. Infolge dessen verließ er diese Stadt und kam nach Attigny. Hier empfing er Abgesandte, von mehreren Bischöfen und Großen aus dem Reich des verstorbenen Lothar an ihn geschickt, welche ihn aufforderten, daselbst zu bleiben und nicht eher das Reich, welches Lothar gehört hatte, zu betreten, bis sein Bruder Ludwig, der König von Germanien, von seinem Heerzug gegen die Wenden zurückgekehrt sei, mit denen die Seinigen im gegenwärtigen wie im vorigen Jahre öfters gekämpft, aber keinen oder geringen Erfolg davongetragen, vielmehr selbst sehr große Verluste erlitten hatten. Sie baten daher darum, daß Ludwig, wenn er sich in der Pfalz Ingelheim aufhalte, seine Gesandten an ihn schicken und ihm vorschlagen möchte, wo und wann sie zusammenkommen und über die Teilung dieses Reichs beraten wollten. Viele andere aber mit besserem Rat ließen ihn auffordern, so schnell wie möglich nach Metz zu kommen, und versprachen, sowohl auf dem Wege als in jener Stadt sich um ihn versammeln zu wollen. Und da Karl ihren Rat für annehmbarer und vorteilhafter erachtete, eilte er ihrem Ansuchen gemäß zu handeln. Als er nun nach Verdun gelangte, empfing er daselbst bereits sehr viele aus diesem Reiche, unter andern auch Hatto, den Bischof dieser Stadt, und den Bischof Arnulf von Toul, welche sich seiner Huld empfahlen; und als er von da am 5. September nach Metz kam, nahm er hier den Adventius, den Bischof dieser Stadt, und den Bischof

[a]) Hier tritt als neuer Textzeuge der anonyme Fortsetzer von Aimoins Historia Francorum ein, der manchen Fehler des Audomariensis zu verbessern gestattet.

[1] in der basilica SS. Antonini et Victoris.

aliis in sua commendatione suscepit. Sicque 5. Idus ipsius mensis ab episcopis qui adfuerunt, cohibentibus[a]) omnibus, in basilica beati Stephani haec quae sequuntur denunciata et gesta fuere hoc modo[1]: /

Anno incarnationis dominicae 869, indictione 2, 5. Idus Septembris, Mettis civitate in ecclesia sancti Stephani martyris haec quae sequuntur capitula Adventius episcopus ipsius civitatis coram rege et episcopis qui adfuerunt publice populo et scripto et verbis denunciavit:

‚Vos scitis, et multis in plurimis regnis est cognitum, quantos et quales eventus tempore senioris nostri, quem hactenus habuimus, pro causis notissimis communiter sustinuimus, et quanto dolore quantaque angustia de illius infausta morte nuper cordibus perculsi sumus. Unde unicum refugium et singulariter salubre consilium, rege et principe nostro destituti ac desolati, nobis omnibus esse, consideravimus, ut ieiuniis et orationibus ad eum nos converteremus, qui est adiutor in oportunitatibus, in tribulatione, et cuius est consilium, ac cuius est regnum, et, ut scriptum est, cui voluerit dabit illud, et in cuius manu corda sunt regum, et facit unanimes habitare in domo, *solvens medium parietem et faciens utraque unum*[2]; deprecantes ipsius misericordiam, ut daret nobis regem ac principem secundum cor suum, qui in iudicio et iustitia nos in omni ordine ac professione regeret, salvaret atque defenderet iuxta voluntatem eius et corda omnium nostrum unanimiter ad eum declinaret atque uniret, quem ipse ad salutem et profectum nostrum praescitum et electum atque praedestinatum habebat secundum misericordiam suam. Quia denique voluntatem Dei, qui voluntatem timentium se facit et deprecationes eorum exaudit, in concordi unanimitate nostra videmus hunc regni huius heredem esse legitimum, cui nos sponte commisimus, dominum videlicet praesentem regem ac principem nostrum Karolum, ut nobis praesit et prosit, videtur nobis, si vobis placet, ut, sicut post illius verba vobis manifestabimus, signo certissimo demonstremus, quia illum a Deo electum et nobis datum principem credimus, et eidem largitori Deo ex suis beneficiis non simus ingrati, sed gratiarum actiones illi referentes oremus, quatenus et eum nobis ad salutem et defensionem sanctae suae ecclesiae et ad auxilium atque profectum omnium nostrum cum salute et pace atque tranquillitate nobis conservet diutius et nos fideli devotione illi obsequentes atque optata salvatione fruentes sub illius administratione in suo gubernet servitio. Et, si illi placet, / dignum ipsi

Franco von Tongern und viele andere in seine Huld auf. Und am 7. September wurde von den anwesenden Bischöfen mit Zustimmung aller in der Kirche des hl. Stephanus Nachstehendes[1] verkündigt und ausgeführt.

Im Jahre der Geburt des Herrn 869 in der zweiten Indiction, am 7. September, in der Stadt Metz, in der Kirche des heiligen Märtyrers Stephanus verkündete Adventius, der Bischof dieser Stadt, die folgenden Kapitel vor dem Könige und den anwesenden Bischöfen öffentlich dem Volk durch Schrift und Wort:

Ihr wißt, und vielen ist in den meisten Ländern bekannt, wie große und wie schwere Erlebnisse wir zur Zeit unseres Seniors, den wir bis jetzt hatten, aus wohlbekannten Ursachen gemeinsam ertragen haben und mit welchem Schmerz und welcher Angst jüngst unsere Herzen durch seinen unglücklichen Tod erfüllt worden sind. In dieser Lage, unseres Königs und Fürsten beraubt und verwaist, haben wir für uns alle den einzigen Trost und den einzig heilbringenden Rat darin gesehen, daß wir uns mit Fasten und Gebeten an den wandten, der ein Helfer ist in schweren Zeiten, in der Bedrängnis, der immer Rat hat und dessen das Reich ist und der es, wie geschrieben ist, geben wird wem er es geben will, und in dessen Hand die Herzen der Könige stehen und der sie einmütig im Hause wohnen läßt, indem er die Zwischenwand wegnimmt und aus zweien eines macht[2], unter Anrufung seiner Barmherzigkeit, daß er uns einen König und Fürsten nach seinem Herzen gebe, der uns nach Recht und Gesetz in jedem Stand und Beruf regiere, bewahre und schütze nach seinem Willen und unser aller Herzen einmütig zu dem hinwende und auf den vereine, welchen er selbst zu unserem Heil und Gedeihen erkannt, erwählt und bestimmt hat nach seiner Barmherzigkeit. Weil wir nun den Willen Gottes, welcher den Willen derer macht, die ihn fürchten, und ihr Bitten erhört, in unserer Einigkeit und Einmütigkeit darin sehen, daß er der gesetzliche Erbe des Reichs sei, dem wir uns freiwillig übergeben haben, nämlich unser hier anwesender Herr, König und Fürst Karl, daß er uns vorstehe und nutze: so erscheint uns gut, wenn es Euch gefällt, daß wir so, wie wir Euch später seine Worte mitteilen werden, durch ein sicherstes Zeichen dartun, daß wir in ihm den von Gott erwählten und uns verliehenen Fürsten sehen, und daß wir nicht undankbar gegen Gott, den Spender solcher Wohltaten, sind, sondern ihm unsern Dank abstatten und ihn anflehen, daß er ihn uns zum Heil und Schutz seiner heiligen Kirche und zur Hilfe und zum Gedeihen für uns alle, lange Zeit in Wohlsein, Friede und Ruhe erhalten und uns, indem wir demselben in treuer Ergebenheit gehorchen und des erwünschten Wohlseins uns erfreuen, unter seiner Regierung in seinem Dienst uns führen wolle. Und wenn es

[a]) statt coniventibus.

[1] MG Capitul. II S. 337–341. 456–458.

[2] Paulus an die Epheser 2, 14.

et necessarium nobis esse videtur, ut ex eius ore audiamus, quod a christianissimo rege fideli et unanimi in servitio illius populo, unicuique in ordine suo, convenit audire ac devota mente suscipere'.

Post haec Karolus rex haec quae sequuntur per se in eadem ecclesia cunctis qui adfuerunt denunciavit, dicens:

,Quia, sicut isti venerabiles episcopi unius ex ipsis voce dixerunt et certis indiciis ex vestra unanimitate monstraverunt, et vos acclamastis, me Dei electione ad vestram salvationem et profectum ac regimen atque gubernationem huc advenisse, sciatis, me honorem et cultum Dei atque sanctarum aecclesiarum Domino adiuvante conservare et unumquemque vestrum secundum sui ordinis dignitatem et personam iuxta meum scire et posse honorare et salvare et honoratum ac salvatum tenere velle et unicuique in suo ordine secundum sibi competentes leges, tam aecclesiasticas quam mundanas, legem et iustitiam conservare, in hoc, ut honor regius et potestas ac debita oboedientia atque adiutorium ad regnum mihi a Deo datum continendum et defensandum ab unoquoque vestrum secundum suum ordinem et dignitatem atque possibilitatem mihi exhibeatur, sicut vestri antecessores fideliter, iuste et rationabiliter meis antecessoribus exhibuerunt'.

Et post haec Hincmarus Remorum episcopus haec quae sequuntur capitula, iubente ac postulante Adventio ipsius civitatis episcopo et ceteris episcopis Treverorum provinciae, Hattone scilicet ecclesiae Viridunensis episcopo et Arnulfo Tullensis civitatis episcopo[a]), cohibentibus[b]) provintiae Remorum episcopis, coram reliquis episcopis et rege cunctisque qui adfuerunt in eadem ecclesia publice denuntiavit:

,Ne alicui forte videatur, incongrue ac praesumptiose me ac provinciae nostrae venerabiles coepiscopos facere, quoniam de altera provincia ordinationi et causis huius provinciae nos immiscemus, sciat, nos contra canones sacros non agere, quoniam Remensis et Treverensis ecclesiae in hac regione Belgica cum sibi commissis ecclesiis sorores et comprovinciales habentur, sicut auctoritas ecclesiastica et antiquissima demonstrat consuetudo, ac per hoc unanimi consensu et synodalia iudicia exercere et quae a sanctis patribus constituta sunt debent concorditer custodire, hac privilegii conditione servata, ut, qui prior de Remensi et Treverensi episcopo fuerit ordinatus, prior etiam habeatur. / Et lex divinitus inspirata praecipit, dicens[1]: „*Si transieris per messem amici tui, colligens spicas, manu confricabis ad manducan-*

ihm beliebt, so erachten wir es seiner würdig und für uns notwendig, daß wir aus seinem Munde hören, was von seinem christlichen Könige dem treuen und in seinem Dienst einmütigen Volk, jedem in seinem Stand, zu hören und mit hingebendem Gemüte zu vernehmen zukommt.

Hierauf teilte König Karl von sich aus allen in dieser Kirche Anwesenden folgendes mit:

Da, wie diese ehrwürdigen Bischöfe es durch den Mund eines von ihnen ausgesprochen und mit sicheren Zeugnissen aus Eurem einmütigen Willen bewiesen haben, auch Ihr dem beigestimmt habt, daß ich nach der Wahl Gottes zu Eurer Verteidigung und Eurem Schutz Euch zu regieren und zu lenken gekommen bin, so wisset, daß ich die Ehre und den Dienst an Gott und den heiligen Kirchen mit Gottes Hilfe aufrecht erhalten und einen jeden von Euch der Würde seines Standes und seiner Person gemäß nach bestem Wissen und Vermögen ehren und schützen, und geehrt und geschützt wissen will, und daß ich einem jeden in seinem Stande nach den ihm zustehenden Gesetzen, geistlichen wie weltlichen, Gesetz und Gerechtigkeit wahren will, mit der Maßgabe, daß königliche Ehre und Gewalt und schuldiger Gehorsam und Beistand, um das mir von Gott gegebene Reich zusammenzuhalten und zu verteidigen, von einem jeden von Euch nach seinem Stand, nach seiner Würde und nach seinem Können gewährt wird, so wie das Eure Vorfahren getreulich, recht und geziemlich meinen Vorgängern getan haben.

Nach diesem las Bischof Hinkmar von Reims auf Wunsch und Verlangen des Adventius, Bischofs dieser Stadt, und der übrigen Bischöfe des Trierer Sprengels, nämlich des Bischofs Hatto von Verdun und des Bischofs Arnulf von Toul, im Einvernehmen mit den Bischöfen des Sprengels von Reims vor den andern Bischöfen und dem Könige und allen in der Kirche Versammelten öffentlich folgende Kapitel vor:

Damit nicht etwa jemand glaubt, ich und die ehrwürdigen Mitbischöfe unseres Sprengels handeln unziemlich und anmaßlich, da wir aus einem fremden Sprengel uns in die Regelung und die Verhältnisse dieses Sprengels einmischen, so möge er wissen, daß wir nicht gegen die heiligen Canones handeln, weil die Kirchen von Reims und Trier in diesem belgischen Lande mit den ihnen zugewiesenen Kirchen als Schwestern und Angehörige des alten Sprengels gelten, wie die kirchliche Autorität und die Sitte seit ältesten Zeiten beweisen, und daß sie deswegen mit allgemeiner Zustimmung die Synodalgerichte abhalten und einträchtig das bewahren sollen, was von den heiligen Vätern festgesetzt worden, unter Beobachtung der Sonderbestimmung, daß wer von den Bischöfen von Reims und Trier zuerst geweiht wurde, auch den Vorrang haben soll. Und das von Gott eingegebene Gesetz[1] schreibt vor: „Wenn Du durch die Saat

a) Der Name des Bischofs Franco von Tongern ist ausgefallen.

b) statt coniventibus.

1 Deut. 23, 25.

dum. Falcem autem non mittas", vel „*falce non metas*". Messis est populus, ut Dominus monstrat in euangelio[1], dicens: „*Messis quidem est multa, operarii autem pauci: rogate ergo dominum messis, ut mittat operarios in messem suam*". Quia vos pro vestris episcopis debetis orare, ut vobis digna possimus loqui. Messis autem amici est populus in provincia alteri metropolitano commissa. Unde vos hortando, quasi manu operis confricando, ad Dei voluntatem et vestram salutem in corpus unitatis ecclesiae valemus et debemus traicere, in parrochianos autem provinciarum aliis metropolitanis commissarum falcem iudicii non mittimus, quia nec est unde nec nostrum esse consideramus. Est et alia causa, quia isti venerabiles domini et confratres nostri, provinciae istius episcopi, non habentes metropolitanum episcopum, exiguitatem nostram sic in suis sicut et in specialibus nostris causis nos fraterna caritate iubent et commonent agere. Est ita, domni fratres?' – Et responderunt ipsi episcopi: ‚Ita est'. – Praeter ea, quae domnus episcopus et frater noster Adventius vobis ex sua et ceterorum suorum ac nostrorum fratrum et venerabilium episcoporum voce dixit, in hoc etiam animadvertere potestis, voluntatem Dei esse, ut praesens domnus et rex noster, qui in parte regni, quam hactenus tenet et tenuit, et nobis ecclesiisque nostris et populo sibi commisso utiliter praeest ac praefuit et salubriter prodest et profuit, inde ad hunc locum Domino ducente pervenerit; quo etiam vos eius inspiratione confluxistis, et ipsi vos sponte commendastis, cuius instinctu animata omnia in arcam Noe, significantem ecclesiae unitatem, nullo cogente convenerunt. Quia sanctae memoriae pater suus domnus Hludowicus Pius imperator augustus, ex progenie Hludowici regis Francorum incliti, per beati Remigii Francorum apostoli catholicam praedicationem cum integra gente conversi et cum tribus Francorum milibus, exceptis parvulis et mulieribus, vigilia sanctae paschae in Remensi metropoli baptizati et caelitus sumpto chrismate, unde adhuc habemus, peruncti et in regem sacrati, exortus per beatum Arnulfum, cuius carne idem Hludowicus / Pius augustus originem duxit carnis, et a Stephano papa Romano ante sanctae Dei genetricis et semper virginis Mariae altare Remi in imperatorem est coronatus et demum factione quorundam terreno imperio destitutus, in praedictam regni partem unanimitate episcoporum et

[1] Matth. 9, 37. 38.

Deines Nächsten gehst, so magst Du Ähren abrupfen und sie mit der Hand zum Essen zerreiben, aber eine Sichel sollst Du nicht hineinsenden." Oder: „mit einer Sichel sollst Du sie nicht abernten." Die Saat nun ist das Volk, wie der Herr im Evangelium zeigt, indem er sagt: „Die Ernte ist groß, aber der Arbeiter sind wenige. Darum bittet den Herrn der Ernte, daß er Arbeiter in seine Ernte sende[1]." Denn Ihr müßt für Eure Bischöfe beten, daß wir das Eurer Würdige sagen können. Die Ernte des Nächsten ist das Volk in dem einem andern Metropoliten anvertrauten Sprengel; und so können und sollen wir durch Ermahnung, indem wir sozusagen mit der Hand der Arbeit Euch reiben, Euch nach Gottes Willen und zu Eurem Heil zur Gemeinschaft der einigen Kirche führen, aber gegen die Pfarrkinder von Sprengeln, die andern Metropoliten übertragen sind, senden wir nicht die Sichel des Gerichts, weil wir dazu weder ein Recht haben noch eine Verpflichtung erkennen. Es liegt aber noch der andere Grund vor, daß diese ehrwürdigen Herren, unsere Brüder, die Bischöfe dieser Provinz, weil sie keinen Metropolitan-Bischof besitzen, unsere Wenigkeit in brüderlicher Liebe fordern und einladen, in ihren Angelegenheiten ebenso wie in unseren eigenen und besonderen zu handeln. Ist es so, meine Herren Brüder? Und die Bischöfe erwiderten: es ist so. Abgesehen von dem, was unser Bruder der Herr Bischof Adventius in seinem Namen und in dem Namen seiner sowie unserer Brüder, der ehrwürdigen Bischöfe, Euch gesagt hat, könnt Ihr auch noch aus folgendem Umstande ersehen, daß es Gottes Wille ist, daß unser gegenwärtiger Herr und König, der in dem Reich, das er bisher besitzt und besessen hat, sowohl uns und unseren Kirchen als dem ihm anvertrauten Volk zu Nutzen vorsteht und vorgestanden hat und zu seinem Wohl hilft und geholfen hat, von da unter Gottes Führung an diesen Ort gekommen ist, wo auch Ihr zusammengeströmt seid und Euch ihm freiwillig ergeben habt, von dem getrieben, auf dessen Anweisung alles Lebendige in der Arche Noa, die die Einheit der Kirche darstellt, ohne jeden Zwang zusammenkam: Sein Vater seligen Andenkens, der fromme und erhabene Kaiser Ludwig aus dem Geschlecht des berühmten Frankenkönigs Chlodwig, der durch die katholische Predigt des seligen Remigius, des Apostels der Franken, mit seinem ganzen Volk bekehrt, zusammen mit dreitausend Franken, ungerechnet die Kinder und Weiber, am Abend vor dem heiligen Osterfeste in der Metropole Reims getauft und mit dem vom Himmel entnommenen Öl, wovon wir noch besitzen, gesalbt und zum König geweiht wurde, über den seligen Arnulf abstammend, von dem dieser fromme Kaiser Ludwig seinen leiblichen Ursprung herleitete, wurde von dem römischen Papst Stephan vor dem Altar der Mutter Gottes und ewigen Jungfrau Maria zu Reims zum Kaiser gekrönt, und späterhin, als er durch die Umtriebe von einigen der irdischen Herrschaft entsetzt worden war, wurde er für den erwähnten Teil des Reiches nach dem einstimmigen Willen der Bischöfe und des getreuen Volks vor dem Grabmal des heiligen Dionysius, des er-

fidelis populi ante sepulchrum sancti Dyonisii eximii martyris ecclesiae sanctae est redditus, et in hac domo ante hoc altare protomartyris Stephani, cuius nomen interpretatum resonat ‚coronatus', per Domini sacerdotes acclamatione fidelis populi, sicut vidimus qui adfuimus, corona regni est imperio restitutus. Et quia, ut in historiis sacris legimus, reges, quando regna obtinuerunt, singulorum regnorum sibi diademata imposuerunt, non incongruum videtur istis venerabilibus episcopis, si vestrae unanimitati placet, ut in obtentu regni, unde vos ad illum sponte convenistis et vos ei commendastis, sacerdotali ministerio ante hoc altare coronetur et sacra unctione Deo consecretur. Quod si vobis placet, propriis vocibus consonate'. – Et in hoc conclamantibus omnibus, dixit idem episcopus: ‚Agamus ergo unanimiter Domino gratias, decantantes „Te Deum laudamus"'.

Et post haec ab episcopis cum benedictione sacerdotali est idem rex coronatus. Indeque Florikingas veniens, quae ordinanda sibi visa sunt ordinavit. Indeque in saltum Arduennae autumnali venatione exercitandum se contulit. Hludowicus autem, frater eius, pacem sub quadam conditione apud Winidos obtinere procuravit; ad quam confirmandam filios suos cum marchionibus terrae ipsius direxerat, ipseque infirmus in Ragenisburgh civitate remansit. Et mittens missos suos ad Karolum, mandavit illi de firmitatibus quae inter eos factae fuerunt[1], sed et de portione regni quondam Hlotharii. Unde Karolus illi congruam responsionem mandavit.

Interea Basilius, quem Michahel Grecorum imperator sibi in consortem imperii assciverat, eundem Michahelem dolo interfecit et imperium sibi asscivit. Qui patricium suum ad Barram cum 400 navibus miserat, ut et Hludowico contra Sarracenos ferret suffragium et filiam ipsius Hludowici a se desponsatam de eodem Hludowico susciperet et illi in coniugio sibi copulandam duceret. Sed quadam /occasione interveniente, displicuit Hludowico dare filiam suam patricio. Unde idem patricius molestus, Corinthum rediit, et revertente Hludowico ab obsidione Sarracenorum de partibus Beneventanis, idem Sarraceni de Barra egredientes et hostem Hludowici post tergum sequentes, plus quam duo milia caballorum ipsius hostis praedati sunt, et cum eisdem caballis duos ex se ipsis ordinantes cuneos, ad ecclesiam sancti Michahelis in monte Gargano perrexerunt, et clericos eiusdem ecclesiae multosque alios qui ad orationem illuc convenerant depraedan-

lauchten Märtyrers, der heiligen Kirche wiedergegeben und ihm in diesem Haus, vor diesem Altar des Erzmärtyrers Stephan, dessen Name übersetzt an „gekrönt“ anklingt, durch die Priester des Herrn unter dem zustimmenden Ruf des getreuen Volks, wie wir, die wir dabei waren, gesehen haben, die königliche Krone und das Reich wieder übertragen. Und weil, wie wir in den heiligen Geschichten lesen, die Könige, wenn sie Reiche erlangten, sich die Kronen der einzelnen Reiche aufgesetzt haben, so erscheint es diesen ehrwürdigen Bischöfen nicht unpassend, wenn Ihr einmütig dafür seid, daß König Karl zum Zeichen der Besitzergreifung dieses Reiches, aus dem Ihr zu ihm aus freien Stücken gekommen seid und Euch ihm ergeben habt, durch Priesterhand vor diesem Altar gekrönt und mit der heiligen Salbung Gott geweiht werde. Wenn Ihr dafür seid, so erhebt einmütig Eure Stimmen. Und da alle dem mit ihrem Ruf zustimmten, sprach der Bischof: Lasset uns nun einmütig dem Herrn Dank sagen, indem wir singen: Herr Gott Dich loben wir.

Und darnach wurde er von den Bischöfen unter priesterlichem Segen zum König gekrönt. Von hier ging er nach Flörchingen und traf dort alle ihm nötig scheinenden Anordnungen. Dann begab er sich nach dem Ardennerwald, um der Herbstjagd obzuliegen. Sein Bruder Ludwig aber bemühte sich unter gewissen Bedingungen mit den Wenden zum Frieden zu kommen, zu seiner Bestätigung entsandte er seine Söhne mit den Markgrafen jenes Gebiets, während er selbst in Regensburg krank zurückblieb. Und er schickte seine Gesandten an Karl mit einer Botschaft bezüglich der Bündnisse, die zwischen ihnen geschlossen worden waren[1], und bezüglich der Teilung des Reichs des verstorbenen Lothar, worauf Karl ihm eine angemessene Antwort zugehen ließ.

Inzwischen brachte Basilius, den sich der griechische Kaiser Michael zum Mitregenten erwählt hatte, diesen Michael hinterlistig um und übernahm die Regierung. Dieser sandte seinen Patricius mit 400 Schiffen vor Bari, um Ludwig gegen die Sarrazenen Hilfe zu leisten, sowie um seine Braut, die Tochter Ludwigs, von diesem in Empfang zu nehmen und ihm zur Feier der Vermählung zuzuführen. Ludwig aber war eingetretener Umstände halber nicht mehr geneigt, seine Tochter dem Patricius zu übergeben. Daher kehrte dieser sehr aufgebracht nach Korinth zurück, und als Ludwig, von der Einschließung der Sarrazenen abstehend, aus dem Beneventanischen Gebiet abzog, machten die Sarrazenen einen Ausfall aus Bari, folgten dem Heer Ludwigs nach, erbeuteten mehr als zweitausend Pferde dieses Heeres und zogen mit diesen Pferden, indem sie sich in zwei Haufen teilten, nach der Kirche des heiligen Michael auf dem Berg Garganus; hier raubten sie die Geistlichen dieser Kirche aus, sowie viele andere, welche dorthin gekommen waren, um ihr Gebet zu verrichten, und kehrten dann mit reicher Beute heim. Diese Tat beunruhigte sehr den Kaiser und den Papst, sowie auch die Römer.

[1] 867 in Metz (MG Capitul. II S. 167ff.).

tes, cum multa spolia ad sua redierunt. Quod factum valde imperatorem atque apostolicum, sed et Romanos turbavit.

Hludowicus, Hludowici regis Germaniae filius, cum Saxonibus contra Winidos, qui in regionibus Saxonum sunt, bellum committens, cum multa strage hominum ex utraque parte quoquo modo victoriam est adeptus indeque prospere reversus.

Rotlandus Arelatensis archiepiscopus abbatiam Sancti Caesarii apud Hludowicum imperatorem et Engelbergam non vacua manu adeptus, in insula Camaria nimis undecumque ditissima, in qua res ipsius abbatiae plurimae coniacent et in qua portum Sarraceni habere solebant, castellum opere tumultuario de sola terra aedificans, audito Sarracenorum adventu, in illud satis inconsulte intravit; et appulentibus ad ipsum castellum Sarracenis, amplius quam 300 suorum interfectis, ab eisdem Sarracenis est captus et in eorum naves deductus est ac religatus. Unde 150 libris argenti et 150 mantellis et 150 spatis et 150 mancipiis, praeter illa quae in placito data sunt, ad redemptionem eius concessis, interea idem episcopus in navibus moritur 13. Kalendas Octobris. Sarraceni autem ingeniose accelerantes de redemptione illius, quasi non possent ibi amplius immorari, si illum vellent recipere, redemptores illius redemptionem pro eo dare accelerant; quod et factum est. Et Sarraceni, suscepta omni redemptione, miserunt eundem episcopum sedere in cathedra, indutum vestimentis sacerdotalibus cum quibus captus fuerat, et velut pro honore deportaverunt eum in terram a navibus. Redemptores autem illius volentes cum eo colloqui et congratulari ei, invenerunt eum mortuum. Quem cum maximo luctu exportantes, sepelierunt / eum 10. Kalendas Octobris in sepulchro quod sibi ipse paraverat.

Salomon dux Brittonum pacem cum Nortmannis in Ligeri residentibus fecit et vinum partis suae de pago Andegavensi cum Brittonibus suis collegit. Hugo abba et Gauzfridus cum Transsequananis confligentes cum Nortmannis in Ligeri residentibus, 60 circiter inde interfecerunt; et capientes quendam apostatam monachum, qui relicta christianitate se Nortmannis contulerat et nimis christianis infestissimus erat, decollari fecerunt. Karolus vero civitates trans Sequanam ab incolis firmari rogavit, Cynomannis scilicet ac Turonis, ut praesidio contra Nortmannos populis esse possent. Nortmanni autem hoc audientes, multam summam argenti, frumenti quoque et vini ac animalium ab incolis terrae ipsius quaesierunt, ut cum eis pacem facerent.

Ludwig, der Sohn des Königs Ludwig von Germanien, führte mit den Sachsen Krieg gegen die Wenden, welche in den Gegenden der Sachsen wohnen; unter großem Verlust von Menschen auf beiden Seiten trug er jedenfalls den Sieg davon und kehrte dann glücklich zurück.

Erzbischof Rotland von Arles, der die Abtei des heiligen Cäsarius von Kaiser Ludwig und Engelberg, nicht mit leerer Hand, erlangt hatte, ließ auf der in jeder Hinsicht überaus reichen Insel Camargue, wo die meisten Besitztümer jener Abtei lagen, wo aber auch die Sarrazenen einen Hafenplatz hatten, in größter Eile eine Burg nur aus Erde aufbauen und zog sich, als er von der Ankunft der Sarrazenen hörte, sehr unbedacht in diese zurück. Die Sarrazenen aber landeten bei dieser Burg, und nachdem mehr als dreihundert von den Seinigen getötet worden, wurde er von den Sarrazenen gefangen genommen, auf ihre Flotte gebracht und gefesselt. Und während nun 150 Pfund Silber, 150 Mäntel, 150 Schwerter und 150 Sklaven, das nicht gerechnet, was man nach Gefallen gab, zur Auslösung desselben geboten wurden, starb der Bischof inzwischen auf den Schiffen am 19. September. Die Sarrazenen aber drängten klüglich wegen der Auslösung, indem sie sich stellten, als ob sie an diesem Orte nicht länger verweilen könnten: wenn sie den Bischof wieder bekommen wollen, sollen sich die Auslösenden beeilen, das Lösegeld für ihn zu zahlen; was auch geschah. Und nachdem die Sarrazenen das ganze Lösegeld in Empfang genommen hatten, setzten sie den Bischof, mit den Priestergewändern, in welchen er gefangen genommen worden war, bekleidet, auf einen Stuhl und trugen ihn wie zur Ehrenbezeugung vom Schiff aufs Land. Da nun aber seine Befreier mit ihm sprechen und ihn beglückwünschen wollten, fanden sie, daß er tot war; und in größter Trauer trugen sie ihn fort und begruben ihn am 22. September in dem Grabe, welches er sich selbst hatte bereiten lassen.

Salomo, der Herzog der Bretonen, machte seinen Frieden mit den Normannen an der Loire und sammelte mit seinen Bretonen den Wein von seinem Stück Land im Gau Angers. Abt Hugo und Gauzfrid mit einer Schar von Leuten aus dem Gebiete jenseits der Seine kämpften mit den Normannen von der Loire und töteten von ihnen ungefähr sechzig; sie nahmen auch einen glaubensabtrünnigen Mönch, der dem Christentum absagend sich zu den Normannen begeben hatte, gefangen und ließen ihn enthaupten. Karl aber forderte, daß die jenseits der Seine gelegenen Städte, nämlich le Mans und Tours, von den Einwohnern befestigt würden, damit sie dem Volk des Landes zum Schutz vor den Normannen dienen könnten. Als die Normannen dies hörten, verlangten sie von den Einwohnern dieses Landes eine große Menge Geld, auch Getreide, Wein und Vieh, um mit ihnen Frieden zu machen.

Als Karl auf dem Gut Douzy am 9. Oktober die sichere Nachricht erhalten hatte, daß seine Gemahlin Irmentrud am 6. Oktober im Kloster des heiligen Dionysius gestorben sei, wo sie auch begraben ist, schickte

Karolus in villa Duciaco 7. Idus Octobris certo nuntio comperiens, obisse Hyrmentrudem uxorem suam 2. Nonas Octobris in monasterio Sancti Dyonisii, ubi et sepulta est, exsequente Bosone, filio Buvini quondam comitis, hoc missaticum apud matrem et materteram suam Teutbergam, Hlotharii regis relictam, sororem ipsius Bosonis nomine Richildem mox sibi adduci fecit et in concubinam accepit. Qua de re eidem Bosoni abbatiam Sancti Mauricii cum aliis honoribus dedit, et ipse Aquis palatium, eandem concubinam secum ducens, festinare acceleravit, quatenus ibi residuos illius partis homines qui Hlotharii fuerant, sicut ei mandaverant, in sua dicione susciperet, denuntians, se abinde palatium quod Gundulfi-villa dicitur missa sancti Martini venturum, ut de Provincia et de superioribus partibus Burgundiae ad se venturos suscipiat. Veniens autem Aquis, nullum optinuit quem ante non habuit, et inde, ut denunciaverat, ad Gundulfi-villam pervenit. Ubi missos Adriani papae, Paulum et Leonem episcopos, suscepit cum epistolis[1] sibi et praesulibus ac regni primoribus in his Galliarum partium regionibus consistentibus, in quibus continebatur, ut regnum quondam regis Hlotharii, quod Hludowico impe/ratori, spiritali filio eius, hereditario iure debetur, et quod ad eum post mortem ipsius Hlotharii rediit, vel homines in eo degentes mortalium nullus invaderet, nullus commoveret, nullus ad se conaretur inflectere; quod si quis praesumeret, non solum per suae auctoritatis ministerium infirmaretur, verum etiam vinculis anathematis obligatus, nomine christianitatis privatus, cum diabolo omnino locaretur. Et si quis de episcopis tam nefariae temeritatis auctorem vel tacendo fugeret vel non resistendo consentiret, non iam pastoris, sed mercennarii nomine se nosset fore censendum; et quia iam non pertineret ad eum de ovibus, non pertineret consequenter de pastoralibus dignitatibus. Cum quibus episcopis et missus Hludowici imperatoris venit nomine Boderadus, de his nihilominus satagens. Karolus autem, absolutis apostolici et imperatoris missis, deceptus vanis suasionibus falsorum missorum, qui ei suggerebant, quod frater suus Hludowicus vicinus morti foret, iter in Elisacias partes arripuit, ut Hugonem[2], Liutfridi filium, et Bernardum, Bernardi filium, obtineret; sicut et fecit. Indeque Aquis veniens, ibidem nativitatem Domini celebravit

[1] Vgl. MG Epist. 6 S. 717–723 Nr. 16–19 (Briefe an die weltlichen Großen,

er alsbald den Boso, den Sohn eines verstorbenen Grafen Buvinus, an dessen Mutter und deren Schwester Theutberga, die Witwe König Lothars, ließ sich Richildis, die Schwester dieses Boso, zuführen und nahm sie zur Beischläferin: um deswillen gab er diesem Boso die Abtei des heiligen Mauritius nebst anderen Lehen und begab sich selbst, jene Beischläferin mit sich führend, eilends auf den Weg nach der Pfalz zu Aachen, um hier die übrigen Lehnsleute dieses Landes, die früher Lothar angehörten, ihrer eigenen Aufforderung entsprechend in seine Botmäßigkeit aufzunehmen, indem er zugleich ankündigte, daß er von da in der Pfalz Gondreville zur Messe des hl. Martinus eintreffen wolle, um die aus der Provence und aus Oberburgund zu ihm Kommenden zu empfangen. Als nun aber Karl nach Aachen kam, gewann er niemand, den er nicht schon vorher hatte, und zog darauf, wie angekündigt, nach Gondreville. Hier empfing er die Gesandten des Papstes, die Bischöfe Paulus und Leo, mit Briefen[1] an ihn sowie an die Bischöfe und Großen in diesen Teilen Galliens. Darin stand, daß kein Sterblicher das Reich des verstorbenen Königs Lothar, welches dem Kaiser Ludwig, seinem geistigen Sohne, nach Erbrecht gebühre und welches diesem nach Lothars Tode zugefallen sei, oder die Lehnsleute darin angreifen, in Unruhe versetzen oder an sich zu bringen wagen solle; wenn sich aber jemand dies zu tun erkühne, so würde er nicht nur durch seine päpstliche Autorität angegriffen, sondern auch in die Fesseln des Bannfluches geschlagen, des Namens eines Christen beraubt und gänzlich zum Teufel getan werden. Und wenn einer von den Bischöfen den Urheber einer so schändlichen Vermessenheit durch Schweigen fliehen, oder dadurch, daß er keinen Widerstand leiste, ihm beistimmen sollte, so möge er wissen, daß er nicht mehr mit dem Namen eines Priesters, sondern eines Söldners belegt werden solle, und weil ihm seine Herde nicht mehr zustehe, so sollen ihm folglich auch nicht die Würden des Hirten zustehen. Mit diesen Bischöfen erschien auch der Abgesandte des Kaisers Ludwig, namens Boderad, um für den gleichen Zweck zu wirken. Karl aber zog, nachdem er die Gesandten des Papstes und Kaisers entlassen hatte, durch eitle Vorspiegelung falscher Boten getäuscht, welche ihm mitteilten, sein Bruder Ludwig sei dem Tode nahe, eilends nach dem Elsaß, um sich von Hugo[2], dem Sohne Liutfrids, und Bernhard, dem Sohne Bernhards, huldigen zu lassen, was er auch erreichte. Von da begab er sich nach Aachen und feierte hier das Fest der Geburt des Herrn.

an die Bischöfe, an Hinkmar von Reims und an die lothringischen Großen). Die zitierten Stellen finden sich S. 720, 32 bis 721, 5 und S. 720, 4–8.

[2] Hugo ist (vgl. Decker-Hauff, Ztschr. f. württ. Landesgesch. 14, 1955, 309f.) der Stammvater der Grafen von Egisheim und der Grafen von Dillingen, damit auch der Großvater des hl. Ulrich von Augsburg.

anno Domini 870.

Inde ad Rorici Nortmanni colloquium apud Noviomagum palatium perrexit; quem sibi foedere copulavit. Et in die festivitatis septuagesimae[1] predictam concubinam suam Richildem desponsatam atque dotatam in coniugem sumpsit. Et insperate a fratre suo Hludowico Germaniae rege sibi nunciantes missos accepit, ut, si quantocius Aquis non egrederetur et regnum quondam Hlotharii penitus non desereret idemque regnum, sicut Hlotharii homines tempore obitus eius habebant, eis tenere pacifice non concederet, sine ulla retractione illum bello appeteret. Unde inter eos missis discurrentibus, eo usque causa perducta est, ut inter utrumque huiusmodi[2] sacramenta fierent:

Sic promitto ex parte senioris mei illius, quod senior meus ille fratri suo illi regi talem portionem de regno Hlotharii regis consentit habere, qualem aut ipsi iustiorem et plus aequaliorem aut communes fideles eorum inter se invenerint, nec eum in ipsa portione vel in regno quod antea tenuit per aliquam fraudem vel subreptionem decipiet aut forsconsiliabit, si frater suus ille eandem firmitatem et fidelitatem, quam ex parte senioris mei illi / habeo promissam, frater suus ille seniori meo ex sua parte quamdiu vixerit inviolabiliter servaverit.

Et hac infirma firmitate patrata, Karolus Aquis egrediens, uno itinere Compendium venit, ibique pascha Domini[3] celebravit. Indeque mense Maio ad Attiniacum palatium venit; ubi et duodecim missos fratris sui Hludowici pro divisione regni accepit; qui superciliose tam de sanitate corporis Hludowici quam de prosperitate – quia Resticium Winidum, sibi diutino tempore infestissimum, tam dolo quam bello captum[a]) –, elevati, minus debito sacramenta inter eos facta duxere servanda. Quae divisio multifarie multisque modis hinc et illinc agitata et per diversos missos alterutrum directa[b]) ad hunc finem ex Karoli mandato pervenit, ut in illud regnum, quod inter eos secundum sacramenta praestita dividendum erat, pacifice convenirent, et sicut illi cum consensu et unanimitate communium fidelium ipsorum invenirent, secundum sacramenta inter eos praestita illud regnum dividerent.

Interea, postquam de multis causis impetitus, praecipue autem de insubiectione regiae potestati et inoboedientia erga suum archiepiscopum Hincmarus Laudunensis episcopus, ut se ab impetitis expedi-

a) Zeitwort ausgefallen.

b) Überlieferung fehlerhaft; vielleicht: inter utrumque directos.

870.

Von hier zog er nach der Pfalz Nymwegen zu einer Unterredung mit dem Normannen Rorich und verband sich mit ihm durch ein Bündnis. Und am Fest Septuagesimä[1] nahm er seine obengenannte Beischläferin Richildis, nachdem er sich mit ihr vorher verlobt und sie ausgestattet, zur Gemahlin; unverhofft erhielt er aber auch von seinem Bruder Ludwig, dem König von Germanien, Botschaften, die besagten, daß wenn er sich nicht schnell so als möglich aus Aachen entferne, das Reich des verstorbenen Lothar nicht ganz verließe und die Leute Lothars nicht ungestört so im Besitz des Landes ließe, wie sie zur Zeit des Todes von Lothar gewesen, so würde er ohne alles Zaudern ihn mit Krieg überziehen. Nachdem hierauf Gesandte zwischen ihnen hin und her geschickt worden waren, wurde die Angelegenheit dahin gebracht, daß folgende Eide zwischen beiden Teilen gewechselt wurden[2]:

Ich verspreche hiermit für meinen Senior (Name), daß mein Senior (Name) seinen königlichen Bruder (Name) einen Teil vom Reiche König Lothars besitzen lassen wird, so wie sie ihn selbst oder ihre Getreuen gemeinschaftlich unter sich als recht und billig erkannt haben werden, und daß er ihn an diesem Teil oder an dem Reich, welches er vorher besessen, nicht durch irgend welche Täuschung oder Hinterlist schädigt oder schlecht berät, wenn sein Bruder (Name) dieselbe Sicherheit und Treue, welche ich hiermit für meinen Senior (Name) versprochen habe, diesem meinem Senior seinerseits sein Leben lang unverbrüchlich bewahrt.

Nach der Herstellung dieser schwachen Sicherheit verließ Karl Aachen und begab sich ohne Aufenthalt nach Compiègne und feierte dort das Osterfest[3]. Von dort kam er im Mai nach der Pfalz Attigny; hier empfing er die zwölf Gesandten seines Bruders Ludwig wegen der Teilung des Reichs, welche sowohl wegen der Leibesgesundheit Ludwigs als wegen seines Erfolgs – er hatte den Wenden Restiz, der lange Zeit sein schlimmster Feind gewesen war, durch List und Kampf in seine Gewalt gebracht – in Übermut aufgebläht, weniger als es Pflicht war, die zwischen ihnen gewechselten Eide beobachten zu dürfen meinten. Nachdem diese Teilung vielfach und in mannigfaltigster Weise hüben und drüben erörtert und durch verschiedene Gesandte von beiden Seiten versucht worden war, wurde auf Karls Vorschlag dahin entschieden, daß sie in dem Reich, das unter sie nach den geleisteten Eiden zu teilen war, friedlich zusammen kommen und so wie jene mit der einmütigen Zustimmung ihrer Getreuen es festsetzen würden, sich jenes Reich gemäß den unter ihnen gewechselten Eiden teilen sollten.

Inzwischen hatte Bischof Hinkmar von Laon, aus vielen anderen Gründen und insbesondere wegen der verweigerten Unterwerfung unter die

[1] 22. Januar 870.

[2] MG Capitul. II S. 191f.

[3] 26. März 870.

ret, in synodo episcoporum decem provinciarum[1] libellum propria manu subscriptum porrexit, haec continentem:

Ego Hincmarus ecclesiae Laudunensis episcopus amodo et deinceps domno seniori meo Karolo regi fidelis et oboediens ero secundum ministerium meum, sicut homo suo seniori et episcopus quilibet per rectum suo regi fieri debet, ac privilegio Hincmari metropolitani provinciae Remorum ecclesiae secundum sacros canones et decreta sedis apostolicae ex sacris canonibus promulgata pro scire et posse me oboedire velle profiteor. Et subscripsit.

Karlomannus etiam, regis Karoli filius et plurimorum monasteriorum pater, reputatus, quoniam insidias erga patrem suum infideliter moliebatur, abbatiis privatus, in civitate Silvanectis est custodiae mancipatus.

Karolus missos suos, Odonem scilicet Belgivagorum episcopum et Odonem atque Arduinum comites, ad fratrem suum Hludovicum ad Franconofurt dirigens, petiit, ut ad regnum Hlotharii dividendum simul convenirent; ipseque / Pontigonem petens, ibidem missos fratris sui accepit, nunciantes illi, ut ad Heristallium pergeret et frater suus Hludowicus ad Marsnam venturus foret, et in meditullio eorundem locorum Kalendis Augusti colloquerentur, et unusquisque eorum 4 episcopos et 10 consiliarios et inter ministeriales et vassallos 30 tantummodo ad idem colloquium ducerent. Quo Hludowicus dum pergeret, ad Flamereshem in pago Ribuario venit, et de quodam solario vetustate confecto sublicis[a]) fractis cum quibusdam suorum cecidit, et aliquantulum naufragatus, in brevi convaluit. Indeque Aquisgrani pervenit. Et discurrentibus inter utrosque fratres et reges missis, tandem 5. Kalendas[b]) Augusti ad locum colloquii convenerunt et hoc modo regnum Hlotharii inter se diviserunt.

Et haec est divisio, quam sibi Hludowicus accepit:

Coloniam, Treveris, Utrech, Strastburch, Basulam; abbatiam Suestre, Berch, Niu-monasterium, Castellum, Indam, Sancti Maximini, Ephterniacum, Horream, Sancti Gangulfi, Faverniacum, Polemniacum, Luxovium, Luteram, Balmam, Offonis-villam, Meieni-monasterium, Sancti Deodati, Bodonis-monasterium, Stivagium, Romericimontem, Morbach, Sancti Gregorii, Mauri-monasterium, Eboresheim, Hoinowa, Masonis-monasterium, Homburch, Sancti / Stapni Strastburch, Erenstein, Sancti Ursi in Salodoro, Grandivallem, Altam-pe-

königliche Gewalt und wegen des Ungehorsams gegen seinen Erzbischof zur Verantwortung gezogen, zu seiner Verständigung gegen die Vorhaltungen in der Synode der Bischöfe von zehn Provinzen[1] ein eigenhändig unterschriebenes Schriftstück überreicht mit folgendem Inhalt:

Ich, Bischof Hinkmar von Laon, werde fortan und künftig meinem Senior, dem König Karl, treu und gehorsam sein meinem Amte gemäß, wie es ein Lehensmann seinem Senior und ein Bischof seinem König sein soll, und verspreche, mich dem Sonderrecht Hinkmars, des Metropoliten von Reims, gemäß den heiligen Canones und den verkündeten Dekreten des heiligen Stuhls nach bestem Wissen und Vermögen zu unterwerfen.

Auch Karlmann, der Sohn König Karls und Abt zahlreicher Klöster, wurde, weil er treulos gegen seinen Vater Ränke schmiedete, zur Verantwortung gezogen, seiner Abteien beraubt und nach Senlis in Gewahrsam gebracht.

Karl schickte seine Gesandten, den Bischof Odo von Beauvais und die Grafen Odo und Harduin an seinen Bruder Ludwig nach Frankfurt mit der Bitte um eine Zusammenkunft, um das Reich Lothars zu teilen; und als er von da nach Ponthion kam, empfing er die Gesandten seines Bruders mit der Nachricht, er solle nach Herstal gehen, sein Bruder Ludwig würde nach Mersen kommen; in der Mitte zwischen diesen beiden Orten wollten sie sich am 1. August treffen, und jeder von ihnen möchte zu dieser Unterredung vier Bischöfe und zehn Räte, von den Ministerialen und Vasallen aber nicht mehr als dreißig mitbringen. Als nun Ludwig auf dem Wege dorthin nach Flamersheim im Ripuarischen Gau kam, stürzte er mit einigen der Seinigen von einem durch Alter morsch gewordenen Söller, dessen Stützbalken brachen; und obwohl er ziemlich verletzt war, genas er bald wieder und begab sich weiter nach Aachen. Nachdem zwischen den beiden königlichen Brüdern noch Gesandte hin und her gegangen waren, kamen sie endlich am 9. August an dem Ort der Unterredung zusammen und teilten das Reich Lothars in folgender Weise[2] unter sich.

Dies ist der Teil, welchen Ludwig für sich erhielt: Köln, Trier, Utrecht, Straßburg, Basel; die Abtei Süsteren, Berg, Münstereifel, Kessel, Cornelimünster, St. Maximin, Echternach, Oeren, St. Gangulf, Faverney, Poligny, Luxeuil, Lure, Baume, Enfonville, Moyen-moutier, St. Dié, Bonmoutier, Etival, Remiremont, Murbach, Münster im Gregoriental, Maursmünster, Ebersheim, Honau, Masmünster, Hohenburg, St. Stephan in Straßburg, Erstein, St. Ursus in Solothurn, Grandfelden, Moutier Haut-Pierre, Jussan,

[a]) überliefert ist sub lignis (sub ligis).

[b]) Das überlieferte Datum (28. Juli) ist falsch. Die Teilungsurkunde nennt das Datum: 6. Idus Augusti. So dürfte hier zu verstehen sein: 5. Idus (statt Kalendas) Augusti.

[1] Sie fand im Juni 870 zu Attigny statt (Mansi XVI S. 856ff.).

[2] MG Capitul. II S. 193–194.

tram, Iustinnam, Vallem-Clusae, Castellum Carnones, Heribodesheim[1], abbatiam de Aquis, Hoenchirche[1], Augustchirche[1]; comitatum Testrebant, Batua, Hattuarias, Masau subterior de ista parte, item Masau superior quod de ista parte est, Liugas quod de ista parte est, districtum Aquense, districtum Trectis, in Ribuarias comitatus quinque, Megenensium, Bedagowa, Nitachowa, Sarachowa subterior, Blesitchowa, Seline, Albechowa, Suentisium, Calmontis, Sarachowa superior, Odornense, quod Bernardus habuit, Solocense, Basiniacum, Elischowe, Warasch, Scudingum, Emaus[2], Basalchowa, in Elisatio comitatus 2, de Frisia duas partes de regno quod Hlotharius habuit. Super istam divisionem propter pacis et caritatis custodiam superaddimus istam adiectionem,: civitatem Mettis cum abbatia Sancti Petri et Sancti Martini et comitatu Moslensi, cum omnibus villis in eo consistentibus, tam dominicatis quam et vassallorum; de Arduenna, sicut flumen Urta surgit inter Bislanc et Tumbas ac decurrit in Mosam, et sicut[3] / recta via pergit in Bedensi, secundum quod communes nostri missi rectius invenerint, excepto quod de Condrusto est ad partem orientis trans Urtam, et abbatias Prumiam et Stabolau cum omnibus villis dominicatis et vassallorum.

Et haec est divisio quam Karolus de eodem regno sibi accepit: Lugdunum, Vesontium, Viennam, Tungris, Tullum, Viridunum, Cameracum, Vivarias, Ueeciam; Montemfalconis, Sancti Michahelis, Gildini monasterium, Sanctae Mariae in Bisintiono, Sancti Martini in eodem loco, Sancti Augentii, Sancti Marcelli, Sancti Laurentii Leudensi, Sennonem, abbatiam Niellam, Molburium, Laubias, Sancti Gaugerici, Sancti Salvii, Crispinno, Fossas, Marilias, Hunulfcurt, Sancti Servatii, Maalinas, Ledi, Sunniacum, Antonium, Condatum, Merrebecchi, Ticlivinni, Luttosa, Calmontis, Sanctae Mariae in Deonant, Echa, Andana, Wasloi, Altum-montem; comitatum Texandrum, in Bracbanto comitatus 4, Cameracensem, Hainoum, Lomensem, in Hasbanio comitatus 4, Masau superior de ista parte Mosae, Masau subterior quod de ista parte est, Liugas quod de ista parte est Mosae et pertinet ad Veosatum, / Scarponinse, Viridunense, Dulmense, Arlon, Wavrense comitatus 2, Mosminse, Castricium, Condrust, de Arduenna sicut flumen Urta surgit inter Bislanc et Tumbas ac decurrit ex hac parte in Mosam et sicut recta via ex hac parte occidentis pergit in Bedensi secundum quod missi nostri rectius invenerint; Tullense, aliud Odor-

Vaucluse, Chateau Châlon, Heribodesheim[1], die Abtei zu Aachen, Hoenchirche[1], Augstkirche[1], die Grafschaften Teisterbant, Betuwe, Hattuariä, vom unteren Maasgau der Teil rechts des Flusses, vom oberen Maasgau der Teil rechts des Flusses, von der Grafschaft Lüttich der Teil rechts des Flusses, das Gebiet von Aachen, das Gebiet von Maastricht, in Ripuarien die fünf Grafschaften Maiengau, Bidgau, Niedgau, der untere Saargau, Bliesgau, Seline, Albegau, le Saintois, Chaumont, der obere Saargau, die Grafschaft an der Orne, die Bernhard hatte, le Soulossois, Bassigny, Elzgau, Varasques, Salins, Emaus[2], Baselgau, im Elsaß zwei Grafschaften, von Friesland zwei Drittel des Reichs, das Lothar besaß. Zu diesem Teil fügten wir zur Wahrung des Friedens und der Freundschaft noch folgendes hinzu: Die Stadt Metz mit der Abtei des hl. Petrus und des hl. Martinus und die Grafschaft an der Mosel, mit allen darin befindlichen herrschaftlichen und vasallitischen Gütern; ferner von den Ardennen so, wie die Ourthe zwischen Beßlingen und Thommen entspringt und in die Maas mündet, und weiter[3] geradenwegs in den Bidgau, je nachdem das unsere gemeinsamen Abgesandten genauer festlegen (vorbehaltlich dessen, was von Condroz östlich der Ourthe liegt), sowie die Abteien Prüm und Stablo mit allen herrschaftlichen und Vasallengütern.

Und dies ist der Teil, den Karl von diesem Reich für sich erhielt: Lyon, Besançon, Vienne, Tongern, Toul, Verdun, Cambrai, Viviers, Uzès, Montfaucon, St. Mihiel, Calmoutier, St. Maria im Gebiet von Besançon, St. Martin ebendaselbst, St. Claude, St. Marcellus, St. Laurentius in Lüttich, Senone, die Abtei Nivelles, Maubeuge, Lobbes, St. Géry, St. Saulve, Crespin, Fosses, Maroilles, Honnecourt, Maastricht, Mecheln, Lierre, Soignies, Antoing, Condé, Meerbeck, Dickelvenne, Leuze, Calmont, St. Maria in Dinant, Alden-Eyck, Andenne, Walers, Haumont; die Grafschaft Texandrum, in Brabant vier Grafschaften, die Grafschaft Cambray, Hennegau, die Lomensische Grafschaft, im Haspengau vier Grafschaften, vom oberen Maasgau den Teil auf dem linken Ufer der Maas und vom unteren Maasgau den Teil links der Maas, vom Lüttich-Gau was links der Maas liegt und zu Viset gehört, die Grafschaften Scarponne, Verdun, Dormois, Arlon, die beiden Grafschaften von Woevre, die von Mouzon, die Castricische Grafschaft, Condroz, dann von den Ardennen, so wie die Ourthe zwischen Beßlingen und Thommen entspringt und in die Maas mündet, diesseitig und weiter geradewegs in den Bidgau, jenachdem das unsere Gesandten genauer festlegen; die von Toul, die andere an der Orne, welche Tetmar hatte, die von Bar, Portois, die von Sermorens, Lyon, Vienne, Viviers, Uzès und von Friesland ein Drittel.

[1] nicht sicher zu deuten.

[2] Vgl. S. 46 Anm. 8.

[3] Vgl. gegen Hoyaux in Le moyen age (Brüssel) 53, 1947, 1–13 Govissen ebd. 55, 1949, 1–4.

nense, quod Tetmarus habuit, Barrense, Portense, Salmoringum, Lugdunense, Viennense, Vivarias, Ucecium, de Frisia tertiam partem.

Et in crastina, scilicet 4. Idus eiusdem mensis, simul convenerunt, et valefacientes se mutuo, ab invicem discesserunt, Hludowicus videlicet Aquis rediens, et Karolus Liptinis uxorem suam obviam sibi venire iubens, partem ipsius regni quam accepit, sicut placuit sibi, divisit. Indeque per monasterium Sancti Quintini ad Silvacum et inde per Carisiacum Compendium veniens, autumnalem venationem in Cotiae saltu exercuit.

Hludowicus laesionem contusionis, quam ex supradicto casu de solario perpessus fuerat, minus necessario curari a medicis sustinens, conputrescentem carnem ab eisdem medicis secari fecit. Unde et longiori quam speraverat tempore in Aquis decubuit; ubi et pene desperatus, vix mortem evasit. Ibique apostolici Adriani missos[1], Iohannem et Petrum cardinales episcopos, itemque Iohannem ecclesiae Romanae presbiterum, sed et missos Hludowici imperatoris, Wicbodum scilicet episcopum et Bernardum comitem, suscepit, sibi denunciantes, ut de regno Hlotharii, nepotis sui, quod fratri suo Hludowico imperatori debebatur, non praesumeret. Et in brevi absolutos ad fratrem suum Karolum eos direxit, et ipse mox, ut aliquantulum convaluit, ad / Reghinisburch pergens, Restitium Winidorum regulum, a Karlomanno per dolum nepotis ipsius Restitii captum et aliquandiu in custodia detentum, post iudicium mortis excaecari et in monasterium mitti praecepit, suosque filios Hludowicum et Karolum ad se venire praecepit. Qui sentientes, satagente matre inclinatiorem esse voluntatem patris erga Karlomannum quam erga se, ad illum venire detrectaverunt. Hludowicus ad placitum suum quod in Franconofurth condixerat ante quadragesimae initium venit, et satagentibus legatis inter eum et filios suos utrimque factae sunt firmitates, ut usque ad futurum Maium mensem et ipsi ex parte patris securi manere possent et illi vastationem regni quam incoeperant dimitterent et pacifice usque ad idem placitum degerent; et hoc ita patrato negotio, Hludowicus ad Reghinisburch rediit.

Karolus, peracta venatione autumnali, ad monasterium Sancti Dyonisii, festivitatem ipsius sancti[2] celebraturus, perrexit. Ubi ipsa die inter missarum sollemnia praefatos apostolici missos cum epistolis[3] ad se et ad episcopos regni sui directos terribiliter sibi regnum quondam

Und am nächstfolgenden Tage, den 10. August, kamen sie noch einmal zusammen, und nachdem sie voneinander Abschied genommen, schieden sie voneinander; Ludwig kehrte nach Aachen zurück; Karl, der seiner Gemahlin befohlen hatte, ihm nach Lestinnes entgegenzukommen, verteilte hier den Teil des Reichs, den er erhalten hatte, nach seinem Gefallen. Dann begab er sich über St. Quentin nach Servais, von da weiter über Quierzy nach Compiègne und lag der Herbstjagd im Forst Cuise ob.

Ludwig, der der Quetschung, die er bei dem erwähnten Sturz vom Söller erlitten hatte, nicht die nötige ärztliche Fürsorge hatte angedeihen lassen, mußte sich das eiternde Fleisch von den Ärzten ausschneiden lassen; deshalb mußte er länger als gedacht in Aachen liegen bleiben und entging, indem sein Zustand fast hoffnungslos wurde, kaum dem Tode. Hier empfing er auch die Gesandten[1] des Papstes Adrian, die Kardinalbischöfe Johannes und Petrus, sowie den Priester der römischen Kirche Johannes, außerdem die Gesandten des Kaisers Ludwig, nämlich den Bischof Wigbod und den Grafen Bernhard, die ihn aufforderten, vom Reiche seines Neffen Lothar, das seinem Bruder, dem Kaiser Ludwig, zukomme, nichts eigenmächtig an sich zu reißen. Er fertigte sie kurz ab und schickte sie an seinen Bruder Karl; und sobald sich sein Zustand einigermaßen gebessert hatte, begab er sich nach Regensburg; hier ließ er den Wendenkönig Restiz, der durch Verrat des eigenen Neffen von Karlmann gefangen war und sich schon längere Zeit in Haft befand, nach seiner Verurteilung zum Tode blenden und ins Kloster schicken; seinen Söhnen Ludwig und Karl aber befahl er, zu ihm zu kommen. Da diese aber merkten, daß unter dem Einfluß der Mutter der Vater ihrem Bruder Karlmann mehr als ihnen geneigt war, lehnten sie es ab, zu dem Vater zu gehen. Ludwig kam vor Anfang der Fasten zu dem Reichstag, den er nach Frankfurt geboten hatte, und unter Vermittlung von Gesandten zwischen ihm und den Söhnen wurde beiderseits ein Vertrag abgeschlossen, daß sie bis zum kommenden Mai von jeder Anfeindung seitens ihres Vaters sicher sein könnten, ihrerseits aber auch von der begonnenen Verwüstung des Reichs abstehen und bis zur Zeit jener Reichsversammlung Frieden bewahren sollten. Nachdem diese Angelegenheit so geordnet war, kehrte Ludwig nach Regensburg zurück.

Nach der Herbstjagd begab sich Karl nach St. Denis, um hier das Fest dieses Heiligen[2] zu begehen. Hier empfing er an diesem Festtage, während der Feier der Messe, ungern die vorerwähnten Gesandten des Papstes mit den an ihn und die Bischöfe seines Reiches gerichteten Briefen[3],

[1] Vgl. MG Epist. 6 S. 730–732 Nr. 25 u. 26 (Briefe des Papstes an König Ludwig und die Bischöfe seines Reiches).

[2] 9. October.

[3] Vgl. MG Epist. 6 S. 724–729 Nr. 21–24 (Briefe des Papstes an König Karl, an die Bischöfe seines Reiches, an Hinkmar von Reims und an die westfränkischen Großen).

Hlotharii, quod fratri suo imperatori debebatur, interdicentibus, moleste suscepit. Et deprecantibus eisdem missis cum aliquantis fidelibus suis, Karlomannum filium a custodia ex Silvanectis civitate absolvit et secum manere praecepit; ipsos autem missos domni apostolici et imperatoris usque Remis deduci fecit. Et undique plurimos fidelium suorum illic convenire faciens et per octo dies ibidem immorans, eosdem missos absolvit; postea legatos suos, Ansegisilum videlicet presbiterum monasterii Sancti Michahelis abbatem et Hlotharium laicum, cum epistolis ad domnum apostolicum, sed et pannum ad altare sancti Petri de vestimentis suis aureis compositum cum duabus coronis aureis et gemmis ornatis misit, et ipse usque ad Lugdunum pervenit. Unde Karlomannus noctu a / patre aufugiens, in Belgicam provinciam venit, et congregatis secum plurimis satellitibus ac filiis Belial, tantam crudelitatem et devastationem secundum operationem Satanae exercuit, ut credi non possit nisi ab ipsis qui eandem depopulationem viderunt atque sustinuerunt. Quod Karolus nimium egre tulit, non tamen iter suum deseruit, sed Viennam, in qua Berta, uxor Gerardi, erat, obsessurus quantocius adiit; nam Gerardus[1] in altero morabatur castello. In qua obsidione circumiacentes regiones nimis fuere vastatae. Karolus autem ingeniose cogitans, magnam partem eorum qui in Vienna erant sibi conciliavit. Quod sentiens Berta, post Gerardum direxit. Qui veniens, Karolo civitatem dedit. In qua idem rex vigilia nativitatis Domini intrans, nativitatem Domini celebravit

anno Domini 871.

Karolus, Vienna in potestate sua suscepta, a Gerardo sibi obsides dari pro aliis castellis suis missis tradendis coegit, et tribus navibus Gerardo datis, per Rhodanum cum sua uxore Berta et mobilibus suis a Vienna permisit abscedere, et ipsam Viennam Bosoni, fratri uxoris suae, commisit, ipseque per Autisiodorum et Senones ad monasterium Sancti Dyonisii quantocius prout potuit venire maturavit. Quod audiens Karlomannus, cum suis complicibus ad Mosomum perrexit et ipsum castellum cum villis circumiacentibus devastavit. Unde 4 missos suos ficte ad patrem suum direxit, mandans, quod sine honoribus ad illum, fidei suae credens, venire et Deo et illi de quibus commiserat satisfacere vellet, tantum ut de his qui cum eo erant misericorditer tractaret, qualiter salvi esse valerent; non tamen a male coepto vel aliquantulum destitit. Karolus autem rex ad eundem filium suum

in denen mit schrecklichen Worten ihm verboten wurde, das Reich des verstorbenen Lothar, welches seinem Bruder, dem Kaiser, gehöre, an sich zu reißen. Und auf Bitte dieser Gesandten, sowie einiger seiner Getreuen, entließ er seinen Sohn Karlmann aus der Haft in Senlis und befahl ihm, in seiner Umgebung zu bleiben; die Gesandten des Papstes und des Kaisers aber ließ er nach Reims geleiten. Nachdem er hier von überall her eine große Menge seiner Getreuen zusammengeholt hatte und acht Tage geblieben war, entließ er diese Gesandten; darauf aber schickte er seine Gesandten, nämlich den Priester Ansegisil, Abt des Klosters zum heiligen Michael, und den Laien Lothar mit Briefen an den Papst, nebst einer Altardecke für den hl. Petrus, die aus goldenen Gewändern von ihm verfertigt war, und zwei goldenen mit Edelsteinen verzierten Kronen; dann zog er bis nach Lyon. Hier entfloh Karlmann nachts seinem Vater und ging in den Belgischen Kirchensprengel. Nachdem er viele Trabanten und Belialsöhne um sich geschart hatte, richtete er solche Greuel und solche Verwüstung auf Anstiften des Satans an, daß es nur die glauben können, die diese Verheerungen mitansehen und erdulden mußten. Dies ärgerte Karl nicht wenig, doch setzte er seine Reise fort und eilte so schnell als möglich vor Vienne, wo sich Berta, die Gemahlin Gerards, aufhielt, während Gerard[1] selbst in einer andern Burg verweilte; bei dieser Einschließung wurde die Umgegend schrecklich verwüstet. Karl aber wußte durch geschickt ersonnene Mittel einen großen Teil derer, die in Vienne waren, für sich zu gewinnen; als dies Berta merkte, schickte sie nach Gerard, der kam und die Stadt an Karl übergab. Der König zog am Vorabend vor Weihnachten ein und feierte dort die Geburt des Herrn

871.

Nachdem Karl Vienne unter seine Herrschaft gebracht hatte, forderte er von Gerard, ihm Geiseln dafür zu stellen, daß die übrigen Burgen seinen Abgesandten übergeben würden; dann gab er dem Gerard drei Schiffe und gestattete ihm, auf der Rhone mit seiner Gemahlin Berta und seinen Edlen von Vienne fortzuziehen. Vienne selbst übergab er dem Boso, dem Bruder seiner Gemahlin, und eilte, so schnell als er konnte, über Auxerre und Sens nach St. Denis. Als dies Karlmann hörte, zog er mit seinen Genossen nach Mouzon und verheerte diese Burg nebst den umliegenden Ortschaften. Von hier aus schickte er heuchlerisch Gesandte an seinen Vater mit der Botschaft, er wolle, ohne sich Lehen auszubedingen, zu ihm im Vertrauen auf seine Treue kommen und vor Gott und ihm für das, was er getan habe, Rechenschaft ablegen, nur solle er barmherzig gegen die verfahren, die mit ihm seien, damit sie ihres Lebens sicher sein könnten, jedoch ließ er darum nicht im geringsten von seinem bösen Beginnen ab. König Karl aber schickte an diesen seinen Sohn Karlmann

[1] Über Graf Gerardus von Vienne s. die Besprechung eines Buches von René Louis in Le moyen âge 55, 1949, 225–245. Einen andern Stammbaum gibt Decker-Hauff, Zeitschr. f. württ. Landesgesch. 14, 1955, 331 ff.

Karlomannum cum duobus illius missis – nam alios duos secum retinuit – Gauzlinum abbatem et Balduvinum comitem, ipsius Karlomanni sororium, misit, mandans illi convenientiam, qua ad eum secure posset venire, si vellet. Ipse autem Karlomannus dolo se simulans ad patrem suum venturum, alios missos impossibilia quaerentes ad eum direxit, et ipse in partes Tullenses perrexit. Karolus autem iudicium quaerens de talibus, qui suum filium, scilicet diaconum et / ecclesiae sanctae ministrum a se Domino traditum, furati fuerunt et tanta ac talia flagitia atque facinora et depopulationes in regno suo fecerunt; post iudicium vero mortis omnia quae illorum erant infiscari praecepit, et ordinatis scaris quae eundem Karlomannum cum suis complicibus de regno propellerent, iudicium episcopale de illis expetiit. Et quoniam apostolus praecipit *cum huiusmodi nec cibum sumere*[1], eosdem episcopi, in quorum parrochiis tanta mala commiserant, secundum sacros canones communione privarunt, sicut in epistolis continetur, quas inde iuxta sacras regulas ad alios episcopos transmiserunt. De Karlomanno autem, quia dioceseos Sennensis erat diaconus, et post praestita per duas vices sacramenta, de quibus periurus erat, sicut pater eius puplica denuntiatione omnibus qui adfuerunt intimare curavit, et tantam rebellionem et infidelitatem contra illum tantaque flagitia in regno suo commiserat, iudicium episcoporum ipsius provinciae expetendum decrevit. Deinde Karolus ad monasterium Sancti Dyonisii imminente quadragesimali tempore, usque ad sanctum pascha ibidem immoraturus, regreditur; ubi et pascha Domini[2] celebravit. Karlomannus, insequente se a patre post eum scara directa, Iurum transiit, et sicut in Belgicis et Gallicis regionibus egerat, mala coepta exequi non omisit.

Hincmarus Laudunensis nomine tantum episcopus, homo insolentiae singularis, contra euangelicam veritatem et apostolicam atque aecclesiasticam auctoritatem contra regem rebellans, et in vicinos ac sibi commissos tam clericos quam laicos sine ulla reverentia saeviens, et metropolitano suo se inde regulariter commonenti oboedire contempnens, adeo regem suum et archiepiscopum suum atque episcopos totius regni erga se commovit, ut rex synodum in mense Augusto apud Duciacum condiceret, quatenus de illius pravitatibus regulare ibi agitaretur iudicium. Ipse autem rex Karolus, petentibus nepotibus suis, Hludowici fratris sui filiis Hludowico et Karolo, per Viridunum ob-

mit zwei von seinen Gesandten – die andern beiden behielt er bei sich – den Abt Gauzlin und den Grafen Balduin, Karlmanns eignen Schwager, und ließ ihm die Bedingungen mitteilen, unter denen er, wenn er wolle, sicher zu ihm kommen könne. Karlmann tat listigerweise so, als ob er zum Vater kommen wolle, schickte an ihn andere Gesandte mit unerfüllbaren Forderungen und zog selbst nach dem Gebiet von Toul. Karl aber ließ Gericht halten über diejenigen, welche seinen Sohn, der ein Diakonus und Diener der heiligen Kirche und von ihm Gott übergeben war, entführt hatten und so viele und große Schandtaten, Verbrechen und Verwüstungen in seinem Reich verübten. Und nachdem über sie das Todesurteil gefällt worden war, ließ er alle ihre Besitzungen einziehen, bestellte bewaffnete Scharen, welche Karlmann und seine Genossen aus dem Reich verjagen sollten, und forderte gegen sie ein bischöfliches Urteil. Und weil der Apostel[1] befiehlt, mit solchen Menschen nicht einmal Speise zu nehmen, so schlossen die Bischöfe, in deren Sprengeln sie so viel Übeltaten vollbracht hatten, sie gemäß den heiligen Canones von der Communion aus, wie in den Briefen zu lesen ist, die sie deshalb nach den heiligen Vorschriften an die übrigen Bischöfe sandten. Über Karlmann aber, da er Diakon der Diözese Sens war und den zweimal geleisteten Eiden, die er, wie der Vater durch öffentliche Erklärung allen Anwesenden zu wissen tat, gebrochen hatte und Aufruhr gegen ihn erregt, solche Untreue bewiesen und so schwere Untaten in seinem Reiche verübt hatte, beschloß der König, die Bischöfe dieser Provinz Gericht halten zu lassen. Darauf begab sich Karl kurz vor der Fastenzeit nach dem Kloster des heiligen Dionysius zurück, um dort bis Ostern zu bleiben, und feierte hier das Osterfest[2]. Karlmann, von der Schar verfolgt, die sein Vater gegen ihn entsandt hatte, überschritt den Jura und fuhr fort, in gleicher Art zu hausen, wie er es vorher in den Belgischen und Gallischen Landen getan hatte.

Bischof Hinkmar von Laon, nur dem Namen nach ein Bischof, ein Mensch von ungewöhnlicher Frechheit, brachte, indem er sich gegen die evangelische Wahrheit und die apostolische Autorität, sowie gegen den König auflehnte, ohne Scheu gegen die benachbarten und die ihm anvertrauten Geistlichen und Laien Gewaltsamkeiten verübte und dem ihn deshalb rechtmäßig warnenden Metropoliten den Gehorsam verweigerte, seinen König, seinen Erzbischof und alle Bischöfe des Reichs so gegen sich auf, daß der König für August eine Synode nach Douzy berief, damit über ihn seiner Übeltaten wegen förmliches Gericht gehalten würde. König Karl aber begab sich auf Bitten seiner Neffen, Ludwig und Karl, der Söhne seines Bruders Ludwig, zu einer Unterredung mit ihnen nach Verdun und kehrte von hier zur Synode nach Douzy zurück.

[1] 1. Cor. 5, 11.
[2] 15. April.

viam eis, locuturus cum illis, perrexit, et inde ad synodum in Duciaco rediit.

Interea Hugo abba monasterii Sancti Martini et Gozfridus cum ceteris Transsequananis incaute adeuntes insulam Ligeris, in qua Nortmanni firmitatem suam habebant, cum maximo dampno et multorum occisione vix evaserunt. /

Hincmarus vero tandem cum multa superbia in synodum venit. In qua, a rege Karolo secundum regulas ecclesiasticas porrecta petitione, de causis certissimis regulariter accusatus atque convictus, depositionis iudicium regulare suscepit, sicut in gestis continetur ipsius synodi[1], quos eadem synodus per Actardum venerabilem episcopum, qui eidem synodo interfuit, ad apostolicam sedem direxit.

Praedicti quoque nepotes regis in Duciacum venerunt ad eum, petentes, ut eos cum patre suo pacificaret. Sed et missi Hludowici fratris sui ad eum venerunt, postulantes, ut obviam illi secus Treiectum municipium ad conloquium illius veniret; sicut et fecit, ducens secum missos nepotum suorum, qui ea quae petierunt apud patrem suum ex illorum voce narrarent. Ubi etiam missos Karlomanni filii sui, interveniente Hludowico fratre suo, Karolus rex audivit et sicut antea sub conditione suae correctionis eum redire ad se invitavit; quae invitatio nihil profecit. In quo aliquandiu colloquio Hludowicus et Karolus immorantes, aut parum aut nihil profecerunt. Sicque ab invicem in capite mensis Septembris separati, quisque ad sua repedare curavit, Hludowicus scilicet ad Rainisburch perrexit, quia maximum dampnum a nepote Restitii, qui principatum Winidorum post eum susceperat, habuit, in tantum ut markiones cum plurima turba suorum perdiderit et terram quam in praeteritis annis obtinuerat perniciose amiserit. Karolus autem per Liptinas versus Audriacam villam venandi gratia repedavit. In quo itinere missos ab Italia plurimorum suscepit, qui eum invitabant Italiam ire, quoniam nepos suus Hludowicus imperator in Benevento civitate cum uxore et filia a Beneventanis occisus foret. Qui per Rhemum civitatem pergens, usque Vesontionem urbem pervenit. Karlomannus vero audiens patrem suum post se ire, suadentibus suis, ad illum cum ficta humilitate pervenit. Quem pater quidem recepit et secum manere praecepit, usque dum ad suos fideles in Belgicam veniret et eorum consilio inveniret, qualiter eum honorare debuisset. Sed et Hludowicus rex Germaniae, audiens praefatum

Inzwischen hatten Hugo, Abt des Klosters zum heiligen Martin, und Gozfrid mit anderen Leuten von jenseits der Seine unvorsichtig die Insel in der Loire angegriffen, wo die Normannen ihre Befestigung hatten, und konnten sich unter großem Schaden und vielen Verlusten kaum retten. Hinkmar aber erschien endlich mit großem Hochmut auf der Synode, in der er, auf das von König Karl den kirchlichen Vorschriften gemäß gestellte Verlangen, ordnungsmäßig wegen unzweifelhafter Tatsachen angeklagt und überführt, das rechtmäßige Urteil der Entsetzung empfing, wie es in den Akten dieser Synode[1] enthalten ist, welche die Synode durch den ehrwürdigen Bischof Actard, der an ihr teilnahm, an den apostolischen Stuhl sandte.

Auch die obengenannten Neffen des Königs kamen nach Douzy zu ihm mit der Bitte, sie mit ihrem Vater zu versöhnen; aber auch Gesandte des Königs Ludwig erschienen und forderten von ihm, zu einer Unterredung mit seinem Bruder diesen bei Maastricht zu treffen. Er tat dies, indem er die Gesandten seiner Neffen mitnahm, damit sie ihre Bitte dem Vater aus eigenem Munde vortragen. Hier hörte König Karl auch auf Verwendung seines Bruders Ludwig die Gesandten seines Sohnes Karlmann und lud ihn wie schon früher unter der Bedingung eines bessern Lebenswandels ein, zu ihm zurückzukehren. Ludwig und Karl, die längere Zeit miteinander verhandelten, kamen zu geringem oder zu gar keinem Ergebnis, dann trennten sie sich Anfang September voneinander und kehrten ein jeder nach seinem Reiche zurück. Und zwar zog Ludwig nach Regensburg, weil er durch den Neffen des Restiz, der nach diesem die Herrschaft über die Wenden erhalten hatte, schweren Schaden erlitt, sodaß er die Markgrafen mit einer großen Menge der Ihrigen verlor und das Land, das in er den verflossenen Jahren gewonnen hatte, unglücklicherweise wieder aufgeben mußte; Karl aber ging über Lestinnes nach Orville zur Jagd. Auf dem Wege dahin empfing er Gesandte vieler aus Italien, welche ihn einluden, nach Italien zu kommen, weil Kaiser Ludwig, sein Neffe, mit Gattin und Tochter in Benevent von den Beneventanern getötet worden sei. Karl zog über Reims nach Besançon. Da aber Karlmann hörte, daß sein Vater ihm nachziehe, begab er sich auf den Rat der Seinigen in geheuchelter Unterwürfigkeit zu ihm. Und der Vater nahm ihn auf und hieß ihn in seiner Umgebung bleiben, bis er zu seinen Getreuen nach Belgien komme und mit ihrem Rat bestimmen werde, welche Lehen er erhalten solle. Aber auch Ludwig, der König von Germanien, schickte, als er hörte, daß sein Neffe Kaiser Ludwig gestorben sei, seinen Sohn Karl in das Land, das er jenseits des Jura besaß, um so viele

[1] Mansi XVI S. 569ff. – Eine Darstellung dieser Vorgänge gibt der abgesetzte Hinkmar in der Klageschrift, die er im August 878 auf der Synode von Troyes dem Papst Johannes VIII. überreichen ließ (MG Epist. 7 S. 94 Nr. 101).

nepotem suum Hludowicum imperatorem mortuum, filium suum Karolum in terram quam ultra Iurum habebat direxit, ut quos posset sacramento ad eius fidelitatem constringeret; sicut et fecit.

Dum autem Karolus in Vesontio moraretur, missi sui, / quos in Italiam praemiserat nunciaverunt ei, quod ipse imperator Hludowicus viveret et sanus corpore esset. Nam Adalgisus cum aliis Beneventanis adversus ipsum imperatorem conspiravit, quoniam idem imperator factione uxoris suae eum in perpetuum exilium deducere disponebat. Et cum idem Adalgisus noctu super ipsum imperatorem irruere disposuisset, isdem cum uxore sua et cum eis quos secum habebat quandam turrem altam valde munitissimam ascendit et ibi per tres dies cum suis se defendit. Tandem episcopus ipsius civitatis obtinuit apud Beneventanos, ut, acceptis ab eodem imperatore sacramentis, illum vivum et sanum abscedere permitterent. Iuravit autem ipse et uxor eius et filia eius ac omnes sui quos secum habebat, quia numquam vel nusquam pro eadem causa ullam vindictam aut per se aut per quemcumque de ipsa causa erga se perpetrata requireret et numquam cum hoste in Beneventanam terram intraret. Sicque egressus, per Spoletium versus Ravennam iter arripuit, mandans apostolico Adriano, ut obviam illi in transitu itineris sui veniret, quatenus de ipso sacramento illum et suos absolveret. Interea Landbertus cum alio Landberto[1], sentientes sibi reputari ab imperatore de his quae in eum facta fuerant, ab eo discesserunt et in partes Beneventi, quia praefatus Adalgisus eis coniunctus erat, perrexerunt. Quos idem imperator insequens, uxorem suam Ravennam, ubi placitum suum tenere disposuerat, direxit, et primores regni Italici ad eam venire mandavit, ut de his quae praeceperat tractarent, donec ipse ab expeditione illa rediret. Sed quia Landbertos, quos insecutus fuerat, consequi non poterat, reverti imperator quo disposuerat studuit.

Karolus autem, audiens occasionem qua putabatur Hludowicus imperator occisus et quia vivus erat, a Vesontio recto itinere per Pontigonem et inde per Attiniacum usque ad Silvacum venit. Quo placitum cum suis consiliariis habuit et eorum consilio Karlomannum iterum Silvanectis custodiae mancipavit et eius complices sacramento suae fidelitatis per singulos comitatus constringi praecepit sicque, accipientibus senioratum quemcumque vellent de suis fidelibus et in pace vivere volentibus, in regno suo habitare permisit. Deinde a Silvaco Compendium venit ibique nativitatem Domini celebravit /

als möglich eidlich zur Treue gegen ihn zu verbinden, was dieser auch tat.

Während aber Karl noch in Besançon verweilte, meldeten ihm seine Abgesandten, welche er nach Italien vorausgeschickt hatte, daß Kaiser Ludwig lebe und sich wohl befinde. Es hatte sich nämlich Adalgis mit andern Beneventanern gegen den Kaiser verschworen, weil der Kaiser auf Anstiften seiner Gemahlin ihn in ewige Verbannung schicken wollte. Und als dieser Adalgis den Kaiser nachts überfallen wollte, rettete sich dieser mit seiner Gemahlin und seiner Begleitung auf einen sehr hohen und stark befestigten Turm und verteidigte sich da mit den Seinigen drei Tage; endlich aber erreichte der Bischof dieser Stadt von den Beneventanern, daß sie gegen eidliches Gelöbnis des Kaisers ihn lebend und unversehrt abziehen ließen; er aber und seine Gemahlin und seine Tochter, sowie alle seine Begleiter mußten schwören, deshalb nie und nirgends selbst oder durch andere irgendwie wegen dieser ihm widerfahrenen Behandlung Rache zu nehmen noch je mit einem Heer in das Gebiet der Beneventaner einzudringen. Dann zog er ab und nahm seinen Weg über Spoleto auf Ravenna zu, indem er den Papst Adrian auffordern ließ, daß er irgendwo unterwegs mit ihm zusammentreffen möchte, um ihn und die Seinigen von jenem Eide zu entbinden. Inzwischen verließ Lantbert noch mit einem andern Lantbert[1] den Kaiser, da sie merkten, daß dieser ihrem Anstiften das zuschrieb, was gegen ihn geschehen war, und begaben sich nach Benevent, da der genannte Adalgis mit ihnen verbunden war. Während nun der Kaiser selbst sich aufmachte, diese zu verfolgen, schickte er seine Gemahlin nach Ravenna, wo er die Reichsversammlung zu halten beschlossen hatte, und befahl den Großen des Italischen Reichs sich bei ihr einzufinden, um über die von ihm bestimmten Gegenstände zu beraten, bis er selbst von seinem Zuge zurückkehre. Da aber der Kaiser die beiden Lantbert, welche er verfolgte, nicht einholen konnte, kehrte er um und setzte seinen Weg in der erstbestimmten Richtung fort.

Als Karl den Anlaß hörte, bei dem die Meinung vom Tod des Kaisers Ludwig entstanden war und daß er am Leben sei, ging er geraden Wegs von Besançon über Ponthion und von da über Attigny nach Servais. Hier hielt er mit seinen Räten eine Versammlung und ließ nach ihrem Rat Karlmann wiederum in Gewahrsam nach Senlis bringen, seine Genossen aber in den einzelnen Grafschaften einen Eid der Treue leisten; dann erst wenn sie unter seinen Getreuen sich irgend welchen Senior erwählten und Friede zu halten versprachen, erlaubte er ihnen, in seinem Reiche zu bleiben. Darauf kam er von Servais nach Compiègne und feierte hier den Geburtstag des Herrn.

[1] Nach Erchemperts Langobardengeschichte cap. 35 (MG Scriptores rer. Langobard. 248) war dieser andere Lantbert der Sohn eines Haymo. Vgl. auch falls identisch, S. 228 Anm. 1 und dazu Tellenbach in Zeitschr. f. württ. Landesgesch. 15, 1956, 190.

anno Domini 872.

Compendio denique movens, 13. Kalendas Februarii iter arripuit ad monasterium...[a]) locuturus cum Rorico et Rodulfo Nortmannis, rediturus in initio quadragesimae iterum ad Compendium; et sabbato ante palmas[1] ad monasterium Sancti Dyonisii veniens, ibi pascha Domini celebravit. Post pascha obviam Ingelbergae imperatrici, sicut ei per suos missos mandaverat, ad Sanctum Mauritium perrexit; sed non incerto comperiens nuncio, eandem Ingelbergam apud Trientum cum Hludowico rege Germaniae in mense Maio locuturam, a condicto deflexit itinere et ad Silvacum venit. Ibique Adalardus ex parte Hludowici fratris sui veniens, petiit, ut cum eodem fratre suo Hludowico locuturus secus Treiectum veniret, cum idem Hludowicus ad Reghinisburg, post emissam hostem cum Karlomanno filio suo adversus Winidos, Aquis rediret. Karolus autem filio suo Hludowico Bosonem, fratrem uxoris eius, camerarium et ostiariorum magistrum constituens, cui et honores Gerardi comitis Bituricensis dedit, cum Bernardo itemque alio Bernardo markione in Aquitaniam misit et dispositionem ipsius regni ei commisit. Bernardo autem Tolosae comiti post praestita sacramenta Carcasonem et Rhedas concedens, ad Tholosam remisit.

Praedictus autem Hludowicus rex Germaniae filios suos Hludowicum et Karolum ad se vocans, et eos cum Karlomanno pacificaret, dolose illis iurari fecit; sed et idem filii sui et homines eorum dolose nihilominus Hludowico sacramenta praebuerunt. Et volens idem Hludowicus pater, ut ipsi filii sui cum fratre illorum Karlomanno adversus Winidos pergerent, obtinere non potuit. Unde hostem quam magnam potuit cum Karlomanno direxit, et ipse, ut praedictum est, apud Trientum cum Ingelberga loquens, partem regni Hlotharii quam contra Karolum accepit, neglectis sacramentis inter eos pactis, sine consensu ac conscientia hominum quondam Hlotharii, qui se illi commendaverunt, clam reddidit. Unde utrimque sacramenta prioribus sacramentis quae cum fratre suo pepigerat diversa et adversa / inter eos sunt facta. Quibus patratis, Ingelberga missum suum ad Karolum direxit, mandans illi sicut et prius, ut ad Sanctum Mauricium illi occurreret. Karolus vero, compertis his quae inter eam et fratrem suum acta fuerunt, noluit illuc ire, sed nuncios suos ad eam direxit; qui nihil certi ab ea ei renunciaverunt.

872.

Darnach brach er am 21. Januar von Compiègne auf und nahm seinen Weg nach dem Kloster . . .[a], um dort mit den Normannen Rorich und Rodulph zu verhandeln und zu Anfang der Fasten nach Compiègne wieder zurückzukehren. Am Sabbat vor Palmsonntag[1] kam er nach St. Denis und feierte hier das Osterfest. Nach Ostern aber brach er auf, um sich zur Zusammenkunft mit der Kaiserin Ingelberga, wie er sie durch seine Gesandten hatte wissen lassen, nach St. Maurice zu begeben; da er jedoch sichere Kunde erhielt, daß Ingelberga zu Trient mit Ludwig, dem König von Germanien, im Mai eine Unterredung haben werde, gab er den ausgemachten Zug auf und ging nach Servais. Hierhin kam zu ihm Adalard als Abgesandter seines Bruders Ludwig und bat ihn, daß er sich zu einer Unterredung mit seinem Bruder Ludwig bei Maastricht treffen möge, während Ludwig selbst von Regensburg, nachdem er mit seinem Sohn Karlmann ein Heer gegen die Wenden entsandt hätte, nach Aachen zurückkehren werde. Karl bestellte seinem Sohn Ludwig den Boso, den Bruder seiner Gemahlin, zum Kämmerer und Obertürhüter, gab ihm auch die Lehen des Grafen Gerard von Bourges, schickte ihn mit Bernhard sowie mit einem andern Markgrafen Bernard nach Aquitanien und übertrug ihm die ganze Verwaltung dieses Reiches. Dem Grafen Bernard von Toulouse aber gab Karl nach geleisteten Eiden Carcassonne und le Rasez und schickte ihn nach Toulouse zurück.

Der erwähnte König Ludwig von Germanien rief seine Söhne Ludwig und Karl zu sich, um sie mit Karlmann zu versöhnen, und ließ ihnen hinterlistig schwören; aber auch diese Söhne und ihre Leute leisteten dem König Ludwig ihrerseits auch wieder mit Hintergedanken ihre Eide. Und als der Vater Ludwig wollte, daß diese seine Söhne mit ihrem Bruder Karlmann gegen die Wenden ziehen, konnte er dies nicht von ihnen erlangen; er entsandte daher mit Karlmann ein Heer so groß als möglich und begab sich selbst, wie wir oben sagten, zur Unterredung mit Ingelberga nach Trient, wo er den Teil vom Reiche Lothars, welchen er von Karl erhalten, mit Nichtachtung der zwischen ihnen gewechselten eidlichen Versicherungen, sowie ohne Zustimmung und Wissen der Lehnsleute des verstorbenen Lothar, die sich ihm übergeben hatten, heimlich zurückstellte. Und darauf wurden beiderseits eidliche Versicherungen abgegeben, die von den Abmachungen mit seinem Bruder verschieden waren und ihnen widersprachen. Nachdem dies geschehen, schickte Ingelberga einen Gesandten an Karl und ließ ihn wie früher auffordern, daß er sich mit ihr in St. Maurice treffen möchte. Karl aber, der erfahren hatte, was zwischen ihr und seinem Bruder vorgegangen war, wollte sich nicht dorthin begeben, sondern schickte Gesandte an sie, die keinen bestimmten Bescheid von ihr zurückbrachten.

a) Der Name (vielleicht Sancti Servatii) ist ausgefallen.

1 22. März, Ostern 30. März 872.

Adrianus papa, secundum quod Nicolaus decessor eius disposuerat, missos suos, Donatum scilicet Ostiensem episcopum et Stephanum Nepessinum episcopum et Marinum diaconum sanctae Romanae ecclesiae, ad Basilium imperatorem et ad filios eius Constantinum et Leonem augustos Constantinopolim direxit, cum quibus et Anastasius bibliothecarius Romanae sedis, utriusque linguae, Grecae scilicet et Latinae, peritus, perrexit. Et synodo[1] congregata, quam octavam universalem synodum illuc convenientes appellaverunt, exortum scisma de Ignatii depositione et Focii ordinatione sedaverunt, Focium anathematizantes et Ignatium restituentes. In qua synodo de imaginibus adorandis aliter quam ortodoxi doctores antea diffinierant statuerunt et pro favore Romani pontificis, qui eorum votis de imaginibus adorandis annuit, et quaedam contra antiquos canones, sed et contra suam ipsam synodum constituerunt, sicut qui eandem synodum legerit[2] patenter inveniet.

Hludowicus autem imperator vigilia pentecosten[3] Romam venit, et in crastinum coronatus ab Adriano papa, post celebrata missarum sollemnia una cum eo ad Lateranense palatium cum pompa equitando coronatus perrexit; et hoste collecta, Roma iterum in partes Beneventanas perrexit. Et quia primores Italiae Ingelbergam propter suam insolentiam habentes exosam, in loco illius filiam Winigisi imperatori substituentes, obtinuerunt apud eundem imperatorem, ut missum suum ad Ingelbergam mitteret, quatenus in Italiam degeret et post illum non pergeret, sed eum in Italia reversurum exspectaret. Ipsa autem non obaudiens illius mandatum, post eum ire maturavit, et Wibodum episcopum ad Karolum quasi amicitiae gratia misit, putans, nescire Karolum quae inter illam et Hludowicum regem Germaniae pacta fuere. Wibodus autem ad pontem Liadi ad Karolum venit; nam illuc pro quibusdam in Burgundia causis componendis perrexerat. Ubi ei nunciatur ab homi/nibus Bernardi, filii Bernardi, Bernardus qui Vitellus cognominabatur occisus; et eius honores praedicto Bernardo sunt dati. Karolus autem ad Burgundiam ad Gondulfi-villam, placitum ibi antea condictum habiturus, Kalendis Septembris revertitur. Ubi aliquantisper immoratus, et quae sibi visa fuere dispositis[4], venandi gratia ad Arduennam petiit. Et Octobrio mense navigio per Mosam usque Treiectum veniens, cum Rorico et Rodulfo Nortmannis, qui obviam ei navigio venerant, locutus, Roricum sibi fidelem benigne sus-

Papst Adrian schickte nach der noch von Papst Nikolaus, seinem Vorgänger, getroffenen Anordnung seine Gesandten, nämlich Bischof Donatus von Ostia, Bischof Stephanus von Nepi und Marinus, einen Diakon der heiligen römischen Kirche, nach Konstantinopel an den Kaiser Basilius und seine Söhne Constantinus und Leo; Anastasius aber, der Bibliothekar des römischen Stuhls, welcher der beiden Sprachen, der griechischen und der lateinischen, mächtig war, begleitete die Gesandten. Und in der darauf berufenen Synode[1], welche die Teilnehmer die achte allgemeine Synode nannten, legte man den über die Entsetzung des Ignatius und die Einsetzung des Photius entstandenen Streit bei, indem man Photius in den Bann tat und den Ignatius wieder einsetzte. In dieser Synode faßte man über die Verehrung der Bilder andere Beschlüsse, als wie die orthodoxen Lehrer früher entschieden hatten, und zugunsten des römischen Papstes, der ihren Beschlüssen über die Verehrung der Bilder zustimmte, setzten sie verschiedenes fest im Widerspruch mit den alten Canones und im Widerspruch mit ihrer eigenen Synode, wie jeder beim Lesen der Akten dieser Synode[2] klar ersehen wird.

Kaiser Ludwig kam am Vorabend vor Pfingsten[2] nach Rom, wurde am Tage darauf vom Papst Adrian gekrönt und ritt mit diesem nach Zelebrierung des Hochamts, die Krone auf dem Haupte, in feierlichem Zuge zum Lateran-Palast. Nachdem er aber ein Heer gesammelt, zog er von Rom aus wieder gegen Benevent. Und da die Großen Italiens Ingelberga wegen ihres Hochmuts haßten, führten sie an ihrer Statt die Tochter des Winigis dem Kaiser zu und erlangten von ihm, daß er an Ingelberga den Befehl sandte, in Oberitalien zu bleiben und ihm nicht nachzufolgen, sondern in Oberitalien seine Rückkehr abzuwarten. Ingelberga aber leistete seiner Anordnung keine Folge, sondern eilte ihm nach und schickte den Bischof Wibod an Karl zum Zeichen der Freundschaft, in der Annahme, Karl wisse nicht, was zwischen ihr und dem König Ludwig von Deutschland vereinbart worden war. Wibod aber traf Karl in Pontailler sur Saone, wohin dieser wegen verschiedener in Burgund zu erledigenden Geschäfte sich begeben hatte. Hier wurde ihm auch gemeldet, daß von den Leuten Bernards, des Sohnes von Bernard, der Bernard mit dem Beinamen Vitellus getötet worden sei, und seine Lehen wurden jenem Bernard gegeben. Karl aber kehrte von Burgund zum 1. September nach Gondreville zurück, um den schon vorher hierher berufenen Reichstag abzuhalten. Nachdem er hier einige Zeit verweilt und alles, was ihm notwendig schien, angeordnet hatte[4], begab er sich zur Jagd nach den Ardennen. Und im Oktober kam er zu Schiff auf der Maas nach Maastricht und verhandelte

[1] Eröffnet den 5. Oktober 869, geschlossen den 28. Februar 870.

[2] Mansi XVI S. 398ff.

[3] 18. Mai 872.

[4] MG Capitul. II S. 341f.

cepit et Rodulfum infidelia machinantem et superflua expetentem inanem dimisit et contra ipsius insidias fideles suos ad munitionem paravit. Indeque per Attiniacum itinere equestri revertens, nativitatem Domini in monasterio Sancti Medardi celebravit.

Adrianus papa moritur, et Iohannes archidiaconus Romanae ecclesiae 19. Kalendas Ianuarii in locum illius substituitur.

Anno Domini 873.

Quia ergo multi erant in regno Karoli, qui exspectabant, ut per Karlomannum adhuc rediviva mala agerentur, in sancta Dei ecclesia et in aliis regnis, de quibus regio ministerio[a]), cum consilio fidelium suorum, secundum morem praedecessorum ac progenitorum suorum, leges paci ecclesiae et regni soliditati congruas promulgavit et ab omnibus observari decrevit[1]. Iubet ergo convocari[2] episcopos regni sui apud Silvanectis civitatem, in qua idem Karlomannus morabatur, quatenus secundum sacros canones, a quibus nulla, ut Leo dicit[3], aut neglegentia aut praesumptione licet eis discedere, episcopale ministerium de illo exsequerentur; sicuti et fecerunt, deponentes illum secundum sacras regulas ab omni gradu ecclesiastico, laicali sibi communione servata. Quod cum factum fuisset, antiquus et callidus adversarius illum et suos complices ad argumentum aliud excitavit, videlicet quia liberius ad nomen et potentiam regiam conscendere posset, quia ordinem ecclesiasticum non haberet et, quia episcoporum iudicio ecclesiasticum gradum amisit, etiam tonsuram ecclesiasticam / licentius amittere posset. Unde post depositionem eius complices illius ardentius coeperunt se ei iterum reconiungere et alios quos valebant in societatem suam abducere, quatenus, mox ut locum invenire possent, illum a custodia in qua servabatur educerent et sibi regem constituerent. Quapropter necesse fuit, etiam illa de quibus ab episcopis iudicatus non fuerat in medium revocare, et secundum sacrarum legum decreta pro admissis suis iudicio mortis addictum mitiori sententia, ut locum et spatium poenitendi haberet et graviora admittendi facultatem, sicut meditabatur, non haberet, luminibus acclamatione cunctorum qui adfuerunt orbari, quatenus perniciosa spes pacem odientium de illo frustraretur, et ecclesia Dei ac christianitas in regno eius cum infestatione paganorum seditione exitiabili perturbari non posset.

a) Zeitwort ausgefallen (z. B. fungebatur).

mit den Normannen Rorich und Rodulph, die ihm zu Schiff entgegengekommen waren; den ihm treuen Rorich nahm er wohlwollend auf, den Rodulph, der auf Untreue sann und übermäßige Forderungen stellte, entließ er mit leeren Händen und traf Anstalten, seine Getreuen gegen dessen Anfeindungen zu sichern. Dann machte er zu Pferd die Rückreise über Attigny und feierte das Geburtsfest des Herrn im Kloster des heiligen Medardus.

Papst Adrian starb und Johannes, Erzdiakon der römischen Kirche, wurde am 14. Dezember als sein Nachfolger eingesetzt.

873.

Weil es nun in dem Reiche Karls viele gab, die darauf warteten, daß durch Karlmann erneut die alten Übel in der heiligen Kirche Gottes und in den andern Reichen angestiftet würden, über die er als König herrschte, so erließ er auf den Rat seiner Getreuen und nach der Sitte seiner Vorgänger und Vorfahren Gesetze, die dem Frieden der Kirche und der Befestigung des Reichs dienten, und befahl, daß sie von allen befolgt würden[1]. Er ließ daher die Bischöfe seines Reichs nach Senlis einberufen[2], wo sich Karlmann in Gewahrsam befand, damit sie nach den heiligen kanonischen Vorschriften, von denen, wie Leo[3] sagt, in Leichtsinn oder Überhebung abzuweichen ihnen keinesfalls erlaubt ist, ihre bischöfliche Amtspflicht gegen ihn übten. Dies taten sie auch und sprachen ihn nach den heiligen Vorschriften von jeder geistlichen Würde los, indem sie ihm nur die Laien-Kommunion gestatteten. Als dies geschehen war, rief der alte und schlaue Feind bei ihm und seinen Genossen einen neuen Gedanken hervor, nämlich, daß er nun noch viel ungehinderter zu Titel und Macht eines Königs gelangen könne und daß, weil er keinen kirchlichen Rang bekleide und er durch das Urteil der Bischöfe seine kirchliche Würde verloren habe, auch die geistliche Tonsur ohne Scheu aufgeben könne. Daher begannen nach seiner Entsetzung seine Genossen mit größerem Eifer von neuem sich um ihn zu scharen und andere so viele als möglich in ihre Gemeinschaft zu ziehen, um ihn bald, wenn sie eine passende Gelegenheit finden, aus dem Gewahrsam, in dem er gehalten wurde, zu entführen und sich zum König zu setzen. Hierdurch wurde es notwendig, auch das gegen ihn aufzunehmen, weswegen er von den Bischöfen nicht verurteilt worden war; und kraft der heiligen Gesetze Spruch für seine Verbrechen zum Tode verdammt, wurde er nach milderem Spruch, damit er Zeit und Gelegenheit habe, Buße zu tun, aber keine Möglichkeit, das Schlimmere, auf das er sann, zu begehen, mit aller Anwesenden Beistimmung geblendet, damit so die verderbliche Hoffnung der Friedensstörer auf ihn zunichte gemacht und die Kirche Gottes und die Christenheit in dem Reich außer den Anfeindungen der Heiden nicht auch noch durch verderbenbringende Zwietracht verstört würde.

[1] MG Capitul. II S. 342–347. [2] Mansi XVII S. 282.
[3] epistola 14 ad Anastasium (Mansi V S. 1281).

Hludowicus Germaniae rex ante nativitatem Domini ad Franconofurth palatium venit ibique nativitatem Domini celebravit et placitum suum ibidem circa Kalendas Februarii condixit; quo filios suos Hludowicum et Karolum cum aliis suis fidelibus, homines quoque qui de regno quondam Hlotharii illi se commendaverunt convenire praecepit. Et dum ibi degeret, venit ad Karolum, filium eius, diabolus transfigurans se in angelum lucis, et dixit illi, quod pater eius, qui illum causa Karlomanni fratris sui perdere moliebatur, Deum offensum haberet et regnum in brevi amitteret, et eidem Karolo Deus illud regnum habendum dispositum haberet, quod in proximo optineret. Ipse autem Karolus timore perterritus, quia domui in qua latebat adhaerebat, ecclesiam est ingressus; quo eum diabolus est insecutus. Cui iterum dixit: ‚Cur times et fugis? nam, nisi ex Deo venissem tibi adnuntians quae in proximo sunt futura, in hanc domum Domini te sequens non intrarem‘. His et aliis blanditiis ei persuasit, ut communionem a Deo sibi missam de manu illius acciperet; sicut et fecit. Et post buccellam ipse Satanas intravit in eum. Veniens autem ad patrem suum, et residens in consilio eius cum fratre et aliis fidelibus, tam episcopis quam et laicis, subito invasus surrexit, et dixit, quia seculum vellet dimittere, et quia uxorem suam carnali commercio non contingeret; et discingens se spata, cadere in terram illam permisit, et cum se vellet balteo discingere et vestimento exuere, coepit vexari. Comprehensus autem ab episcopis et ab aliis viris, turbato patre et / omnibus qui adfuerunt vehementique stupore perculsis, ductus est in ecclesiam. Et Liutbertus archiepiscopus induens se sacerdotalibus vestibus, missam cantare coepit; cumque ventum fuisset ad locum euangelii, coepit magnis vocibus patria lingua ‚vae‘ clamare; et sic continuis vocibus ‚vae‘ illud clamavit, usque dum missa celebrata fuit. Quem pater eius episcopis et aliis fidelibus committens, per sacra loca sanctorum martyrum deduci praecepit, quatenus illorum meritis et orationibus a daemone liberatus ad sanam mentem, Domino miserante, redire praevaleret. Deinde disposuit illum Romam dirigere, sed quibusdam intervenientibus causis, iter illud dimisit.

Hludowicus imperator Italiae in Capua residens, mortuo iam Landberto Calvo[1], et pervento patricio imperatoris Grecorum cum hoste in

[1] Der Name weist darauf hin, daß der Träger einmal zum Mönch geschoren worden war. Nachdem er durch Papst Nikolaus I. von seinen Mönchsgelübden

Ludwig, der König von Germanien, kam vor Weihnachten nach der Pfalz Frankfurt, feierte hier das Geburtsfest des Herrn und berief dahin zum 1. Februar seinen Reichstag, zu dem er seinen Söhnen Ludwig und Karl mit ihren andern Getreuen, sowie den Lehensleuten, die sich aus dem Reiche des verstorbenen Lothar in seine Huld gegeben hatten, zu erscheinen befahl. Und während er noch dort verweilte, kam zu seinem Sohn Karl der Teufel in der Gestalt eines Boten des Lichts und sagte ihm, daß sein Vater, der ihn seines Bruders Karlmann wegen zu verderben trachte, den Zorn Gottes gegen sich erregt habe und darum bald sein Reich verlieren würde; Gott aber habe bestimmt, daß Karl dies Reich besitzen solle, das ihm in kurzem zufallen werde. Karl aber, von Furcht und Schreck ergriffen, eilte in die Kirche, welche an das von ihm bewohnte Haus anstieß, und der Teufel folgte ihm dahin nach und sprach abermals zu ihm: Warum fürchtest Du Dich und fliehst, denn wenn ich nicht von Gott gekommen wäre, Dir anzuzeigen, was in nächster Zeit geschehen wird, so könnte ich Dir nicht in dieses Haus des Herrn folgen. Durch diese und andere lockende Worte überredete er denselben, aus seinen Händen die ihm von Gott gesendete Kommunion zu nehmen, wie Karl auch tat. Und nach dem Bissen fuhr der Satan selbst in ihn. Als nun aber Karl zum Vater kam und bei ihm mit dem Bruder und anderen Getreuen, sowohl Bischöfen als Laien, zu Rate saß, erhob er sich plötzlich, vom Teufel besessen, und erklärte, daß er die Welt verlassen wolle und daß er mit seiner Gemahlin keine fleischliche Gemeinschaft pflege; dabei warf er das Schwert ab und ließ es auf die Erde fallen, und da er auch das Wehrgehänge abnehmen und sein Gewand von sich tun wollte, fing es an ihn hin und herzureißen. Da wurde er aber von den Bischöfen und andern Männern gepackt und, indem der Vater und alle Anwesenden fassungslos und von heftigem Staunen wie niedergeschmettert waren, in die Kirche geführt. Und Erzbischof Liutbert bekleidete sich mit den Priestergewändern und begann die Messe zu lesen; als er aber an die Stelle kam, wo das Evangelium gelesen wird, fing Karl mit lauter Stimme an in seiner Muttersprache Wehe zu rufen; und so rief er fortgesetzt dieses Wehe, bis die Feier der Messe vorüber war. Der Vater aber übergab ihn den Bischöfen und andern Getreuen und befahl, daß man ihn an den geweihten Stellen der heiligen Märtyrer herumführe, damit er durch ihre Verdienste und Fürbitten den Teufel los werde und durch Gottes Barmherzigkeit wieder zu gesunden Sinnen gelange. Dann dachte er daran, ihn nach Rom zu schicken, gab jedoch diese Fahrt wegen verschiedener Ursachen, die dazwischen kamen, wieder auf.

Kaiser Ludwig, der sich in Kapua aufhielt – Lambert der Kahle[1] war schon tot und der Patrizier des griechischen Kaisers mit einem Heer

entbunden worden war (MG Epist. 6 S. 652 Nr. 132), hatte er an Stelle seines 866 gefallenen Bruders Gerhard durch Vermittlung seines Verwandten, des Herzogs Landbertus von Spoleto, die Grafschaft Camerino erhalten und sich mit

civitate quae Hydrontus dicitur in auxilium Beneventanorum, qui censum quod imperatoribus Franciae eatenus dabant illi persoluturos se promittebant, quoniam aliter Adalgisum obtinere non poterat, mandavit apostolico Iohanni, compatri Adalgisi, ut ad eum apud Campaniam veniret et sibi Adalgisum reconciliaret, volens ostentare, quasi intercedente beati Petri vicario ipsum Adalgisum reciperet, de quo iuraverat, quod nunquam de illis partibus rediturus esset, antequam illum caperet; quem re vera virtute sua obtinere non posset.

Karolus hostem denunciat versus Brittanniam, ut Nortmanni qui Andegavis civitatem occupaverant non autumarent, se adversus eos illuc iturum, ne ad alia loca, in quibus ita constringi non possent, aufugerent. Dum autem illuc pergeret, in ipso itinere nunciatum est ei, quod factione fratris sui Hludowici Germaniae regis Karlomannus caecus per homines quondam suos, consentientibus duobus pseudomonachis, de Corbeio monasterio sublatus et ad Hludowicum fuerit, cohibente ac interveniente Adalardo, in suam contrarietatem perductus. Unde non magnopere est Karolus conturbatus; sed iter coeptum peragens, cum hoste collecta civitatem Andegavis – in qua Nortmanni, depopulatis quibusdam urbibus, eversis castellis, ecclesiis et monasteriis incensis, et agris in solitudinem redactis, iam diuturno tempore residebant – obsedit et sepe fortissima circum/dedit, Salomone duce Brittonum ultra Meduanam fluvium cum hoste Brittonum in eius auxilio residente. Et dum Karolus rex in hoc negotio occupatus esset, Salomon filium suum nomine Wigon ad eum cum primoribus Brittonum misit; qui filius eius se Karolo commendavit et fidelitatem coram fidelibus suis illi iuravit.

Interea Rodulfus Nortmannus, qui multa mala in regno Karoli exercuerat, in regno Hludowici cum quingentis et eo amplius complicibus suis occisus est; Karolo vero residente secus Andegavis civitatem, non incerta relatione nunciatur. Multitudo siquidem locustarum per Germaniam Gallias, maxime autem in Hispaniam adeo se effudit, ut Aegyptiacae plagae potuerit comparari.

Hludowicus rex Germaniae apud Mettis civitatem placitum suum tenere disponens, nuncium accepit, quod, nisi citissime filio suo Karlomanno in marcha contra Winidos subveniret, illum ulterius non videret. Qui statim reversus Reghinisburg pergens, Karlomannum caecum Liutberto archiepiscopo pascendum in monasterio Sancti Albani apud

nach Otranto zur Unterstützung der Beneventaner gekommen, die ihm den Zins zu zahlen versprochen, den sie bis dahin den Kaisern von Francien gegeben hatten – schickte, da er anders den Adalgis nicht gewinnen konnte, an den Papst Johannes, einen Verwandten des Adalgis, er möge zu ihm nach Campanien kommen und Adalgis mit ihm aussöhnen; dadurch wollte er den Schein erwecken, als ob er auf Verwendung des Stellvertreters des hl. Petrus den Adalgis wieder zu Gnaden annehme, von dem er geschworen hatte, daß er nicht eher aus diesem Lande heimkehren wolle, als bis er ihn gefangen genommen habe, während er in Wahrheit durch seine Macht ihn nicht sich zu unterwerfen vermochte.

Karl kündigte einen Feldzug gegen die Bretonen an, damit die Normannen, welche Angers erobert hatten, nicht behaupteten, er wolle gegen sie ziehen, damit sie sich nicht nach anderen Orten flüchteten, wo man sie nicht so überwältigen könne. Während er aber dahin zog, erhielt er auf dem Wege die Nachricht, daß auf Anstiften seines Bruders Ludwig, des Königs von Germanien, der geblendete Karlmann durch einige seiner Leute, im Einverständnis mit zwei falschen Mönchen, aus dem Kloster Corbie entführt und unter Duldung und Vermittlung Adalards zu Ludwig ihm zum Nachteil gebracht worden war. Karl ließ sich durch diese Nachricht nicht sehr beunruhigen, sondern setzte seinen Zug fort. Und er schloß mit seinem Heer Angers ein, wo die Normannen, nachdem sie verschiedene Städte verwüstet, Burgen zerstört, Klöster und Kirchen in Brand gesteckt und alle Felder verheert hatten, nun schon längere Zeit verweilten, und umgab sie mit einem sehr festen Wall, während Salomon, der Herzog der Bretonen, jenseits der Mayenne mit dem Heer der Bretonen zu seiner Unterstützung lagerte. Und während König Karl damit beschäftigt war, schickte Salomo seinen Sohn Wigo mit den Großen der Bretonen zu Karl, und dieser Sohn gab sich in die Huld des Königs und schwur ihm vor seinen Getreuen Treue.

Inzwischen wurde der Normanne Rodulf, der im Reiche Karls viel Schlimmes verübt hatte, im Reiche Ludwigs mit mehr als fünfhundert seiner Genossen getötet. Während der Belagerung von Angers erhielt Karl auch aus nicht unsicherer Quelle die Nachricht, eine große Menge Heuschrecken habe sich von Germanien aus über Gallien und besonders über Spanien hin verbreitet, so daß es mit der ägyptischen Plage zu vergleichen war.

König Ludwig von Germanien erhielt, als er in Metz seinen Reichstag abhalten wollte, die Nachricht, wenn er nicht eiligst seinem Sohn Karlmann in der Mark gegen die Wenden zu Hilfe eile, werde er ihn nicht wieder sehen. Darauf kehrte er sofort um und begab sich nach Regensburg; den blinden Karlmann übergab er dem Erzbischof Liutbert zur Aufbewahrung im Kloster des hl. Alban zu Mainz, wodurch er deutlich zeigte,

diesem im Herbst 872 zu Herzog Adelgis von Benevent geflüchtet (vgl. Decker-Hauff in Zeitschr. für württ. Landesgeschichte 14, 1955, 335f.).

Mogontiam commendavit, evidenti demonstrans indicio, qualiter illi displicuerint mala, quae isdem Karlomannus in sancta Dei ecclesia, in populum christianum ac contra patrem suum egit, quandocumque vel ubicumque praevaluit. Ad Reghinisburg autem perveniens, per missos suos Winidos sub diversis principibus constitutos modo quo potuit sibi reconciliavit; legatos autem ab illis qui Behim dicuntur cum dolo missos suscipiens, in carcerem misit.

Karolus viriliter ac strenue obsidionem Nortmannorum in gyro Andegavis civitatis exsequens, adeo Nortmannos perdomuit, ut primores eorum ad illum venerint seseque illi commendaverint et sacramenta qualia iussit egerint, et obsides quot et quantos quaesivit illi dederint, ut de civitate Andegavis constituta die exirent et in regno suo, quamdiu viverent, nec praedam facerent nec fieri consentirent. Petierunt autem, ut eis in quadam insula Ligeris fluvii usque in mense Februario residere et mercatum habere liceret, atque in mense Februario quicumque iam baptizati essent ex eis et christianitatem de cetero veraciter tenere vellent / ad eum venirent, et qui adhuc ex paganis christiani fieri vellent ipsius dispositione baptizarentur, ceteri vero ab illius regno discederent, ulterius, sicut dictum est, ad illud in malum non reversuri. Post haec una cum episcopis et populo cum maxima religionis devotione corpora sanctorum Albini et Licinii, quae effossa timore Nortmannorum de tumulis suis fuerant, suis in locis cum muneribus magnis restituit. Sicque eiectis ab Andegavis civitate Nortmannis, acceptisque obsidibus, Karolus mense Octobrio per Cinomannis civitatem et Ebrocense oppidum ac secus castellum novum apud Pistas Ambianis Kalendis Novembris pervenit. Indeque apud Audriacam villam ac circumcirca venationem exercens, ad monasterium Sancti Vedasti pervenit ibique nativitatem Domini celebravit

anno Domini 874.

Hiems prolixa et fortis, et nix tanta fuit nimietate perfusa, quantam nemo se vidisse meminerit.

Karolus purificatione sanctae Mariae[1] cum suis consiliariis placitum in monasterio Sancti Quintini tenuit, et ieiunium quadragesimale in monasterio Sancti Dyonisii peragens, ibidem pascha dominicum[2] celebravit. Generale quoque placitum Idus Iunii in villa Duziaco tenuit, ubi et annua dona sua accepit. Indeque per Attiniacum et consuetos mansionaticos Compendium adiit.

wie ihm die Übeltaten mißfällig waren, welche dieser Karlmann gegen die heilige Kirche Gottes, gegen das christliche Volk und gegen seinen Vater verübte, wo und wann er nur konnte. In Regensburg eingetroffen, stellte Ludwig so gut er konnte durch seine Gesandten ein gutes Einvernehmen mit den unter verschiedenen Fürsten stehenden Wenden wieder her; die Gesandten aber, die von den Böhmen kamen, ließ er ins Gefängnis werfen, da sie nur zum Trug geschickt waren.

Karl setzte tapfer und eifrig die Belagerung der Normannen in Angers fort und brachte diese so weit, daß ihre Großen zu ihm kamen, sich seiner Huld übergaben und alle Eide, welche er vorschrieb, leisteten, ihm auch, so viel er forderte, Geiseln dafür stellten, daß sie an einem bestimmten Tag Angers räumen und in seinem Reiche zeit ihres Lebens selbst keine Beute machen, noch solche machen lassen würden. Sie baten aber um die Erlaubnis, auf einer Insel in der Loire bis zum Februar ihren Aufenthalt nehmen und Handel treiben zu dürfen; im Februar sollten dann diejenigen, welche von ihnen bereits getauft seien und fernerhin wahrhaftig am Christentum festhalten wollten, zu ihm kommen, sowie diejenigen, welche noch Heiden waren und jetzt Christen werden wollten, nach seiner Weisung getauft werden; die übrigen aber sollten sein Reich verlassen und fernerhin, wie gesagt, in dasselbe nicht wieder in schlechter Absicht zurückkehren. Darauf brachte Karl mit den Bischöfen und dem Volk in größter Verehrung die Gebeine der heiligen Albinus und Licinius, die man aus Furcht vor den Normannen aus ihren Gräbern herausgenommen hatte, an ihre früheren Ruhestellen zurück und weihte ihnen reiche Geschenke. Und nachdem so die Normannen aus Angers vertrieben und die Geiseln in Empfang genommen worden waren, zog Karl im Oktober über le Mans und Evreux vorbei an der neuen Burg bei Pitres und kam am 1. November nach Amiens. Nachdem er dann in Orville und Umgebung der Jagd obgelegen hatte, begab er sich nach dem Kloster des heiligen Vedastus und feierte hier das Weihnachtsfest des Herrn.

874.

Der Winter war lang und streng und der Schnee lag hoch, wie niemand sich erinnern konnte, erlebt zu haben.

Karl hielt am Fest Mariä Reinigung[1] eine Versammlung mit seinen Räten in St. Quentin; die Zeit der Fasten aber brachte er in St. Denis zu und feierte da auch das Osterfest.[2] Einen allgemeinen Reichstag hielt er am 13. Juni in Douzy, wo er auch die Jahresgeschenke in Empfang nahm. Von hier aus begab er sich über Attigny und die üblichen Rastorte nach Compiègne.

Der lange Sommer bewirkte, daß das Gras dürr wurde und die Getreideernte unzulänglich war.

[1] 2. Februar 874.

[2] 11. April 874.

Aestas longa siccitatem foeni et messium inopiam reddidit.

Salomon dux Brittonum, qui nuntiabatur interea dubiis nunciis quandoquidem infirmus quandoquidem mortuus, certa relatione Karolo apud Compendium nunciatus est hoc ordine mortuus; videlicet insecutus a primoribus Brittonum Pascuitan et Vurhanat, Wigon, filio Rivilin, necnon et Francis hominibus, quos valde afflixerat, et capto ac custodiae mancipato filio eius Wigon, fuga lapsus, in Paucherum secessit, et quoddam monasteriolum ingressus, ut se liberare valeret, circumventus a suis, quod a nemine Brittonum quiddam / mali sustinere deberet, traditus est Francis hominibus Fulcoaldo et aliis. Sicque ab eis excaecatus, in crastinum mortuus est repertus, dignam vicem recipiens, qui seniorem suum Herispogium, in ecclesia eius persecutionem fugientem et invocantem Dominum, super altare occidit.

Hludowicus rex Germaniae ad fratrem suum Karolum filium suum Karolum cum aliis missis suis direxit, petens, ut simul loquerentur secus Mosellam. Ad quod placitum cum Karolus pergeret, ventris solutione detentus, ad illud placitum, sicut fuerat condictum, pervenire non potuit. Unde conlocutio eorum, Hludowici scilicet et Karoli, secus Mosam apud Heristallium circa Kalendas Decembris fuit. De qua conlocutione Karolus per monasterium Sancti Quintini rediens, nativitatem Domini Compendio celebravit; et Hludowicus eandem sollemnitatem Aquis agens, inde ad palatium Franconofurt ultra Rhenum rediit.

Anno Domini 875.

Karolus circa initium quadragesimae monasterium Sancti Dyonisii adiit, ubi et pascha Domini[1] celebravit. Et Richildis, uxor eius, noctu ante quartam feriam paschae aborsu filium peperit, qui baptizatus mox obiit. Illaque dies purificationis post parturitionem in eodem monasterio exspectante, Karolus ad Basivum perrexit indeque ad laetanias celebrandas ante ascensionem Domini ad monasterium Sancti Dyonisii rediit, et vigilia pentecostes[2] ad Compendium venit.

Hludowicus rex Germaniae mense Maio in Triburas placitum suum tenuit, et quia ibi quae meditatus fuerat perficere non potuit, iterum placitum suum in mense Augusto ad eundem locum denunciavit.

Karolus mense Augusto ad Duciacum secus Arduennam pervenit; ubi certo nuntio, Hludowicum nepotem suum Italiae imperatorem obisse, comperit. Quapropter mox inde movens, ad Pontigonem pervenit et quoscumque potuit de vicinis suis consiliariis obviam sibi ve-

Nachdem über Salomo, den Herzog der Bretonen, schon seit einiger Zeit schwankende Nachrichten eingelaufen waren, wornach er bald krank, bald tot sein sollte, erhielt Karl zu Compiègne aus sicherer Quelle über den Hergang seines Todes folgenden Bericht: Von den Großen der Bretonen, Pascuitan, Vurhanat und Wigo, dem Sohne des Rivilin, sowie auch von fränkischen Leuten, die er schwer gekränkt hatte, verfolgt, hatte sich Salomo, nachdem auch sein Sohn Wigo gefangen genommen und in Haft gebracht worden war, nach Poher geflüchtet; hier betrat er ein kleines Kloster, um sich retten zu können, wurde aber von den Seinen umstellt, und da er von keinem der Bretonen selbst Übles erleiden sollte, den fränkischen Leuten, dem Fulcoald und den andern, ausgeliefert. Von diesen dann geblendet, wurde er am andern Tag tot gefunden und erlitt so die verdiente Strafe, da er seinen Senior Herispogius, welcher von ihm verfolgt sich in die Kirche flüchtete und Gottes Hilfe anflehte, am Altar getötet hatte.

König Ludwig von Germanien schickte seinen Sohn Karl unter seinen andern Gesandten an seinen Bruder Karl mit der Bitte um eine Zusammenkunft an der Mosel. Als sich Karl auf dem Wege dahin befand, wurde er von der Ruhr befallen und konnte so nicht wie ausgemacht zu dem Treffen kommen. Die Unterredung zwischen den Brüdern Ludwig und Karl fand daher erst um den 1. Dezember zu Herstal an der Maas statt. Von diesem Treffen nahm Karl seinen Rückweg über St. Quentin und feierte das Weihnachtsfest zu Compiègne. Ludwig beging dieses Fest zu Aachen und begab sich von da über den Rhein wieder nach seiner Pfalz Frankfurt.

875.

Karl kam um den Anfang der Fasten nach St. Denis und feierte da auch das Osterfest.[1] Seine Gemahlin Richildis gebar in zu früher Niederkunft in der Nacht zum Mittwoch nach Ostern einen Sohn, der bald, nachdem er getauft worden, starb. Während sie den Tag der Reinigung nach ihrer Entbindung in diesem Kloster abwartete, begab sich Karl nach Baisieux; von hier kehrte er zur Feier der Litaneien vor dem Himmelfahrtsfest nach St. Denis zurück und kam am Vorabend vor Pfingsten[2] nach Compiègne.

König Ludwig von Germanien hielt im Mai zu Tribur seine Reichsversammlung und da er seine Pläne dort nicht durchsetzen konnte, berief er eine zweite Versammlung zum August nach demselben Ort.

Karl kam im August nach Douzy in den Ardennen, wo er sichere Nachricht erhielt, daß sein Neffe Ludwig, der Kaiser von Italien, gestorben sei. Er brach deshalb alsbald auf und zog nach Ponthion; seinen Räten, soweit er sie in der Nähe erreichen konnte, befahl er, sich bei ihm einzu-

[1] 27. März 875.
[2] 14. Mai 875.

nire praecepit et a quibuscumque valuit suppetias in itinere suo accepit. Et inde Lingonas pervenit et eos quos secum in Italia ducere praedestinavit operuit; sicque Richildem, uxorem suam, per / civitatem Remis ad Silvacum remittens, et filium suum Hludowicum in partem regni, quam post obitum Hlotharii nepotis sui contra fratrem suum accepit, dirigens[a]), Kalendis Septembribus iter suum incoepit, et per Sancti Mauritii monasterium pergens, montem Iovis transiit et Italiam ingressus fuit.

Hludowicus rex Germaniae, frater eius, filium suum Karolum in Italiam, ut fratri suo adversaretur, transmisit. Quem Karolus rex fugam arripere et inde abscedere coegit. Hludowicus autem rex Germaniae alium filium suum Karlomannum cum quibus potuit in adversitatem fratris sui in Italiam direxit. Quod praenoscens Karolus rex, obviam ei cum validiori manu perrexit. Et quia Karlomannus praenovit, se patruo suo non posse resistere, pacem petens cum eo locutus fuit, et sacramentis utrimque confirmatis, ad propria rediit. Hludowicus vero, persuadente Engilramno, quondam Karoli regis camerario et domestico, suasione Richildis reginae ab honoribus deiecto et a sua familiaritate abiecto, cum hoste et filio ac aequivoco suo Hludowico usque ad Attiniacum venit. Ad quem obsistendum primores regni Karoli, iubente Richilde regina, sacramento se confirmaverunt. Quod non adtenderunt, sed ex sua parte regnum Karoli pessumdantes, hostili more devastaverunt. Similiter et Hludowicus cum suo exercitu idem regnum pessumdedit; sicque nativitatem Domini in Attiniaco agens, per placitamenta primorum, regni Karoli depraedatione facta, cum quibusdam comitibus ex Karoli regno, qui ad eum se contulerant, rediit, et per Treverorum civitatem transiens, ad palatium ultra Rhenum Franconofurth pervenit ibique dies quadragesimae et pascha Domini celebravit. Ubi et certo nuncio, Emmam uxorem suam apud Reghinisburg palatium obisse nuper post nativitatem Domini, comperit[b]).

Karolus, quibusdam de primoribus ex Italia ad se non venientibus, pluribus autem receptis, Romam invitante papa Iohanne perrexit, et 16. Kalendas Ianuarii ab eo cum gloria magna in ecclesia sancti Petri susceptus,

anno Domini 876,

in die nativitatis Domini beato Petro multa et pretiosa munera offerens, in imperatorem unctus et coronatus atque imperator Romano-

finden, und unterwegs zog er so viel er konnte Unterstützungen an sich. Weiter ging er nach Langres und erwartete hier diejenigen, welche er mit sich nach Italien führen wollte; nachdem er dann seine Gemahlin Richildis über Reims nach Servais zurückgeschickt und seinen Sohn Ludwig in den Teil des Reichs gesandt hatte, den er nach dem Tode seines Neffen Lothar durch Vertrag mit seinem Bruder erhalten hatte, trat er am 1. September seine Fahrt an, zog vorbei am Kloster des heiligen Mauricius über den Großen St. Bernhard und drang in Italien ein.

König Ludwig von Germanien, sein Bruder, schickte seinen Sohn Karl herüber nach Italien, um seinem Bruder Karl entgegenzutreten. König Karl aber zwang ihn, die Flucht zu ergreifen und Italien zu verlassen. Aber König Ludwig von Germanien schickte seinen andern Sohn Karlmann mit möglichst großer Begleitung nach Italien, um dem Bruder entgegenzutreten. Da Karl hiervon vorher Kunde erhielt, zog er ihm mit einem noch stärkeren Heere entgegen, und weil Karlmann im Voraus wußte, daß er seinem Oheim nicht widerstehen könne, verständigte er sich um Frieden bittend mit ihm und kehrte nach gegenseitig geleisteten Eiden in die Heimat zurück. Ludwig aber zog, von Engelramn, dem früheren Kämmerer und Vertrauten Karls überredet, der auf Anstiften der Königin Richildis seiner Würden entsetzt und aus dem Kreis der Vertrauten gewiesen worden war, mit einem Heer in Begleitung seines gleichnamigen Sohnes Ludwig bis nach Attigny[1]; zwar verbanden sich nun zu seiner Abwehr auf Befehl der Königin Richildis die Großen im Reiche Karls eidlich, aber sie beachteten das nicht, sondern richteten ihrerseits das Reich Karls zugrunde, indem sie es selbst wie Feinde ausplünderten. Ebenso verwüstete Ludwig mit seinem Heere dieses Reich; er feierte das Geburtsfest des Herrn in Attigny und kehrte dann auf die Vorstellungen der Großen nach der Verwüstung von Karls Reich mit einigen Grafen aus Karls Reich, die sich zu ihm begeben hatten, wieder um und kam über Trier nach der Pfalz Frankfurt über den Rhein, wo er die Fastenzeit und das Osterfest[2] feierte. Hier ging ihm auch die sichere Nachricht zu, daß seine Gemahlin Emma in der Pfalz zu Regensburg bald nach Weihnachten gestorben war.

Karl zog, nachdem sich die Mehrzahl der Großen aus Italien bei ihm eingefunden hatte und nur einige wenige nicht erschienen waren, auf Einladung des Papstes Johannes nach Rom und wurde von diesem am 17. Dezember mit großem Glanze in der Kirche des heiligen Petrus empfangen.

[a]) Die Worte Richildem uxorem bis dirigens, die in der Handschrift von St.Omer fehlen, sind aus der Fortsetzung zu Aimoins Historia Francorum ergänzt.

[b]) Der Satz ubi et – comperit aus der Fortsetzung zu Aimoins Hist. Francorum ergänzt.

[1] Damals richtete Hinkmar an seine Suffraganbischöfe das Schreiben de fide Carolo regi servanda (Migne 125 Sp. 961–983).

[2] 15. April 876.

rum appellatus est. Et Nonas Ianuarii Roma exiens, Papiam rediit. Ubi et placitum suum habuit[1], / et Bosone, uxoris suae fratre, duce ipsius terrae constituto et corona ducali ornato, cum collegis eius, quos idem dux expetiit, in eodem regno relictis, per montem Iovis et per monasterium Sancti Mauricii rediens[a]), ut pascha Domini apud monasterium Sancti Dyonisii celebrare valeret, iter acceleravit. Quod audiens Richildis degens apud Silvacum, 2. Nonas Mart. mox illi obviam movit, et cum summa festinatione per Remis, Catalaunis et Lingonas ultra Vesontium, in loco qui dicitur Warnarii-Fontana 2. Idus Martii venit. Cum qua imperator per Vesontium ac Lingonas Catalaunis et Remis civitates et per Compendium palatium transiens, ad monasterium Sancti Dyonisii pervenit, ibique pascha Domini[2] celebravit. Quo accersiens legatos apostolici Iohannem Tuschanensem et Iohannem Aritinum atque Ansigisum Senensem, synodum auctoritate apostolica et illorum consilio atque sanctione sua indixit medio futuro mense Iulio apud Pontigonem. Quo per Remis et Catalaunis civitates pervenit.

Boso, postquam imperator ab Italia in Franciam rediit, Berengarii, Everardi filii, factione, filiam Hludowici imperatoris Hyrmengardem, quae apud eum morabatur, iniquo conludio in matrimonium sumpsit.

Undecimo Kalendas Iulii, indictione 9, episcopis ceterisque clericis vestibus ecclesiasticis indutis, et domo ac sedilibus palliis protensis, atque in gremio synodi et prospectu imperialis sedis lectorio superpositis sacrosanctis euangeliis, venit domnus imperator Karolus in vestitu deaurato, habitu Francico, cum legatis apostolicae sedis in synodum[3]. Et cantoribus antiphonam *Exaudi nos Domine* cum versibus et Gloria cantantibus, post Kyrieleyson, et data oratione a Iohanne Tuscanense episcopo, resedit domnus imperator in synodo. Et legit Iohannes Tuscanensis episcopus epistolas a domno apostolico missas[4], cum quibus et legit epistolam[5] de primatu Ansegisi episcopi Sennensis, ut, quoties utilitas ecclesiastica dictaverit, sive in evocanda synodo sive in aliis negotiis exercendis, per Gallias et per Germanias apostolica vice fruatur, et decreta sedis apostolicae per ipsum episcopis manifesta efficiantur, et rursus quae gesta fuerint, eius relatione, si ne-

[a]) Die Worte rediens, ut pascha .... cum qua imperator sind aus der Fortsetzung der Historia Francorum des Aimoin ergänzt.

[1] MG Capitul. II S. 98–104.

876.

Im Jahre des Herrn 876, am Tage der Geburt des Herrn, wurde Karl, der dem hl. Petrus viele wertvolle Geschenke darbrachte, zum Kaiser gesalbt und gekrönt und als Kaiser der Römer ausgerufen. Am 5. Januar verließ er Rom und kehrte nach Pavia zurück. Hier hielt er seinen Reichstag[1] ab, und nachdem er Boso, den Bruder seiner Gemahlin, zum Herzog dieses Landes bestellt und mit der herzoglichen Krone geschmückt hatte, eilte er, ihn nebst den Amtsgenossen, die sich Boso selbst ausgebeten hatte, in diesem Reich zurücklassend, über den Großen St. Bernhard und das Kloster des hl. Mauricius nach seinem Reich zurück, um noch das Osterfest in St. Denis feiern zu können. Als dies Richildis hörte, die zu Servais weilte, brach sie sofort von da am 6. März auf, ihm entgegen und kam, in größter Eile über Reims, Chalons und Langres am 14. März nach Vernierfontaine hinter Besançon; mit ihr zusammen reiste der Kaiser nun über Besançon, Langres, Châlons, Reims und die Pfalz Compiègne nach St. Denis und feierte hier das Osterfest[2]. Hierhin ließ er auch die Legaten des Papstes, nämlich Bischof Johannes von Toscanella, Johannes von Arezzo und Ansegisus von Sens kommen und berief kraft päpstlichen Auftrags, auf ihren Rat und mit seiner Billigung eine Synode auf Mitte Juni nach Ponthion. Dahin begab er sich über Reims und Châlons.

Nachdem der Kaiser aus Italien nach Francien zurückgekehrt war, nahm Boso mit Hilfe Berengars, des Sohnes von Eberhard, die Tochter des Kaisers Ludwig, Hirmengard, welche sich bei ihm aufhielt, auf betrügliche Weise zu seinem Weibe.

Am 21. Juni in der 9. Indiction, nachdem die Bischöfe und die übrigen Geistlichen ihre Priestergewänder angelegt hatten, das Haus und die Sessel mit Teppichen behangen waren und in der Mitte des Versammlungssaales gegenüber dem kaiserlichen Thron auf einem Lesepult die heiligen Evangelien aufgelegt waren, erschien Kaiser Karl in golddurchwirktem Gewand in fränkischer Kleidung zusammen mit den Gesandten des heiligen Stuhls in der Synode[3]. Alsbald stimmten die Sänger das *Exaudi nos domine* an und sangen das *Gloria*, dann das *Kyrie Eleison*, Bischof Johannes von Toscanella sprach ein Gebet, worauf der Kaiser in der Synode Platz nahm. Bischof Johannes von Toscanella las nun die vom Papste geschickten Briefe[4] vor, und unter diesen auch einen Brief[5] über den Primat des Bischofs Ansegisus von Sens, wornach dieser, so oft es das Heil der Kirche erforderlich mache, sowohl bezüglich der Berufung

[2] 15. April 876.

[3] Die Akten dieser Synode in MG Capitul. II S. 347–353.

[4] MG Epist. 7 S. 317 Nr. 5 (an die treugebliebenen Bischöfe und Großen Westfrankens) und S. 318 Nr. 6 (an die zu Ludwig abgefallenen Bischöfe Westfrankens).

[5] MG Epist. 7 S. 315 Nr. 3.

cesse fuerit, / apostolicae sedi pandantur, et maiora negotia ac difficiliora quaeque suggestione ipsius a sede apostolica disponenda et enucleanda quaerantur. Petentibus autem episcopis, ut eis permitteretur ipsa legi epistola quibus erat directa, non adquievit imperator, sed responsum quaesivit ab eis, quid de his iussis apostolici responderent. Quorum responsio talis fuit, ut, servato singulis metropolitanis iure privilegii secundum sacros canones et iuxta decreta sedis Romanae pontificum ex eisdem sacris canonibus promulgata, domni Iohannis papae apostolici iussionibus oboedirent. Et cum imperator et legati apostolici satisegerint, ut absolute archiepiscopi responderent, se oboedituros de primatu Ansigisi sicut apostolicus scripsit, aliud nisi ut praedictum est responsum ab eis extorquere non potuit, excepto quod Frotarius Burdegalensis episcopus, quoniam a Burdegala ad Pictavis indeque ad Bituricum favore principis contra regulas se contulit, per adolationem respondit, quod imperatori placere cognovit. Tunc motus imperator dixit, quod domnus papa ei suas vices commisit in synodo, et quod isdem praecepit ille exequi studeret. Et accepit ipsam epistolam involutam una cum Iohanne Tuscanensi et Iohanne Aritino et dedit illam Ansigiso, et iussit sellam plectilem ponere ante omnes episcopos Cisalpini regni sui iuxta Iohannem Tuscanensem, qui ad dexteram illius sedebat, et praecepit Ansigiso, ut supergrederetur omnes ante se ordinatos et sederet in eadem sella, reclamante Remorum archiepiscopo, audientibus omnibus, hoc factum sacris regulis obviare. Imperator tamen in sua sententia permansit; et petentibus episcopis, ut liceret eis vel exemplar de epistola sibi directa sumere, nec hoc valuerunt ullo modo impetrare. Et sic soluta est synodus in illa die.

Decima Kalendas praefati mensis iterum convenerunt episcopi. In quo conventu lectae sunt epistolae[1] a domno apostolico laicis missae, et lecta est electio domni imperatoris ab episcopis et ceteris Italici regni firmata, sed et capitula quae in palatio Ticinensi constituit et ab omnibus confirmari praecepit, quae et episcopis Cisalpinis praecepit confirmari[2]. Et sic soluta est synodus in die illa.

Quinta Nonas Iulii convenerunt episcopi sine imperatore, et habitae sunt contentiones de presbiteris ex diversis parrochiis reclamantibus ad missos apostolici. Et sic soluta est synodus in die illa. /

[1] Nicht erhalten.

[2] Diese Bestätigung wurde nach den Synodalakten erst am 31. Juni erteilt.

von Synoden als in Ausübung anderer Befugnisse für Gallien und Germanien des Papstes Stellvertreter sein sollte; auch sollten durch ihn die Verordnungen des heiligen Stuhles den Bischöfen bekannt gemacht und umgekehrt von ihm, wenn es nötig wäre, über das was sich ereignet hatte, dem heiligen Stuhl berichtet werden, auch sollten alle wichtigeren und schwierigeren Angelegenheiten von ihm dem Papst zur Entscheidung und Klärung unterbreitet werden. Als nun die Bischöfe darum baten, daß man ihnen, an welche dieses Schreiben gerichtet sei, gestatte, es selbst zu lesen, ging der Kaiser auf diese Bitte nicht ein, sondern verlangte von ihnen zu wissen, was sie auf diese päpstliche Anordnungen zu erwidern hätten. Ihre Antwort ging nun dahin, daß sie vorbehaltlich des Sonderrechts der einzelnen Metropoliten gemäß den heiligen Canones und entsprechend den auf Grund der heiligen Canones erlassenen Dekrete des heiligen Stuhls sie den Befehlen des Papstes Johannes zu gehorchen bereit seien. Und als der Kaiser und die Legaten des Papstes alles daran setzten, daß die Erzbischöfe vorbehaltslos erklären sollten, daß sie sich dem Primat des Ansegisus, so wie es der Papst schrieb, unterwerfen wollen, konnte er doch keine andere als die oben bezeichnete Antwort von ihnen erpressen, ausgenommen Bischof Frotarius von Bordeaux, der aus Schmeichelei, weil er von Bordeaux nach Poitiers und von da nach Bourges durch die Gunst des Fürsten gegen die Vorschriften gekommen war, das erwiderte, was, wie er wußte, dem Kaiser gefiel. Darauf erhob sich der Kaiser und erklärte, der Papst habe ihn zu seinem Stellvertreter auf der Synode ernannt und er werde das, was jener befohlen, auszuführen bemüht sein. Und in Gemeinschaft mit Johannes von Toscanella und Johannes von Arezzo nahm er diesen Brief verschlossen und gab ihn dem Ansegisus; darauf ließ er einen Sessel vor alle Bischöfe seines diesseits der Alpen gelegenen Reichs neben Johannes von Toscanella stellen, der zu seiner Rechten saß, und befahl dem Ansegisus, daß er an allen vor ihm Ordinierten vorbeischreiten und sich auf diesen Stuhl setzen solle, wogegen der Erzbischof von Reims, so daß es alle hörten, Einspruch erhob, indem er dies Verfahren als den heiligen Vorschriften widersprechend bezeichnete. Der Kaiser aber beharrte bei seinem Willen; und als die Bischöfe baten, sich von dem an sie gerichteten Brief eine Abschrift nehmen zu dürfen, konnten sie nicht einmal dies erreichen. Damit schloß die Synode an diesem Tage.

Am 22. dieses Monats (Juni) aber versammelten sich wiederum die Bischöfe; in dieser Versammlung kamen die vom Papst an die Laien gerichteten Briefe[1] zur Verlesung, sowie auch die Urkunde, in welcher die Wahl des Kaisers von den Bischöfen und übrigen Großen des Italischen Reichs bestätigt wurde, ferner die Kapitel, welche er in der Pfalz Ticinum erlassen und allen durch ihre Unterschrift zu bestätigen befohlen hatte und die er nunmehr auch durch die Bischöfe diesseits der Alpen bestätigen ließ[2]. Damit schloß die Synode an diesem Tage.

4. Nonas eiusdem mensis iterum convenerunt episcopi; et imperator in synodo residens, audivit missos fratris sui Hludowici regis Willebertum archiepiscopum Coloniae et Adalardum ac Meingaudum comites, per quos petiit partem de regno Hludowici imperatoris, filii Hlotharii fratris eorum, sicut ei competeret ex hereditate et illi firmatum fuerat sacramento. Et legit Iohannes Tuscanensis epistolam[1] a Iohanne papa episcopis regni Hludowici directa, et dedit exemplar Willeberto archiepiscopo, ut deferret illud praefatis episcopis. Et sic soluta est synodus in illa die.

6. Idus Iulii convenerunt episcopi, et circa horam nonam venerunt missi domni apostolici Leo episcopus et apocrisiarius ac nepos apostolici atque Petrus Foro-Simpronii episcopus, deferentes epistolas imperatori et imperatrici et salutationes apostolici ad episcopos[2]. Et sic soluta est synodus in die illa.

5. Idus Iulii convenientibus episcopis, lecta est epistola[3] apostolici de dampnatione Formosi episcopi, Gregorii nomencolatoris et consentientium eis, et praesentata sunt imperatori ab apostolico transmissa dona, inter quae fuerunt praecipua sceptrum et baculus aureus. Sed et imperatrici dona sunt ab eo missa, pallia et armilla cum gemmis. Et sic soluta est synodus in illa die.

Pridie Idus Iulii convenerunt episcopi, et misit imperator vicarios apostolici increpare durius archiepiscopos reliquosque episcopos, qui pridie non convenerant, sicut praecepit. Illi autem canonice rationabili reddita ratione, sopita est increpatio. Et lecta est a Iohanne Tuscanensi iterum epistola, iubente imperatore, pro primatu Ansigisi, et quaesita est ab episcopis denuo inde responsio. Et respondentibus singulis archiepiscopis, quoniam, veluti eorum antecessores illius antecessoribus regulariter oboedierunt, ita eius decretis vellent oboedire. Et facilius est illorum admissa responsio, quam fuerat in imperatoris praesentia. Et sic iterum, post multas contentiones de presbiteris diversarum parrochiarum reclamantibus ad missos apostolici, lecta est proclamatio Frotarii Burdegalensis archiepiscopi, quia non poterat consistere propter infestationem paganorum in civitate sua, ut liceret ei Bituricensem metropolim occupare. Cuius petitionibus unanimitas

[1] MG Epist. 7 S. 320 Nr. 7 an die Bischöfe und S. 323 Nr. 8 an die Grafen in Ostfranken.

[2] nicht erhalten. [3] MG Epist. 7 S. 336 Nr. 9.

Am 3. Juli versammelten sich die Bischöfe ohne den Kaiser und es fanden Verhandlungen statt über Priester aus verschiedenen Sprengeln, die sich beschwerend an die Gesandten des Papstes gewandt hatten. Damit schloß die Synode an diesem Tage.

Am 4. desselben Monats traten die Bischöfe wieder zusammen und der Kaiser, der der Synode beiwohnte, hörte die Gesandten seines Bruders, des Königs Ludwig, den Erzbischof Willebert von Köln und die Grafen Adalard und Meingaud, durch welche dieser einen Teil vom Reich des Kaisers Ludwig, des Sohnes ihres Bruders Lothar, forderte, wie es ihm nach Erbrecht zukomme und eidlich zugesichert worden sei. Und Bischof Johannes von Toscanella verlas das vom Papst Johannes an die Bischöfe im Reiche Ludwigs gerichtete Schreiben[1] und übergab eine Abschrift desselben dem Erzbischof Willibert, damit er es den bezeichneten Bischöfen zustellte. Und damit schloß die Synode an diesem Tage.

Am 10. Juli versammelten sich die Bischöfe, und um die neunte Stunde erschienen die Gesandten des Papstes, Bischof Leo, Apocrisiarius und Neffe des Papstes, und Bischof Petrus von Fossombrone und brachten Briefe[2] an Kaiser und Kaiserin, sowie Grüße des Papstes an die Bischöfe. Damit wurde die Synode an diesem Tage geschlossen.

Am 11. Juli, als die Bischöfe sich versammelt hatten, wurde ein Brief[3] des Papstes verlesen über die Verdammung des Bischofs Formosus, des Nomenclators Gregorius und ihrer Anhänger, auch wurden dem Kaiser die vom Papst übersandten Geschenke überreicht, unter denen ein Szepter und ein goldener Stab hervorragten; für die Kaiserin waren gleichfalls Geschenke bestimmt, Gewänder und Armspangen, die mit Edelsteinen besetzt waren. Damit wurde die Synode an diesem Tage geschlossen.

Am 14. Juli versammelten sich die Bischöfe, und der Kaiser schickte die Vertreter des Papstes in die Synode, um die Erzbischöfe und Bischöfe heftig zu tadeln, weil sie sich am Tage vorher nicht wie er angeordnet hatte, versammelt hatten. Da diese aber kanonisch vollgültige Gründe hierfür darlegten, fiel der Tadel zu Boden. Nun verlas Bischof Johannes von Toscanella zum zweiten Mal auf Befehl des Kaisers den Brief des Papstes über den Primat des Ansegisus und es wurde von Neuem eine Antwort der Bischöfe darauf verlangt. Und die Erzbischöfe erklärten jeder für sich, daß, wie ihre Vorgänger den Vorgängern des Papstes ordnungsmäßig gehorcht hätten, so auch sie seinen Anordnungen gehorchen wollten. Und ihre Antwort wurde jetzt weniger schwierig aufgenommen, als in der Gegenwart des Kaisers geschehen war. Nachdem darauf abermals über Beschwerden, welche Priester verschiedener Sprengel an die Gesandten des Papstes gerichtet hatten, heftige Verhandlungen stattgefunden hatten, wurde ein Schreiben des Erzbischofs Frotarius von Bordeaux verlesen, der bat, daß ihm, weil er wegen der Anfeindungen der Heiden in seiner Stadt nicht bleiben könne, gestattet würde, die Metro-

episcoporum non adquievit[1], et iubentibus legatis apostolici, ut 17. Kalendas Augusti convenirent episcopi, mane circa horam nonam venit imperator / Grecisco more paratus et coronatus, deducentibus eum apostolici legatis more Romano vestitis ac episcopis aecclesiasticis vestimentis indutis, et ceteris secundum modum primae diei, quando inchoata est synodus, praeparatis. Et ut prius, cantata antiphona *Exaudi nos Domine* cum versibus et Gloria post Kyrrieleison, data oratione a Leone episcopo, resederunt omnes. Et legit Iohannes Aritinus quandam scedulam ratione et auctoritate carentem. Post quam legit Odo Belgivagorum episcopus quaedam capitula a missis apostolici et ab Ansigiso et eodem Odone sine conscientia synodi dictata, inter se dissonantia et nullam utilitatem habentia, verum et ratione ac auctoritate carentia; et idcirco hic non habentur subiuncta. Iterum autem mota est interrogatio de primatu Ansegisi, et post multas ab imperatore et legatis apostolici contra episcopos querimonias habitas, tantum in novissima quantum et in prima die synodi exinde Ansigisus obtinuit. Post haec perrexit Petrus episcopus Foro-Simpronii et Iohannes Tuscanensis ad cubiculum imperatoris, et adduxerunt Richildem imperatricem coronatam in synodum; et stante illa iuxta imperatorem, surrexerunt omnes, stantes quique in gradu suo. Tunc incoeperunt laudes Leo episcopus et Iohannes Tuscanensis episcopus, et post laudes peractas in domnum apostolicum et domnum imperatorem ac imperatricem et ceteros iuxta morem, data oratione a Leone Gavinense episcopo, soluta est synodus.

Postea imperator, muneratis missis apostolici Leone et Petro, remisit eos Romam, et cum eis Ansigisum Sennensem episcopum et Adalgarium Augustudunensem episcopum[2].

Interea baptizati sunt quidam Nortmanni ab Hugone abbate et marchione; propter hoc ad imperatorem adducti et munerati, ad suos redierunt. Et ut ante ita et postmodum ut Nortmanni more pagano peregerunt. Et imperator 5. Kalendas Augusti movit a Pontigone et tertio Kalendas venit ad Catalaunis. Ibique propter quandam molestiam corporalem moratus est usque Idus Augusti. Et 19. Kalendas Septembris venit Remi; indeque recto itinere venit ad Silvacum. Et 5. Kalendas Septembris misit legatos apostolici Iohannem itemque Iohannem et Odonem episcopum cum aliis missis suis ad fratrem suum Hludowicum et filios eius / ac episcopos atque primores regni sui. Qui-

pole Bourges in Besitz zu nehmen. Seinen Bitten aber versagte die Versammlung ihre Zustimmung[1], und als sich am 16. Juli auf Befehl der Gesandten des Papstes die Bischöfe versammelten, erschien der Kaiser Morgens um die neunte Stunde in griechischem Gewande und die Krone auf dem Haupt, begleitet von den päpstlichen Gesandten, die nach römischer Sitte gekleidet waren, während die Bischöfe ihre Priestergewänder angetan hatten und im übrigen alle Vorkehrungen in der Weise wie am ersten Tage, wo die Synode zusammentrat, getroffen waren. Und, wie vorher, wurde die Antiphon *Exaudi nos Domine* mit den Versen und das *Gloria*, dann das *Kyrie eleison* gesungen und Bischof Leo sprach das Gebet, worauf alle sich niedersetzten. Nun verlas Johannes von Arezzo ein der Vernunft und der Autorität widersprechendes Schriftstück; darnach las Bischof Odo von Beauvais mehrere Kapitel, welche die Gesandten des Papstes mit Ansegisus und diesem Odo ohne Wissen der Synode aufgesetzt hatten; sie standen nicht im Einklang miteinander und hatten keinen Nutzen, sondern liefen der Vernunft und der Autorität entgegen; darum sind sie auch hier nicht angefügt. Wiederum aber wurde die Frage über den Primat des Ansegisus gestellt und nach vielen heftigen Worten des Kaisers und der Gesandten des Papstes gegen die Bischöfe, erreichte schließlich Ansegisus in dieser letzten Sitzung doch eben nur das, was er auch am ersten Tag der Synode erlangt hatte. Darauf begaben sich Bischof Petrus von Fossombrone und Johannes von Toscanella nach dem Gemach des Kaisers und führten von da die Kaiserin, welche die Krone trug, in die Synode. Und während sie sich neben den Kaiser stellte, erhoben sich alle, jeder nach seiner Würde seinen Platz einnehmend. Nun begannen Bischof Leo und Bischof Johannes von Toscanella die Lobgesänge, und nach den Lobgesängen auf Papst, Kaiser und Kaiserin, sowie die übrigen nach dem Herkommen, und nach einem Gebet des Bischofs Leo von Gabii wurde die Synode geschlossen.

Der Kaiser entließ dann die Gesandten des Papstes, Leo und Petrus, reich beschenkt nach Rom und sandte mit ihnen Bischof Ansegisus von Sens und Bischof Adalgar von Autun[2].

Inzwischen waren einige Normannen durch den Abt und Markgraf Hugo getauft worden; sie wurden deshalb vor den Kaiser geführt und kehrten, von ihm beschenkt, zu den Ihrigen zurück. Aber wie früher, so auch fernerhin, betrugen sie sich als Normannen nach heidnischer Weise. Der Kaiser brach am 28. Juli von Ponthion auf und kam am 30. nach Châlons; hier blieb er wegen einer körperlichen Beschwerde bis zum 13. August. Am 14. August kam er nach Reims und kam von da geraden Weges nach Servais. Den 28. August aber schickte er die Gesandten des Papstes, Jo-

[1] Genehmigung durch den Papst s. MG Epist. 7 S. 8 Nr. 9, S. 11 Nr. 13, S. 12 Nr. 14, S. 37 Nr. 38.

[2] Schreiben des Papstes v. 14. Nov. 876 (nach ihrer Rückkehr) an Kaiser Karl: MG Epist. 7 S. 22 Nr. 24.

bus missis in via, imperatori in Carisiaco nunciatum est, praefatum Hludowicum regem in Franconofurth palatio 5. Kalendas Septembris obisse et 4. Kalendas eiusdem mensis in monasterio Sancti Nazarii sepultum fuisse. Imperator vero, directis missis suis ad primores regni quondam fratris sui, a Carisiaco movit atque ad Satanacum villam venit, dispositum habens Mettensem civitatem adire et episcopos ac primores regni quondam fratris sui ad se venientes recipere. Sed repente mutato consilio, perrexit Aquis, indeque Coloniam venit, et apostolici legati cum eo. Praedantibus autem omnibus sine ullo divino respectu qui cum illo ibant, Nortmanni cum 100 circiter navibus magnis, quas nostrates bargas vocant, 16. Kalendas Octobris Sequanam introierunt. Quod cum apud Coloniam imperatori nunciatum fuisset, nil propter hoc a negotio quod coeperat inmutavit. Hludowicus autem, nepos illius, cum Saxonibus et Toringis ex altera parte Rheni fluminis contra eum venit, et missis ad patruum suum imperatorem directis, benignitatem eius expetiit; quam non impetravit. Tunc ipse ac comites eius ieiuniis et laetaniis Domini misericordiam petierunt, inridentibus eos illis qui erant cum imperatore.

Hludowicus, Hludowici regis filius, decem homines aqua calida et decem ferro calido et decem aqua frigida ad iudicium misit coram eis qui cum illo erant, petentibus omnibus, ut Deus in illo iudicio declararet, si plus per rectum ille habere deberet portionem de regno quam pater suus illi dimisit ex ea parte, quam cum fratre suo Karolo per consensum illius et per sacramentum accepit. Qui omnes inlaesi reperti sunt. Tunc ipse Hludowicus cum suis ad Andrunacum castrum Rhenum transivit. Quod cum imperatori nunciatum fuisset, Richildem imperatricem praegnantem cum Hilduvino abbate et Francone episcopo ad Haristallium misit. Ipse autem secus Rhenum hostiliter contra nepotem suum perrexit, praemittens ad eum missos, ut quosdam de suis consiliariis obviam illius consiliariis mitteret, et tractarent de pace inter eos habenda. Quod Hludowicus humiliter et oboedienter suscipiens, securus mansit, quod bello adgredi non deberet, donec ipsa cautio finiretur.

Imperator Nonas Octobris, dispositis scaris suis, nocte surrexit, et levatis vexillis, per strictas et arduas vias, quin potius invias, super nepotem suum ac super eos qui cum illo / erant subito irruere moliens, secus Andrunacum pervenit, fatigatis hominibus et equis de gravi et

hannes und den andern Johannes, sowie Bischof Odo nebst seinen andern Gesandten an seinen Bruder Ludwig, dessen Söhne und die Bischöfe und Großen seines Reichs. Während diese auf dem Wege waren, erhielt der Kaiser zu Quierzy die Nachricht, König Ludwig sei in der Pfalz Frankfurt am 28. August gestorben und am 29. im Kloster des heiligen Nazarius bestattet worden. Der Kaiser schickte nun Gesandte an die Großen des Reichs seines verstorbenen Bruders und begab sich dann von Quierzy nach Stenay, in der Absicht nach Metz zu gehen und dort die Bischöfe und Großen aus dem Reich seines verstorbenen Bruders, die zu ihm kommen würden, zu empfangen. Plötzlich aber änderte er seinen Entschluß, eilte nach Aachen und von da nach Köln, immer von den Gesandten des Papstes begleitet. Und während diejenigen, welche mit dem Kaiser zogen, ohne Scheu vor Gott alles verwüsteten, drangen die Normannen mit ungefähr 100 großen Schiffen, bei uns Barken genannt, am 16. September in die Seine ein. Als dies dem Kaiser zu Köln gemeldet wurde, änderte er darum nichts in dem von ihm begonnenen Unternehmen. Ludwig aber, sein Neffe, zog mit Sachsen und Thüringern auf der andern Seite des Rheins gegen ihn. Durch Gesandte, die er an seinen Oheim den Kaiser schickte, bat er um seine Gnade, die er aber nicht erlangte. Darauf flehten Ludwig und seine Begleiter mit Fasten und Litaneien Gottes Erbarmen an, während die, welche mit dem Kaiser waren, sie verhöhnten.

Und Ludwig, König Ludwigs Sohn, ließ im Angesicht seiner Anhänger zehn Männer das Gottesurteil mit heißem Wasser und zehn mit heißem Eisen und zehn mit kaltem Wasser bestehen, während alle flehten, Gott möge durch dieses Urteil offenbaren, ob er weiter nach Recht und Gesetz das Gebiet haben solle, das ihm sein Vater von dem Teil überließ, den dieser bei der Teilung mit seinem Bruder Karl mit dessen Zustimmung und unter eidlicher Bekräftigung erhalten hatte. Diese gingen alle unversehrt aus dem Gottesgericht hervor. Darauf überschritt Ludwig mit den Seinigen den Rhein bei der Burg Andernach. Als dies der Kaiser erfuhr, sandte er die Kaiserin Richildis, welche schwanger war, mit dem Abt Hilduin und dem Bischof Franco nach Herstal; er selbst aber zog mit seinem Heer den Rhein entlang gegen seinen Neffen, indem er Gesandte an ihn vorausschickte, er möge von seinen Räten einige zu einer Zusammenkunft mit Räten Karls senden, damit sie über die Wahrung des Friedens untereinander verhandelten. Ludwig nahm das demütig und gehorsam auf sich und blieb sorglos, da er ihn so lange nicht feindlich angreifen dürfe, als bis diese Verhandlungen zu Ende seien.

Der Kaiser aber brach, nachdem er seine Mannschaften geordnet, am 7. Oktober nachts auf, zog mit wehenden Fahnen auf engen und steilen Wegen, vielmehr ohne Weg vorwärts, um seinen Neffen und dessen Leute unvermutet zu überfallen; so kam er bis Andernach, die Menschen und Pferde ermattet von dem schweren und steilen Weg und dem Regen, der die ganze Nacht auf sie niedergeströmt war. Und siehe, plötzlich wurde

stricto itinere et pluvia, quae super eos nocte tota effluxit. Et ecce subito nunciatum est Hludowico et suis, imperatorem cum valida manu hostiliter super eum venire. Ipse autem cum eis quos secum habuit e regione stetit, et irruentibus imperatoris cuneis, et illis fortiter resistentibus, hostis imperatoris terga vertit et fugiendo super imperatorem venit. Sed et imperator cum paucis vix fuga lapsus evasit. Multi autem qui effugere poterant impediti sunt, quoniam omnes sagmae imperatoris et aliorum qui cum eo erant, sed et mercatores ac scuta vendentes imperatorem et hostem sequebantur et in angusto itinere fugientibus viam clauserunt. Fuerunt autem in ipsa congressione occisi Raganarius et Hieronimus comites et multi alii; capti autem in eodem campo et silva vicina fuerunt Ottulfus episcopus, Gauzlenus abba, Aledramnus et Adalardus, Bernardus et Everwinus comites et plures alii, omnes autem sagmas et ea quae mercatores portabant hostis Hludowici accepit. Et impletum est dictum propheticum[1], ubi ait: *Qui praedaris, nonne et ipse praedaberis?* Omnia quae praedatores qui erant cum imperatore habuerunt, sed et ipsi praeda fuerunt, adeo ut, qui amminiculo equorum effugere poterant, animas suas haberent pro spolio. Ceteri autem ita sunt a villanis despoliati, ut feno et stramine involuti verenda celarent et nudi profugerent, quos insequentes occidere noluerunt. Et facta est plaga magna in populo praedatore[2]. Richildis autem, audiens 7. Idus Octobris de fuga hostis imperialis et ipsius imperatoris, ab Heristallio movet; et fugiens, subsequenti nocte galli cantu in via peperit filium, quem post partum famulus suus ante se portans, fugiendo usque ad Antennacum detulit. Imperator 7. Idus Octobris vesperi ad monasterium Sancti Landberti pervenit. Ad quem Franco et Hilduvinus abba a Richilde 6. Idus redierunt, et cum eo fuerunt, usque dum post Richildem ad Antennacum pervenit. Inde Duciacum adiit, unde ad Antennacum rediit et placitum suum in Salmonciaco 15. die post missam sancti Martini condixit.

Hludowicus, Hludowici quondam regis filius, de Andru/naco per Sinciacum Aquis rediit ibique tribus diebus stetit, indeque obviam fratri suo Karolo apud Confluentes venit. Ubi simul locuti, Karolus versus Mettis indeque in Alamanniam infirmus rediit, et Hludowicus ultra Rhenum perrexit. Karlomannus, frater eorum, nec ad eos nec ad patruum suum Karolum imperatorem, sicut ei mandaverat, venit, occupatus in belligeratione contra Winidos.

Ludwig und den Seinigen gemeldet, daß der Kaiser mit starkem Heere über ihn komme. Er aber blieb mit denen, welche er bei sich hatte, in seiner Stellung ihnen gegenüber, und als die Haufen des Kaisers anstürmten und die Seinen sich tapfer zur Wehr setzten, wandte sich das Heer des Kaisers zur Flucht und er eilte verfolgend hinter dem Kaiser her; der Kaiser aber vermochte kaum mit wenigen sich durch die Flucht zu retten. Viele aber, die hätten entfliehen können, wurden daran gehindert, indem alle Lastpferde des Kaisers und der andern, die mit ihm waren, aber auch die Krämer und Waffenverkäufer dem Kaiser und seinem Heer folgten und auf der engen Straße den Flüchtigen den Weg versperrten. Getötet wurden im Kampfe selbst die Grafen Ragenar und Hieronymus nebst vielen andern; gefangen genommen auf dem Schlachtfelde oder in dem nahen Walde wurden der Bischof Ottulf, Abt Gauzlen, die Grafen Aldramm und Adalard, Bernard und Eberwin und viele andere; der ganze Troß und alles, was die Kaufleute mitführten, fiel dem Heere Ludwigs in die Hände. Und es erfüllte sich das Wort des Propheten[1], der da sagt: Du Verstörer, wirst Du nicht ebenfalls verstöret werden? Alles was die Verwüster, welche mit dem Kaiser waren, hatten, und sie selbst wurden eine Beute, so daß die, welche mit Hilfe der Pferde fliehen konnten, ihres Lebens Rettung als Beute nehmen mußten. Die andern aber wurden von den Landleuten dergestalt ausgeplündert, daß sie sich in Heu und Stroh wickelten, um nur die Schamteile zu verhüllen, und diejenigen nackt entflohen, welche die Verfolger nicht töten wollten. Und so traf ein großer Schlag das räuberische Heer[2]. Als aber Richildis von der Flucht des kaiserlichen Heeres und des Kaisers selbst am 9. Oktober Nachricht erhielt, brach sie eilends von Herstal auf und gebar auf der Flucht in der nächsten Nacht beim Hahnenschrei auf offener Straße einen Sohn. Und weiterfliehend, indem nach der Entbindung ein Diener das Kind vor ihr hertrug, gelangte sie mit demselben bis nach Antenai. Der Kaiser kam am Abend des 9. Oktober nach dem Kloster des hl. Lantbert; hier trafen ihn am 10. Oktober Franco und Hilduin, die von Richildis kamen, und blieben bei ihm, bis er Richildis folgend nach Antenai gelangte. Von hier begab er sich nach Douzy, kehrte von da wieder nach Antenai zurück und berief seine Reichsversammlung nach Samoussy auf den 15. Tag nach dem Fest des heiligen Martin.

Ludwig, der Sohn des verstorbenen Königs Ludwig, kehrte von Andernach über Sinzig nach Aachen zurück, wo er drei Tage blieb, und traf dann seinen Bruder Karl in Koblenz. Nach ihrer Zusammenkunft kehrte Karl krank nach Metz und von da nach Alamannien zurück, und Ludwig zog über den Rhein. Ihr Bruder Karlmann kam weder zu ihnen noch zu seinem Oheim, dem Kaiser Karl, wie dieser ihn dazu aufgefordert hatte, da er durch den Krieg gegen die Wenden in Anspruch genommen war.

[1] Jesaja 33, 1.

[2] 1. Samuelis 4, 10.

Karolus imperator Chuonradum et alios primores ad Nortmannos qui in Sequanam venerant misit, ut, quocumque modo possent, foedus cum eis paciscerentur et ad condictum placitum ei renuntiarent.

Domnus imperator Karolus ad placitum suum in Salmontiaco, sicut condixerat, venit, ibique homines de parte regni quondam Hlotharii, quam frater suus Hludowicus contra eum acceperat, ad se post fugam de Andrunaco venientes suscepit, et quibusdam abbatias sicut erant integras dedit, quibusdam de abbatia Martianas, quam diviserat, beneficia donavit, et sic a se abire permisit. Scaras quoque, quae contra Nortmannos secus Sequanam in procinctu essent, disposuit. Ipse autem ad Virzinniacum villam veniens, graviter passione pleurisis est infirmatus, adeo ut vivere desperaret. Ibique natalem Domini celebravit

anno incarnationis dominicae 877.

Convalescens autem per Carisiacum ad Compendium venit. Ubi dum moraretur, filius eius, qui, antequam Richildis ad Antennacum veniret, in via natus fuerat, infirmatur, et a Bosone, avunculo suo, de fonte susceptus, Karolus nominatus, moritur et ad monasterium Sancti Dyonisii sepeliendus defertur.

Karolus autem imperator in Compendio quadragesimam peragens, pascha Domini celebravit et missos apostolici Iohannis Petrum episcopum Foro-Simpronii itemque Petrum episcopum Senogalliae suscepit; per quos tam verbis quam litteris[1] eum apostolicus Iohannes Romam vocavit, quatenus, sicut / promiserat, sanctam Romanam ecclesiam a paganis quibus infestabatur eriperet atque defenderet. Kalendis Mai episcopos Remensis provinciae, sed et aliarum provinciarum Compendio convocavit, et ecclesiam quam in eodem oratorio construxerat cum multo apparatu in sua et nunciorum apostolicae sedis praesentia ab eisdem episcopis consecrari fecit[2]. Inde placitum suum generale Kalendis Iulii[a]) habuit, ubi per capitula[3], qualiter regnum Franciae filius suus Hludowicus cum fidelibus eius et regni primoribus regeret, usque dum ipse Roma rediret, ordinavit, et quomodo tributum de parte regni Franciae quam ante mortem Lotharii habuit, sed et de Burgundia exigeretur, disposuit, scilicet ut de mansis indominicatis solidus unus, de unoquoque manso ingenuili 4 denarii de censu dominico et 4 de facultate mansuarii, de manso vero servili

a) Das Tagesdatum sollte XVIII. Kal. Julii lauten.

Kaiser Karl schickte Konrad und andere Große zu den Normannen, welche in die Seine gekommen waren, um so oder so mit ihnen einen Vertrag abzuschließen und ihm davon zur angesagten Reichsversammlung Nachricht zu geben.

Kaiser Karl kam zum Reichstag, wie er angekündigt hatte, nach Samoussy und empfing hier Leute aus dem Reichsteil des verstorbenen Lothar, den bei der Teilung mit ihm sein Bruder Ludwig erhalten hatte. Diese waren nach seiner Flucht von Andernach zu ihm gekommen. Er gab nun den einen ganze Abteien, den andern Lehen von der Abtei Marchiennes, die er aufgeteilt hatte, worauf er sie entließ. Er bestellte auch Mannschaften, welche gegen die Normannen in der Seine Wache halten sollten. Er selbst begab sich nach Versigny, wo er eine so heftige Lungenentzündung bekam, daß er an seinem Leben verzweifelte. Hier feierte er das Geburtsfest des Herrn

im Jahre der Menschwerdung Christi 877.

Sobald er sich erholt hatte, begab sich der Kaiser über Quierzy nach Compiègne; während er hier verweilte, wurde sein Sohn, der, ehe Richildis nach Antenai kam, unterwegs geboren war, krank; und nachdem das Kind von Boso, seinem Oheim, aus der Taufe gehoben und den Namen Karl erhalten hatte, starb es, und die Leiche wurde nach St. Denis zur Bestattung gebracht.

Kaiser Karl, der die Fastenzeit in Compiègne zubrachte, feierte hier das Osterfest und empfing die Gesandten des Papstes, Bischof Petrus von Fossombrone und Bischof Petrus von Sinigaglia, durch die der Papst mündlich und schriftlich[1] ihn nach Rom einlud, um, wie versprochen, die heilige römische Kirche vor den Heiden, welche sie anfeindeten, zu retten und zu schützen. Zum 1. Mai berief Karl die Bischöfe des Sprengels von Reims, aber auch die der andern Sprengel nach Compiègne und ließ die Kirche, welche er an Stelle dieser Kapelle gebaut hatte, mit vielem Glanz in seiner und der päpstlichen Gesandten Gegenwart von den Bischöfen einweihen[2]. Darauf hielt er zum 14. Juni die allgemeine Reichsversammlung, wo er durch Kapitel[3] anordnete, daß sein Sohn Ludwig das Reich Francien mit seinen Getreuen und Großen dieses Reichs regieren solle, bis er selbst von Rom zurück sei; auch setzte er fest, daß eine Steuer erhoben werde in dem Teil von Francien, den er vor dem Tode Lothars besessen habe, sowie in Burgund, in der Art, daß von jeder herrschaft-

[1] MG Epist. 7 S. 29 Nr. 31 (an den Kaiser) u. S. 32 Nr. 33 an die Kaiserin (beide Schreiben vom 10. Febr. 872); dazu das Schreiben an den Kaiser vom 13. Febr. 877 (ebd. S. 31 Nr. 32) und (undatiert) an die Bischöfe (ebd. S. 35 Nr. 36).

[2] Die Urkunde hierüber (Bouquet 8 S. 660) ist auf den 5. Mai datiert.

[3] MG Capitul. II S. 355–363. Im übrigen stammt, was über den Tribut gesagt ist, aus den Beschlüssen einer Reichsversammlung, die am 7. Mai 877 in Compiègne zusammentrat (MG Capitul. II S. 353f.).

duo denarii de censu dominico et duo de facultate mansuarii, et unusquisque episcopus de presbiteris suae parrochiae secundum quod cuique possibile erat, a quo plurimum quinque solidos, a quo minimum 4 denarios episcopi de singulis presbiteris acciperent et missis dominicis redderent. Sed et de thesauris ecclesiarum, prout quantitas loci extitit, ad idem tributum exsolvendum acceptum fuit. Summa vero tributi fuerunt quinque milia librae argenti ad pensam. Illi vero, tam episcopi quam et alii qui trans Sequanam sunt de Neustria, tributum illis Nortmannis qui in Ligeri erant secundum quod sibi ab eis fuit impositum, undecumque valuerunt, reddere procuraverunt.

Domnus autem imperator Karolus de Carisiaco Compendium, indeque per Suessionis ad Remum civitatem, et sic iter suum per Catalaunis et Pontigonem atque Lingonis peragens, cum uxore et maxima auri et argenti caballorumque ac facultatum aliarum copia de Francia Italiam petiit. Et veniens ultra Iurim usque ad Urbam, obviam habuit Adalgarium episcopum, quem mense Februario Romam direxit pro agenda synodo[1] a papa Iohanne; cuius exemplar isdem Adalgarius pro munere magno imperatori detulit. / Summa vero eiusdem synodi post multas et multiplices laudes imperatoris haec est: ut electio et promotio ad imperialia sceptra anno praeterito Romae celebrata extunc et nunc et in perpetuum firma et stabilis maneat; quam si quis perturbare aut violare temptaverit, cuiuscumque sit ordinis aut dignitatis vel professionis, anathemate usque ad satisfactionem teneatur omni tempore adnexus; patratores et incitatores huius consilii, siquidem clerici fuerint, deponantur, laici vero et monachi perpetuo anathemate feriantur, ut, quia synodus anno praeterito apud Pontigonem hinc habita secus Andranacum nil profuit, usquequaque ista debeat praevalere. Nunciavit etiam inter alia isdem Adalgarius imperatori, quoniam Iohannes papa obviam illi Papiam veniret. Quapropter praemisit Odacrum secundi scrinii notarium, Goiramnum comitem et Pippinum atque Heribertum ad procuranda ipsius papae servitia. Ipse autem festinato perrexit ad eum, quem obvium habuit apud Vercellis civitatem; et recepto cum honore maximo, perrexerunt simul usque Papiam. Ubi eis nunciatum est non incerta relatione, Karlomannum, Hludowici fratris sui filium, cum maxima multitudine bellatorum super eos venire. Quapropter relinquentes Papiam, venerunt ad Tardunam, et consecrata Richildis a papa Iohanne in imperatricem, mox retror-

lichen Hube ein Solidus, von jeder freien Hube vier Denare von der herrschaftlichen Abgabe und vier von dem Eigen des Besitzers, von jeder unfreien Hube zwei Denare von der herrschaftlichen Abgabe und zwei von dem Eigen des Besitzers zu zahlen seien, und jeder Bischof solle von den Priestern seines Sprengels, je nach Leistungsfähigkeit, als Höchstes fünf Solidi und als Geringstes vier Denare einfordern und den Sendboten des Kaisers überliefern. Aber auch von den Schätzen der Kirchen wurde je nach Größe des Orts zur Aufbringung des Tributs genommen. Und die ganze Summe des Tributs betrug fünftausend Pfund Silber. Jene aber, welche in Neustrien jenseits der Seine wohnen, sowohl die Bischöfe als die andern, mußten den Normannen in der Loire einen Tribut entrichten in der von diesen bestimmten Höhe, den sie von überall her zusammenbrachten.

Kaiser Karl begab sich von Quierzy nach Compiègne und von da über Soissons nach Reims; weiter nahm er seinen Weg über Châlons, Ponthion und Langres und zog, von seiner Gemahlin begleitet, mit einer Menge Goldes und Silbers sowie von Pferden und andern Reichtümern aus Francien nach Italien. Und als er jenseits des Jura nach Orbe kam, traf er daselbst den Bischof Adalgar, den er im Februar wegen einer vom Papst Johannes abzuhaltenden Synode[1] nach Rom geschickt hatte; eine Abschrift der Akten dieser Synode brachte er als großes Geschenk für den Kaiser mit. Das Wesentliche an den Beschlüssen dieser Synode war nach vielen und mannigfachen Lobpreisungen des Kaisers folgendes: die Wahl und Erhebung zur kaiserlichen Würde, die im verflossenen Jahre zu Rom erfolgt war, solle seitdem für jetzt und alle Zeiten gültig und rechtsbeständig sein; wenn jemand wagen sollte, diese anzugreifen oder aufzuheben, so solle er, wes Standes, Ranges oder Gewerbes er sei, für alle Zeit, bis er Genugtuung gebe, in den Bann getan sein; die Ausführer und Anstifter eines solchen Planes sollten, wenn sie Geistliche wären, entsetzt werden, Laien und Mönche aber mit dem ewigen Bannfluch belegt werden. Und weil die im vorigen Jahr zu Ponthion gehaltene Synode bei Andernach zu nichts half, so solle die gegenwärtige für immer maßgebend bleiben. Unter anderem teilte dieser Adalgar auch dem Kaiser mit, Papst Johannes werde ihm bis Pavia entgegenkommen. Kaiser Karl schickte deshalb den Odaker, seinen zweiten Geheimschreiber, und die Grafen Goiram, Pippin und Heribert voraus zur Dienstleistung für den heiligen Vater. Er selbst aber beschleunigte seine Reise zu ihm und traf ihn in Vercelli; und nachdem er ihn mit größten Ehrenbezeugungen empfangen hatte, zogen sie miteinander nach Pavia. Hier erhielten sie sichere Kunde, daß Karlmann, der Sohn seines Bruders Ludwig, mit einer sehr großen Streitmacht gegen sie heranziehe; sie verließen deshalb Pavia und kamen nach Tortona; und nachdem Richildis von Papst Johannes zur Kaiserin ge-

[1] in Ravenna (Mansi XVII S. 337–342).

sum fugam arripuit cum thesauro versus Moriennam. Imperator autem aliquamdiu una cum Iohanne papa in eisdem locis immorans, exspectavit primores regni sui, Hugonem abbatem, Bosonem, Bernardum Arvernicum comitem itemque Bernardum Gothiae markionem, quos secum ire iusserat; qui una cum aliis regni primoribus, exceptis paucis, et episcopis adversus eum conspirantes coniuraverant. Et comperiens eos non venturos, ut audierunt ipse et papa Iohannes appropinquare Karlomannum, imperator post Richildem fugam arripuit, et papa Iohannes versus Romam concite festinavit. Per quem Karolus imperator imaginem Salvatoris in cruce fixa, ex auro multi ponderis fabrefactam et gemmis preciosis ornatam, sancto direxit Petro apostolo.

Karlomannus vero mendaci nuncio audiens, quod imperator et papa Iohannes super eum cum multitudine maxima bellatorum venirent, et ipse fugam arripuit per viam quam venerat, sicque Deus more misericordiae suae conventum illum dissolvit. Karolus vero febre correptus, pulverem bibit, quem sibi nimium dilectus ac credulus medicus suus Iudaeus / nomine Sedechias transmisit, ut ea potione a febre liberaretur; insanabili veneno hausto, inter manus portantium, transito monte Cinisio, perveniens ad locum qui Brios dicitur, misit pro Richilde, quae erat apud Moriennam, ut ad eum veniret; sicut et fecit. Et 11. die post venenum haustum in vilissimo tugurio mortuus est 2. Nonas Octobris. Quem aperientes qui cum eo erant, ablatis interaneis, et infusum vino ac aromatibus quibus poterant et impositum locello, coeperunt ferre versus monasterium Sancti Dyonisii, ubi sepeliri se postulaverat. Quem pro foetore non valentes portare, miserunt eum in tonna interius exteriusque picata quam coriis involverunt; quod nihil ad foetorem tollendum profecit. Unde ad cellam quandam monachorum Lugdunensis episcopii quae Nantoadiis dicitur vix pervenientes, illud corpus cum ipsa tonna terrae mandaverunt.

Karlomannus pene usque ad mortem infirmatus et lectica delatus ad propria, per annum ita iacuit, ut a multis fuerit desperatus.

Hludowicus, accepto nuncio in Audriaca villa de morte patris sui, quos potuit conciliavit sibi, dans eis abbatias et comitatus ac villas secundum uniuscuiusque postulationem. Et iter agens per Carisiacum et Compendium usque ad Vernum, quatenus ad sepulturam patris sui apud monasterium Sancti Dyonisii perveniret; ubi audiens patrem suum sepultum, et regni primores tam abbates quam comites indig-

weiht worden war, zog sie sich alsbald flüchtig mit dem Schatz nach St. Jean de Maurienne zurück. Der Kaiser aber verweilte mit dem Papst einige Zeit in dieser Gegend und erwartete die Großen seines Reichs, den Abt Hugo, Boso, den Grafen Bernard von Clermont und den Markgrafen Bernard von Gotien, denen er befohlen hatte, ihm zu folgen; diese aber hatten sich mit den andern Großen des Reichs, bis auf wenige Ausnahmen, und mit den Bischöfen gegen ihn verschworen. Und als er erfuhr, daß sie nicht kommen würden, andrerseits aber er und der Papst vernahmen, daß Karlmann schon nahe sei, ergriff der Kaiser, Richildis nachfolgend, die Flucht und Papst Johannes eilte schleunigst nach Rom. Und Kaiser Karl schickte durch ihn ein Bild des Heilandes am Kreuz, schwer in Gold gearbeitet und mit wertvollen Steinen geziert, dem hl. Apostel Petrus zum Geschenk.

Karlmann aber eilte auf die falsche Nachricht hin, der Kaiser und Papst Johannes ziehen mit einer sehr großen Menge Streiter gegen ihn, ebenfalls flüchtig auf demselben Weg, den er gekommen war, zurück. Und so vereitelte Gott nach seiner Barmherzigkeit diesen Zusammenstoß. Karl aber, vom Fieber ergriffen, nahm ein Pulver, das ihm sein Leibarzt, der Jude Zedechias, reichte, der des Kaisers Liebe und Vertrauen in nur zu hohem Grade genoß, damit er durch diesen Trank vom Fieber befreit werde; aber es war ein tödliches Gift, das er nahm. Und nachdem man ihn durch Träger über den Mont Cenis geschafft hatte, schickte er, in Avrieux angekommen, nach Richildis in St. Jean de Maurienne, sie möchte zu ihm eilen, was diese auch tat. Und am 11. Tage, nachdem er das Gift genommen hatte, am 6. Oktober, verschied er in einer elenden Hütte. Die Begleiter des Kaisers öffneten darauf den Körper, entfernten die Eingeweide, balsamierten die Leiche mit Wein und allen möglichen Wohlgerüchen ein, legten sie auf eine Trage und machten sich auf den Weg, um sie nach dem Kloster des heiligen Dionysius zu bringen, wo der Kaiser gewünscht hatte begraben zu werden. Da sie aber des Übelgeruchs wegen die Leiche nicht zu tragen vermochten, legten sie dieselbe in eine von innen und außen gepichte Tonne, die sie in Felle einhüllten, aber auch dies half nicht den Übelgeruch beseitigen. Als sie daher eben noch zu einer Zelle von Mönchen des Bistums Lyon namens Nantua gekommen waren, begruben sie den Leichnam mit dieser Tonne.

Karlmann wurde fast bis zum Tode krank; man mußte ihn in einer Sänfte nach seinem Reiche tragen, wo er ein ganzes Jahr darniederlag, so daß er schon von vielen aufgegeben wurde.

Als Ludwig in Orville den Tod seines Vaters erfuhr, suchte er sich sofort möglichst viele zu gewinnen, indem er Abteien, Grafschaften und Güter verlieh, wie jeder forderte. Dann zog er, um sich zur Bestattung seines Vaters nach dem Kloster des heiligen Dionysius zu begeben, über Quierzy und Compiègne bis nach Ver; als er hier hörte, sein Vater sei schon begraben und die Großen des Reichs, sowohl Äbte wie Grafen,

natos, quia quibusdam[1] honores dederat sine illorum consensu, et ob id adversum se conspiratos esse, reversus est Compendium. Ipsi autem primores cum Richilde, diripientes omnia quae in via illorum erant, usque ad Avennacum monasterium pervenerunt et conventum suum ad Montem-Witmari condixerunt, indeque missos suos ad Hlodowicum direxerunt; sed et Hlodowicus legatos suos ad eos direxit. Et discurrentibus inter eos missis, ad hoc perventum est, ut Richildis et ipsi primores ad eum Compendium venirent, et suum conventum ad Casnum in Cotia condixerunt. / Richildis Compendium ad Hlodowicum veniens, missa sancti Andreae[2] attulit ei praeceptum, per quod pater suus illi regnum ante mortem suam tradiderat, et spatam quae vocatur sancti Petri, per quam eum de regno revestiret, sed et regium vestimentum et coronam ac fustem ex auro et gemmis. Et discurrentibus legatis inter Hlodowicum et regni primores, et pactis honoribus singulis quos petierunt, 6. Idus Decembris consensu omnium tam episcoporum et abbatum quam regni primorum ceterorumque qui adfuerunt consecratus et coronatus est in regem Hlodowicus ab Hincmaro Remorum episcopo[3]. Et episcopi se suasque ecclesias illi ad debitam defensionem et canonica privilegia sibi servanda commendaverunt, profitentes secundum suum scire et posse et iuxta suum ministerium consilio et auxilio illi fideles fore; abbates autem et regni primores ac vassalli regii se illi commendaverunt et sacramento secundum morem fidelitatem promiserunt.

Quando Hlodowicus rex, filius Karoli imperatoris, fuit coronatus in Compendio[4], hoc petierunt episcopi apud ipsum, sicut hic subsequitur: A vobis perdonari nobis petimus, ut unicuique de nobis et ecclesiis nobis commissis secundum primum capitulum, quod novissime in Carisiaco domnus imperator, pater vester, a se et a vobis servaturum, consentientibus fidelibus suis ac vestris atque apostolicae sedis legatis, legente Gozleno, denunciavit, canonicum privilegium ac debitam legem atque iustitiam conservetis et defensionem exhibeatis, sicut rex in suo regno unicuique episcopo et ecclesiae sibi commissae iuste exhibere debet.

Ipse autem Hlodowicus talem promissionem fecit illis episcopis: Promitto et perdono vobis, quia unicuique de vobis et ecclesiis vobis commissis secundum primum capitulum, quod novissime in Carisiaco domnus imperator, pater meus, se servaturum, consentientibus fide-

seien empört, weil er ohne ihre Zustimmung einigen[1] Lehen gegeben hatte, und hätten sich deshalb wider ihn verschworen, kehrte er nach Compiègne zurück. Diese Großen aber kamen mit Richildis, alles verwüstend, was auf ihrem Wege lag, nach dem Kloster Avenay, beriefen eine Versammlung der Ihren nach Montaimé und entsandten von da ihre Abgeordneten an Ludwig, der ebenfalls seine Gesandten an sie schickte. Und so unter dem Hin- und Wiedergehen der Gesandten kam man überein, daß Richildis und die Großen zu ihm nach Compiègne kommen sollten, und sie beriefen ihre Versammlung nach Chesne im Wald Cuise. Am Fest des heiligen Andreas[2] kam Richildis nach Compiègne zu Ludwig und händigte ihm die Urkunde ein, durch welche ihm sein Vater vor seinem Tode das Reich übergeben hatte, sowie ein Schwert, das des hl. Petrus genannt, mit welchem er ihm die Investitur über das Reich verlieh, und das königliche Gewand, die Krone und den Stab von Gold mit Edelsteinen. Nachdem zwischen Ludwig und den Großen Gesandte hin- und hergegangen und über die einzelnen Lehen, welche sie verlangten, Vereinbarungen getroffen waren, wurde Ludwig am 8. Dezember mit der Zustimmung aller, sowohl der Bischöfe und Äbte als der Großen des Reichs und der übrigen Anwesenden, von Bischof Hinkmar[3] von Reims, zum König geweiht und gekrönt. Und die Bischöfe übergaben sich und ihre Kirchen, damit er sie gebührend schütze und ihnen ihre kanonischen Privilegien erhalte, indem sie ihrerseits gelobten, nach bestem Wissen und Vermögen gemäß ihres Amtes ihm mit Rat und Hilfe treu zu sein; die Äbte aber, die Großen des Reichs und die königlichen Vasallen übergaben sich seiner Huld und leisteten ihm der Sitte gemäß den Eid der Treue.

Als König Ludwig, Kaiser Karls Sohn, zu Compiègne gekrönt wurde[4], richteten die Bischöfe ihre Bitte wie folgt an ihn: Wir bitten Euch, uns zu gewähren, daß Ihr einem jeden von uns und den uns anvertrauten Kirchen gemäß dem ersten Kapitel, dessen Einhaltung durch ihn und Euch jüngst zu Quierzy durch Gozlens Mund der Kaiser, Euer Vater, unter Zustimmung seiner und Eurer Getreuen sowie der Gesandten des heiligen Stuhls angekündigt hat, das kanonische Privileg und gebührendes Gesetz und Recht erhalten und Euren Schutz schenken wollt, wie ein König in seinem Reich jedem Bischof und der ihm anvertrauten Kirche solches rechtmäßig zu leisten schuldig ist.

Ludwig selbst aber gab den Bischöfen das folgende Versprechen: Ich verspreche und gewähre Euch, daß ich einem jeden von Euch und den Euch anvertrauten Kirchen gemäß dem ersten Kapitel, dessen Einhal-

[1] So erhielt Markgraf Bernhard von Gothien die Grafschaft Bourges.

[2] 30. November.

[3] Der neue König hatte ihn zu sich gebeten, dabei übergab ihm Hinkmar eine noch erhaltene Denkschrift (Migne Bd. 125 Sp. 984 ff.).

[4] MG Capitul. II S. 363–365 u. S. 461–462.

libus illius ac nostris atque apostolicae sedis legatis, legente Gozleno, denunciavit, canonicum privilegium et debitam legem atque iustitiam conservabo, et defensionem quantum potuero exhibebo, adiuvante Domino, sicut rex in suo regno unicuique episcopo et ecclesiae sibi commissae debitor est exhibere. /

Hoc est capitulum quod hic commemoratur: De honore quoque et cultu Dei atque sanctarum ecclesiarum, quae auctore Deo sub ditione et tuitione regiminis nostri consistunt, Domino mediante decernimus, ut, sicut tempore beatae recordationis domni genitoris nostri excultae et honoratae atque rebus ampliatae fuerunt, et quae a nostra liberalitate honoratae atque ditatae sunt, de cetero sub integritate sui serventur, et sacerdotes atque servi Dei vigorem ecclesiasticum et debita privilegia iuxta reverendam auctoritatem obtineant, et eisdem principalis potestas et illustrium virorum strenuitas seu rei publicae administratores, ut suum ministerium competenter exequi valeant, in omnibus rationabiliter et iuste concurrant; et filius noster haec supradicta similiter, Deo adiuvante, conservet.

Commendatio Ansigisi episcopi et aliorum episcoporum qui adfuerunt apud Compendium, quando benedixerunt Hlodowicum, filium Karoli imperatoris.

Me ac aecclesiam mihi commissam vobis commendo ad debitam legem et iustitiam conservandam et defensionem exhibendam, sicut rex episcopo et ecclesiae suae iusto iudicio conservare et exhibere debet.

Professio episcoporum[a]).

Ego ille sic profiteor: De ista die et deinceps isti seniori et regi meo Hlodowico, Karoli et Hyrmentrudis filio, secundum meum scire et posse et meum ministerium et auxilio et consilio fidelis et adiutor ero, sicut episcopus recte seniori suo debitor est, in mea fide et meo sacerdotio.

Ad suprascriptam vero episcoporum petitionem haec quae sequuntur rex Hlodowicus professus est episcopis, et istam ipsam donationis scripturam manu sua eis dedit in Compendio anno incarnationis dominicae 877, 2. Kalendas Decembris:

Professio istius Hlodowici, filii Karoli.

Ego Hlodowicus, misericordia domini Dei nostri et electione populi rex constitutus, promitto teste ecclesia Dei omnibus ordinibus, episcoporum videlicet, sacerdotum, monachorum, canonicorum atque sanctimonialium, regulas a patribus conscriptas et apostolicis adtesta-

tung jüngst zu Quierzy durch Gozlens Mund der Kaiser, mein Vater, unter Zustimmung seiner und unserer Getreuen und der Gesandten des hl. Stuhles angekündigt hat, kanonisches Privileg und gebührendes Gesetz und Recht erhalten und Euch Schutz, so viel ich vermag, mit Gottes Hilfe gewähren will, wie ein König in seinem Reich jedem Bischof und der ihm anvertrauten Kirche solches zu leisten schuldig ist.

Das hier erwähnte Kapitel lautet aber wie folgt: In Betreff der Ehre und Anbetung Gottes und seiner heiligen Kirchen, welche nach Gottes Willen unter unseres Regiments Botmäßigkeit und Schutz stehen, verordnen wir auf Gottes Eingebung, daß wie sie zur Zeit unseres Herrn Vaters seligen Andenkens ausgestattet, geehrt und mit Gütern vermehrt und auch durch unsere Freigebigkeit geehrt und beschenkt worden sind, sie fernerhin im ungekränkten Besitz alles dessen erhalten werden und die Priester und Diener Gottes ihre geistliche Macht und die ihnen gebührenden Privilegien gemäß der verehrungswürdigen Autorität haben und behalten sollen, sowie ihnen auch die fürstliche Macht und die Stärke der erlauchten Männer und die Verwalter des Staats in allem nach Vernunft und Recht beistehen sollen, damit sie ihren Beruf genügend erfüllen können. Und auch mein Sohn wird mit Gottes Hilfe solches erhalten.

Huldigungsworte des Bischofs Ansegisus und der übrigen Bischöfe, welche zu Compiègne anwesend waren, als sie Ludwig, den Sohn Kaiser Karls, segneten.

Ich übergebe mich und die mir anvertraute Kirche Euch, daß Ihr mir gebührendes Gesetz und Gerechtigkeit bewahrt und mir Euren Schutz gewährt, wie das ein König einem Bischof und seiner Kirche gerechterweise tun soll.

Gelöbnis der Bischöfe.

Ich (Name) gelobe: von diesem Tage an und fernerhin werde ich diesem meinem Senior und König Ludwig, dem Sohn Karls und der Hermentrud, nach Wissen und Vermögen und gemäß meines Amts mit Beistand und Rat treu und hilfreich sein, wie ein Bischof von Rechts wegen dies seinem Senior schuldig ist, auf meinen Glauben und mein priesterliches Amt.

Auf obiges Gesuch der Bischöfe aber versprach König Ludwig den Bischöfen, was unten folgt, und übergab die schriftliche Aufzeichnung des Gelöbnisses mit eigener Hand den Bischöfen zu Compiègne im Jahr der Menschwerdung Christi 877, am 30. November.

Gelöbnis Ludwigs, des Sohnes von Karl.

Ich Ludwig, durch die Erbarmung des Herrn unseres Gottes und die Wahl des Volkes zum König bestellt, verspreche, die Kirche Gottes zum Zeugen nehmend, allen Klassen ihrer Diener, nämlich denBischöfen, Priestern, Mönchen, Kanonikern und Nonnen, daß ich ihnen die von den Vä-

[a]) überliefert ist ipsorum.

tionibus roboratas / ex hoc et in futurum tempus me illis ex integro servaturum. Polliceor etiam, me servaturum leges et statuta populo, qui mihi ad regendum misericordia Dei committitur, pro communi consilio fidelium nostrorum, secundum quod praedecessores mei imperatores et reges gestis inseruerunt et omnino inviolabiliter tenenda et observanda decreverunt. Ego igitur Hlodowicus rectitudinis et iustitiae amore hanc spontaneam promissionem meam relegens, manu propria firmavi.

Anno 878.

Hlodowicus rex secus Suessionis in monasterio Sancti Medardi nativitatem Domini celebravit, indeque ad Audriacam villam perrexit, et pascha Domini[1] in monasterio Sancti Dyonisii celebravit. Ac suadente Hugone abbate et markione, perrexit ultra Sequanam, tam pro auxilio Hugonis contra Nortmannos, quam et pro eo quod filii Gozfridi castellum et honores filii Odonis quondam comitis[2] invaserunt, ac quia Imino, frater Bernardi markionis, Ebrocensem civitatem usurpans, multas depraedationes circumcirca in illis regionibus exercebat, insuper et Eiricum[3] more Nortmannico depraedari praesumpsit. Et veniens Hlodowicus usque Turonis, infirmatus est usque ad desperationem vitae. Sed miserante Domino aliquantulum convalescens, satagentibus quibusdam consiliariis suis et amicis Gozfridi, venit ad eum isdem Gozfridus, adducens secum filios suos ea conditione, ut castellum et honores quos invaserant Hlodowico regi redderent et postea per concessionem illius haberent. Tunc Gozfridus partem de Brittonibus ad regis fidelitatem convertit; sed ipsi demum fecerunt ut Brittones.

Iohannes papa irascens contra Landbertum et Adalbertum comites, quia villas et civitatem eius praedati sunt, eos horribiliter excommunicatos, Roma exiit et navigio Arelatum in die sancto pentecostes[4] appulit, suosque nuncios ad Bosonem comitem misit et per eius auxilium usque Lugdunum venit, et inde missos suos ad regem Hlodowicum Turonis misit[5], mandans, ut ei obviam veniret, quo sibi commodum foret. Hlodowicus autem mittens obviam / ei quosdam episcopos, petiit, ut usque Trecas veniret, ibique ab episcopis istius regni stipendia dari fecit. Et quia propter suam infirmitatem ante non potuit, Kalendis Septembris[a]) apud Trecas ad eum venit. Interea papa Iohannes generalem synodum cum episcopis Galliarum et Belgicarum

tern verfaßten und durch apostolische Zeugnisse bekräftigten Vorschriften von jetzt an für die Zukunft unangetastet erhalten will. Auch verspreche ich, daß ich die Gesetze und Verordnungen dem Volk, welches mir zur Regierung durch Gottes Barmherzigkeit anvertraut ist, nach dem gemeinsamen Rat unserer Getreuen bewahren werde, wie sie meine Vorgänger, die Kaiser und Könige, in Urkunden niedergelegt und völlig unverletzt zu bewahren und zu befolgen geboten haben. Ich Ludwig habe aus Liebe zu Recht und Gerechtigkeit dieses freiwillige Versprechen erneut gelesen und zur Bekräftigung mit eigner Hand unterzeichnet.

878.

Ludwig beging bei Soissons im Kloster des heiligen Medardus das Weihnachtsfest, zog dann nach Orville und feierte das Osterfest[1] in St. Denis. Und auf Antrieb des Abts und Markgrafen Hugo zog Karl über die Seine, sowohl um Hugo gegen die Normannen Hilfe zu leisten, als auch weil die Söhne Gozfrids die Burg und die Lehen des Sohnes des verstorbenen Grafen Odo[2] in Besitz genommen hatten, und weil Imino, der Bruder des Markgrafen Bernard, nach der Einnahme von Evreux ringsum in dieser Gegend viele Verwüstungen anrichtete und sogar sich vermaß, nach der Weise der Normannen Eiricum[3] zu plündern. Als aber Ludwig nach Tours kam, erkrankte er so, daß man an seinem Leben zweifelte; indes trat doch durch Gottes Erbarmen etwas Besserung ein und auf Veranlassung von mehreren seiner Räte und Freunde Gozfrids kam dieser Gozfrid selbst mit seinen Söhnen zu Ludwig unter der Bedingung, daß sie die Burg und die Lehen, welche sie an sich gebracht hatten, dem Könige Ludwig zurückerstatten und durch seine Gnade wieder bekommen sollten. Darauf brachte Gozfrid einen Teil der Bretonen dazu, dem König Treue zu geloben, aber sie handelten auch ferner wie Bretonen.

Papst Johannes, voll Zorn gegen die Grafen Lantbert und Adalbert, weil sie Dörfer und eine Stadt von ihm geplündert hatten, belegte sie mit furchtbarem Bannfluch. Darauf verließ er Rom und begab sich zu Schiffe nach Arles, wo er am Tage der heiligen Pfingsten[4] landete; von hier schickte er seine Boten an Graf Boso und gelangte mit seiner Unterstützung bis Lyon; von hier schickte er seine Boten[5] an den König Ludwig nach Tours mit der Aufforderung, sich mit ihm zu treffen, wo es ihm genehm sei. Ludwig aber schickte ihm einige Bischöfe entgegen, bat

[a]) Da Ludwig schon am 18. August in Troyes war (Bouquet 9 S. 167; Jaffé-Ewald Nr. 3179), so ist das Datum lückenhaft überliefert; es sollte etwa XVII. Kal. Septembris lauten.

[1] 23. März 878.

[2] Gozfrid und Odo waren Brüder.

[3] Unklar; vielleicht St. Evroult.

[4] 11. Mai 878.

[5] Briefe des Papstes an König Ludwig s. MG Epist. 7 S. 82 Nr. 27 u. S. 83 Nr. 28.

provinciarum agens, qualiter Landbertum et Adalbertum, Formosum quoque et Gregorium nomencolatorem, ac complices illorum Romae excommunicaverit, relegi fecit in synodo et consensum episcoporum in eadem excommunicatione quaesivit. Unde qui adfuerunt episcopi petierunt, ut, sicut ipse excommunicationem quam fecerat per scripturae lectionem recitari fecit in synodo, ita et eis concederet, ut per scripturam illi suam consensionem proferrent; et concedente ita fieri papa Iohanne, in crastina episcopi hoc quod sequitur dyploma[1] papae in synodo porrexerunt:

Domine sanctissime ac reverentissime pater patrum Iohannes, catholicae atque apostolicae ecclesiae, sanctae videlicet Romanae primae sedis, papa. Nos, famuli ac discipuli vestrae auctoritatis, Galliarum et Belgicarum episcopi, his, quae super vulnera dolorum vestrorum maligni homines ac ministri diaboli addentes, in sanctam matrem nostram ac magistram omnium ecclesiarum commiserunt, compatimur, et dolori vestro conflentes, condolemus, atque iudicium vestrae auctoritatis, quod privilegio beati Petri et sedis apostolicae in eos et complices illorum iuxta sacros kanones spiritu Dei conditos et totius mundi reverentia consecratos ac secundum eiusdem sanctae Romanae sedis pontificum, decessorum vestrorum, decreta protulistis, voto, voce et unanimitate nostra atque auctoritate sancti Spiritus, cuius gratia in episcopali ordine sumus consecrati, gladio Spiritus, quod est verbum Dei, eos interimentes persequimur. Scilicet quos, sicut supra diximus, excommunicastis excommunicatos tenemus, quos ab ecclesia abiecistis abicimus, quos anathematizastis anathematizatos esse iudicamus et quos regulariter satisfacientes vestra auctoritas et apostolica sedes receperit recipiemus; sed et, ut in sacra historia de plaga Aegyptiaca digne a Deo inlata legimus[2], quia: ‚*Non / erat domus in qua non iaceret mortuus*, et non erat qui alium consolaretur, quoniam in domo sua unusquisque quod lugeret habebat', nos in nostris quoque ecclesiis lugenda lugemus; et ideo vestra auctoritate nobis subveniri cum omni mentis humilitate deposcimus, petentes, ut promulgetis capitulum vestrae auctoritatis, qualiter nos erga ecclesiarum nostrarum pervasores agere debeamus, ut censura apostolicae sedis muniti, robustiores ac promptiores deinceps, Domino opem ferente, contra perversos ecclesiasticarum rerum ac facultatum raptores ac vastatores sacrique ministerii

[1] Mansi XVII S. 348.

ihn bis nach Troyes zu kommen und befahl den Bischöfen dieses Reichs, dort die Kosten zu übernehmen. Und da er wegen seiner Krankheit nicht früher konnte, kam er erst am 16. August nach Troyes. Inzwischen hielt Papst Johannes eine allgemeine Synode mit den Bischöfen der Gallischen und Belgischen Provinzen; in der Synode ließ er das Exkommunikationsurteil verlesen, das er in Rom über Lantbert und Adalbert, sowie über Formosus, den Nomenclator Gregorius und ihre Anhänger verhängt hatte, und forderte die Zustimmung der versammelten Bischöfe zu diesem Spruch. Darauf baten die anwesenden Bischöfe, daß der Papst, wie er selbst die von ihm verhängte Exkommunikation durch Verlesung einer Urkunde ihnen in der Synode bekannt gab, auch ihnen gestatte, ihm schriftlich ihre Zustimmung zu geben, und nachdem der Papst diese Bitte gewährt hatte, überreichten die Bischöfe am folgenden Tage dem Papste in der Synode die nachstehende Urkunde[1]:

Heiligster und ehrwürdigster Herr und Vater der Väter, Johannes, der katholischen und apostolischen Kirche, nämlich ihres hl. ersten Sitzes zu Rom, Papst. Wir Deine Söhne, die Diener und Schüler Deiner Autorität, die Bischöfe aus Gallien und Belgien, leiden mit unter dem, was boshafte Menschen und Teufelsdiener, die Wunden Eurer Schmerzen vermehrend, gegen unsere heilige Mutter und Herrin aller Kirchen begangen haben, und nehmen an Eurem Schmerz teil, unsere Tränen mit den Euren vereinigend; und wir bringen das Urteil Eurer Heiligkeit, welches Ihr kraft des Privilegiums des hl. Petrus und des apostolischen Stuhles über diese und ihre Mitschuldigen gemäß den heiligen durch den Geist Gottes gegebenen und durch die Verehrung der ganzen Welt geweihten Canones sowie gemäß den Dekreten Eurer Vorgänger, der Oberpriester des hl. Römischen Stuhls, gefällt habt, mit Herz und Mund, mit unserem einhelligen Willen und mit der Autorität des heiligen Geistes, durch dessen Gnade wir die Weihe des bischöflichen Standes erhalten haben, durch ihre Vernichtung mit dem Schwerte des heiligen Geistes, welches das Wort Gottes ist, zur Vollstreckung, d. h., wir halten alle, welche Ihr, wie gesagt, exkommuniziert habt, für exkommuniziert, die Ihr aus der Kirche verstoßen habt, für verstoßen, die Ihr verflucht habt, für verflucht, und wir werden die, welche nach der gesetzlichen Genugtuung Eure Autorität und der hl. Stuhl wieder zu Gnaden aufnehmen wird, auch unsererseits aufnehmen; aber wie wir in der heiligen Geschichte über die von Gott nach Verdienst verhängte ägyptische Plage lesen[2], daß kein Haus war, in dem nicht ein Toter lag, und keiner da war, um den andern zu trösten, weil jeder im eignen Hause den Jammer hatte, so haben wir auch in unsern Kirchen Trauriges zu beklagen; und darum fordern wir in aller Demut unseres Herzens, daß Ihr uns mit Eurer Autorität zu Hilfe kommt, indem wir darum bitten, daß Ihr kraft Eurer Gewalt ein Gebot erlaßt, wie wir gegen die Räuber unserer Kirchen verfahren sollen, damit wir und

[2] Exodus 12, 30.

episcopalis contemptores nos successoresque nostri persistere concordi sententia valeamus, ut iuxta egregii praedicatoris vocem et vestrae auctoritatis promulgationem traditi Satanae, spiritu salvi fiant in die domini nostri Iesu Christi.

Excommunicatio Iohannis apostolici et ceterorum episcoporum qui adfuerant apud Trecas de pervasoribus rerum ecclesiasticarum.

De pervasoribus quippe rerum ecclesiasticarum, quos sacri canones, spiritu Dei conditi et totius mundi reverentia consecrati, et decreta pontificum sedis apostolicae sub anathemate usque ad regularem satisfactionem esse debere constituerunt, sed et de raptoribus, quos apostolus[1], Christo in se loquente, *regnum Dei non possidere* testatur, et cum huiusmodi omni veraciter christiano *nec cibum sumere* praecipit, quamdiu in ipso crimine permanent, per virtutem Christi et iudicio sancti Spiritus decernimus, ut, si ante proximas Kalendas Novembris easdem res, quas quique usurpatores[2] iniuste pervaserunt, ecclesiis suis regulariter satisfacientes non restituerint, a communione corporis et sanguinis Christi usque ad restitutionem rerum ecclesiasticarum et satisfactionem alieni habeantur. Et sacri episcopalis ministerii excommunicationis ecclesiasticae contemptores secundum euangelicam et apostolicam auctoritatem ab episcopis quorum interest commoniti, si regulariter satisfacientes non resipuerint, anathematis vinculo innodati usque ad satisfactionem permaneant. Et si in ipsa pertinacia permanentes obierint, nemo corpora illorum cum hymnis et psalmis sepeliat, nec memoria illorum ad sacrum altare inter fideles mortuos habeatur, dicente apostolo et euangelista Iohanne[3]: ‚*Est peccatum ad mortem: pro illo non dico, ut quis oret*‘. Peccatum enim ad mortem est perseverantia in pec/cato usque ad mortem. Et sacri antiquorum patrum canones[4] de his qui sibi mortem voluntarie inferunt et qui pro suis sceleribus puniuntur, sancto inspirante Spiritu, decreverunt, ut cum hymnis et psalmis eorum corpora non deferantur ad sepulturam. Quorum decreta sequentes, ea quae praemisimus de pervasoribus et raptoribus rerum et facultatum ecclesiasticarum, si non resipuerint, iudicio sancti Spiritus decernimus, sicut beatus decrevit Gregorius, dicens,

[1] 1. Cor. 6, 10. 5, 11.

[2] Zu ihnen gehörte Markgraf Bernhard von Gothien, der dem Bischof Frotarius den Zugang zur Stadt Bourges sperrte (Brief des Papstes Johannes VIII.,

unsere Nachfolger mit der Strafgewalt des heiligen Stuhles ausgerüstet, fortan um so kräftiger und schneller mit Gottes Hilfe wider die nichtswürdigen Räuber und Verwüster der kirchlichen Besitzungen und Güter, sowie gegen die Verächter des heiligen bischöflichen Amtes einmütigen Sinnes auftreten können; damit sie nach dem Wort des ausgezeichneten Predigers und nach der Verkündigung Eures Willens dem Satan überliefert an ihrer Seele gerettet werden am Tage unseres Herrn Jesu Christi.

Exkommunikation des Papstes Johannes und der übrigen zu Troyes versammelten Bischöfe, die Plünderer der Kirchengüter betreffend.

Über die Plünderer von Kirchengütern, welche die heiligen Canones, die durch den Geist Gottes eingegeben und durch die Verehrung der ganzen Welt geweiht sind, und die Dekrete der Oberpriester des apostolischen Stuhls mit dem Bann belegt haben bis zur gehörigen Buße, sowie über die Räuber, von denen der Apostel[1], aus dem Christus redet, bezeugt, daß sie das Reich Gottes nicht haben, und gebietet, daß mit solchen Menschen jeder wahre Christ auch nicht essen soll, so lange sie in ihrer Sünde verharren, verordnen wir kraft der Tugend Christi und nach dem Urteil des heiligen Geistes, daß jene Plünderer[2], wenn sie vor nächstem 1. November das Gut, das jeder sich ungerechterweise angeeignet hat, ihren Kirchen nicht unter gehöriger Buße vollständig wiedererstatten, von der Gemeinschaft des Fleisches und Blutes Christi bis zur Rückgabe der geistlichen Besitztümer und der Ableistung der Buße ausgeschlossen sein sollen. Und als Verächter des heiligen bischöflichen Amtes der Ausschließung aus der Kirche sollen sie nach dem evangelischen und apostolischen Gebot von den Bischöfen, denen es obliegt, ermahnt werden, und wenn sie dann nicht gehörige Buße tun und von ihrer Bosheit nicht ablassen, mit dem Bannfluch belastet bleiben, bis sie Buße tun. Und wenn sie in diesem Trotz dahinsterben, so soll niemand ihre Leiber mit Hymnen und Psalmen bestatten, noch ihr Andenken am heiligen Altare unter den verstorbenen Gläubigen bewahrt werden, wie ja der Apostel und Evangelist Johannes[3] sagt: „es ist eine Sünde zum Tode: von der sage ich nicht, daß jemand bitten soll“. Die Sünde zum Tode ist aber das Beharren in der Sünde bis zum Tode. Und die heiligen Canones[4] der alten Väter haben nach der Eingebung des heiligen Geistes in betreff derer, welche sich selbst den Tod gegeben haben und die für ihre Verbrechen bestraft werden, die Bestimmung getroffen, daß ihre Leiber nicht unter Hymnen und Psalmen bestattet werden sollen. Ihren Vorschriften folgend, verordnen wir nach dem Urteil des heiligen Geistes das, was wir eben über die Plünderer und Räuber der Kirchengüter gesagt haben, wenn sie nicht Buße tun,

MG Epist. 7 S. 129 Nr. 155; vgl. auch seine Excommunication ebd. S. 122 Nr. 142).

[3] 1. Joh. 5, 16.

[4] Mansi IX S. 779.

quia tales christiani non sunt, quosque ego et omnes catholici episcopi, immo universalis ecclesia anathematizat.

Quod dyploma Iohannes papa suae excommunicationi ascribi fecit et manu sua confirmans ab omnibus episcopis in synodo subscribi fecit. Deinde ipso iubente lecti sunt in synodo canones Sardicensis concilii[1] et decretum papae Leonis[2] de episcopis sedes suas mutantibus, sed et Affricani canones[3], ut non fiant episcoporum translationes, sicut nec rebaptizationes vel reordinationes, pro Frotario Burdegalensi episcopo[4], qui de Burdegale Pictavis indeque ad Biturigensem civitatem exilisse dicebatur.

Et coronatus Hlodowicus a papa Iohanne 7. Idus Septembris, invitavit eundem papam ad domum suam, et opipare pascens, honoravit eum multis donis ipse et uxor sua, et remisit eum ad Trecas civitatem; postea vero per missos suos petiit eundem papam, ut uxorem illius[5] in reginam coronaret; sed obtinere non potuit. Frotarius autem et Adalgarius episcopi attulerunt in conventu episcoporum papae Iohanni praeceptum, per quod pater suus Hlodowico regnum tradiderat, petentes ex ipsius parte, ut privilegio suo ipsum praeceptum confirmaret. Tunc papa Iohannes protulit exemplar quasi facti praecepti a Karolo imperatore de donanda abbatia Sancti Dyonisii Romanae ecclesiae; quod compilatum consilio praefatorum episcoporum et aliorum consiliariorum Hlodowici regis a plurimis credebatur, ut a Gozleno ipsam abbatiam velut ex ratione tollere et sibi habere posset; et dicente papa Iohanne, ut, si vellet Hlodowicus rex, ut super illius praeceptum privilegium faceret, suo praecepto illud patris sui praeceptum firmaret. Quod argumentum sicut factio et non ratio, imperfectum remansit.

Denique 4. Idus praefati mensis Hlodowicus rex, quorundam primorum compulsus petitionibus, venit ad apostolici mansionem, et cum eo familiariter locutus, una cum illo re/versus est ad conventum episcoporum in exedram iuxta mansionem apostolici. Et post excommu-

[1] Mansi III S. 1ff.

[2] Mansi V S. 1283.

[3] Mansi IV S. 477ff.

[4] Noch zu Beginn der Synode redete der Papst den Frotarius als Erzbischof von Bourges an (MG Epist. 7 S. 88 Nr. 93), dagegen auf der Vorladung zur Prüfung seiner Sache (ebd. S. 97 Nr. 104) als Erzbischof von Bordeaux.

wie der heilige Gregorius verordnet hat, da er sagt: „Solche sind nicht Christen, und sie verfluche ich und mit mir alle katholischen Bischöfe, ja die gesamte Kirche.“

Diese Urkunde ließ Papst Johannes seiner Exkommunikation hinzufügen, unterschrieb sie eigenhändig und ließ sie auch von allen Bischöfen in der Synode unterzeichnen; darauf wurden auf seinen Befehl in der Synode die Canones[1] des Konzils von Serdica und das Dekret[2] Papst Leos über die Bischöfe, welche ihre Sitze verändern, sowie auch die Afrikanischen Canones[3] verlesen, worin es heißt, daß keine Veränderungen der Bischofssitze statthaben sollen, wie auch keine zweite Taufe und keine zweite Ordination, alles mit Bezug auf Frotar[4], den Bischof von Bordeaux, der, wie man sagte, von Bordeaux nach Poitiers und von da nach Bourges weggegangen war.

Und nachdem Ludwig vom Papst Johannes am 7. September gekrönt worden war, lud er diesen Papst in seinen Palast ein, wo er köstlich bewirtet und von König und Königin mit vielen Geschenken beehrt wurde; dann entließ ihn der König wieder nach Troyes. Später ließ der König noch durch seine Gesandten den Papst bitten, auch seine Gemahlin[5] zur Königin zu krönen, konnte dies aber nicht erlangen. Die Bischöfe Frotar und Adalgar übergaben dem Papst Johannes in der Versammlung der Bischöfe die Urkunde, mit der Ludwig von seinem Vater das Reich übergeben worden war, und ersuchten in Ludwigs Auftrag den Papst, diese Urkunde kraft seines Privilegs zu bestätigen. Darauf brachte der Papst Johannes die Abschrift einer Urkunde über eine angebliche Schenkung der Abtei des hl. Dionysius von Kaiser Karl an die römische Kirche vor; aber die meisten glaubten, daß sie auf den Rat der beiden genannten Bischöfe und anderer Ratgeber des Königs Ludwig verfertigt worden sei, um damit einen Grund zu haben, um dem Gozlen jene Abtei zu entreißen und selbst in Besitz zu nehmen. Und Papst Johannes erklärte, wenn König Ludwig von ihm wolle, daß er kraft seines Privilegs jene Verordnung bestätige, so solle Ludwig durch eine eigene Urkunde diese Verordnung seines Vaters bestätigen. Dieses Vorhaben blieb also unausgeführt, wie es denn dem Eigennutz und nicht der Gerechtigkeit dienen sollte.

Darnach am 10. des genannten Monats begab sich König Ludwig, auf das dringende Verlangen einiger seiner Großen, in die Wohnung des Papstes, hatte mit ihm eine vertrauliche Unterredung und kehrte dann mit ihm zusammen in die Versammlung der Bischöfe nach dem Saal, der an

[5] Ludwig war seit 862 gegen den Willen seines Vaters mit Ansgard verheiratet. Auf Verlangen löste er die Ehe wieder und nahm Adelheid, eine Enkelin des Bruders der Kaiserin Judith (vgl. Decker-Hauff in Zeitschr. f. württ. Geschichte 14, 1955 329ff.), zur Frau, die Mutter Karls des Einfältigen (König in Westfranken 893–923).

nicationem[1] Hugonis, Hlotharii filii, et Yminonis ac complicum eorum, vim facientibus quibusdam episcopis et consentiente rege, dixit papa Iohannes, ut Hedenulfus[2], sua auctoritate ordinatus episcopus,sedem suam teneret et episcopale ministerium ageret, et Hincmarus caecus, si vellet, missam cantaret et partem de rebus episcopii Laudunensis haberet. Et cum Hedenulfus apud eundem papam peteret, ut eum ab illa sede absolveret, dicens se esse infirmum et velle intrare in monasterium, obtinere non potuit; sed praeceptum est illi ab eo, consentiente rege atque episcopis Hincmari fautoribus, ut sedem suam teneret et episcopale ministerium ageret. Qui fautores Hincmari audientes, quod papa Iohannes dixerit, ut, si vellet, Hincmarus caecus missam cantaret, et rex consentiret, ut partem de episcopio Laudunensi haberet, insperate aliarum provinciarum episcopi, sed et aliarum regionum metropolitani, sine praeceptione papae, Hincmarum, vestimentis sacerdotalibus indutum, in praesentiam ipsius papae adduxerunt; indeque sublatum cantantes in ecclesiam illum duxerunt et signum benedictionis super populum dari fecerunt. Sicque synodus illa soluta est.

In crastina Hlodowicus rex, invitatus a Bosone, ad domum illius perrexit cum quibusdam primoribus consiliariis suis; et pastus ac honoratus ab illo, sed et ab uxore ipsius, desponsavit filiam Bosonis Karlomanno filio suo, et cum consilio ipsorum consiliariorum suorum dispertitus est honores Bernardi Gothiae markionis[3] per Theodericum camerarium et Bernardum comitem Arvernicum et per alios secrete dispositos.

Papa Iohannes Trecas movens, Cavillonem petiit, indeque per Moriennam iter agens, per clusas montis Cinisii[4] Italiam, a Bosone et uxore illius deductus, introivit.

Hludowicus rex Trecas Compendium reversus, audita renunciatione legatorum suorum, quos ad sobrinum suum Hlodowicum pro pace inter se obtinenda direxerat, cum quibusdam consiliariis suis venit usque ad Heristallium; et Kalendis Novembris simul convenientes apud Marsnam, utrimque pax firmata est inter eos, et condixerunt placitum purificatione sanctae Mariae, ut simul iterum convenirent, Hludowicus, Karoli filius, ad Gundulfi-villam et Hludowicus, / Hludowici filius, circa eundem locum in commoditate sua. In ipso qui-

[1] MG Epist. 7 S. 91 Nr. 98.

die Wohnung des Papstes stieß, zurück. Und nach der Exkommunikation[1] Hugos, des Sohnes von Lothar, sowie Iminos und ihrer Genossen erklärte der Papst, dem Druck einiger Bischöfe nachgebend und unter Zustimmung des Königs, daß Hedenulf[2], der kraft seiner Autorität zum Bischof (von Laon) ordiniert worden war, seinen Sitz behalten und das bischöfliche Amt verwalten solle, der geblendete Hinkmar aber solle Messe lesen, wenn er wolle, und einen Teil der Besitztümer des Bistums Laon erhalten. Da aber Hedenulf den Papst bat, ihn dieses Sitzes zu entheben, indem er sich schwach fühle und ins Kloster gehen wolle, konnte er dies nicht erlangen, sondern es wurde ihm vom Papst mit Zustimmung des Königs und der Hinkmar günstigen Bischöfe befohlen, seinen Sitz zu behalten und das bischöfliche Amt weiterhin zu führen. Als nun aber diese Gönner Hinkmars hörten, wie der Papst Johannes sagte, der geblendete Hinkmar solle, wenn er wolle, Messe lesen, und der König damit einverstanden war, daß er einen Teil der Güter des Bistums Laon besitzen solle, führten sie, die Bischöfe anderer Provinzen und Metropoliten anderer Länder, ganz unerwartet und ohne allen Befehl des Papstes den Hinkmar in Priestergewändern vor den Papst; und von hier geleiteten sie ihn unter Gesang in die Kirche und ließen ihn das Zeichen des Segens über das Volk machen. Dann wurde die Synode geschlossen.

Am nächsten Tage begab sich König Ludwig, auf Einladung Bosos, mit mehreren seiner ersten Räte zu diesem ins Haus; nachdem er hier reich bewirtet und von Boso sowie dessen Gemahlin mit Ehrenbezeugungen überhäuft worden war, verlobte er die Tochter Bosos mit seinem Sohne Karlmann und verteilte nach dem Vorschlag dieser seiner Räte die Lehen des Markgrafen Bernhard von Gothien[3] an den Kämmerer Theoderich, an Graf Bernhard von Clermont und andere, die er insgeheim bestimmte.

Papst Johannes ging von Troyes nach Châlon und von da seine Reise über St. Jean de Maurienne fortsetzend, kam er durch die Klausen[4] des Mont Cenis, von Boso und seiner Gemahlin geleitet, wieder nach Italien.

König Ludwig kehrte von Troyes nach Compiègne zurück, und nachdem er hier den Bericht der Gesandten vernommen hatte, welche er an seinen Vetter Ludwig zur Herstellung eines gegenseitigen Friedens geschickt hatte, ging er mit einigen seiner Räte bis nach Herstal. Und am 1. November wurde in einer Zusammenkunft in Mersen untereinander Frieden geschlossen. Zum Fest der Reinigung Mariä aber sagten sie eine

[2] Anweisung des Papstes an Erzbischof Hinkmar für die Wahl eines neuen Bischofs von Laon v. 5. Jan. 876 (MG Epist. 7 S. 316 Nr. 4).

[3] Auch dieser, ein Bruder des Imino, war auf der Synode vom Papst gebannt worden (MG Epist. 7 S. 122 Nr. 142), vor allem weil er den Frotarius mit Gewalt von Bourges fernhielt (ebd. S. 129 Nr. 155 u. S. 118 Nr. 135).

[4] Chiusa di San Michele.

dem placito haec quae sequuntur[1] inter eos consensu fidelium illorum servanda convenerunt:

Conventio quae inter gloriosos reges Hludowicum, filium Karoli imperatoris, itemque Hludowicum, filium Hludowici regis, in loco qui vocatur Furonis, Kalendis Novembris, ipsis et communibus fidelibus ipsorum faventibus et consentientibus, facta est, anno incarnationis dominicae 878, indictione 11.

Dicente rege Hludowico, filio Karoli: ‚Sicut inter patrem meum Karolum et patrem vestrum Hludowicum regnum Hlotharii divisum fuit, volumus ut ita consistat. Et si aliquis nostrorum fidelium de regno paris sui ex hoc aliquid purprisum habet, iussu nostro illud dimittat. De regno vero quod Hludowicus imperator Italiae habuit, quia necdum ex illo aliqua divisio facta est, quicumque modo illud tenet ita teneat, donec Domino volente iterum simul venientes cum communibus fidelibus nostris inveniamus et diffiniamus, quid ex hoc melius et iustius nobis visum fuerit. De regno autem Italiae, quia modo nulla ratio esse potest, omnes sciant, quia partem nostram de illo regno et requisivimus et requirimus et Domino auxiliante requiremus' ista sequenti die statuta sunt:

Cap. 1. Ut, quia firmitas amicitiae et coniunctionis nostrae modo, quibusdam praepedientibus causis, esse non potuit, usque ad illud placitum, quo simul ut conveniamus statutum habemus, talis enim amicitia inter nos manebit Domino auxiliante[2] *de corde puro et conscientia bona et fide non ficta*, ut nemo suo pari vitam, regnum aut fideles suos vel aliquid quod ad salutem sive prosperitatem ac honorem regni pertinet discupiat aut forsconsiliet.

Cap. 2. Ut, si in cuiuscumque nostrum regno pagani sive pseudochristiani insurrexerint, unusquisque veraciter suum parem, ubicumque necesse illi fuerit et ipse rationabiliter potuerit, aut per semet ipsum aut per suos fideles et consilio et auxilio, prout melius potuerit, adiuvet.

Cap. 3. Ut, si ego vobis superstes fuero, filium vestrum Hludowicum adhuc parvulum, et alios filios vestros, quos / Dominus vobis donaverit, ut regnum paternum hereditario iure quiete tenere possint, et consilio et auxilio, prout melius potuero, adiuvabo. Si autem vos mihi superstes fueritis, filios meos Hludowicum et Karlomannum et alios quos divina pietas mihi donare voluerit, ut regnum paternum

Reichsversammlung an, um dabei wieder zusammenzukommen, und zwar Ludwig, Karls Sohn, nach Gondreville, Ludwig, Ludwigs Sohn, nach einem Ort in der Nähe, der ihm bequem war. Auf dieser Versammlung kamen sie mit Zustimmung ihrer Getreuen überein, folgende Beschlüsse[1] fest und unverbrüchlich zu halten.

Vertrag, welcher zwischen den glorreichen Königen Ludwig, dem Sohne des Kaisers Karl, und Ludwig, dem Sohne des Königs Ludwig, in Fouron am 1. November unter ihrer und der beiderseitigen Getreuen Förderung und Zustimmung geschlossen worden ist, im Jahr der Menschwerdung des Herrn 878, in der 11. Indiction. Nachdem Ludwig, Karls Sohn, gesagt hat: ‚Wie zwischen meinem Vater Karl und Eurem Vater Ludwig das Reich Lothars geteilt worden ist, so ist unser Wille, daß es auch bleiben soll. Und wenn von nun an einer unserer Getreuen im Reich des anderen irgend etwas an sich gerissen hat, so soll er es auf unseren Befehl wieder aufgeben. Was aber das Reich betrifft, welches der Kaiser Ludwig von Italien besaß, so soll, da seither noch keine Teilung desselben stattgefunden hat, ein jeder, der dieses jetzt inne hat, es behalten, bis mit Gottes Willen wir wiederum zusammenkommen und mit unseren beiderseitigen Getreuen befinden und festsetzen, was uns künftig das beste und gerechteste zu sein scheint. Was aber das Reich Italien betrifft, so sollen, da ja jetzt nicht Recht werden kann, doch alle wissen, daß wir unsern Teil von jenem Reich gefordert haben, fordern und mit Gottes Hilfe fordern werden' ist am Tage darauf folgendes festgesetzt worden:

Kap. 1. Da ein festes Bündnis der Freundschaft und Vereinigung jetzt, wegen mancher hindernden Umstände, nicht abgeschlossen werden konnte, so soll doch bis zu jener Reichsversammlung, wo wir uns zu treffen festgesetzt haben, solche Freundschaft unter uns mit Gottes Hilfe bleiben[2], in aller Reinheit des Herzens, mit gutem Gewissen und ungefälschter Treue, daß keiner dem andern für sein Leben, sein Reich oder seine Getreuen, oder für etwas, was zum Heil, zum Glück und zur Ehre seines Reichs dient, Böses anwünschen oder anzutun beabsichtigen soll.

Kap. 2. Wenn in einem unserer beiden Reiche Heiden oder falsche Christen auftreten, soll ein jeder getreulich dem andern, wo immer es nötig sein wird und er selbst vernünftigerweise es vermag, entweder selbst oder durch seine Getreuen mit Rat und Tat, so gut er kann, helfen.

Kap. 3. Wenn ich Euch überleben sollte, so werde ich Eurem noch jungen Sohn Ludwig und den andern Söhnen, welche Gott Euch noch schenkt, mit Rat und Tat, so gut ich vermag, helfen, daß sie das väterliche Reich kraft ihres Erbrechtes in Ruhe besitzen können. Wenn Ihr aber mich überlebt, so helft bitte meinen Söhnen Ludwig und Karlmann und den andern, welche mir die göttliche Liebe noch schenken möchte, ebenso

[1] MG Capitul. II S. 168–170.

[2] Vgl. Vertrag von 851 cap. 2 (S. 76).

quiete tenere possint, similiter et consilio et auxilio, prout melius potueritis, ut adiuvetis, rogo.

Cap. 4. Ut, si aliqui susurrones et detractores, et qui paci nostrae invident et quietum regnum esse non patiuntur, inter nos lites et contentiones atque discordias seminare voluerint, nullus nostrum hoc recipiat aut libenter acceptet, nisi forte hoc ad rationem coram nobis utrisque et communibus fidelibus nostris perducere voluerit. Si vero hoc noluerit, cum nullo nostrum aliquam societatem habeat, sed omnes illum sicut mendacem et falsarium et inter fratres volentem seminare discordias communiter a nobis abiciamus, ne de cetero quisque talia mendacia auribus nostris inferre audeat.

Cap. 5. Ut communiter, prout citius potuerimus, missos nostros ad Karlomannum et Karolum, gloriosos reges, dirigamus, qui eos ad placitum quod octavo Idus Februarii statutum habemus invitent, et, ut nullatenus venire differant, obsecrent; et si secundum quod optamus venire voluerint, communiter nos ad Dei voluntatem et sanctae ecclesiae salvationem ac communem honorem nostrum ac profectum atque salvamentum totius populi christiani nobis commissi Domino cooperante ita coniungamus, ut de cetero in eo qui unus est unum simus unum velimus, et *id ipsum dicamus* secundum apostolum[1] et faciamus omnes, *et non sint* in nobis *ulla scismata.*

Cap. 6. Si autem illi obsecratione nostra vocati et invitati aut missi eorum ad praefatum placitum venire distulerint, nos, secundum quod statutum habemus, illuc omnino venire et nos secundum Dei voluntatem coniungere omnimodis non omittamus, nisi forte talis inevitabilis necessitas evenerit, pro quo id fieri nullatenus possit. Et si hoc acciderit, ad tempus quisque pari suo hoc rescire faciat; et propterea amicitia nostra nec minuatur nec immutetur, donec Domino volente congruo tempore perfecte confirmetur.

Cap. 7. Ut res ecclesiarum, in cuiuscumque regno caput fuerit, tam de episcopatibus quam de abbatiis, sine ulla contradictione rectores ipsarum ecclesiarum illas possideant; et si aliquid ibi mali factum a quoquam est, in / cuiuscumque regno illae res consistunt, legaliter exinde iustitiam reddere faciat.

Cap. 8. Et quia per vagos et in tyrannica consuetudine inreverentes homines pax et quies regni perturbari solet, volumus, ut, ad quemcumque nostrum talis venerit, ut de his quae egit rationem et iusti-

durch Rat und Tat so gut Ihr vermögt, daß sie ihr väterliches Reich in Ruhe besitzen können.

Kap. 4. Wenn irgend welche Ohrenbläser oder Verleumder, oder solche, die uns den Frieden neiden und unser Reich nicht in Ruhe lassen wollen, unter uns Zank, Streit und Zwietracht säen wollen, soll keiner von uns das anhören und bereitwillig annehmen, es sei denn, daß dieser es vor uns beiden und unseren beiderseitigen Getreuen verantworten will. Andernfalls soll er mit keinem von uns irgend Gemeinschaft mehr haben, sondern wir alle gemeinsam werden ihn als einen Lügner und Betrüger und als einen Menschen, der unter Brüdern Zwietracht säen will, von uns weisen, damit nicht fernerhin jemand wage, solche Lügen uns ins Ohr zu blasen.

Kap. 5. Wir wollen gemeinsam, so schnell wir können, unsere Gesandten an die glorreichen Könige Karlmann und Karl abschicken, um sie zu dem Reichstag einzuladen, welchen wir auf den 6. Februar angesetzt haben, und sie zu beschwören, daß sie nicht unterlassen, dahin zu kommen; und wenn sie, wie wir wünschen kommen wollen, so wollen wir uns gemeinsam zu Gottes Willen und der heiligen Kirche Erhaltung, zu unserer gemeinsamen Ehre und Wohl, und zur Rettung des ganzen uns anvertrauten christlichen Volkes mit Gottes Hilfe verbinden, so daß wir fernerhin in dem, welcher einer ist, eins sind und eins wollen, und, gemäß dem Apostel[1], alle das eine sagen und tun und unter uns nicht irgend welche Spaltungen auftreten.

Kap. 6. Wenn aber jene, von uns mit dringenden Bitten gerufen und eingeladen, oder ihre Gesandten zu dem genannten Tage nicht kommen, so wollen wir, nach dem was wir festgesetzt haben, nicht unterlassen, daselbst jedenfalls zu erscheinen und uns nach Gottes Willen auf jede Weise zu verbinden, es sei denn, daß ein so unüberwindliches Hindernis eintreten sollte, daß das durchaus unmöglich ist. Wenn das der Fall ist, soll das jeder dem andern rechtzeitig zu wissen tun; und deswegen soll unsere Freundschaft sich nicht mindern noch wandeln, bis sie nach Gottes Willen zur gelegenen Zeit voll bekräftigt wird.

Kap. 7. Was das Kirchengut betrifft, einerlei in wessen Reich es liegt, von Bistümern wie von Abteien, so sollen es ohne alle Behinderung die Leiter dieser Kirchen besitzen; und wenn dort von irgend jemand ein Unrecht begangen ist, so soll der, in dessen Reich diese Güter liegen, diesen nach dem Gesetz dafür zur Rechenschaft ziehen.

Kap. 8. Und weil durch Menschen, die sich herumtreiben und nach ihrer gewaltsamen Lebensgewöhnung vor nichts Scheu haben, der Friede und die Ruhe des Reichs oft gestört wird, so wollen wir, daß wenn ein solcher Mensch zu einem von uns kommen sollte, um sich der Rechenschaft und Strafe für das was er getan hat, zu entziehen, keiner von uns ihn

[1] 1. Cor. 1, 10.

tiam subterfugere possit, nemo ex nobis illum ad aliud recipiat vel retineat, nisi ut ad rectam rationem et debitam emendationem perducatur. Et si rationem rectam subterfugerit, omnes in commune, in cuius regnum venerit, illum persequamur, donec aut ad rationem perducatur aut de regno expellatur vel deleatur.

Cap. 9. Volumus, ut hi qui merito proprietatem illorum in regno nostro perdiderint ita iudicentur, sicuti temporibus antecessorum nostrorum inventum fuit; qui vero dicunt se iniuste proprietatem illorum perdidisse, veniant in nostram praesentiam, et sicut iustum est, ita illis iudicetur, et sua recipiant.

Hoc dicto, Hludowicus, Hludowici filius, ad sua rediit; et Hludowicus, Karoli filius, per Arduennam veniens,

879. anno incarnationis dominicae

in Longlario nativitatem Domini celebravit. Et aliquandiu in Arduenna demorans, indeque iter agens, circa purificationem sanctae Mariae[1] ad Pontigonem venit; volens ire in partes Augustiduni ad comprimendam rebellionem Bernardi markionis, usque ad Trecas perrexit. Sed quia ingravescente infirmitate sua – dicebatur enim veneno infectus – longius ire non potuit, filium et aequivocum suum Hludowicum baiulationi Bernardi comitis Arvernici specialiter committens, Hugonem abbatem et Bosonem et praefatum Bernardum cum filio suo, sed et Theodericum cum sociis suis Augustidunum misit, quatenus ipsum comitatum ad opus Theoderici, cui antea illud dederat, evindicarent. Ipse autem cum magna difficultate per Iodrum monasterium Compendium venit, et sentiens se mortem evadere non posse, per Odonem Belgivacensem episcopum et Albuinum / comitem coronam et spatam ac reliquum regium apparatum filio suo Hludowico misit, mandans illis qui cum eo erant, ut eum in regem sacrari ac coronari facerent. Ipse autem 4. Idus Aprilis in die parasceue iam vesperi obiit; et in crastina, scilicet in vigilia sancti paschae, in ecclesia sanctae Mariae sepultus fuit. Audientes autem Odo et Albuinus illum esse defunctum, quae portaverant Theoderico camerario dederunt et cum festinatione reversi sunt. Illi autem qui cum filio regis erant, audita morte patris ipsius infantis, mandaverunt primoribus qui in illis partibus erant, ut apud Meldis convenirent obviam eis et ibi tractarent, quid de cetero agere deberent. Inter Bosonem autem et Teodericum, mediante Hugone abbate, conventum est, ut Boso comitatum Augusti-

aufnimmt und bei sich behält, es sei denn, um ihn zur gehörigen Verantwortung und zur gebührenden Bestrafung zu bringen. Und wenn er sich der gerechten Verantwortung entzieht, so werden wir alle, in wessen Reich er auch kommt, ihn gemeinsam verfolgen, bis er zur Verantwortung gebracht oder aus dem Reich verjagt oder getötet wird.

Kap. 9. Wir wollen, daß es mit denen, welche von Rechts wegen ihr Besitztum in unserm Reiche verloren haben, so gehalten werden soll, wie es zur Zeit unserer Vorfahren bestimmt worden ist; daß aber solche, die ungerechterweise ihr Besitztum verloren zu haben behaupten, vor uns erscheinen und wie es recht ist, ihr Urteil empfangen und das Ihrige zurückerhalten sollen.

Nachdem dies vorgetragen worden war, kehrte Ludwig, Ludwigs Sohn, nach seinem Reiche zurück; Ludwig aber, Karls Sohn, zog durch die Ardennen und feierte

im Jahr der Geburt Christi 879

das Geburtsfest des Herrn zu Longlier. Und nachdem er sich einige Zeit in den Ardennen aufgehalten hatte, kam er von da, seine Reise fortsetzend, um die Zeit des Festes Mariä Reinigung[1], nach Ponthion; und da er nach der Gegend von Autun ziehen wollte, um den Aufruhr des Markgrafen Bernhard zu unterdrücken, gelangte er bis nach Troyes. Da er aber wegen Verschlimmerung seiner Krankheit – man sprach von Vergiftung – seine Reise nicht fortsetzen konnte, so übergab er seinen gleichnamigen Sohn Ludwig dem Schutz des Grafen Bernhard von Clermont und schickte den Abt Hugo, Boso und den genannten Bernhard mit seinem Sohne, sowie Theoderich mit seinen Genossen nach Autun, damit sie sich dieser Grafschaft zugunsten des Theoderich, dem er sie früher gegeben hatte, bemächtigten. Er selbst gelangte nur mit großer Schwierigkeit über Kloster Jouarre nach Compiègne; und da er fühlte, daß er dem Tode nicht entgehen könne, schickte er durch den Bischof Odo von Beauvaix und den Grafen Albuin die Krone, das Schwert und den übrigen königlichen Schmuck an seinen Sohn Ludwig und ließ denen, welche seinen Sohn begleiteten, auftragen, daß sie ihn zum Könige weihen und krönen lassen sollten. Er verschied aber am 10. April, Karfreitag, gegen Abend; und am folgenden Tage, dem Sabbat vor Ostern, wurde er in der Kirche der heiligen Maria bestattet. Als nun Odo und Albuin seinen Tod erfuhren, übergaben sie die Gegenstände, welche sie mit sich führten, dem Kämmerer Theoderich und kehrten eilends zurück. Die aber, welche mit dem Sohne des Königs zusammen waren, forderten auf die Nachricht von dem Tode des Vaters dieses Kindes die Großen in diesem Gebiete zu einer Zusammenkunft mit ihnen in Meaux auf, um zu beratschlagen, was sie fernerhin tun sollen. Zwischen Boso aber und Theoderich kam durch Vermittlung des Abtes Hugo ein Vertrag zustande, wornach Boso die Graf-

[1] 2. Februar.

dunum haberet, et Theodericus abbatias quas Boso in istis partibus habuerat in commutatione acciperet.

Gozlenus denique abbas, memor insidiarum ac iniuriarum suarum, quas a suis aemulis tempore praecedenti sustinuerat, fisus de familiaritate quam cum Hludowico Germaniae rege et cum uxore illius atque cum primoribus illius terrae, quando captus in bello apud Andrunacum et trans Rhenum ductus fuerat, obtinuit, coepit cogitare, qualiter talionem suis contrariis redderet, et Chuonradum Parisiaci comitem spe falsa de praecellenti potestate deludens et quaedam ingenia qualiter id exequi posset enarrans, sibi coniunxit. At antequam illi qui cum regis filio erant ad condictum placitum apud Meldis venirent, acceleraverunt quoscumque potuerunt episcopos et abbates atque potentes homines ad conventum vocare, ubi Thara Isaram influit, eo sub obtentu, ut, quia rex defunctus erat, unanimiter tractarent de regni pace atque utilitate. His autem qui convenerunt persuaserunt ut Hludowicum Germaniae regem in hoc regno convocarent et eius largitione honores quos actenus obtinere non potuerunt sine ulla dubitatione haberent. Et miserunt nuncios suos ad praedictum Hludowicum et uxorem eius, mandantes, ut usque Mettis venire accelerarent, / et illuc omnes episcopos et abbates ac primores istius regni ad illum perducere possent. Sicque per Silvacum et secus Axonam multas depraedationes ac rapinas facientes, usque ad Viridunum venerunt. Veniente autem Hludowico Mettis, iterum ad illum nuncios miserunt, postulantes, ut usque ad Viridunum veniret, quatenus commodius populum istius regni ad illum perducere possent. Veniens autem Hludowicus usque ad Viridunum, tanta mala exercitus eius in omnibus nequitiis egit, ut paganorum mala facta illorum vincere viderentur.

Audientes autem Hugo et Boso ac Theodericus et illorum socii, quae Gozlenus et Chuonradus cum illorum complicibus machinabantur, miserunt Waltarium episcopum Aurelianensem et Goiramnum ac Ansgerum comites ad Hludowicum apud Viridunum, ut ei offerrent partem de regno Hlotharii iunioris, quam Karolus contra fratrem suum Hludowicum, ipsius Hludowici patrem, acceperat, ut, accepta illa portione regni, in regnum suum rediret et quod reliquum de regno patris sui Karoli Hludowicus habuit suis filiis consentiret. Hludowicus vero et sui acceptam habentes talem oblationem, cum dedecore Gozlenum et Chuonradum ac complices illorum reiecerunt; et accepta regni parte

schaft Autun erhalten und Theoderich zur Entschädigung die Abteien, welche Boso in dieser Gegend besessen hatte, empfangen sollte.

Abt Gozlen jedoch, eingedenk der Beleidigungen und Nachstellungen, welche er in der verflossenen Zeit von seinen Neidern erfahren hatte, und im Vertrauen auf die freundschaftliche Verbindung, in welche er mit dem König Ludwig von Germanien und dessen Gemahlin, sowie den Großen seines Landes getreten war, als er, in der Schlacht bei Andernach gefangen, über den Rhein geführt worden war, fing an Pläne zu schmieden, wie er an seinen Gegnern Vergeltung üben möchte, und verband sich mit dem Grafen Konrad von Paris, den er mit der trügerischen Hoffnung auf eine außerordentliche Machtstellung lockte, indem er ihm mancherlei aufzählte. wie sich dies erreichen ließe. Und bevor noch jene, welche mit dem Sohne des Königs waren, zur angesagten Versammlung nach Meaux kamen, beeilten sie sich, möglichst viele Bischöfe, Äbte und mächtige Männer zu einer Zusammenkunft einzuladen, an dem Orte, wo der Thérin in die Oise mündet, unter dem Vorgeben, daß sie nach dem Tod ihres Königs gemeinsam über des Reiches Frieden und Wohlfahrt verhandeln wollten. Die nun aber, welche sich hier versammelten, wurden von ihnen überredet, den König Ludwig von Germanien in das Reich zu berufen, von dessen Freigebigkeit sie ohne Zweifel sich den Besitz aller der Lehen versprechen könnten, die sie bisher nicht erlangen konnten. Und sie schickten ihre Boten an den genannten Ludwig und seine Gemahlin mit der Aufforderung, eiligst nach Metz zu kommen, wohin sie alle Bischöfe, Äbte und Großen dieses Reiches zu ihm führen könnten; und so zogen sie über Servais entlang der Aisne unter vielen Verwüstungen und Plünderungen nach Verdun. Ludwig kam bis Verdun, und sein Heer tat soviel Böses in Schlechtigkeiten jeder Art, daß durch sie die Untaten der Heiden übertroffen schienen.

Als Hugo, Boso, Theoderich und ihre Genossen vernahmen, was Gozlen und Konrad mit ihren Verbündeten im Schilde führten, sandten sie den Bischof Walther von Orléans und die Grafen Goiram und Ansker an Ludwig nach Verdun, um ihm den Teil vom Reich des jüngeren Lothar anzubieten, den Karl aus der Teilung mit seinem Bruder Ludwig, dem Vater unseres Ludwigs, erhalten hatte, unter der Bedingung, daß er nach Empfang dieses Gebietes in sein Reich zurückkehre und was Ludwig sonst vom Reiche seines Vaters besessen hatte, den Söhnen Ludwigs zugestehe. Ludwig aber und die Seinigen, mit diesem Anerbieten wohl zufrieden, wiesen nun verächtlich Gozlen, Konrad und deren Genossen von sich, und nachdem Ludwig den ihm angebotenen Teil des Reichs in Empfang genommen hatte, kehrte er nach seiner Pfalz Frankfurt zurück. Als dies jedoch Ludwigs Gemahlin hörte, wurde sie darüber sehr ungehalten, indem sie sagte, er würde das ganze Reich gewonnen haben, wenn sie mit ihm dorthin gegangen wäre. In ihrer Not aber wandten sich Gozlen und Konrad nun an diese Königin und stellten ihr klagend vor, wie sie hinter-

sibi oblata, Hludowicus ad palatium suum Franconofurth rediit. Audiens autem hoc uxor illius, satis moleste tulit, dicens, quia, si illa cum eo venisset, totum istud regnum haberet. Angustiantes autem Gozlenus et Chuonradus, ad ipsam reginam fecerunt confugium, querimoniam agentes, qualiter essent decepti; et acceptis missis, qui eos de parte Hludowici confortarent, sed et alios quasi obsides, reversi sunt, rapinas et depraedationes facientes quocumque pervenire potuerunt, renunciantes sociis suis, Hludowicum quantocius cum exercitu magno venturum, quoniam ad praesens venire non poterat, quia nunciatum est ei non incerta relatione, fratrem suum Karlomannum paralisi percussum et iam morti vicinum suumque filium de concubina nomine Arnulfum partem regni illius occupasse, et ideo in illa parte festinus pergeret; sicut et fecit. Sopita vero, sicut potuit, in illis partibus commotione, reversus est ad uxorem suam. Audientes autem Hugo abbas et ceteri primores, qui cum filiis quondam senioris sui Hludowici, Hludowico scilicet et Karlomanno, agebant, Hludowicum cum uxore sua in istas partes / venturum, quosdam episcopos, Ansegisum et alios, miserunt ad Ferrarias monasterium, et ibi eos consecrari et coronari in reges fecerunt.

Interea Boso, persuadente uxore sua, quae nolle vivere se dicebat, si, filia imperatoris Italiae et desponsata imperatori Greciae, maritum suum regem non faceret, partim comminatione constrictis, partim cupiditate illectis pro abbatiis et villis eis promissis et postea datis, episcopis illarum partium persuasit, ut eum in regem ungerent et coronarent[1]. Hugo etiam, filius iunioris Hlotharii ex Waldrada, collecta praedonum multitudine, regnum patris sui est molitus invadere.

Karolus, Hludowici quondam regis Germaniae filius, in Longobardiam perrexit et ipsum regnum obtinuit. Cum quo apud Urbam, antequam montem Iovis transiret, Hludowicus et Karlomannus loqui perrexerunt. Et illo eunte in Longobardiam, ipsisque reversis ab eodem itinere, nuntiatum est eis, quod Nortmanni qui erant in Ligeri terreno itinere terras illas depraedabant; et statim moti in illas partes, in die missae sancti Andreae[2] eos invenientes, multos ex eis occiderunt et plures in Vencenna fluvio immerserunt, et exercitus Francorum Deo volente cum victoria incolomis remeavit.

Anno incarnati verbi 880.

Hludowicus rex Germaniae una cum uxore sua ab Aquis in istas partes iter arripuit et usque ad Duziacum venit; ubi Gozlenus et

gangen worden waren. Und nachdem Gesandte, welche sie von Ludwigs Seite ermutigen sollten, sowie auch andere gleichsam als Geiseln zu ihnen gekommen waren, kehrten sie zurück, überall wohin sie nur gelangen konnten, Raub und Verwüstung übend, und verkündeten ihren Anhängern, Ludwig werde so bald als möglich mit einem großen Heere erscheinen; gegenwärtig habe er nicht kommen können, weil ihm sichere Kunde zugegangen sei, sein Bruder Karlmann sei infolge eines Schlaganfalls dem Tode nahe, und Arnulf, sein Sohn von einer Beischläferin, habe einen Teil des väterlichen Reichs in Besitz genommen; infolgedessen habe er nach jenen Gegenden eilen müssen, wie er auch tat. Nachdem er aber, so gut es ging, die Bewegung in jenen Gebieten beschwichtigt hatte, kehrte er zu seiner Gemahlin zurück. Als nun aber Abt Hugo und die übrigen, welche für Ludwig und Karlmann, die Söhne ihres Seniors Ludwig, tätig waren, vernahmen, daß Ludwig mit seiner Gemahlin in dieses Land kommen wolle, schickten sie mehrere Bischöfe, den Ansegisus und andere, nach dem Kloster Ferrières und ließen diese beiden dort zu Königen weihen und krönen.

Inzwischen wußte Boso, von seiner Gemahlin überredet, welche erklärte, daß sie nicht leben wolle, wenn sie, die Tochter des Kaisers von Italien und die Verlobte des Kaisers von Griechenland, es nicht erreiche, daß ihr Gemahl König würde, die Bischöfe dieser Gebiete teils durch Drohungen, teils durch Verlockungen, indem er ihnen Abteien und Güter versprach und später auch gab, dahin zu bringen, daß sie ihn zum Könige weihten und krönten[1]. Auch Hugo, der Sohn des jüngeren Lothar von der Waldrada, sammelte einen Haufen Räuber und schickte sich an, in das Reich seines Vaters einzufallen.

Karl, der Sohn Ludwigs, des verstorbenen Königs von Germanien, zog in die Lombardei und nahm von diesem Reiche Besitz; mit ihm trafen sich Ludwig und Karl, ehe er den Großen St. Bernhard überschritt, in Orbe. Und während jener unterwegs war in die Lombardei, erhielten sie selbst von ihrer Reise zurückgekehrt die Nachricht, daß die Normannen in der Loire in Raubzügen das Land verheerten. Darauf brachen sie sogleich nach diesen Gegenden auf und trafen am Fest des heiligen Andreas[2] auf die Normannen. Viele von diesen wurden getötet; noch mehr ertranken in der Vienne; das Heer der Franken aber kehrte nach Gottes Willen siegreich und wohlbehalten nach Hause zurück.

Im Jahr des Fleisch gewordenen Wortes 880

nahm König Ludwig von Germanien nebst seiner Gemahlin von Aachen seinen Weg nach diesen Gebieten und kam bis nach Douzy, wohin ihnen

[1] Die Krönung erfolgte am 15. Oktober 879 in Mantaille (bei Anneyron Dép. Drôme). MG Capitul. II S. 365–369.

[2] 30. November.

Chuonradus obviam illi venerunt, quam plurimis iam de illorum complicibus ab illorum societate retractis. Indeque Hludowicus et uxor sua ad Attiniacum indeque ad Ercuriacum et sic usque ad Ribodimontem pervenerunt. Et videntes, quia Gozlenus et Chuonradus quod ei polliciti fuerant adtendere nequiverunt, et ipse ac uxor sua quae speraverunt obtinere non possent, pactis amicitiis cum filiis Hludowici, et condicto placito futuro mense Iunio ad Gundulfi-villam, reversi sunt in patriam suam. Et inveniens Hludowicus in itinere Nortmannos, Do/mino opem ferente magnam partem ex illis occidit exercitus suus, sed in Saxonia magnum dampnum de fidelibus suis per Nortmannos sustinuit. Filii autem Hludowici quondam regis reversi sunt Ambianis civitatem, et sicut fideles illorum invenerunt, regnum paternum inter se diviserunt, id est ut Hludowicus quod de Francia residuum erat ex paterno regno, sed et Niustriam cum marchis suis haberet, et Karlomannus Burgundiam et Aquitaniam cum marchis suis haberet, et quique de proceribus secundum convenientiam, in cuius divisione honores haberent, illi se commendarent. Inde Compendium redientes, ibi pascha Domini[1] celebraverunt, et post haec per Remum et Catalaunis civitates ad placitum condictum mediante Iunio apud Gundulfi-villam obviam suis sobrinis venerunt. Ad quod placitum Hludowicus, infirmitate detentus, venire non potuit, sed pro se missos suos direxit. Karolus autem a Longobardia rediens, illuc venit. In quo placito communi consensu inventum est, ut ipsi reges Hludowici quondam filii ad Attiniacum redirent cum scara Hludowici Germaniae regis et Hugonem, Hlotharii iunioris filium, impeterent. Quo venientes, quia Hugonem non invenerunt, sororium illius Teutbaldum bello adgressi sunt, et multis interfectis, illum in fugam verterunt. Indeque cum hoste ex regnis suis una cum praedicta scara Hludowici regis Germaniae praedicti reges, ordinatis qui regnum suum contra Nortmannos in Ganto residentes custodirent, in Burgundiam versus Bosonem per mensem Iulium a Trecas civitate perrexerunt, Karolo rege illuc cum exercitu suo venturum. In quo itinere, eiectis de castro Matiscano Bosonis hominibus, ipsum castellum ceperunt et cum comitatu Bernardo cognomento Planto-pilosa dederunt; et pergentes simul Karolus, Hludowicus et Karlomannus ad obsidendam Viennam, in qua Boso uxorem suam cum filia et magnam partem de suis hominibus relinquens, fugam ad montana quaedam arripuit. Karolus autem, qui

Gozlen und Konrad entgegenkamen, nachdem sich schon die meisten ihrer Genossen vom Bündnis mit ihnen zurückgezogen hatten. Von da zogen Ludwig und seine Gemahlin nach Attigny und weiter nach Ercry und gelangten so bis Ribemont. Und da sie sahen, daß Gozlen und Konrad das, was sie versprochen hatten, nicht zu leisten vermochten und er und seine Gemahlin das, was sie gehofft hatten, nicht erlangen konnten, schlossen sie mit den Söhnen Ludwigs Friede und Freundschaft und kehrten, nachdem für den kommenden Juni eine Versammlung in Gondreville festgesetzt worden war, in ihr Land zurück. Und als Ludwig unterwegs auf Normannen traf, tötete mit Gottes Hilfe sein Heer einen großen Teil von ihnen, leider aber erlitt er in Sachsen durch die Normannen großen Verlust an seinen Getreuen. Die Söhne aber des verstorbenen Königs Ludwig kehrten nach Amiens zurück und teilten das väterliche Reich unter sich, so wie es ihre Getreuen befunden hatten; d. h. Ludwig sollte den Teil von Francien, der vom väterlichen Reich übrig war, so wie auch Neustrien mit den Markgrafschaften besitzen, Karlmann aber Burgund und Aquitanien mit den Markgrafschaften, und alle Großen empfahlen sich gemäß dieser Übereinkunft der Huld dessen, in dessen Teil ihre Lehen gelegen waren. Von dort nach Compiègne zurückgekehrt, feierten die Brüder hier das Osterfest[1] und kamen dann über Reims und Chalons Mitte Juni nach Gondreville zu der festgesetzten Versammlung, wo sie mit ihren Vettern zusammentreffen wollten. Zu dieser Zusammenkunft konnte jedoch Ludwig nicht kommen und schickte an seiner Statt Gesandte. Karl aber, der aus der Lombardei zurück war, fand sich ein. Und unter gemeinsamer Zustimmung wurde in dieser Zusammenkunft beschlossen, daß die Könige, nämlich die Söhne des verstorbenen Ludwig, mit einem Heerhaufen Ludwigs, des Königs von Germanien, nach Attigny zurückkehren und Hugo, den Sohn des jüngeren Lothar, angreifen sollten. Als sie dahin kamen, trafen sie Hugo selbst nicht an, griffen aber seinen Schwager Teutbald an und schlugen ihn, indem sie viele der Seinen töteten, in die Flucht. Darauf zogen die Könige, nachdem sie Mannschaften zum Schutz des Reiches gegen die Normannen, welche in Gent verweilten, abgeordnet hatten, mit einem Heere aus ihren Reichen sowie mit dem Heerhaufen des Königs Ludwig von Germanien von Troyes aus im Juli gegen Boso nach Burgund, wohin auch König Karl mit seinem Heer kommen wollte. Unterwegs verjagten sie Bosos Leute aus der Burg Mâcon, nahmen diese Burg in Besitz und gaben sie samt der Grafschaft dem Bernhard mit dem Zunamen Planta-Pilosa. Und Karl, Ludwig und Karlmann zogen gemeinsam zur Belagerung von Vienne, wo Boso Frau und Tochter mit einer großen Anzahl seiner Leute zurückgelassen hatte, während er selbst in die Berge geflüchtet war. Karl aber, der versprochen hatte, gemeinsam mit seinen Vettern Vienne zu belagern, zog sich, bald nachdem von bei-

[1] 3. April 880.

se una cum sobrinis suis Viennam obsessurum promiserat, mox ut quaedam sacramenta utrimque inter eos facta fuerunt, ab ipsa obsidione recessit et in Italiam perrexit. Indeque Romam veniens, a Iohanne papa se in die nativitatis Domini in imperatorem consecrari[1] obtinuit. /

Anno incarnationis dominicae 881.

remanente Karlomanno cum suis contra Bosonis seditionem, Hludowicus, frater eius, reversus est in partem regni sui contra Nortmannos. Qui vastantes omnia in suo itinere, Corbeiae monasterium et Ambianis civitatem aliaque sancta loca occupaverunt, de quibus non modicam partem occisis ceterisque fugatis, et ipse Hludowicus una cum suis retrorsum, nemine persequente, fugam arripuit, divino manifestante iudicio, quia quod a Nortmannis fuerat actum non humana, sed divina virtute patratum extiterit. Iterum namque Nortmannis regredientibus in partem regni sui, isdem Hludowicus cum quibus potuit obviam eis perrexit et castellum materia lignea quorundam consiliariorum suorum hortatu in loco qui dicitur Stromus clausit; quod magis ad munimen paganorum quam ad auxilium christianorum factum fuit, quoniam ipse rex Hludowicus invenire non potuit, cui illud castellum ad custodiendum committere posset. Indeque reversus,

anno dominicae incarnationis 882.

apud Compendium nativitatem Domini, sed et sanctum pascha[2] celebravit. Ubi nunciatum est, quia sobrinus suus Hludowicus, Hludowici regis Germaniae filius, inutiliter sibi et ecclesiae ac regno vivens, morti subcubuit. Venientes autem primores partis illius regni quae ipsi Hludowico in locarium data fuerat, quatenus quae pater et avus illorum habuerunt eis consentiret, voluerunt se illi commendare. Sed consilio primorum suorum propter sacramenta quae inter eum et Karolum facta fuerunt non eos in commendationem suscepit, sed scaram hostilem, cui praefecit Theodericum comitem, quasi in adiutorium illorum contra Nortmannos disposuit. Et ipse ultra Sequanam, acsi recepturus Brittonum principes et bellaturus contra Nortmannos, usque Turonis perrexit[a]). Ubi infirmatus est corpore, et lectica deportatus usque ad monasterium Sancti Dyonisii, mense Augusto ibi mortuus est et sepultus.

Primores autem regni expeditum nuntium miserunt ad Karlomannum, mandantes, ut, relictis qui Viennam obsiderent et seditioni Bo-

den Seiten einige Eide geleistet worden waren, von der Belagerung zurück und begab sich nach Italien; er ging dann nach Rom und erlangte vom Papst Johannes, daß dieser ihn am Tage der Geburt des Herrn zum Kaiser weihte[1].

Im Jahre der Menschwerdung des Herrn 881

kehrte Ludwig, während Karlmann mit den Seinigen zur Unterdrückung der Empörung Bosos zurückblieb, nach seinem Reichsteil zurück, um gegen die Normannen zu ziehen. Diese verwüsteten alles auf ihrem Zuge, bemächtigten sich des Klosters Corbie und der Stadt Amiens, sowie anderer heiliger Orte, indem sie von den Einwohnern einen großen Teil töteten und die übrigen vertrieben, und Ludwig selbst ergriff mit den Seinigen, von niemand verfolgt, die Flucht, wobei das Gericht Gottes offenbarte, daß das, was von den Normannen geschah, nicht durch menschliche, sondern durch göttliche Kraft vollbracht wurde. Denn als die Normannen abermals in seinen Reichsteil einbrachen, zog ihnen Ludwig mit so viel Mannschaft, als er aufbringen konnte, entgegen, und erbaute auf Veranlassung einiger seiner Räte eine Befestigung aus Holz in Estruy, die aber mehr zur Sicherung für die Heiden als zum Schutz für die Christen diente, da König Ludwig keine Leute aufzutreiben vermochte, denen er diese Befestigung hätte zur Bewachung übergeben können. Von da zurückgekehrt, feierte er

im Jahr der Menschwerdung des Herrn 882

das Weihnachtsfest, wie auch Ostern[2] zu Compiègne. Als er hier die Nachricht erhielt, sein Vetter Ludwig, Sohn des Königs Ludwig von Germanien, sei nach einem Leben ohne Gewinn für sich, für die Kirche und das Reich, gestorben, da kamen die Großen aus dem Reichsteil, der an Ludwig verpachtet worden war, damit er den Brüdern Ludwig und Karlmann die Länder zugestehe, die ihr Vater und Großvater besessen hatte, zu Ludwig, um sich seiner Huld zu empfehlen; auf den Rat seiner Großen aber nahm er dieselben wegen der Eide, welche zwischen ihm und Karl geschworen worden waren, nicht in seine Huld auf, sondern entsandte nur einen Heerhaufen unter dem Befehl des Grafen Theoderich, angeblich um ihnen gegen die Normannen Hilfe zu bringen. Er selbst aber begab sich über die Seine in der Absicht, die Fürsten der Bretonen zu empfangen und gegen die Normannen zu Felde zu ziehen, und kam bis Tours. Hier erkrankte er und wurde in einer Sänfte nach St. Denis gebracht, wo er im August starb und begraben wurde.

Die Großen des Reichs aber schickten schleunige Botschaft an Karlmann mit der Aufforderung, er solle unter Zurücklassung von Mannschaft,

[a]) Der Fortsetzer von Aimoins Historia Francorum schaltet hier die Worte ein: vir plenus omnibus immunditiis et vanitatibus; ob aus anderer Quelle?

[1] Die Krönung fand erst am 11. Februar 881 statt.

[2] 8. April 882.

sonis resisterent, ipse quantocius ad / eos venire festinaret, quoniam hostiliter ipsi praeparati erant in occursum Nortmannorum, qui civitates Coloniam et Treveris cum monasteriis sibi contiguis iam incensas haberent, et monasterium Sancti Landberti in Leudica et Proniae et Indae, Aquis etiam palatium omniaque monasteria parrochiarum, Tungrensis videlicet, Atrebatensis, Cameracensis, et partem Remensis parrochiae suae dicioni addita, et partim cum castello Mosomagensi incensa, et Walam Mettensem episcopum, contra sacram auctoritatem et episcopale ministerium armatum et bellantem, occisum et socios eius fugatos habebant. Ipsi autem parati erant illum recipere et se illi commendare; sicut et fecerunt[1]. Dum autem in eodem procinctu degeret, mense Septembrio nunciatum est illi certo nuntio, quia, capta Vienna, uxorem Bosonis et filiam eius Richardus, frater ipsius Bosonis, ad comitatum suum Augustudunensem adductam habebat. Sed et Astingus et complices illius Nortmanni a Ligeri egressi, maritimas partes petierunt.

Karolus autem nomine imperator contra Nortmannos venit cum multo exercitu usque ad illorum firmitatem. Quo veniens, concidit cor eius, et placitamento Gotafridum cum suis, ut baptismum susciperet et Frisiam aliosque honores quos Roricus habuerat reciperet, interventione quorundam obtinuit. Sigefrido etiam et Vurmoni illorumque complicibus plura milia argenti et auri, quae de thesauro Sancti Stephani Mettensis aliorumque sanctorum locis arripuit, eis dedit, et ad devastandam regni sui atque consobrini sui partem, sicut antea fecerant, residere permisit. Hugoni autem, Hlotharii iunioris filio, facultates ecclesiasticas Mettensis episcopii, quas sacri canones futuro episcopo reservari praecipiunt, ad consumendum commisit. Engilbergam vero, Hludowici Italiae regis uxorem, quam imperator in Alemanniam transduxerat, per Leudoardum Vercellensem episcopum Iohanni papae, sicut petierat, Romam remisit; et sic versus Warmatiam, placitum suum Kalendis Novembris habiturus, a Nortmannis recessit. Ad quod placitum Hugo abbas, quibusdam sociis secum assumptis, perrexit pro petitione partis regni, quam frater suus Hludowicus in locarium acceperat, / ut, sicut ipse Karolus olim promiserat, Karlomanno restitueret. Unde nil certi obtinuit; sed absentia illius in isto regno maximum detrimentum fecit, quia Karlomannus non habuit unde Nortmannis posset resistere, quibusdam regni primoribus ab ipsius

um Vienne zu belagern und Bosos Empörung niederzuhalten, selbst so schnell als möglich zu ihnen kommen, da sie mit dem Heerbann bereit ständen, gegen die Normannen zu ziehen, die Köln und Trier mit den Klöstern in der Nähe, sowie das Kloster des heiligen Lantbert in Lüttich, das in Prüm und das in Cornelismünster, auch die Pfalz zu Aachen und alle Klöster der Sprengel von Tongern, Arras, Cambrai und in dem zu seiner Herrschaft gehörenden Teil von Reims und das Kastell Mouzon verbrannt, den Bischof Wala von Metz, der gegen die heilige Vorschrift und seine bischöfliche Würde zu den Waffen griff und in den Krieg zog, getötet und seine Mannschaft in die Flucht geschlagen hatten. Sie selbst aber wären bereit, ihn zu empfangen und sich seiner Huld zu empfehlen, wie sie denn auch taten[1]. Während er aber bei diesem Heerbann weilte, erhielt er im September die sichere Nachricht, Vienne sei erobert und Richard, der Bruder Bosos, habe Frau und Tochter Bosos nach seiner Grafschaft Autun gebracht. Aber auch Hasting und seine normannischen Genossen von der Loire suchten die Meeresküsten heim.

Karl aber, der den Kaisertitel führte, zog mit einem großen Heere gegen die Normannen und gelangte bis vor ihre Befestigung; da aber sank ihm das Herz und durch Vermittelung mehrerer erreichte er durch Vertrag, daß sich Gotfrid mit den Seinigen taufen ließ und Friesland, sowie die anderen Güter, welche Rorich besessen hatte, wieder zu Lehen nahm. Auch gab er dem Sigfrid und Vurmo nebst ihren Genossen mehrere tausend Pfund Silber und Gold, die er aus dem Schatz des hl. Stephanus zu Metz und von anderen Heiligen mitgenommen hatte, und ließ zu, daß sie wie seither blieben, um seinen und seines Vetters Reichsteil zu verwüsten. Dem Hugo aber, dem Sohn des jüngeren Lothar, verlieh er zum Unterhalt die geistlichen Einkünfte des Metzer Bistums, die nach der Vorschrift der heiligen Canones für den künftigen Nachfolger aufbewahrt werden sollen. Engilberga, die Gemahlin des Königs Ludwig von Italien, die er nach Alemannien mitgebracht hatte, schickte er durch Bischof Leudoard von Vercelli dem Papst Johannes auf dessen Bitte nach Rom zurück. Dann begab er sich von den Normannen fort nach Worms, um hier am 1. November eine Reichsversammlung abzuhalten. Auf diesem Reichstag erschien mit mehreren Genossen, die er mitgebracht hatte, Abt Hugo und bat darum, daß er den Reichsteil, den sein Bruder Ludwig pachtweise erhalten hatte, dem Karlmann wiedergebe, wie Karl selbst früher versprochen hatte. Hierauf konnte er keinen bestimmten Bescheid erlangen; seine Abwesenheit aber in diesem Reiche brachte den größten Schaden, da Karlmann keine Mannschaften hatte, mit denen er den Normannen hätte widerstehen können, indem mehrere Große seines Reichs sich von seiner Unterstützung zurückzogen. Infolgedessen kamen die Normannen bis zur Burg Laon vor und verwüsteten und verbrannten alles im

[1] MG Capitul. II 369 f.

auxilio se retrahentibus. Quapropter usque circa Laudunum castellum venerunt et quae in gyro ipsius castelli erant depraedati sunt et incenderunt, disponentes Remi venire, indeque per Suessiones et Noviomagum pergentes, ad praefatum castellum expugnandum redire et regnum sibi subicere. Quod pro certo audiens Hincmarus episcopus, cuius homines de potestate Remensis episcopii cum Karlomanno erant, vix noctu cum corpore sancti Remigii et ornamentis Remensis ecclesiae, sicut infirmitas corporis eius poscebat, sella gestatoria deportatus, et canonicis ac monachis atque sanctimonialibus hac illacque dispersis, ultra Matronam in quadam villa quae Sparnacus nominatur vix fuga lapsus pervenit. Scara autem de Nortmannis plenitudinem illorum praeveniens, usque ad portam Remi pervenit. Qui ea quae extra civitatem invenerunt depraedati sunt et villulas quasdam incenderunt; sed civitatem, quam nec murus nec humana manus defendit, Dei potentia et sanctorum merita, ne illam ingrederentur, defenderunt. Karlomannus autem superventionem Nortmannorum audiens, cum quibus potuit eos adgressus est, et magnam partem de his qui praedam ducebant occisis, et partim in Axona necati sunt; maxime autem ex illis qui Remum adierunt, volentibus ad socios suos redire, praedam excussit. Maior vero et fortior pars de Nortmannis in quadam villa quae vocatur Avallis se reclusit, ubi eos illi qui erant cum Karlomanno sine periculo sui adire nequiverunt. Unde circa vesperam pedetemptim retro reversi, in vicinis villis se collocaverunt. Nortmanni vero, mox ut luna eis illuxit, ab ipsa villa egressi, itinere quo venerant redierunt.

Umkreis dieser Burg. Dann wollten sie nach Reims gehen und von da über Soissons und Nyon zu dieser Burg zurückkehren, um sie zu erobern und sich das Reich zu unterwerfen. Als hiervon Bischof Hinkmar sichere Kunde erhielt, dessen Mannen aus dem Gebiet des Bistums Reims bei Karlmann waren, ließ er sich bei Nacht mit den Gebeinen des heiligen Remigius und den Schätzen der Kirche von Reims mit Mühe, wie seine Krankheit es forderte, in einer Sänfte wegtragen und gelangte kaum, während sich die Kanoniker und Mönche und Nonnen nach allen Seiten hin zerstreuten, über die Marne nach Epernay. Eine Schar Normannen aber, die dem großen Haufen voraneilte, kam bis zum Tor von Reims; diese verwüsteten, was sie außerhalb der Stadt fanden, und verbrannten einige kleine Ortschaften; die Stadt selbst jedoch, die weder Mauern noch Menschenhände schützten, behüteten Gottes Macht und der Heiligen Verdienste davor, daß sie in diese eindrangen. Als Karlmann von diesem Überfall der Normannen Nachricht erhielt, griff er sie mit so viel Mannschaften als er sammeln konnte an, und ein großer Teil von denen, welche die Beute führten, fiel im Kampf, ein anderer Teil kam in der Aisne um; vor allem aber entriß er denen, welche nach Reims gegangen waren, als sie zu ihren Genossen zurückkehren wollten, ihre Beute. Der größere und stärkere Teil der Normannen aber setzte sich in Avaux fest, wo ihn die, welche mit Karlmann waren, nicht ohne Gefahr für sich angreifen konnten; sie zogen sich daher gegen Abend langsam zurück und nahmen in den nahegelegenen Ortschaften Quartier. Sobald aber der Mond aufgegangen war, verließen die Normannen jenen Ort, und kehrten auf dem Wege zurück, auf dem sie gekommen waren.

ANNALES VEDASTINI

JAHRBÜCHER VON ST. VAAST

Anno Domini DCCCLXXIIII. Karolus rex Andegavis civitate Nortmannos obsedit, sed pessimorum consilio acceptis obsidibus inlesos abire permisit. In illis etiam diebus plaga locustarum facta.

Anno Domini DCCCLXXV. Hludowicus imperator obiit, Karolusque rex Italiam perrexit, et pars maxima multitudo eiusdem provintiae eum cum pace excepit. Sed Karlomannus nepos eius cum exercitu veniens iter illius inquietare conatus est, sed nuntiis intercurrentibus ad colloquium mutuum devenerunt, et pace inter eos acta Karlomannus reversus est in terram suam, Karolus iter, quod arripuerat, pertendere studuit, donec Romam ad limina beati Petri pervenit, ibique ab Iohanne papa honorifice susceptus

anno Domini DCCCLXXVI. Karolus rex die nativitatis Domini nostri a praedicto Iohanne papa accepit benedictionem imperialem multisque muneribus honoravit sanctum Petrum et praedictum papam, / atque dehinc benedictione apostolica percepta remeavit in Franciam. Mortuo dehinc Hludowico fratre suo, pessimo usus consilio regnum ipsius, quod suis filiis pater reliquit, invasit, Aquisgrani palatium cum multitudine venit, sed non ita ut debuit. Inde Coloniam perrexit; et Hludowicus nepos eius ad eum legatos misit pacis gratia, sed quod petiere non impetrantes ad eum, a quo missi sunt, rediere. Unde instinctu diabolico utrique, Karolus imperator et Hludowicus rex, bellum inter se mandavere Andranacumque devenerunt, et iudicio Dei cessit victoria Hludowico, multique Franci nobiles ibi capti atque interempti sunt, et Karolus imperator inde fugiendo rediit in regnum suum. Actum est hoc proelium Nonis Octobr. indictione X.

Interim, dum haec aguntur, Dani seu Nortmanni, piraticam exercentes, Sequanam ingressi incendiis et occisione regnum Francorum crudeliter devastant. Contra quos Karolus exercitum dirigit, sed nil utiliter egere. Unde de redemptione regni cogitare coepit

anno Domini DCCCLXXVII. misitque legatos, qui cum Nortmannis tractarent, ut munerati e regno eius abirent. Et facta pactione

Im Jahre des Herrn 874 belagerte König Karl die Normannen in der Stadt Angers, aber auf schlechtester Menschen Rat ließ er sie, nachdem er Geiseln von ihnen erhalten hatte, ungekränkt abziehen. Zu jener Zeit kam auch eine Heuschreckenplage über das Land.

Im Jahre des Herrn 875 verschied Kaiser Ludwig. König Karl zog nach Italien, und der größte Teil des Volks dieses Landes empfing ihn in Frieden. Sein Neffe Karlmann aber zog mit einem Heere herbei und versuchte ihn auf seinem Zuge zu belästigen; aber durch Vermittlung von Boten kamen beide zu einer Aussprache zusammen, und nachdem sie miteinander Frieden geschlossen hatten, kehrte Karlmann in sein Land zurück. Karl aber trachtete, die angetretene Reise fortzusetzen, bis er nach Rom zu den Schwellen des heiligen Petrus gelangte; hier ehrenvoll von Papst Johannes empfangen, empfing König Karl

Im Jahre des Herrn 876 am Feste der Geburt unseres Herrn vom genannten Papst Johannes die kaiserliche Weihe und ehrte den hl. Petrus und den genannten Papst mit vielen Geschenken, dann kehrte er nach Empfang des päpstlichen Segens nach Francien zurück. Als darauf sein Bruder Ludwig starb, drang er, dem schlechtesten Rat folgend, in dessen Reich ein, das der Vater seinen Söhnen hinterlassen hatte, und kam nach Aachen mit einer Menge Volks, aber nicht so, wie es seine Schuldigkeit gewesen wäre. Von da zog er nach Köln. Sein Neffe Ludwig aber schickte an ihn um des Friedens willen Gesandte; doch ohne zu erreichen, um was sie gebeten, kehrten sie zu dem zurück, welcher sie gesandt hatte. Daher begannen beide, Kaiser Karl und König Ludwig, vom Teufel angetrieben, den Krieg miteinander und kamen nach Andernach; und nach Gottes Entscheidung fiel der Sieg dem Ludwig zu und viele edle Franken wurden daselbst gefangen und getötet. Kaiser Karl aber kehrte nachher flüchtig in sein Reich zurück. Diese Schlacht wurde am 7. Oktober, in der 10. Indiction, geschlagen.

Während dies geschah, waren die Seeräuberei treibenden Dänen oder Normannen in die Seine eingedrungen und verheerten das Frankenreich grausam durch Brand und Mord. Karl schickte ein Heer gegen sie, aber es richtete nichts Ersprießliches aus. Er begann daher an die Befreiung des Reichs durch Loskauf zu denken

im Jahre des Herrn 877 und schickte Gesandte, um mit den Normannen zu verhandeln, daß sie gegen Geschenke das Reich verließen. Und als hierüber ein Vertrag zustandekam, wurden die Kirchen geplündert

spoliantur aecclesiae, et omne regnum ad hoc tributum dat, ut ab hac liberarentur clade. Et dum in his principes regni occupantur, Karolus imperator ad hoc negotium perficiendum Hludowicum filium suum delegit in regno cum suis primoribus relinquendum et iterum iter parat, quo / Italiam pergeret et inde ad limina apostolorum. Contra voluntatem denique suorum cum coniuge iterum Italiam ingressus est, Papiaeque civitati Iohannes papa ei occurrit, ibique se mutuo salutaverunt. At hi qui in Francia remanserant dato tributo Danos e regno abire coegerunt. Et dum domnus apostolicus et imperator Papiae civitati essent, subito eis nuntiatur Karlomannum imperatori cum manu valida superveniri. Unde commotus imperator, videns non habere unde ei resistere, praedicto papae munera, quae sancto deportabat Petro, dedit, inter quae crucifixum aureum, quale non fuit ab ullis regibus factum. Ipse vero per Alpes Provintiae in Franciam repedare voluit, sed, ut dicitur, a quodam Sedechia Iudaeo potionatus in loco qui dicitur Nantua[a]) intra Alpes posito II. Non. Octobr. indictione XI, anno aetatis suae LIIII, regni vero XXXVII, imperii autem II. vitam finivit praesentem. Corpus vero eius in eodem regno in loculo reposuerunt, donec transferretur in Franciam, quod postea per diversa loca translatum est. Franci vero mense Decembrio Compendio palatio adunati Hludowicum filium eius in regnum statuunt. /

Anno Domini DCCCLXXVIII. Iohannes papa ab Lantberto duce Spolitanorum iniuriatus Franciam venit, eiusque adventus Hludowico regi nuntiatur, qui tunc morabatur circa Ligerem propter Nortmannos. Qui festinanter Trecas civitati ei occurrit, mutuoque se salutaverunt. Tunc ibi Incmarus Laudunensium episcopus, qui ab Bosone fuerat excaecatus, coram ipso papa atque omnibus Gallicanorum episcopis se de omnibus, quibus olim fuerat dampnatus, inculpabilem reddidit atque iubente apostolico missas celebravit. Ibi etiam Bernardus dux Augustudunensium de infidelitate convincitur. Rex etiam atque omnes principes multis honoribus honoraverunt domnum apostolicum et socium itineris eius Bosonem delegerunt usque Italiam.

Hludowicus etiam rex, filius Hludowici[1], legatos misit ad Hludowicum regem, ut sibi Aristallio occurreret pacis gratia. Qui festine ad locum nominatum veniens, mutuo se salutaverunt pacemque firmis-

a) Mantua ist überliefert.

und steuerte das ganze Reich zu dem Tribut bei, um von diesem Unheil befreit zu werden. Während sich die Großen des Reichs hiermit beschäftigten, bestimmte Kaiser Karl, daß zur Vollziehung dieses Geschäfts sein Sohn Ludwig mit seinen Großen im Reiche zurückbleibe, während er sich wiederum zur Reise anschickte nach Italien und weiter zu den Schwellen der heiligen Apostel. Schließlich gelangte er wider den Willen der Seinen mit seiner Gattin abermals nach Italien, und in der Stadt Pavia kam ihm der Papst Johannes entgegen, und sie begrüßten einander daselbst. Die aber, welche in Francien zurückgeblieben waren, zwangen nach Auszahlung des Tributs die Dänen, das Reich zu verlassen. Und während Papst und Kaiser in Pavia verweilten, kam plötzlich die Nachricht, Karlmann sei mit starker Heeresmacht im Anrücken gegen den Kaiser. Hierüber geriet der Kaiser in große Bestürzung, und da er sich von allen Mitteln entblößt sah, um jenem Widerstand zu leisten, übergab er dem genannten Papst die Geschenke, die er für den hl. Petrus mit sich führte, darunter der Gekreuzigte in Gold, wie noch nie einer von einem König geschenkt worden war. Er selbst wollte über die Alpen der Provence nach Francien zurückkehren, wurde aber, wie es heißt, von einem Juden namens Zedechias vergiftet und verschied an einem Orte in den Alpen, namens Nantua, am 16. Oktober, in der 11. Indiction, im 54. Jahr seines Lebens, im 37. Jahr seiner königlichen und im zweiten seiner kaiserlichen Regierung. Seine Leiche legte man im selben Reich in einen Holzsarg, bis man sie nach Francien überführen könne; später wurde sie an verschiedene Orte nacheinander gebracht. Die Franken aber versammelten sich im Dezember in der Pfalz Compiègne und setzten seinen Sohn Ludwig zu ihrem König ein.

Im Jahre des Herrn 878 kam Papst Johannes, von Herzog Lantbert von Spoleto bedrängt, nach Francien; und seine Ankunft wurde dem König Ludwig gemeldet, der sich damals wegen der Normannen bei der Loire aufhielt. Dieser eilte ihm sofort nach Troyes entgegen, wo sie sich gegenseitig begrüßten. Daselbst tat Bischof Hinkmar von Laon, der von Boso geblendet worden war, vor dem Papst selbst und allen Gallischen Bischöfen seine Unschuld bezüglich aller der Vergehen dar, um derenwillen er verurteilt worden war, und zelebrierte auf Befehl des Papstes die Messe. Hier wurde auch Herzog Bernard von Autun der Untreue überführt. Auch bezeugten der König und alle Großen dem Papst viele Ehren, und bestimmten ihm den Boso zum Begleiter auf der Reise bis nach Italien.

König Ludwig, Ludwigs Sohn[1], schickte Gesandte an König Ludwig mit der Aufforderung zu einer Zusammenkunft in Herstal, um sich friedlich zu einigen. Dieser eilte sofort nach dem genannten Orte: sie begrüßten einander und schlossen unter sich festen Frieden. Dies geschah im

[1] Der König der Ostfranken.

simam inter se fecerunt. Actum est hoc mense Octobrio, ipsoque mense fere mediante eclypsis solis facta est hora diei VIII. indictione XII.

Anno Domini DCCCLXXVIIII. Balduinus / comes moritur sepeliturque in Sithiu monasterio. Hludowicus etiam rex graviter infirmatur et die sancto parasceuen anno aetatis suae circiter XXXIII, indictione XII, diem clausit extremum, sepeliturque in aecclesia beatae Dei genitricis Mariae, quam eius pater regio culto Compendio suo in palatio construxerat. Post vero eius obitum miserabilis et excidiosa inter Francos orta est dissensio. Nam Hugo abba memor fidelitatis, quam promisit Hludowico regi, suo videlicet consobrino, filios eius Hludowicum et Karlomannum in paterno regno cum sibi consentientibus statuere volebat, Gozlinus vero abba et Chuonradus comes multique alii eis consentientes supradictum regem Hludowicum in regno advocarunt.

His denique inter se discordantibus Nortmanni ultra mare[1] positi, eorum audientes discordiam, navali evectione cum infinita multitudine mare transito Taruennam urbem Morinorum mediante mense Iulio igne et gladio vastaverunt, nemine sibi resistente. Videntesque initia/ suorum prospere accidisse omnem terram Menapiorum perambulando ferro et igne vastant. Post haec Scaldum fluvium intrant et omnem Bracbantisiorum terram incendio et ferro delent. Contra quos Hugo filius Hlotharii regis arma sumens inconsulte non mediocrem eis intulit audatiam. Nam nil prospere egit et utile, verum et turpiter inde aufugit, interfectis atque captis quam plurimis e suis sociis; inter quos etiam abbas filius Adalardi captus est.

Et dum haec aguntur, Hugo abba Waltherum Aurelianensium episcopum misit, obsecrans Hludowico regi, ut partem regni Hlotharii, quam suus genitor Karolo inter se dividendo regnum consensit, acciperet et abiret in regnum suum et pacem suis sineret habere consobrinis. Quod ille audiens, recepta parte regni, abiit in terram suam. Hugo vero Hludowicum et Karlomannum per manus Ansegisi archiepiscopi benedici fecit in reges. Per idem tempus mense Septembrio natus est Karolus frater illorum.

Nortmanni vero non cessant devastari aecclesiam populumque Christianum interfici captivarique. Boso etiam dux Provinciae per tirannidem nomen regis sibi vindicat partemque Burgundiae occupat. Sed Nortmanni incendiis et devastationibus inhiantes sanguinemque hu-

Oktober; und ungefähr um die Mitte dieses Monats trat eine Sonnenfinsternis ein, um die achte Stunde des Tages, in der zwölften Indiction.

Im Jahre des Herrn 879 starb Graf Balduin und wurde in dem Kloster Sithiu begraben. Auch König Ludwig verfiel in schwere Krankheit, und am heiligen Karfreitag im 33. Lebensjahr, in der zwölften Indiction, beschloß er sein Leben und wurde in der Kirche der heiligen Gottesmutter Maria bestattet, die sein Vater mit königlicher Pracht in seiner Pfalz Compiègne hatte erbauen lassen. Nach seinem Tode aber entstand unter den Franken ein beklagenswerter und verderblicher Zwiespalt: Abt Hugo, eingedenk der Treue, die er dem König Ludwig, seinem Vetter, geschworen hatte, wollte mit den ihm Gleichgesinnten dessen Söhne Ludwig und Karlmann in das väterliche Reich als Könige einsetzen; Abt Gozlin aber und Graf Konrad und viele andere Gleichgesinnte riefen den obengenannten König Ludwig ins Reich.

Während diese so in Streit miteinander lagen, kamen auch noch die Normannen jenseits des Meeres[1], da sie von dieser Uneinigkeit hörten, auf ihren Schiffen in ungeheurer Menge über das Meer gefahren und verwüsteten Mitte Juli mit Feuer und Schwert, ohne Widerstand zu finden, die Stadt der Moriner, Thérouanne. Und als sie sahen, wie gut ihnen der Anfang geglückt war, verheerten sie umherziehend das ganze Land der Menapier mit Feuer und Schwert. Darauf drangen sie in die Schelde ein und richteten ganz Brabant durch Feuer und Schwert zugrunde. Indem aber Hugo, der Sohn des Königs Lothar, gegen sie die Waffen erhob, trug er unbedacht nicht wenig dazu bei, ihren Übermut noch zu erhöhen; denn anstatt etwas Glückliches und Nützliches zu vollbringen, floh er schimpflich davon, während von seinen Genossen die meisten getötet und gefangen genommen wurden. Unter den Gefangenen befand sich auch Adalards Sohn der Abt[2].

Während sich dies zutrug, schickte Abt Hugo den Bischof Walther von Orléans an König Ludwig mit der Bitte, er möge den Teil vom Reiche Lothars, den sein Vater bei der Teilung mit Karl diesem überlassen hatte, für sich nehmen, sich aber dann zurück in sein Reich begeben und seine Vettern in Frieden lassen. Als dieser das hörte, nahm er diesen Reichsteil in Besitz und zog nach seinem Lande zurück. Hugo aber ließ Ludwig und Karlmann durch die Hand des Erzbischofs Ansegisus zu Königen weihen. Um diese Zeit, im September, wurde Karl, ihr Bruder geboren.

Die Normannen aber hörten nicht auf, die Kirchen zu verwüsten und das christliche Volk zu töten und in Gefangenschaft zu führen. Boso, der Herzog der Provence, maßte sich widerrechtlich den Königstitel an und bemächtigte sich eines Teiles von Burgund. Die Normannen aber, nach Verwüstung und Mordbrennerei trachtend und dürstend nach Menschen-

[1] In Britannien.

[2] Gemeint ist wohl der 892 verstorbene Rudolf.

manum sitientes ad interitum et perditionem / regni mense Novembrio in Gandao monasterio sedem sibi ad hiemandum statuunt et mense Decembrio corpus sancti Vedasti Vallis supra Sumnam in villa sua defertur. Ragnelmus Tornacensium episcopus moritur per indictionem XIII.

Anno Domini DCCCLXXX. Nortmanni vero Tornacam civitatem et omnia monasteria supra Scaldum ferro et igne devastant, interfectis accolis terrae atque captivatis. Gozlinus vero et Chuonradus eorumque complices aegre ferentes de amicitia Hugonis abbatis suorumque dominorum cum Hludowico iterum eum faciunt venire in Franciam. Contra quem Hugo abba cum sociis ac dominis et copioso exercitu venire non distulit, apudque monasterium sancti Quintini resederunt, Hludowicus vero rex et eius exercitus supra fluvium Hisam, et nuntiis intercurrentibus praedicti reges in unum conveniunt et pacis foedera inter se procurante Hugone abbate firmant, regratiatis his qui a se disciverant. Actum est hoc mense Februario.

Post haec Hludowicus parat redire in regnum suum, occurritque Nortmannis a praeda revertentibus. Et facta congressione apud Timiomum nobiliter eos vicisset, nisi contigisset Hugonem filium suum ibi / ruere. Nam Godefridus rex Danorum illum interfecit. Quo mortuo omisit rex illos insequi. Multi quoque nobiles illius gentis ibi corruerunt, caeteri, qui evasere, rediere ad castra sua. Hugo quoque abbas fuit in illo proelio.

Hoc modo Hludowico ad sua reverso, Hludowicus et Karlomannus reges Ambianis cum suis fidelibus veniunt, ibique Franci inter eos dividunt, dataque est pars Franciae et omnis Neustria Hludowico, Karlomanno vero Aquitania atque pars Burgundiae necnon et Gothtia; et inde unusquisque ivit in sua.

Post haec Hludowicus rex dirigit Heinricum quendam e suis principibus, qui pergeret cum Hludowico et Karlomanno contra Bosonem tyrannum. In ipso etiam itinere Heinricus Teutbaldum filium Hucberti gravi devicit proelio. Hludowicus vero Gauzlinum cum aliis multis ad tuitionem regni contra Nortmannos dirigit. Ipse vero et frater eius cum reliquo exercitu Burgundiam petentes civitates, quas tyrannus invaserat, receperunt. Sociatoque sibi Karolo rege, fratre Hludowici, Bosonem in Vienna civitate incluserunt, pacemque ei obtulerunt, quam ille rennuit suscipere. Circumdata itaque urbe ille se firmissime intus munivit. Unde episcopi cum consilio regum et principum eum

blut, schlugen zum Unheil und Verderben des Reichs im November ihren Sitz für den Winter im Kloster Gent auf, und im Dezember wurden die Gebeine des heiligen Vedastus nach dem Klosterhof Vaux an der Somme gebracht. Bischof Ragnelmus von Tournai starb in der 13. Indiction.

Im Jahre des Herrn 880. Die Normannen verwüsteten mit Feuer und Schwert die Stadt Tournai und alle Klöster an der Schelde, indem sie zugleich die Bewohner des Landes töteten oder gefangen fortführten. Gozlin und Konrad mit ihren Genossen, mißvergnügt über die Freundschaft des Abtes Hugo und ihrer Herren mit Ludwig, veranlaßten diesen, noch einmal nach Francien zu kommen. Sofort aber zog Abt Hugo mit seinen Genossen und Herren und einem zahlreichen Heere gegen ihn, und sie lagerten sich bei St. Quentin, Ludwig aber mit seinem Heere an der Oise. Und indem Boten hin und her gingen, kamen die genannten Könige zusammen und befestigten untereinander durch Vermittlung des Abts Hugo ihre Friedensbündnisse, indem sie auch die von ihnen Abgefallenen wieder zu Gnaden annahmen. Dies geschah im Monat Februar.

Darauf schickte sich Ludwig an, in sein Reich zurückzukehren, und unterwegs traf er auf Normannen, die vom Raubzuge heimkehrten; und als es bei Thiméon zum Kampf zwischen ihnen kam, hätte er über sie einen herrlichen Sieg davongetragen, wenn unglücklicherweise sein Sohn Hugo nicht gefallen wäre. Ihn erschlug Gotfrid, der König der Dänen, und wegen seines Todes unterließ der König ihre Verfolgung. Es fielen dort auch zahlreiche Edle dieses Volks; die übrigen, welche entkamen, kehrten nach ihrem Lager zurück. Auch Abt Hugo nahm an dieser Schlacht teil.

Während so Ludwig in sein Gebiet zurückkehrte, kamen die Könige Ludwig und Karlmann mit ihren Getreuen nach Amiens und hier teilten die Franken das Reich unter sie; Ludwig erhielt einen Teil Franciens und ganz Neustrien, Karlmann aber Aquitanien, einen Teil von Burgund und Gothien. Und darauf zog jeder von dannen in seinen Teil.

Nach dem entsandte Ludwig (von Ostfranken) den Heinrich, einen seiner Großen, um mit Ludwig und Karlmann gegen den Tyrannen Boso zu ziehen. Und auf dem Wege selbst schlug Heinrich den Teutbald, den Sohn Hucberts, in einer schweren Schlacht. Ludwig aber entsandte den Gozlin mit vielen andern zum Schutz des Reiches gegen die Normannen; er selbst aber und sein Bruder zogen mit dem übrigen Heere nach Burgund und brachten die Städte, deren sich jener Tyrann bemächtigt hatte, wieder in ihre Gewalt. Und nachdem sie sich mit König Karl, dem Bruder Ludwigs (von Ostfranken), vereinigt hatten, schlossen sie Boso in Vienne ein und boten ihm Frieden an, den er jedoch nicht annehmen wollte. Während sie nun die Stadt ringsum einschlossen, befestigte er sich innerhalb aufs stärkste. Darob belegten ihn die Bischöfe nach dem Rat der Könige und Fürsten mit ewigem Bannfluch. König Karl aber brach eines Nachts auf, ohne Wissen Ludwigs und Karlmanns, verbrannte sein

perpetuo damnavere anathemate. Karolus vero rex de nocte consurgens, ignoran/tibus Hludowico et Karlomanno, igne sua castra concremavit, atque ita revertitur in sua. Hoc etiam tempore obiit Karlomannus rex, frater Karoli et Hludowici. Hi vero qui Viennam obsederant videntes nil inimicis posse damni inferri[a]), accepto consilio, rediere in sua.

Gozlinus vero abba et exercitus qui cum eo erat statuunt Nortmannos bellum inferre. Mittuntque ad eos qui trans Scaldum erant, ut die statuta venientes hi ex una parte fluminis hique ex alia eosque delerent. Sed non provenit ita ut voluerunt. Nam non solum nil prospere egerunt, verum turpiter fugiendo vix evasere, captis suorum plurimis atque occisis. Timor quoque et tremor eorum cecidit super inhabitantes terram, et hac elati victoria die noctuque non cessant aecclesias igne cremari populumque Christianum iugulari. Tunc omnes intra Scaldum et Sumnam atque trans Scaldum monachi, canonici, sanctimoniales cum corporibus sanctorum et omnis aetas et conditio fugam ineunt. Ipsi enim Dani nemini nec etiam aetati parcebant, sed omnia ferro et igne devastant. Gozlinus vero et hi qui cum eo erant videntes non posse eos resistere, mense Octobrio intrante dimisso exercitu, rediit unusquisque in sua. Nortmanni vero seu Dani sedem sibi mutaverunt et mense Novembri Curtriaco sibi castrum ad hiemandum construunt. Indeque Menapios atque Suevos usque ad internitionem delevere, quia valde illis infesti erant. Omnemque terram vorax / flamma consumpsit. Hludowicus vero rex rediit in Franciam diemque nativitatis Domini egit celebrem in Compendio palatio.

Anno Domini DCCCLXXXI. Nortmanni vero cum infinita multitudine monasterium nostrum[1] ingressi VII. Kal. Ianuarii ipsum monasterium et civitatem, exceptis aecclesiis, et vicum monasterii et omnes villas in circuitu V. Kal. Ianuarii, interfectis omnibus quos invenire poterant, igne cremaverunt omnemque terram usque Sumnam pervagati sunt, capta praeda infinita hominum, pecudum et iumentorum. Indeque eisdem V. Kal. Ianuarii Camaracum ingressi incendiis et occisionibus tam civitatem quam monasterium sancti Gaugerici vastantes atque cum infinita praeda ad castra sua reversi omnia monasteria supra Hisscar[2] fluvium devastant, fugatis ac interfectis habitatoribus. Et circa purificationem sanctae Mariae[3] iterum moventes, per Taruennam iter arripientes usque Centula monasterium sancti

Lager und kehrte so nach Hause zurück. Um diese Zeit starb auch König Karlmann, der Bruder Karls und Ludwigs. Die Belagerer von Vienne aber faßten, als sie sahen, daß man den Feinden nichts anhaben könne, den Beschluß, in ihre Heimat zurückzukehren.

Abt Gozlin und das Heer, das bei ihm war, beschlossen gegen die Normannen zum Kampf zu ziehen. Sie sandten Botschaft an die Leute jenseits der Schelde, sie sollten auf einen bestimmten Tag kommen und die einen auf diesem Ufer des Flusses, die andern auf jenem die Normannen vernichten. Aber es geschah nicht so wie sie wünschten. Denn statt einen glücklichen Schlag auszuführen, retteten sie sich kaum in schimpflicher Flucht, wobei die meisten von ihnen gefangen genommen und getötet wurden. Und ihre Furcht und ihr Schrecken fiel auch auf die Bewohner des Landes; die Normannen aber, durch diesen Sieg übermütig geworden, rasteten Tag und Nacht nicht, die Kirchen zu verbrennen und das Christenvolk zu morden. Da ergriffen zwischen Schelde und Somme und jenseits der Schelde alle Mönche, Kanoniker, Nonnen, mit den Gebeinen der Heiligen und jedes Alter und jeder Stand die Flucht. Denn die Dänen schonten niemand, selbst nicht das Alter, sondern verheerten alles mit Feuer und Schwert. Da aber Gozlin und die mit ihm waren, sahen, daß sie ihnen nicht widerstehen konnten, lösten sie ihr Heer Anfang Oktober auf und jeder kehrte nach Haus zurück. Die Normannen oder Dänen aber wechselten ihren Sitz und erbauten sich im November zu Courtrai eine Burg, um daselbst zu überwintern; und von da aus verheerten sie das Land der Menapier und Sueven bis zur Ausrottung der Bewohner, weil sie diesen sehr feindlich gesinnt waren; und fressendes Feuer verzehrte das ganze Land. König Ludwig aber kehrt nach Francien zurück und beging das Fest der Geburt des Herrn in der Pfalz Compiègne.

Im Jahre des Herrn 881. Am 26. Dezember aber kamen die Normannen in ungeheurer Menge vor unser Kloster[1] und verbrannten am 28. das Kloster und die Stadt, mit Ausnahme der Kirchen, sowie das Klosterdorf und alle Höfe in der Umgegend, nachdem sie alle, welche sie finden konnten, getötet hatten. Und sie durchzogen das ganze Land bis zur Somme und schleppten eine ungeheure Beute an Menschen, Vieh und Pferden fort. Darauf drangen sie noch an demselben 28. in die Stadt Cambrai ein und verheerten mit Feuer und Mord die Stadt sowie das Kloster des heiligen Gaugericus, von hier kehrten sie mit unermeßlicher Beute ins Lager zurück und verwüsteten alle Klöster am Hißcar[2], wobei ihre Bewohner vertrieben und getötet wurden. Und um das Fest Mariä Reinigung[3] brachen sie wieder auf, suchten, ihren Weg über Thérouanne nehmend, bis

[a]) Die Worte damni inferri fehlen in der Überlieferung.

[1] Das Kloster St. Vaast in Arras.

[2] Die Scarpe oder die Yser.

[3] 2. Februar.

Richarii et sancti Walerici, omnia loca circa mare, monasteria et vicos indeque Ambianis civitatem atque Corbeiam monasterium petentes multisque ho/nusti praedis, sani et sine inpedimento ad propria repedavere castra. Iterum circa sollempnitatem sancti Petri[1] Atrebatis venerunt omnesque quos ibi repperere interfecere et circuita omni terra, ferro et igne cuncta vastantes, sani revertuntur ad castra.

Interim Hludowicus rex gravi dolore contristatus, videns regnum deleri, convocato exercitu praeparat se ad proelium. At Nortmanni omnia prospera agentes cum magno exercitu fluvium Sumnam mense Iulio transeunt, cuncta vastantes more solito usque prope civitatem Belvagorum. Hludowicus vero rex cum exercitu transiens Hisam fluvium Latverum tendere coepit, quo credebat Nortmannos redire. Missis itaque exploratoribus, nuntiant redire eos honustos a praeda. Contra quos rex ire perrexit obviavitque eos in pago Witmau, in villa quae dicebatur Sathulcurtis, et commissum est proelium. Moxque Nortmanni fugam ineunt atque dictam villam deveniunt; quos rex insecutus est gloriosissimeque de eis triumphavit. Et patrata victoria ex parte coeperunt gloriari suis hoc actum viribus et non dederunt gloriam Deo. Paucique Nortmanni ex dicta villa egressi, omnem exercitum vertit in fugam, pluresque ex eis, videlicet usque ad centum homines, interfecerunt; et nisi rex citius equo descendens locum resistendi et audaciam suis donaret, omnes turpiter ex eodem loco fugiendo abirent. Hac vero patrata victoria[2], quia multos contigit ibi ruere Nort/mannos, rex ovans repedavit trans Hisam, perpauci vero Dani, qui evasere, interitum suorum nuntiavere in castra, indeque Nortmanni Hludowicum regem adolescentem timere coeperunt. Rex quoque adunato exercitu in pago Camaracensium venit castrumque sibi statuit in loco qui dicitur Strum ad debellationem Danorum. Nortmanni hoc cognoscentes Gandavum rediere suisque reparatis navibus terra marique iter facientes Mosam ingressi sunt et in Haslao sibi sedem firmant ad hiemandum.

Hac etiam tempestate Hludowicus rex senior obiit. Karlus vero frater eius Romam perrexit imperiique dignitatem adeptus est.

Anno Domini DCCCLXXXII. At australes Franci congregant exercitum contra Nortmannos, sed statim terga vertunt, ibique Walo Mettensis episcopus corruit. Dani vero famosissimum Aquisgrani palatium igne cremant et monasteria, civitates Treveris nobilissimam et Colo-

nach Centula, dem Kloster des hl. Richarius, und dem des hl. Walarich, alle Orte am Meere, alle Klöster und Dörfer heim, zogen darauf weiter nach der Stadt Amiens und dem Kloster Corbie und kehrten von da, reich mit Beute beladen, unversehrt und unbehindert nach ihrem Lager zurück. Zur Zeit des Festes des hl. Petrus[1] erschienen sie wiederum in Arras und töteten alle, die sie fanden; und nachdem sie das ganze Land im Umkreis mit Feuer und Schwert verwüstet hatten, kehrten sie unversehrt nach ihrem Lager zurück.

König Ludwig aber, schwer bekümmert, da er mitansehen mußte, wie sein Reich zugrunde gerichtet wurde, sammelte ein Heer und rüstete sich zum Kampf. Aber die Normannen, in allem vom Glück begünstigt, setzten mit einem großen Heere im Juli über die Somme und verwüsteten nach ihrer Gewohnheit weit und breit das Land bis in die Nähe von Beauvais. König Ludwig aber überschritt mit seinem Heer die Oise und schlug den Weg nach Lavier ein, wohin die Normannen seiner Ansicht nach auf dem Rückweg kommen würden. Die Späher, welche deshalb ausgesandt waren, meldeten, daß sie mit Beute beladen zurückkämen. Da zog der König ihnen entgegen und traf sie in dem Gau le Vimeux bei dem Hof Saucourt, und es kam zur Schlacht. Bald aber ergriffen die Normannen die Flucht und kamen zu dem genannten Hof; der König aber verfolgte sie und erfocht den ruhmwürdigsten Sieg über sie. Und nachdem so zum Teil der Sieg schon errungen war, fingen die Krieger an, sich zu rühmen, daß sie mit ihrer Kraft dies getan, und gaben nicht Gott den Ruhm; und ein paar Normannen jagten bei einem Ausfall aus demHofgut das ganze Heer in die Flucht und töteten eine Anzahl von ihnen, an hundert Mann; und wenn nicht der König, eiligst vom Pferd herabspringend, sie wieder zum Stehen gebracht und ihnen wieder Mut gegeben hätte, so hätten sie alle in schmählicher Flucht diesen Ort verlassen. Nachdem aber dieser Sieg[2] errungen war, zog der König, weil so viele Normannen gefallen waren, triumphierend über die Oise zurück; nur sehr wenige Dänen, die sich retten konnten, berichteten im Lager von dem Untergang der Ihrigen. Seitdem nun fingen die Normannen an, den jungen König Ludwig zu fürchten. Der König kam auch mit dem Heer, das er gesammelt hatte, nach dem Gau von Cambrai und schlug ein Lager bei Etrun, um die Dänen zu bekämpfen. Als die Normannen das sahen, kehrten sie nach Gent zurück; nachdem sie hier ihre Schiffe wieder instand gesetzt hatten, fuhren sie, ihren Weg zu Wasser und zu Lande nehmend, nach der Maas und schlugen für den Winter ihren festen Sitz zu Elsloo auf.

Um diese Zeit starb auch König Ludwig der ältere (von Ostfranken). Sein Bruder Karl aber zog nach Rom und erlangte die Kaiserwürde.

Im Jahre des Herrn 882. Die Ostfranken sammelten ein Heer gegen die Normannen, wandten sich aber alsbald zur Flucht; dabei fiel Bischof

[1] 22. Februar.

[2] Gefeiert im althochdeutschen Ludwigslied.

niam Agrippinam, palatia quoque regum et villas cum habitatoribus terrae interfectis igne cremaverunt. Contra quos Karolus imperator exercitum infinitum congregat eosque Haslao obsedit. Godefridus vero rex ad eum exiit, cui imperator regnum Fresonum, quod olim Roricus Danus tenuerat, dedit. / Coniugemque ei dedit Gislam filiam Hlotharii regis Nortmannosque e suo regno abire fecit.

Hludowicus vero rex Ligerem petiit Nortmannos volens e regno suo eicere atque Alstingum in amicitiam recipere, quod et fecit. Sed quia iuvenis erat, quandam puellam, filiam cuiusdam Germundi, insecutus est; illa in domo paterno fugiens, rex equo sedens iocando eam insecutus scapulas superliminare et pectus sella equi attrivit eumque valide confregit. Unde egrotare coepit et delatus apud Sanctum Dionisium, Nonis Augusti defunctus maximum dolorem Francis reliquit, sepultusque est in aecclesia sancti Dionisii. Miseruntque et vocaverunt fratrem eius Karlomannum, qui festine venit in Franciam. Berardus quoque quidam ab Italia veniens Bosonem tyrannum non sinebat quietum esse.

Nortmanni vero mense Octobrio in Condato sibi sedem firmant regnumque Karlomanni acriter devastant. Karlomannus vero rex eiusque exercitus supra Sumnam in Barlous resederunt. Sed Nortmanni non cessant a rapinis, fugatis omnibus accolis, qui relicti fuerant trans Sumnam. Unde cum exercitu per Te/rasciam iter agentes Hisam transierunt. Quos Karlomannus rex insecutus est eosque in Avallis comprehendit, commissoque proelio superiores Franci extiterunt, cecideruntque ibi Nortmanni circiter mille, sed nil eos haec pugna perdomuit. Karlomannus Compendio palatio petiit, et Nortmanni Condato ad naves reversi. Indeque omne regnum usque Hisam ferro et igne devastant, subversis moeniis et monasteriis atque aecclesiis usque ad solum dirutis servitoribusque divini cultus aut gladio aut fame peremptis aut ultra mare venditis et accolis terrae deletis, nemine sibi resistente. Tunc Hugo abba haec audiens adunato suo exercitu venit ad regem et Nortmannis a praeda ex pago Belvacensi revertentibus simul cum rege in Vitconia silva insecutus, illi huc illucque dispersi, paucis suorum amissis, rediere ad naves. His etiam diebus Hincmarus Remorum archiepiscopus, vir merito a cunctis praedicandus, ex hac vita discessit,

Anno Domini DCCCLXXXIII. Cui in sede pontificali Folcho, vir

Walo von Metz. Die Dänen aber zerstörten durch Feuer die sehr berühmte Pfalz zu Aachen und verbrannten Klöster und Städte, das hochberühmte Trier und Köln, sowie königliche Pfalzen und Dörfer, wobei sie die Einwohner des Landes töteten. Gegen sie sammelte Kaiser Karl ein zahlloses Heer und schloß sie in Elsloo ein. König Godefrid aber kam zu ihm heraus, und der Kaiser verlieh ihm das Reich der Friesen, welches ehedem der Däne Rorich besessen hatte, gab ihm Gisla, die Tochter des Königs Lothar, zur Gemahlin und erreichte, daß die Normannen sein Reich verließen.

König Ludwig aber zog nach der Loire, um die Normannen aus seinem Reiche zu vertreiben und Hasting in seine Freundschaft aufzunehmen, was er auch tat. Aber jung wie der König eben war, verfolgte er ein Mädchen, die Tochter eines gewissen Germund; und da diese sich in das väterliche Haus flüchtete, setzte ihr der König zu Pferde im Scherz dahin nach, wobei er sich am Türsturz die Schultern und am Sattel seines Pferdes die Brust aufrieb und eine heftige Quetschung erlitt. Infolgedessen erkrankte er, ließ sich nach St. Denis bringen und starb hier am 5. August, aufs tiefste von den Franken betrauert, und wurde in der Kirche des hl. Dionysius bestattet. Und sie schickten und ließen seinen Bruder Karlmann rufen, der auch alsbald nach Francien eilte. Aus Italien kam auch ein gewisser Berardus, der dem Tyrannen Boso keine Ruhe ließ.

Die Normannen befestigten sich im Oktober zu Condé und verwüsteten entsetzlich das Reich Karlmanns. König Karlmann aber bezog mit seinem Heer ein Lager an der Somme zu Barleux; die Normannen hörten jedoch mit ihren Räubereien nicht auf, indem sie alle Bewohner, welche jenseits der Somme zurückgeblieben waren, zur Flucht nötigten. Von hier zogen sie mit ihrem Heer durch la Thiérache und überschritten die Oise. Der König folgte ihnen und erreichte sie zu Avaux. Und in dem Kampf, der entbrannte, blieben die Franken Sieger, es fielen dort ungefähr tausend Normannen; doch wurden sie durch diese Niederlage in keiner Weise gebändigt. Karlmann zog nach seiner Pfalz Compiègne; und die Normannen kehrten von Condé zu ihren Schiffen zurück; von hier aus verwüsteten sie das ganze Reich bis zur Oise mit Feuer und Schwert, rissen die Mauern nieder und zerstörten Klöster und Kirchen bis auf den Grund, brachten die Diener des göttlichen Wortes durchs Schwert oder durch Hunger um oder verkauften sie übers Meer und töteten die Einwohner des Landes, ohne auf Widerstand zu stoßen. Da sammelte Abt Hugo, als er dies hörte, seine Mannen und kam zum König; und als die Normannen vom Raubzug aus dem Gau von Beauvais zurückkehrten, folgte er mit dem Könige ihnen in den Wald Vicogne; die Normannen aber zerstreuten sich hierhin und dorthin und kehrten mit geringen Verlusten zu ihren Schiffen zurück. In diesen Tagen schied auch der Erzbischof Hinkmar von Reims aus dem Leben, ein mit Recht von allen zu preisender Mann, dem

admirabilis per omnia, successit. Post haec Nortmanni monasterium et aecclesiam sancti Quintini incendunt; simul etiam et aecclesiam Dei genitricis in Atrebatis civitate. Iterum Karlomannus rex Nortmannos insecutus nil prospere vel utile fecit. Moritur etiam his diebus Hrotgarius Belvagorum episcopus; cui successit Honoratus. Verno vero tempore / a Condato egressi maritima petivere loca, ibique aestivo remorati tempore Flamingos e terra sua fugere compulerunt et undique saevientes omnia ferro et igne depopulantur. Circa autumni vero tempora Karlomannus rex in pago Vithmau villa Melnaco contra Latverum cum exercitu ad custodiam regni resedit, Northmanni vero Octobrio mense finiente Latverum cum equitibus et peditibus atque omni suppellectili veniunt. Naves quoque per mare Sumnam fluvium ingressae regem cunctumque exercitum eius fugere compulerunt atque Hisam fluvium transire fecerunt. Tunc Ambianis civitatem ad hiemandum sibi sedem parant. Dehinc usque Sequanam et circa fluenta Hisae omnem terram devastant incensis monasteriis et aecclesiis Christi, nemine eis resistente. Tunc Franci, videntes Nortmannorum res prospere in omnibus accrescere, quendam Danum Christianum Sigefridum[a]) nomine mittunt ad eos, qui caute cum.... [b]) de redemptione regni ageret. Ille vero Bellovagum venit, et ita Ambianis perrexit ad exercendum sibi iniunctum negotium.

Anno Domini DCCCLXXXIIII. Per idem tempus mortuo Engelwino Parisiorum episcopo Gauzilinus abba subrogatur in sedem eius. Nortmanni vero non cessant captivari atque interfici populum Christianum atque aecclesias subrui, destructis moeniis et villis igne crematis. Per omnes enim plateas iacebant cadavera clericorum, laicorum nobilium atque aliorum, mulierum, iuvenum et lactentium. Non enim erat via vel locus, quo non iacerent mortui, et erat tribulatio om/nibus et dolor, videntes populum Christianum usque ad internitionem devastari.

Interim, quia rex iuvenis erat, omnes principes Compendio palatio conveniunt tractaturi, quid illis esset agendum. Initoque consilio Sigefridum Danum Christianum regique fidelem, qui nepos fuerat Heorici Dani, mittunt, ut cum principibus suae gentis tractaret, ut tributum acciperent et e regno abirent. At ille quod sibi iniunctum fuit opere implere studuit, Ambianis ivit, primores gentis quae sibi fuerant dicta enuntiat, et post longam et diuturnam contionem in eundo et redeundo,

im Jahre des Herrn 883 auf dem Bischofsstuhl Folcho folgte, ein in allen Stücken bewundernswerter Mann. Darnach zündeten die Normannen das Kloster und die Kirche des heiligen Quintinus an, sowie auch die Kirche der Gottesmutter in der Stadt Arras. König Karlmann verfolgte wiederum die Normannen, ohne aber etwas Glückliches und Ersprießliches zu vollbringen. In diesen Tagen starb auch Bischof Hrotgar von Beauvais; sein Nachfolger wurde Honoratus. Mit der Frühlingszeit verließen die Normannen Condé und zogen ins Küstengebiet; hier verweilten sie den Sommer über, zwangen die Flaminger, aus ihrem Lande zu fliehen, und verheerten, durch das ganze Land wütend, alles mit Feuer und Schwert. Um die Herbstzeit bezog König Karlmann mit seinem Heere zum Schutz des Reiches ein Lager in dem Gau Vimeux bei dem Dorf Miannay, Lavier gegenüber; die Normannen aber kamen Ende Oktober mit Reitern und Fußtruppen und allem Kriegsgerät nach Lavier; und da auch ihre Schiffe vom Meere aus in die Somme eindrangen, zwangen sie den König mit seinem ganzen Heere zur Flucht und zum Rückzug hinter die Oise. Darauf schlugen sie zum Winter ihren Sitz in Amiens auf; von hier aus verwüsteten sie alles Land bis zur Seine und auf beiden Ufern der Oise und steckten, ohne Widerstand zu finden, die Klöster und Kirchen Gottes in Brand. Da sandten die Franken, als sie sahen, daß die Macht der Normannen bei allen ihren Unternehmungen immer mehr wuchs, einen Christ gewordenen Dänen namens Sigfried zu ihnen, damit er über die Erlösung des Reichs geschickt mit ihren Fürsten unterhandele. Dieser begab sich nach Beauvais und von da nach Amiens, um den ihm anvertrauten Auftrag auszuführen.

Im Jahre des Herrn 884. Um diese Zeit starb Bischof Engelwin von Paris und Abt Gauzlin trat an seine Stelle. Die Normannen aber hörten nicht auf, das christliche Volk in Gefangenschaft zu führen und zu töten, die Kirchen zu zerstören, die Mauern niederzureißen und die Dörfer zu verbrennen. Auf allen Straßen lagen die Leichen von Geistlichen, von adligen und anderen Laien, von Weibern, Jugendlichen und Säuglingen; es gab keinen Weg und Ort, wo nicht Tote lagen; und es war für jedermann eine Qual und ein Schmerz zu sehen, wie das christliche Volk bis zur Ausrottung der Verheerung preisgegeben war.

Inzwischen kamen, da der König noch ein Kind war, alle Großen in der Pfalz Compiègne zusammen, um miteinander zu verhandeln, was sie tun sollten, und nach gepflogener Beratung entsandten sie den Dänen Sigfrid, einen Enkel des Dänen Rorich, der ein Christ und dem Könige treu war, um mit den Großen seines Volkes zu verhandeln, daß sie einen Tribut annehmen und dann das Reich verlassen möchten. Dieser bemühte sich, die ihm übertragene Aufgabe zu erfüllen, ging nach Amiens

[a]) Der Name ist in den Handschriften ausgefallen und aus Zeile 6 v. u. ergänzt.

[b]) es fehlt ein Ablativ (principibus eorum?).

renuntiando nunc his, nunc illis, ad ultimum XII milia pondera argenti cum suo pondere imposuerunt regi et Francis in tributum, et datis obsidibus ad invicem, coeperunt hi qui trans Hisam erant aliquatenus securi esse. A die itaque purificationis sanctae Mariae[1] usque mense Octobrio inter eos haec securitas data est.

Sed Nortmanni trans Scaldum agentes praedas more sibi solito ferro et igne cuncta devastant, aecclesias, monasteria, civitates, vicos, habitatores usque ad internitionem deletis. Post sanctum itaque pascha[2] inchoatur tributum persolvi. Spoliantur aecclesiae et aecclesiastica mancipia; tandem soluto tributo, mense Octobrio finiente adunantur Franci, ut, si Nortmanni inmutari fidem vellent, eis resisterent. Nortmanni vero sua castra incendunt atque ab Ambianis recedunt. Rex vero et Franci transito Hisa lento itinere eos insequuntur. Praedicti vero Dani iter agentes Bononiam veniunt ibique agentes consilium, quid sibi faciendum esset, pars illorum mare transiit, atque pars Luvanium in regno quondam Hlotharii, ibique sibi castra statuunt /ad hiemandum. Franci vero qui cum Karlomanno fuerant redierunt ad sua loca; pauci iuvenes cum eo remanserunt venandi causa in Basiu silva. Et dum rex aprum vellet percutere, quidam e suis Bertoldus nomine, cum ei iuvare vellet, casu regem in tibia vulneravit, et accepto vulnere supervixit plus VII diebus atque in eodem loco defunctus est...[a]) Decembris, anno aetatis suae circiter XVIII. Delatum est corpus eius in monasterium sancti Dyonisii ibique humatum. Franci capiunt consilium et Theodericum comitem Italiae dirigunt ad imperatorem Karolum, uti veniat in Franciam.

Anno Domini DCCCLXXXV. Karolus imperator nuntio percepto acceleravit iter et venit usque Pontionum, ibique omnes qui fuerant in regno Karlomanni ad eum venerunt eiusque se subdidere imperio; atque ita Karolus imperator rediit in terram suam, praecipiens eos qui erant ex regno quondam Hlotharii et regno Karlomanni pergere Luvanio contra Nortmannos. Condicto itaque uterque exercitus placiti die advenerunt ad dictum locum, praeter Hugonem abbatem, qui dolore pedum ab hac profectione se abstinuit, sed nil ibi prospere egerunt, verum cum magno dedecore rediere ad sua. Francosque qui venerant ex regno Karlomanni irrisere Dani: ‚Ut quid ad nos / venistis?

[a]) Das genauere Datum (pridie Idus Dec.) fehlt in der Überlieferung.

und teilte den Großen seines Volkes seine Botschaft mit. Und nach langdauernder Unterhandlung mit Hin- und Herreisen, indem er bald diesen, bald jenen berichtete, forderten sie endlich zwölftausend Pfund Silber nach ihrem Gewicht vom König und den Franken als Tribut. Nachdem dann beiderseits Geiseln gegeben worden, begannen die, welche jenseits der Oise wohnten, wieder einigermaßen sicher zu sein. Vom Tage der Reinigung Mariä[1] bis zum Monat Oktober wurde diese Sicherheit untereinander gewährt.

Die Normannen aber jenseits der Schelde setzten in gewohnter Art ihre Raubzüge fort, verwüsteten alles mit Feuer und Schwert, indem sie Klöster, Städte und Dörfer zerstörten und unter den Einwohnern bis zur Ausrottung wüteten. Und nach dem hl. Osterfest[2] fing man an, den Tribut zu sammeln; Kirchen und kirchliche Güter wurden geplündert; nachdem aber der Tribut gezahlt war, vereinigten sich Ende Oktober die Franken, um den Normannen, wenn diese ihre Verpflichtungen nicht halten würden, entgegenzutreten. Die Normannen aber brannten ihr Lager ab und zogen von Amiens fort; und der König mit den Franken folgte ihnen nach dem Übergang über die Oise langsam nach. Die bezeichneten Dänen kamen auf ihrem weiteren Zug nach Boulogne; hier hielten sie Rat, was sie tun sollten, und ein Teil von ihnen ging übers Meer, ein anderer aber zog nach Löwen in dem einst dem Lothar gehörigen Reiche; und hier schlugen sie ihr Lager auf, um daselbst zu überwintern. Die Franken aber, welche mit Karlmann waren, kehrten nach ihrer Heimat zurück, und nur wenige Jünglinge blieben bei ihm, um im Wald Bezu zu jagen. Und in dem Augenblick, da der König einen Eber erstechen wollte, verwundete ihn zufällig einer der Seinigen, namens Bertold, der ihm helfen wollte, am Schienbein; und nachdem der König noch über sieben Tage seit dieser Verwundung gelebt hatte, verschied er dort am ... Dezember im achtzehnten Jahre seines Lebens. Seine Leiche wurde nach St. Denis gebracht und hier bestattet. Die Franken aber berieten sich und sandten den Grafen Theoderich nach Italien an Kaiser Karl, er solle nach Francien kommen.

Im Jahre des Herrn 885. Kaiser Karl machte sich auf diese Nachricht hin eilends auf den Weg und kam bis Ponthion; hier fanden sich bei ihm alle ein, welche in Karlmanns Reich waren, und unterwarfen sich seiner Herrschaft. Darauf kehrte Kaiser Karl wieder in sein Land zurück, indem er denen aus dem Reich des verstorbenen Lothar und denen aus dem Reiche Karlmanns befahl, nach Löwen gegen die Normannen zu ziehen. Beide Heere kamen zu dem für die Heeresversammlung bestimmten Tag an den genannten Ort, außer Abt Hugo, der wegen eines Fußleidens diesem Feldzug fernblieb. Sie richteten aber dort nichts Ersprießliches aus, sondern kehrten mit großer Schande in ihre Heimat zurück.

[1] 2. Februar.
[2] 19. April.

Non fuit necesse. Nos scimus, qui estis, et vultis, ut ad vos redeamus; quod faciemus'.

His etiam diebus Godefridus Danus, quia disponebat suam inmutare fidem, astu Gerulfi sui fidelis ab Heinrico duce interficitur. Hugo etiam filius Hlotharii regis iubente imperatore per consilium dicti ducis excaecatus est. Mense itaque Iulio VIII. Kal. Augusti Rotomagum civitatem ingressi cum omni exercitu, Francique eos usque in dictum locum insecuti sunt. Et quia necdum eorum naves advenerant, cum navibus in Sequana repertis fluvium transierunt et sedem sibi firmare non desistunt. Inter haec omnes qui morabantur Neustria atque Burgundia adunantur et collecto exercitu adveniunt quasi debellaturi Nortmannos. Sed ut congredi debuerunt, contigit ruere Ragnoldum ducem Cinomannicum cum paucis, et hinc rediere omnes ad loca sua cum magna tristitia, nil actum utile.

Tunc Nortmanni sevire coeperunt incendiis, occisionibus sitientes, populumque Christianum necant, captivant, aecclesias subruunt, nullo resistente. Iterum Franci parant se ad resistendum, non in bello, sed munitiones construunt, quo illis navale iter interdicant. Castrum quoque statuunt super fluvium Hisam in loco qui dicitur Ad pontem Hiserae, quod Aletramno committunt ad custodiendum. Parisius civitatem Gauz/linus episcopus munit. Nortmanni vero mense Novembri Hisam ingressi praedictum castrum obsidione cingunt aquamque eis qui in castro erant inclusi haurire ex flumine, quia aliam non habebant, prohibent. Hi vero qui in castro erant coeperunt laborare pro penuria aquae. Quid multa? Pacem petunt et vivos se abire petunt, et datis ad invicem obsidibus, Aletramnus cum suis Belvacum petiit. Nortmanni vero dictum igne cremaverunt castrum, diripientes omnia inibi reperta. Nam hi qui castrum reliquerant omnia sua inibi dimiserunt praeter arma et equos; sub hac etiam conditione abire illis permissum est.

Hac Nortmanni patrata victoria valde elati Parisius adeunt turremque statim aggressi valide obpugnant, et quia necdum perfecte firmata fuerat, eam se capi sine mora existimant. At Christiani viriliter eam defendunt, et factum *est proelium a mane usque ad vesperum*[1], noxque dirimit proelium; atque ita Nortmanni ea nocte regressi ad naves.

[1] 1. Maccab. 9, 13.

Und die Franken, welche aus dem Reiche Karlmanns gekommen waren, wurden von den Dänen verhöhnt, die riefen: Wozu seid ihr zu uns gekommen? das war nicht nötig; wir wissen, wer ihr seid; ihr wünscht, daß wir wieder zu euch kommen; das wollen wir tun.

Um diese Zeit wurde auch der Däne Gotfrid, weil er sein Wort brechen wollte, durch die List des Gerulf, seines Getreuen, von Herzog Heinrich getötet. Auch wurde Hugo, der Sohn des Königs Lothar, auf Befehl des Kaisers nach dem Rat des genannten Herzogs geblendet. Am 25. Juli nun drangen die Normannen mit ihrer ganzen Streitmacht in Rouen ein und die Franken verfolgten sie bis an diesen Ort; da aber ihre Schiffe noch nicht angekommen waren, setzten die Normannen mit den auf der Seine gefundenen Schiffen über den Fluß und schritten alsbald dazu, sich hier in ihrer Stellung zu befestigen. Inzwischen sammelten sich alle, welche in Neustrien und Burgund wohnen, und das ganze vereinigte Heer kam herangezogen, um die Normannen zu bekriegen. Als es aber zum Kampfe kommen sollte, geschah es, daß Ragnold, der Herzog von Maine, mit wenigen fiel, und infolgedessen kehrten alle in großer Traurigkeit nach ihrer Heimat zurück, ohne daß etwas Ersprießliches geschehen wäre.

Darauf begannen die Normannen wieder zu wüten, dürstend nach Brand und Mord, töteten das christliche Volk, führten es in Gefangenschaft und zerstörten die Kirchen ohne Widerstand zu finden. Und die Franken rüsteten sich von neuem zum Widerstand, aber nicht in offener Schlacht, sondern sie errichteten Befestigungswerke, um jenen die Fahrt zu Schiffe unmöglich zu machen. Sie erbauten eine Burg an der Oise bei Pontoise, und übergaben sie dem Aletramnus zur Bewachung. Paris ließ Bischof Gauzlin befestigen. Im November aber drangen die Normannen in die Oise ein, belagerten die genannte Burg und hinderten die in der Burg Eingeschlossenen daran, ihr Wasser (anderes hatten sie nicht) aus dem Fluß zu holen. Die Besatzung der Burg aber hatte unter dem Wassermangel zu leiden. Was ist viel sagen? Sie baten um Frieden und verlangten, daß man sie unversehrt abziehen ließe; und nachdem beiderseits Geiseln gestellt worden waren, zog Aletramnus mit den Seinigen nach Beauvais. Die Normannen aber verbrannten die genannte Burg und nahmen alles, was sie darin fanden, zur Beute, und zwar hatten die, welche die Burg verließen, mit Ausnahme der Waffen und Pferde, alle ihre Habe daselbst zurückgelassen; nur unter dieser Bedingung war ihnen der Abzug bewilligt worden.

Durch diesen Sieg sehr übermütig geworden, zogen die Normannen vor Paris und griffen hier sofort einen Turm an; sie hofften aber, da er noch nicht vollständig befestigt war, ihn alsbald erobern zu können. Die Christen verteidigten ihn jedoch mannhaft, und der Kampf währte vom Morgen bis zum Abend[1]; die Nacht unterbrach endlich den Kampf, und so kehrten die Normannen für diese Nacht zu ihren Schiffen zurück. Bischof

Gauzlinus vero episcopus et Odo comes tota nocte cum suis laboravere, suam obfirmantes turrim ad praeparationem pugnae. Sequenti die iterum Nortmanni accurrunt ad ipsam turrim ad proelium, fitque gravis pugna usque ad solis occasum. Sed Dani multis suorum amissis rediere ad naves; indeque sibi castrum statuunt adversus civitatem eamque obsidione vallant, machinas construunt, ignem supponunt et omne ingenium suum apponunt / ad captionem civitatis. Sed Christiani adversus eos fortiter dimicando in omnibus extitere superiores.

Anno Domini DCCCLXXXVI.[a]) VIII. Idus Februarii contigit grave discrimen infra civitatem habitantibus. Nam ex gravissima inundatione fluminis minor pons disruptus est. Quo cognito episcopus delegit nocte illa ex suis viros nobiles et strenuos ad custodiam turris, ut mane facto pons restauraretur; quod Nortmannis minime latuit. Anteque auroram surgentes cum omni multitudine ad ipsam accurrerunt turrim eamque vallantes, ne adiutorium e civitate illis superveniret, obpugnare coeperunt. Illis vero qui intra turrim erant acriter resistentibus, fit clamor multitudinis usque in caelum, episcopo desuper muro civitatis cum omnibus qui in civitate erant nimis flentibus, eo quod suis subvenire non possent, et quia nil aliud agere poterat, Christo eos commendabat. At Nortmanni cum impetu portam ipsius turris adeunt ignemque subponunt, et hi qui infra erant fracti vulneribus et incendio capiuntur atque ad obprobrium Christianorum diversis interficiuntur modis atque in flumine praecipitantur. Indeque ipsam turrim destruunt. Post haec non cessant obpugnare civitatem.

Episcopus vero corde confractus ex gravi damno Herkengero comiti litteras misit mandans, ut quantotius Germaniam peteret et Heinrico duci Austrasiorum expeteret, quo ei et populo Christiano subveniret. Herkengerus vero quae sibi mandaverat statim adimplevit et Heinricum cum exercitu Parisius venire fecit, sed nil ibi profecit atque in suam rediit regionem. Gauzlinus vero, dum omnibus modis populo Christiano / iuvare studeret, cum Sigefrido rege Danorum amicitiam fecit, ut per hoc civitas ab obsidione liberaretur. Dum haec aguntur, episcopus gravi corruit infirmitate, diem clausit extremum in loculoque positus est in ipsa civitate. Cuius obitus Nortmannis non latuit; et antequam civibus eius obitus nuntiaretur, a Nortmannis deforis praedicatur episcopum esse mortuum. Dehinc vulgus pertesi una cum morte patris obsidione inremediabiliter contristantur. Quos Odo illu-

Gauzlin aber und Graf Odo arbeiteten mit den Ihrigen diese ganze Nacht hindurch, um den Turm zur Vorbereitung für den Kampf noch mehr zu befestigen. Am andern Tage eilten die Normannen wieder herbei vor diesen Turm zum Sturm und es gab einen harten Kampf bis zum Sonnenuntergang. Aber, nachdem die Dänen viele der Ihrigen verloren hatten, kehrten sie zu ihren Schiffen zurück. Dann aber errichteten sie der Stadt gegenüber eine Burg und schickten sich zur förmlichen Belagerung an, bauten Kriegsmaschinen, versuchten Feuer anzulegen und setzten ihr ganzes Können ein, um die Stadt zu gewinnen; aber die Christen kämpften tapfer gegen sie und behaupteten sich in allem als Sieger.

Im Jahre des Herrn 886 am 6. Februar traf aber die Bewohner der Stadt ein schweres Mißgeschick. Ein bedeutendes Wachsen des Flusses zerriß nämlich die kleinere Brücke. Als dies der Bischof hörte, sandte er noch in der Nacht von den Seinigen edle und tapfere Männer zum Schutz des Turmes, damit die Brücke mit anbrechendem Morgen wiederhergestellt würde. Den Normannen aber blieb dies durchaus nicht verborgen. Sie erhoben sich vor dem Morgenrot, eilten in größter Menge zu diesem Turm, umringten ihn von allen Seiten, damit man von der Stadt aus denen, die darin waren, keine Hilfe bringen könne, und machten sich daran, ihn zu erstürmen. Und da die, welche innerhalb des Turmes sich befanden, heftigen Widerstand leisteten, stieg das Geschrei der Menge bis zum Himmel, während der Bischof auf der Mauer der Stadt mit allen denen, welche in der Stadt waren, laut klagten und weinten, daß sie jenen nicht Hilfe leisten konnten, und da er nichts anderes zu tun vermochte, empfahl er sie Christo. Die Normannen aber gelangten im Sturm an das Tor des Turms und legten Feuer daran. Und die, welche darin waren, wurden, ihren Wunden und dem Feuer unterliegend, gefangen genommen, zur Schmach der Christenheit auf verschiedene Weise getötet und in den Fluß geworfen. Darauf zerstörten sie diesen Turm und setzten dann die Belagerung der Stadt fort.

Der Bischof aber, gebrochenen Herzens über den schweren Verlust, sandte eine Botschaft an Graf Herkenger, er solle so bald als möglich nach Germanien gehen und Herzog Heinrich von Ostfranken bitten, ihm und dem christlichen Volke beizustehen. Herkenger erfüllte sogleich den ihm gewordenen Auftrag und brachte Heinrich dazu, daß er mit einem Heer nach Paris zog; aber er richtete hier nichts aus und kehrte wieder in sein Land zurück. Da schloß Gauzlin, der auf alle Weise dem christlichen Volke zu helfen suchte, mit dem Dänenkönig Sigfrid Freundschaft, um hierdurch die Stadt von der Belagerung zu befreien. Währenddessen aber wurde der Bischof von schwerer Krankheit befallen und beschloß sein Leben, und er wurde in der Stadt selbst in einem Holzsarg beigesetzt. Sein Tod blieb jedoch den Normannen nicht verborgen: noch ehe sein

[a]) Die Jahresangabe ist in der Überlieferung ausgefallen.

stris comes suis adhortationibus roborabat. Nortmanni tamen cotidie non cessant obpugnare civitatem, et ex utraque parte multi interficiuntur, pluresque vulneribus debilitantur, escae etiam coeperunt minui in civitate.

His diebus, id est...[a]), Hugo venerabilis abba ex hac vita decessit sepeliturque in monasterio sancti Germani Autisiodoro. Odo vero, videns affligi populum, clam exiit de civitate, a principibus regni requirens auxilium et, ut imperatori innotescerent velocius perituram civitatem, nisi auxilium ei daretur. Dehinc regressus ipsam civitatem de eius absentia nimis repperit merentem; non tamen in ea sine admiratione introiit. Nortmanni eius reditum praescientes occurrerunt ei ante portam turris. Sed ille, amisso equo a dextris et a sinistris adversarios caedens, civitatem / ingressus tristem populum reddidit laetum. Nemo tamen mortalium enumerare potest, qualia pericula ibi pertulerint, vel quot milia hominum in diversis praeliis ibi corruerint ex utraque parte; nam sine intermissione cum diverso apparatu armorum et machinarum arietumque ipsam concutiebant civitatem. Sed omnibus magna instantia ad Deum clamantibus semper liberati sunt. Nam ferme octo mensibus, antequam imperator eis subveniret, diversis modis proeliatum est.

Circa autumni vero tempora Carisiacum veniens cum ingenti exercitu praemisit Heinricum dictum ducem Austrasiorum Parisius. Qui dum advenisset illuc cum exercitu prope civitatem, cum paucis inconsulte coepit equitare circa castra Danorum volens invisere, qualiter exercitus castra eorum possent adtingere, vel quo ipsi castra figere deberent: et ecce equus eius subito corruens inter fossas, quas Nortmanni fecerant, illum deiecit ad terram. Statimque de latibulis Dani pauci surgentes illum interemerunt, magnumque dolorem et terrorem Christianis fecit, Danis vero gaudium. Cumque nudassent illum armis suis, supervenit quidam e Francis Ragnerus nomine comes eiusque corpus non / absque vulneribus illis tulit. Quod statim imperatori nuntiatum est. Ille vero audito multum doluit, accepto tamen consilio Parisius venit cum manu valida. Sed quia dux periit, ipse nil utile gessit.

His diebus, id est XV. Kal. Octobris, Bellovagus civitas igne ex parte

[a]) Tagesdatum in der Überlieferung ausgefallen (12. Mai).

Verscheiden den Einwohnern bekannt geworden war, wurde von den Normannen von draußen verkündigt, der Bischof sei gestorben. Nun verfiel das Volk, neben dem Tod seines Vaters auch durch die Belagerung ermattet, in unheilbare Niedergeschlagenheit. Zwar suchte der erlauchte Graf Odo es mit seinen Ermahnungen wieder aufzurichten, die Normannen aber setzten Tag für Tag die Bestürmung fort; auf beiden Seiten wurden viele getötet, noch mehr durch Wunden kampfunfähig gemacht; auch wurden die Lebensmittel in der Stadt knapp.

Um diese Zeit, am ..., starb der ehrwürdige Abt Hugo und wurde im Kloster des heiligen Germanus zu Auxerre begraben. Da nun Odo das Volk entmutigt sah, verließ er heimlich die Stadt, um Hilfe bei den Großen des Reichs zu suchen und auch durch sie dem Kaiser mitzuteilen, daß die Stadt in Kürze verloren sein werde, wenn ihr nicht Hilfe gebracht werde. Bei seiner Rückkehr fand er die Stadt in größter Trauer über seine Abwesenheit; daß er aber in die Stadt überhaupt hineingelangte, verdiente Bewunderung. Die Normannen wußten nämlich zum Voraus von seiner Rückkehr und stellten sich ihm vor dem Tore des Turmes entgegen; er aber spornte sein Pferd und bahnte sich, rechts und links die Gegner niederhauend, den Weg in die Stadt und wandelte die Trauer des Volkes in Freude. Kein Sterblicher aber kann aufzählen, was für Gefahren sie daselbst zu bestehen hatten und wie viel tausend Menschen in verschiedenen Kämpfen auf beiden Seiten dort blieben. Denn jene bedrängten diese Stadt ohne Unterlaß mit dem verschiedensten Rüstzeug von Waffen, Maschinen und Mauerbrechern. Aber indem sie alle mit großer Inbrunst zu Gott schrieen, wurden sie immer gerettet; und ungefähr acht Monate dauerte der Kampf in verschiedener Weise, ehe der Kaiser ihnen zur Hilfe kam.

Um die Zeit des Herbstes kam der Kaiser mit einem sehr starken Heer nach Quierzy und schickte von hier den genannten Herzog Heinrich von Ostfranken nach Paris voraus. Als dieser mit seinem Heer in die Nähe der Stadt gekommen war, machte er unvorsichtig mit Wenigen einen Ritt um das Lager der Dänen, um zu sehen, wie sein Heer an das Lager der Feinde herankommen könne und wo sie selbst ihr Lager aufschlagen sollten. Und siehe da, plötzlich stürzte das Pferd in einen der Gräben, welche die Normannen angelegt hatten, und warf ihn zur Erde. Alsbald aber brachen einige Dänen aus ihrem Versteck hervor und töteten ihn, was den Christen ebenso großen Schmerz und Schrecken wie den Dänen Freude bereitete. Und als sie ihm seine Waffen abgenommen hatten, kam ein Franke, Graf Rainer mit Namen, dazu und entriß ihnen, nicht ohne selbst verwundet zu werden, Heinrichs Leichnam. Das Geschehene wurde alsbald dem Kaiser gemeldet, der von heftigem Schmerz bei der Nachricht ergriffen wurde und sich entschloß, mit starker Heeresmacht nach Paris zu kommen; doch da der Herzog tot war, vollbrachte er selbst nichts Ersprießliches.

crematur. In quo incendio omnis ornatus monasterii sancti Vedasti in thesauro et sacris vestibus et libris et kartis deperiit.

Imperator vero cum exercitu ad castra Nortmannorum veniens, quia ex utraque parte fluminis castra fixerant, eis unam fecit deserere fluviumque transire atque in unum castra ponere. Deinde misit custodes in civitatem et exercitum misit trans flumen. Indeque coeperunt, quia hiems imminebat, missi ad invicem discurrere, ut imperator pacem cum Danis faceret. Et factum est vere consilium nimis miserum. Nam utrumque, et civitatis redemptio illis promissa est et data et via sine impedimento attributa, ut Burgundiam hieme depraedarent. Episcopo quoque in ipsa civitate delegato, Askricho nomine, et terram patris sui Rothberti Odoni comiti concessam, imperator castra movit inde et quo venerat redire festinavit. Nam Suessionis apud Sanctum Medardum terram inter Francos dispertiit; necdumque se de eo moverat loco, et ecce Sigefridus rex, cuius supra meminimus, Hisam fluvium ingressus, terra et aqua iter faciens post eum cum suis, omnia ferro vastabat et igne. Quod cum imperator agnovisset – nam / ignis eum certum nuntium deferebat –, festine rediit in terram suam. Post haec Sigefridus famosissimam aecclesiam beati Medardi igne cremavit, monasteria, vicos, palatia regia, interfectis et captivatis accolis terrae. Nortmanni vero, qui per Sequanam ascenderant a Parisius, cum omni exercitu et suppellectili et navibus Hionam fluvium ingressi Senonas civitatem obsederunt. Sed Evrardus archiepiscopus ipsius civitatis statim cum eis de redemptione civitatis agi coepit et obtinuit quod voluit.

Anno Domini DCCCLXXXVII. Nortmanni vero usque Segonnam et Ligerem more solito pervagati sunt. His etiam diebus moritur Evrardus Senonensis episcopus, cui succedit Waltherus iuvenis. Usque aestivo tempore ibi residerunt, incendiis et occisionibus terram in solitudinem redigerunt. Sigefridus vero cum suis verno finiente in Sequanam rediit agens solita et circa autumni tempora Frexiam petiit, ibique interfectus est. Dani vero Parisius regressi propter tributum ab imperatore promissum, pro qua re Askrichus ad imperatorem abiit et pro quo ierat rediens secum detulit; datoque tributo, quia nullus erat / qui eis resisteret, iterum per Sequanam Maternam fluvium ingressi Gaziaco sibi castra statuunt.

Franci vero australes videntes imperatoris vires ad regendum imperium invalidas, eiecto eo de regno, Arnulfum filium Karlomanni, qui

Um diese Zeit, am 17. September, wurde die Stadt Beauvais zum Teil vom Feuer verzehrt; bei dieser Feuersbrunst ging der ganze kostbare Besitz des Klosters des heiligen Vedastus an Schätzen, heiligen Gewändern, Büchern und Urkunden zugrunde.

Der Kaiser aber kam mit seinem Heere zu dem Lager der Normannen, und weil sie das auf beiden Seiten des Flusses aufgeschlagen hatten, zwang er sie, das eine Ufer aufzugeben, den Fluß zu überschreiten und ihr Lager auf das andere Ufer zu beschränken. Darauf sandte er Wachmannschaften nach der Stadt und ließ das Heer über den Fluß setzen. Und da der Winter bevorstand, begannen alsbald von beiden Seiten Gesandte hin- und herzugehen, daß der Kaiser mit den Dänen Friede machen möchte. Und es wurde ein wahrhaft erbärmlicher Beschluß gefaßt. Denn nicht nur wurde ihnen für die Stadt eine Loskaufssumme versprochen und gegeben, sondern auch ohne irgend welche Behinderung ihnen freier Weg gelassen, um im Winter Burgund zu plündern. Nachdem der Kaiser noch für diese Stadt den Askrich zum Bischof bestimmt und dem Grafen Odo das Gebiet seines Vaters Rothbert gegeben hatte, brach er mit seinem Heere auf und eilte dahin zurückzukehren, von wo er gekommen war. Im Kloster des heiligen Medardus zu Soissons verteilte er das Land unter die Franken. Und noch hatte er diesen Ort nicht wieder verlassen, als der oben erwähnte König Sigfrid in die Oise eindrang und zu Lande und zu Wasser mit den Seinigen hinter ihm herziehend, alles mit Feuer und Schwert verwüstete. Als dies der Kaiser erfuhr – und das Feuer brachte ihm sichere Kunde, – kehrte er schleunig in sein Land zurück. Darauf zerstörte Sigfrid durch Feuer die hochberühmte Kirche des heiligen Medardus, die Klöster, Dörfer und königlichen Pfalzen, wobei die Einwohner des Landes getötet oder als Gefangene fortgeschleppt wurden. Die Normannen aber, welche von Paris aus zu Schiff die Seine aufwärts gezogen waren, fuhren mit aller Mannschaft, Kriegsrüstung und allen ihren Schiffen in die Yonne ein und belagerten die Stadt Sens. Sofort aber trat der Erzbischof dieser Stadt, Evrard, mit den Normannen um den Loskauf der Stadt in Unterhandlung und erreichte, was er wollte.

Im Jahre des Herrn 887. Die Normannen machten nach ihrer gewohnten Art ihre Streifzüge bis zur Saone und zur Loire. In dieser Zeit starb auch Bischof Evrard von Sens, dem der junge Walther nachfolgte. Bis zur Sommerszeit blieben sie dort und machten durch Brennen und Morden das Land zur Wüste. Sigfrid seinerseits kehrte am Ende des Frühlings nach der Seine zurück zu seinem gewöhnlichen Treiben und wandte sich zur Herbstzeit nach Friesland, wo er getötet wurde. Die Dänen kamen wegen des vom Kaiser versprochenen Tributs wieder vor Paris; um dieser Angelegenheit willen begab sich Askrich zum Kaiser und kehrte mit dem zurück, weswegen er gegangen war. Und nach Zahlung des Tributs drangen die Dänen wiederum, da niemand da war, um ihnen zu widerstehen, durch die Seine in die Marne ein und schlugen zu Chézy ihr Lager auf.

eius erat nepos, in regni solio ponunt. Ast inferiores Franci inter se divisi, quidam Widonem ab Italia, quidam Odonem in regno statuere volunt. Berengarius etiam regnum Italiae usurpat. Hroderardus Camaracensium episcopus his diebus obiit. Karolus vero post amissum imperium fertur a suis strangulatus; tamen in brevi finivit vitam praesentem, possessurus caelestem, ut credimus. Nortmanni vero omnia loca usque Mosam more solito et partem Burgundiae devastant.

Anno Domini DCCCLXXXVIII. Verum, ut diximus, Franci divisi, aliqui Widonem, qui partibus Fulchonis archiepiscopi favebant, alii Odonem, inter quos Theodericus comes eminebat, in regno statuere contendebant. Convenerunt itaque qui Odonem advocarunt Compendio palatio atque cum consensu eorum qui sibi consentiebant per manus Waltheri archiepiscopi benedici sibi in regnum fecerunt. Pauci vero ex Burgundia Widonem Lingonis civitate per Geilonem eiusdem civitatis episcopum regem sibi creaverunt. Interim, dum haec aguntur, ordinatur Dodilo Camaracensium vel Atrebatensium ecclesiae episcopus XVI. Kal. Aprilis. At hi qui ultra Iurum atque circa Alpes con-/sistunt, Tullo adunati Hrodulfum nepotem Hugonis abbatis per episcopum dictae civitatis benedici in regem petierunt; qui et ita egit.

Wido vero rex factus, audiens Odonem in Francia creatum regem, cum his qui se sequi deliberaverant rediit Italiam. Ibique cum Berengero rege non modica gessit bella semperque victor extitit. Cumque Berengerum e regno fugere compulisset, Romam ivit, imperator efficitur.

Odo vero rex Francos, qui suo nolebant se subdi dominatui[a]), partim blanditiis, partim terroribus sibi sociari festinabat. Sed cum ei fidem dedissent, quo eius dominatui se subderent, contulerunt se ad Arnulfum regem, ut veniret in Franciam et regnum sibi debitum reciperet. Inter quos erant primi huius discordiae Fulcho archiepiscopus et Hrodulfus abba necnon et Balduinus comes. Sed dum illi haec agerent, contigit Odoni regi per Dei misericordiam inopinata victoria. Nam die nativitatis sancti Iohannis baptistae[1] cum parvo exercitu Danorum exercitum obviavit super Axonam fluvium commissoque proelio mox victor extitit. Quae victoria non modicam illi contulit gloriam. Post haec ab Arnulfo convocatur ad placitum. Qui sibi et

a) überliefert ist dominationi.

1 24. Juni.

Als die Ostfranken sahen, daß die Kräfte des Kaisers zur Regierung des Reichs ungenügend waren, verdrängten sie ihn aus der Herrschaft und setzten seinen Neffen Arnulf, den Sohn Karlmanns, auf den königlichen Thron. Die Westfranken jedoch waren unter sich uneins; ein Teil wollte den Wido von Italien, ein anderer den Odo als König einsetzen. Auch riß Berengar die Krone Italiens an sich. In diesen Tagen starb Bischof Hroderard von Cambrai. Karl aber soll nach Verlust seiner Herrschaft von den Seinigen erwürgt worden sein; jedenfalls endete er bald sein gegenwärtiges Leben, um, wie wir glauben, das himmlische zu besitzen. Die Normannen verwüsteten nach ihrer gewohnten Art das ganze Land bis zur Maas, sowie einen Teil Burgunds.

Im Jahre des Herrn 888. Die Franken waren, wie gesagt, unter sich uneins; die einen, welche zur Partei des Erzbischofs Fulcho gehörten, suchten den Wido, die anderen aber, unter denen der Graf Theoderich der bedeutendste war, den Odo als König einzusetzen. Nun kamen diejenigen, welche den Odo herbeigerufen hatten, in der Pfalz Compiègne zusammen und ließen ihn mit Zustimmung ihrer Gleichgesinnten durch die Hand des Erzbischofs Walther zum Könige weihen. Einige wenige aus Burgund aber setzten sich den Wido in Langres durch Geilo, den Bischof dieser Stadt, zum König. Während dies geschah, wurde Dodilo am 17. März zum Bischof von Cambrai und Arras bestellt. Die aber, welche jenseits des Jura und diesseits der Alpen wohnen, versammelten sich in Toul und forderten, daß Rudolf, der Neffe des Abts Hugo, durch den Bischof der genannten Stadt zum König geweiht werde, was dieser auch tat.

Wido aber kehrte, als er nach seiner Erwählung zum König vernahm, daß Odo in Francien zum König gesetzt worden sei, mit denen, welche ihm zu folgen sich entschlossen hatten, nach Italien zurück; hier hatte er nicht geringe Kämpfe mit dem König Berenger, aus denen er immer als Sieger hervorging. Und als er den Berenger aus seinem Reich zu fliehen genötigt hatte, ging er nach Rom und wurde Kaiser.

König Odo aber eilte, die Franken, welche sich seiner Herrschaft nicht unterwerfen wollten, teils durch Lockungen, teils durch Drohungen auf seine Seite zu bringen. Aber nachdem sie ihm den Eid der Treue darauf geleistet hatten, daß sie seiner Herrschaft sich unterwerfen wollten, wandten sie sich an König Arnulf, er solle nach Francien kommen und das ihm zukommende Reich in Besitz nehmen. Unter diesen waren als Hauptanstifter dieses Zwiespalts Erzbischof Fulcho, Abt Rudolf und Graf Balduin. Während diese aber solches betrieben, wurde dem König Odo durch Gottes Barmherzigkeit ein unverhoffter Sieg zuteil. Am Geburtstage des hl. Johannes des Täufers[1] stieß er mit einer kleinen Schar auf das Heer der Normannen an der Aisne und ging aus dem Kampf, der nun entbrannte, als Sieger hervor. Dieser Sieg brachte ihm nicht geringen Ruhm. Darauf wurde er von Arnulf zu einer Zusammenkunft aufgefor-

regno suisque consulens, sumptis primoribus e suis, ad regem ire non distulit, praemisitque ante se Theodericum cum aliis, qui ei suum nuntiarent adventum et cum eo de his quae necessaria erant tractarent. Qui, ut sibi / imperatum fuerat, peregerunt, ei renuntiant, quo die ad condictum placitum devenirent.

Interim, dum missi inter illos discurrerent, Balduinus relictis sociis ivit ad regem Odonem et promisit se de reliquo fidelem illi fore. At ille benigne suscepit eum et cum honore hortatusque est, ut in sua promissione maneret, iussitque, ut secum iret ad condictum placitum. Statuto itaque die Odo rex fretus auxilio suorum Wormaciam venit, honorificeque ab Arnulfo rege susceptus, et facti amici, remisit eum cum honore in regnum suum petens, ut indulgentiam eis daret qui se ad eum contulerant.

Interim Nortmanni Meldis civitatem obsidione vallant, machinas instruunt, aggerem conportant ad capiendam urbem. Quibus viriliter resistit Teutbertus comes, donec interiit cum omnibus prope bellatoribus. Mortuo itaque comite, episcopus Sigemundus timore perculsus iussit lapidibus obfirmari portas civitatis. Cumque hi qui infra civitatem erant inclusi, obsidione pertesi, fame attenuati, mortibus etiam suorum nimis afflicti, cernerent ex nulla parte sibi auxilium adfuturum, cum Nortmannis sibi notos agere coeperunt, ut data civitate vivi sinerentur abire. Quid plura? Refertur ad multitudinem, et sub spetie pacis obsides dant. Reserantur portae, fit via Christianis, ut egrediantur, delegatis his qui eos quo vellent ducerent. Cumque amnem Maternam transissent et longius a civitate processissent, Nortmanni eos omnes insecuti comprehenderunt ipsum episcopum cum omni populo. Indeque reversi civitatem igne combusserunt murosque quantum placuit destruxerunt; atque inibi morati sunt usque mense prope Novembrio./

Circa autumni vero tempora Odo rex adunato exercitu Parisius venit, ibique castra metati sunt prope civitatem, ne iterum ipsa obsideretur. Nortmanni vero per Maternam in Sequanam regressi indeque navigantes et iter per terram facientes, Luvam fluvium ingressi, circa eius littora sedem sibi firmant. Odo vero rex Remis civitatem contra missos Arnulfi perrexit, qui ei coronam, ut ferunt, misit, quam in aecclesia Dei genitricis in natale sancti Brictii[1] capiti impositam,

[1] 13. November.

dert. Und auf sein und des Reiches und der Seinigen Wohl bedacht, zögerte er nicht, sich in Begleitung seiner Großen zum König zu begeben, und schickte den Theoderich mit einigen andern voraus, um ihm seine Ankunft zu melden und mit ihm über das Nötige zu verhandeln. Diese führten den ihnen gewordenen Auftrag aus und berichteten ihm, an welchem Tage sie zur festgesetzten Zusammenkunft eintreffen sollten.

Während die Gesandten zwischen jenen hin- und hergingen, kam Balduin, der seine Genossen im Stich ließ, zu König Odo und versprach ihm fernerhin treu zu bleiben. Odo aber nahm ihn gütig und ehrenvoll auf, ermahnte ihn, seinem Versprechen treu zu bleiben und forderte ihn auf, ihm zu jener Zusammenkunft zu folgen. Am festgesetzten Tage nun kam König Odo in sicherem Vertrauen auf die Hilfe der Seinigen nach Worms und wurde vom König Arnulf ehrenvoll empfangen; und nachdem sie Freunde geworden waren, entließ ihn König Arnulf mit Ehren in sein Reich, indem er darum bat, denen Verzeihung zu gewähren, welche sich zu ihm begeben hatten.

Unterdessen belagerten die Normannen die Stadt Meaux, stellten Belagerungsmaschinen auf und errichteten einen Damm, um die Stadt zu erobern. Graf Teutbert aber widerstand ihnen mannhaft, bis er mit fast allen Streitern fiel. Nach dem Tode des Grafen nun ließ Bischof Sigmund, von Furcht ergriffen, die Stadttore zumauern. Und da die in der Stadt Eingeschlossenen, durch die Belagerung ermattet, durch Hunger entkräftet und durch den Tod der Ihrigen sehr betrübt, sahen, daß von keiner Seite ihnen Hilfe kommen werde, fingen sie an, mit Normannen, die ihnen bekannt waren, zu unterhandeln, daß sie nach Übergabe der Stadt ihres Lebens sicher abziehen dürften. Was weiter: der Vorschlag wurde der Menge mitgeteilt und von den Normannen zum Schein Geiseln gegeben. Die Stadttore wurden geöffnet, den Christen wurde der Weg freigemacht zum Abzug und ihnen Leute bestimmt, um sie zu führen, wohin sie wollten. Nachdem sie aber die Marne überschritten und sich schon weiter von der Stadt entfernt hatten, brachen die Normannen alle zu ihrer Verfolgung auf und machten den Bischof mit dem ganzen Volk zu Gefangenen. Darauf zurückgekehrt, verbrannten die Normannen die Stadt und zerstörten die Mauern, soweit es ihnen beliebte. Und sie blieben da fast bis zum November.

Zur Herbstzeit aber kam König Odo mit einem Heer, das er gesammelt, nach Paris; und sie schlugen ihr Lager nahe bei der Stadt auf, damit diese nicht wiederum belagert werde. Die Normannen aber kehrten durch die Marne in die Seine zurück; von hier aus zu Wasser und zu Lande weitergehend, fuhren sie in den Loing ein und bauten sich in der Nähe seines Ufers einen festen Sitz. König Odo dagegen zog nach Reims den Gesandten Arnulfs entgegen, der ihm, wie es hieß, eine Krone sandte. Mit dieser wurde er in der Kirche der heiligen Gottesmutter am Tage des heiligen Briccius[1] gekrönt und von allem Volk als König ausgerufen. Da-

ab omni populo rex adclamatur. Ibique eis qui se spreverant delicta pie indulsit atque in societatem recepit et, ut de reliquo sibi fideles forent, admonuit. Odo rex nativitatem Domini in monasterio sancti Vedasti celebrem egit.

Anno Domini DCCCLXXXVIIII. Post nativitatem vero Domini cum paucis Francis Aquitaniam perrexit, ut sibi eos sociaret. Quo audito Ramnulfus dux maximae partis Aquitaniae cum sibi faventibus venit ad eum, adducens secum Karolum puerum, filium Hludowici regis, et iuravit illi quae digna fuerunt, simul et de ipso puerulo, ne quid mali de eo suspicaretur. Aquitanios itaque rex ex parte receptos, festinavit propter Nortmannos redire in Franciam. Dani vero more suo Burgundiam, Neustriam atque partem Aquitaniae, nullo resistente, igne et ferro devastant. Circa autumni vero tempora Parisius regressi, contra quos Odo rex venit; et nuntiis intercurrentibus munerati ab eo, regressi a Parisius relictoque Sequanam, per mare navale / iter atque per terram pedestre et equestre agentes, in territorio Constantiae civitatis circa castrum Sancti Lauti sedem sibi faciunt ipsumque castrum oppugnare non cessant.

Anno Domini DCCCXC. In ipsa etiam obsidione positus Lista episcopus[a]) praedictae civitatis diem clausit extremum; gladio etiam nobilioribus praedicti castri deletis, ad ultimum capta est munitio dicti castri, interfectis eius habitatoribus, ipsumque castrum funditus terrae coaequatum. Brittanni vero viriliter suum defensavere regnum atque afflictos Danos Sequanam redire compulerunt. Imminente vero festa omnium sanctorum Dani per Sequanam Hisam ingressi Noviomagum petunt ad statuenda sibi castra hiemalia. Illis vero qui per terram iter agebant occurrit rex Odo circa Germaniacum; sed propter loci incommoditatem nil eis damni intulit. Nortmanni vero coeptum iter peragentes castra sibi adversus civitatem statuunt. Alstingus autem cum suis Argova super Sumnam sedem sibi firmavit. Odo vero rex adunato exercitu super littora Hisae fluminis resedit, ne regnum libere devastarent. /

Alstingus vero per dolum pacem fecit cum Hrodulfo abbate, ut libere posset ire quo vellet. Praedictus vero Alstingus die sollempnitatis sancti Iohannis ewangelistae[1] venit adversus castrum sive monasterium sancti Vedasti. Hrodulfus vero abbas timens, ne multitudo qui Noviomum erat cum eis adveniret, et insidias timens – quod etiam

selbst verzieh er auch in frommer Gesinnung denen, welche ihn früher verworfen hatten, ihre Verbrechen, nahm sie in seine Gemeinschaft wieder auf und ermahnte sie, ihm fernerhin treu zu sein. König Odo feierte das Fest der Geburt des Herrn im Kloster des heiligen Vedastus.

Im Jahre des Herrn 889. Nach dem Geburtsfest des Herrn aber zog er mit wenigen Franken nach Aquitanien, um es für sich zu gewinnen. Als dies Ramnulf, der Herzog des größten Teiles von Aquitanien, vernahm, kam er mit seinen Anhängern zu Odo, den Knaben Karl, König Ludwigs Sohn, mit sich führend. Und Ramnulf schwur ihm, was recht und würdig war, zugleich auch bezüglich dieses Knaben, damit er dessetwegen keinen bösen Verdacht habe. Nachdem der König so die Aquitanier zum Teil gewonnen hatte, eilte er wegen der Normannen nach Francien zurück. Die Dänen aber verwüsteten nach ihrer Gewohnheit, ohne auf Widerstand zu stoßen, Burgund, Neustrien und einen Teil Aquitaniens mit Feuer und Schwert. Zur Herbstzeit aber kehrten sie nach Paris zurück und König Odo zog gegen sie; und nachdem Boten hin- und hergegangen waren, zogen sie, von ihm beschenkt, wieder von Paris ab. Sie verließen darauf die Seine, und auf dem Meer zu Schiff, auf dem Lande zu Fuß und zu Pferd weiterziehend, schlugen sie ihren Sitz in dem Gebiet der Stadt Coutance um die Burg St. Lo auf und belagerten diese Burg unverzüglich.

Im Jahre des Herrn 890. Während dieser Belagerung verschied auch Lista, der Bischof der obengenannten Stadt. Und da auch die Edleren von der Besatzung der genannten Burg gefallen waren, wurden schließlich die Befestigungswerke dieser Burg genommen, ihre Einwohner getötet und die Burg selbst der Erde gleichgemacht. Die Bretonen aber verteidigten tapfer ihr Reich und zwangen die geschlagenen Dänen, nach der Seine zurückzukehren. Als das Fest Allerheiligen bevorstand, zogen die Dänen, die durch die Seine in die Oise eingedrungen waren, vor Nyon, um hier ihr Winterlager aufzuschlagen. Denen, welche zu Lande ihren Weg nahmen, begegnete König Odo bei Germaniacum, wegen der Ungunst des Orts vermochte er ihnen aber keinen Schaden zuzufügen. Die Normannen setzten ihren Weg bis zum Ziel fort und schlugen ihr Lager der Stadt gegenüber auf. Hasting mit den Seinigen setzte sich zu Argoeuves an der Somme fest. König Odo aber bezog mit dem Heer, das er gesammelt hatte, eine Stellung am Ufer der Oise, damit die Normannen sein Reich nicht ungehindert verwüsteten.

Hasting aber schloß hinterlistig mit Abt Rudolf einen Vertrag, daß er sich ungehindert begeben könne, wohin er wolle. Am Tage des Festes des heiligen Evangelisten Johannes[1] nun kam der genannte Hasting vor die Burg und das Kloster des heiligen Vedastus. In der Besorgnis, daß die

[a]) episcopus ist in der Überlieferung ausgefallen.

[1] 27. Dezember.

Alstingus mandaverat – populum retinuit, sed cognita veritate post eorum discessum multum doluit. Frequentibus vero incursionibus exterruit eos, nec ausi sunt postea ita adversus praedictum venire castrum.

Anno DCCCXCI. Hi vero qui Noviomo erant moventes exercitum usque Mosam omnem terram pervagati sunt; indeque per Bracbantum rediere transeuntesque Scaldum per invia loca parant redire ad castra. Insecutusque eos Odo rex comprehendit eos super Galtheram[1], sed non ita ut voluit. Nam amissa praeda per silvas dispersi evasere atque ita ad castra reversi sunt.

Circa autumni vero tempora[2] relicto Noviomo maritima petivere loca ibique toto aestivo tempore morati sunt, indeque iterum moventes iter usque Mosam. Quod audiens Arnulfus rex velociter accurrit eosque usque trans Scaldum et prope Atrebatis insecutus, sed / eos non comprehendit, indeque rediit in regnum suum. Nortmanni vero qui Noviomo hiemaverant decreverunt Luvanio sibi sedem firmare ad hiemandum, illucque mense Novembrio petunt iter; qui vero Argobio, Ambianis sedem sibi firmant. Arnulfus vero rex adunato exercitu venit adversum Nortmannos et Deo se protegente ipsum cepit castrum, interfecta non modica multitudine Danorum; atque hac patrata victoria ita rediit in regnum suum. Nortmanni vero, qui huc illucque dispersi erant, adunati in eodem loco iterum sibi sedem firmant. Odo vero rex adunato exercitu Ambianis pergit, sed nil ibi prospere gessit. Verum post haec in pago Virmandinse ob neglectum custodum illi inprovise superveniunt Dani eumque fugere coegerunt.

Anno Domini DCCCXCII. Rodulfus abba et levita obiit Nonis Ianuarii sepultusque in aecclesia beati Petri, in sinistra parte altaris, in monasterio sancti Vedasti. Tertio vero die post eius obitum, postquam castellani Egfridum comitem miserunt eius obitum regi nuntiantes et, ut illis iuxta suum velle, quid agerent, remandaret, Balduinum a Flandris advocantes per consilium Evreberti, qui nimis fuerat versutissimus, contra voluntatem regis receperunt, pro nichilo / habentes quod regi mandaverunt vel quod Egfrido comiti promiserant. Per hoc itaque, quod Evrebertus consiliatus est, Balduinus itaque

[1] nicht zu ermitteln.

[2] man erwartet: Frühjahr.

Menge, welche zu Nyon war, mit ihnen käme, und aus der Furcht vor einem heimtückischen Angriff hielt Abt Rudolf, was auch Hasting angeordnet hatte, das Volk zurück; als er jedoch nach ihrem Abzug die Wahrheit erfuhr, tat es ihm sehr leid. Er versetzte sie aber durch häufige Ausfälle in Schrecken und sie wagten später nicht wieder so vor die genannte Burg zu kommen.

Im Jahre des Herrn 891. Von den Normannen aber, welche zu Nyon waren, brachen Heerhaufen auf und durchschweiften das ganze Land bis zur Maas; von da nahmen sie den Rückzug durch Brabant, überschritten die Schelde und suchten dann weiter durch unwegsame Gegenden zum Lager zurückzukehren. König Odo aber folgte ihnen und holte sie an der Galthera[1] ein; doch nicht so wie er wollte; denn nachdem sie ihre Beute preisgegeben, retteten sie sich, indem sie sich in den Wäldern zerstreuten, und kamen so zum Lager zurück.
Um die Herbstzeit[2] aber verließen sie Nyon und zogen ins Küstengebiet, wo sie die ganze Sommerszeit verweilten; von hier zogen sie dann wieder bis zur Maas. Als dies König Arnulf vernahm, kam er eilends herbei und folgte ihnen über die Schelde hinaus bis in die Nähe von Arras; er konnte sie jedoch nicht einholen, und kehrte darauf wieder in sein Reich zurück. Die Normannen aber, welche zu Nyon ihren letzten Winteraufenthalt genommen hatten, beschlossen zu Löwen ihren festen Sitz für den Winter zu nehmen und brachen im November dahin auf; die Normannen von Argoeuves setzten sich zu Amiens fest. König Arnulf aber sammelte ein Heer und zog gegen die Normannen; und unter Gottes Schutz eroberte er dieses Lager, wobei eine große Menge der Dänen getötet wurden, und kehrte nach diesem Sieg in sein Reich zurück. Die Normannen jedoch, welche nach allen Seiten hin zersprengt worden waren, sammelten sich wieder und setzten sich von neuem an jenem Orte fest. König Odo zog mit dem Heer, das er gesammelt hatte, nach Amiens; aber er richtete nichts aus. Später überfielen sogar die Normannen im Gau Vermandois wegen Nachlässigkeit der Wachen unvermutet den Odo und nötigten ihn zur Flucht.

Im Jahre des Herrn 892 starb Abt und Levit Rudolf am 5. Januar und wurde in der Kirche des hl. Petrus, zur Linken des Altars, im Kloster des heiligen Vedastus bestattet. Am dritten Tag nach seinem Hinscheiden, als die Burgbewohner schon den Grafen Egfried mit der Nachricht von seinem Tod an den König geschickt hatten, damit er ihnen Bescheid darüber bringe, was sie nach seinem Willen tun sollten, holten sie in völliger Nichtachtung dessen, was sie dem König sagen ließen und was sie dem Grafen Egfried versprochen hatten, auf den Rat des überaus schlauen Everbert Balduin von Flandern herbei und nahmen ihn wider den Willen des Königs bei sich auf. Deshalb also weil Everbert dazu riet, schickte Graf Balduin Gesandte an König Odo und ließ ihm sagen, er wolle im Einvernehmen mit ihm die Abteien seines Vetters behalten.

comes legatos dirigit ad Odonem regem, mandans cum sua gratia velle tenere abbatias sui consobrini. Odo vero rex respondit, ut sineret illum prius esse potestativum de suo, quod Deus illi concessit, et veniret ad se, fidens benignum erga illum se inventurum fore. Balduinus vero ad hoc non praebuit assensum. Iterum rex alios atque alios missos misit, sed nil profecerunt. Exhinc Balduinus regi coepit esse infestus. Relicto itaque fratre Atrebatis, ipse in Flandras ante quadragesimam perrexit.

Sed die lunae[1] ante pascha contigit nobis malum tale, quod inrecuperabile est. Nam casu hora diei sexta ipsum castrum igne accensum combussit aecclesias inibi sancti Vedasti, sancti Petri et sanctae Mariae. In ipso etiam incendio omnia patrocinia sanctorum, quae habuimus, furto nobis ablata sunt, omne etiam castrum consumptum est. Indeque fames valida et sterilitas terrae nobis invasit, ita ut accolae terrae prae magnitudine famis sua relinquerent loca.

Post haec Balduinus castrum refirmat et parat se ad resistendum. Episcopi vero illum excommunicaverunt. Exhinc Odo rex adunato exercitu iter arripuit quasi Atrebatis venturus, re autem vera Flan-/dris petiturus. Balduinus Atrebatis iter arripiens per aliam viam antecessit regem venitque in bruociam, atque ita rex sine aliquo effectu rediit ad loca sua. Nam antea Walkerus eius consobrinus castrum Ludunensium, quod a rege perceperat, per tirannidem obtinuit, sed rex castellum obsedit ipsamque civitatem mox cepit. Et post paucos dies diiudicatus, sed rex non sibi praevidit, capite eum iussit truncari. Hocque actum est, antequam rex Flandras pergeret. Nam Balduinus per Evrebertum inter se et Walkerum pacem fecit, quae pax illi abstulit vitam.

Nortmanni vero a Luvanio regressi, videntes omne regnum fame atteri, relicta Francia tempore autumni mare transierunt. Franci vero, qui dudum Odoni regi infesti fuerant, sociatis sibi aliis, ut possent compleri quae volebant, suaserunt regi, ut relicta Francia hiemandi gratia peteret Aquitaniam, ut Francia, quae tot annis afflicta erat, aliquatenus recuperare posset; et quia Ramnulfus obierat, et quia Ebulus et Gotbertus ab illo disciverant, eos aut sibi resociaret aut de regno suo pelleret aut vita privaret. Ille cre/dulus factus consilium adquievit eorum, nescius, quae mala sibi parabant. At ubi fines attigit Aquitaniae, Ebulus, eius adventum praesciens, in fugam versus inter-

König Odo aber gab zur Antwort, er solle zuerst ihn über sein Eigentum Herr werden lassen, das ihm Gott gegeben habe, und er solle zu ihm kommen im Vertrauen darauf, daß er an ihm einen zu ihm gütigen Meschen finden werde. Balduin wollte jedoch hierauf nicht eingehen und der König schickte wieder und wieder Gesandte; aber sie richteten nichts aus. Seitdem fing Balduin an, gegen den König feindlich aufzutreten. Während er nun seinen Bruder zu Arras zurückließ, zog er selbst noch vor der Fastenzeit nach Flandern.

Am Montag[1] aber vor Ostern widerfuhr uns ein Unglück, das nicht wieder gut gemacht werden kann. Um die sechste Stunde des Tages nämlich brach in dieser Burg Feuer aus und zerstörte dort die Kirchen des hl. Vedastus, des hl. Petrus und der hl. Maria; während dieses Feuers wurden uns auch alle Reliquien der Heiligen gestohlen und die ganze Burg sank in Schutt und Asche. Darnach kam große Hungersnot und Unfruchtbarkeit des Landes über uns, so daß die Bewohner des Landes wegen zu großen Hungers ihre Heimatorte verließen.

Darauf baute Balduin die Burg wieder auf und rüstete sich zum Widerstand. Die Bischöfe aber bannten ihn. Nun schlug König Odo mit dem Heer, das er gesammelt hatte, zunächst den Weg nach Arras ein, in Wahrheit aber hatte er die Absicht, nach Flandern zu ziehen. Balduin jedoch brach schleunigst von Arras auf und überholte auf einem andern Wege den König und kam in das Bruch; und so kehrte dieser König ohne jeden Erfolg wieder nach seinem Lande zurück. Schon vorher hatte einer seiner Verwandten, Walker, die Burg Laon, die er vom König erhalten hatte, seiner eigenen Gewalt unterworfen; der König jedoch belagerte die Burg und nahm bald diese Stadt ein. Und wenige Tage darauf wurde er verurteilt, der König aber begnadigte ihn nicht, sondern ließ ihm den Kopf abschlagen. Dies geschah, ehe der König nach Flandern zog. Balduin hatte nämlich mit Walker durch Everberts Vermittlung Frieden geschlossen, und dieser Friede kostete dem Walker das Leben.

Als die Normannen auf dem Rückweg von Laon sahen, daß das ganze Reich unter der Hungersnot litt, verließen sie zum Herbst Francien und fuhren übers Meer. Die Franken, die schon lange dem Odo feindlich gesinnt gewesen waren, verbanden sich, um ihre Pläne auszuführen, mit andern und rieten dem König, Francien zu verlassen und zum Überwintern nach Aquitanien zu gehen, damit das seit so viel Jahren schwer betroffene Francien sich wieder etwas erholen könne; und zwar möge er, da Ramnulf gestorben und Ebulus sowie Gozbert von ihm abgefallen waren, dieselben entweder wieder für sich gewinnen oder aus seinem Reiche vertreiben oder ihnen das Leben nehmen. Er glaubte das und folgte ihrem Rat, ohne zu wissen, was sie gegen ihn Böses vorbereiteten. Als er nun aber an die Grenzen Aquitaniens kam, ergriff Ebulus, von seiner Ankunft vorher benachrichtigt, die Flucht, wurde aber bei einer Burg

[1] 17. April.

fectus est iuxta quoddam castellum lapide; frater quoque eius Gozbertus post haec obsessus atque in brevi vitam finivit.

Anno Domini DCCCXCIII. Franci qui in Francia remanserant, ut inimicitias et odium, quod habebant contra Odonem regem, panderent, Remis adunati consilium inierunt adversus eum, ut die purificationis sanctae Mariae[1] in eodem iterum convenirent loco et quod invicem firmaverant manifestis indiciis demonstrarent. Mittunt itaque et Karolum regis Hludowici filium, adhuc puerulum, ad dictum placitum venire fecerunt et die supra dicto Remis adunati eum in paterno solio benedictum in regem collocant, omnesque coniurant adversus Odonem regem. Fama itaque citius volans quod factum est Odoni regi innotuit. Ipse vero, ut tunc conveniens fuerat, Aquitaniam degens ad eos qui sibi fideles erant in Francia mandavit, ut constantes essent, in suaque poscit permanere fide. Post pascha Domini[2] Fulcho archiepiscopus et Heribertus comes assumentes Karolum regem cum omni exercitu disponunt ire contra Odonem regem, veneruntque contra eos Richardus, Willelmus et Hadamarus, habuerunt/que exercitum copiosum. Contra quos rex Odo venire non distulit. Misitque ad eos qui cum Karolo erant mandans, ut quicquid in eis deliquissent per suum eis vadium emendarent et memores essent sacramenti quae sibi iuraverant. Atque ita actum est, ut sine aliquo effectu unusquisque rediret in sua. Karolus cum suis reversus in Francia; Odo vero remansit in Aquitania. Messivo tempore Odo rex subito Franciam veniens Karolum cum suis e regno abire coegit. Septembrio vero mense Karolus cum suis redit in Francia inprovise, atque intercurrentibus nuntiis invicem pacem faciunt usque in pascha. Atque ita Odo rex Compendio ivit. Karolus vero cum Fulcone Remis repedavit.

Anno Domini DCCCXCIIII. Denique post pascha adunato exercitu Odo rex disponit ire Remis contra Karolum eiusque fidelibus. Hi vero qui ab eo disciverant Remis cum suo adunantur rege. Odo vero rex veniens castra adversus eos posuit. Cumque hi qui cum Karolo erant viderent se non habere unde ei resistere, civitate munita custodibusque delegatis, sub obtentu pacis acceptis a Rothberto obsidibus,noctu civitatem egressi cum suo rege ad Arnulfi regis auxilium cum suo rege se contulerunt. Arnulfus vero rex benigne suum excepit consobrinum eique regnum paternum concessit adiutoresque ei delegavit hos qui

[1] 2. Februar.

durch einen Steinwurf getötet; auch sein Bruder Gozbert wurde darnach eingeschlossen und endete in kurzem sein Leben.

Im Jahre des Herrn 893. Die in Francien zurückgebliebenen Franken kamen in der Absicht, ihrer Feindschaft und ihrem Haß gegen König Odo Luft zu schaffen, in Reims zusammen und faßten gegen ihn den Beschluß, am Tage der Reinigung Mariä[1] wieder an diesem Orte zusammenzutreffen, um dann, was sie jetzt untereinander verabredet hatten, durch offenkundige Zeichen darzutun. Also schickten sie Leute aus und ließen Karl, Ludwigs Sohn, der noch ein Knabe war, zu dieser Versammlung kommen; und als sie am obengenannten Tage abermals zu Reims zusammenkamen, ließen sie Karl als Nachfolger auf dem väterlichen Thron weihen und setzten ihn zu ihrem König ein. Und alle verschworen sich gegen König Odo. – Nun eilte das Gerücht schnell dahin und brachte dem König Odo Kunde von dem Geschehenen; da er sich nun aber nach dem früheren Übereinkommen in Aquitanien aufhielt, so ließ er seine Getreuen in Francien auffordern, fest zu bleiben und verlangte, daß sie in der Treue zu ihm beharrten. Nach Ostern[2] nun brachen Erzbischof Fulcho und Graf Heribert unter Mitnahme des Königs Karl mit dem ganzen Heere gegen König Odo auf; und Richard, Wilhelm und Hademar kamen ihnen mit einem beträchtlichen Heer entgegen. König Odo aber zauderte nicht, gegen sie zu ziehen, und schickte Botschaft an die, welche mit Karl waren, sie sollen das, was sie wider ihn verschuldet hatten, büßen und des Eides eingedenk sein, den sie ihm geschworen hatten. Und es endete damit, daß man auf beiden Seiten ohne Entscheidung wieder umkehrte. Karl zog mit den Seinigen nach Francien zurück, Odo aber blieb in Aquitanien. Zur Erntezeit aber kam König Odo plötzlich nach Francien und zwang Karl mit den Seinigen, das Reich zu verlassen. Im September jedoch kam Karl mit den Seinigen unvermutet nach Francien, und indem Boten hin- und hergingen, schlossen sie miteinander Frieden bis Ostern. Und so begab sich König Odo nach Compiègne; Karl aber kehrte mit Fulcho nach Reims zurück.

Im Jahre des Herrn 894. Nach Ostern nun beschloß König Odo, nachdem er ein Heer gesammelt hatte, nach Reims gegen Karl und seine Getreuen zu ziehen; die aber, welche von ihm abgefallen waren, sammelten sich zu Reims um ihren König. Und König Odo kam heran und schlug ihnen gegenüber sein Lager auf. Da nun Karls Parteigänger sahen, daß sie nicht stark genug waren, um Odo Widerstand zu leisten, zogen sie eines Nachts mit ihrem König aus der Stadt, nachdem sie diese befestigt und Wachmannschaften bestellt, auch von Rotbert unter dem Vorwand der Friedensunterhandlung Geiseln erhalten hatten, und begaben sich mit ihrem König in den Schutz des Königs Arnulf. König Arnulf aber empfing seinen Vetter sehr wohlwollend, gewährte ihm sein väterliches Reich

[2] 8. April.

erant ex superiori[1] Francia. Qui reversi ab Arnulfo Odonem in regno inveniunt eos cum suo expectantes exercitu supra Axonam fluvium. Sed hi qui erant cum Karolo ex parte Arnulfi cum Odone rege amicitiam habebant. / Resederuntque et illi ex alia parte dicti fluminis, nulloque peracto negotio unusquisque rediit in sua. Odo vero rex remansit in Francia, Karolus vero contulit se ad Richardum; quem insecutus Odo rex, volens determinare bello finem discordiae. Verum pietas Dei non concessit sanguinem finem litis finiri. Per idem tempus Teutboldus Lingonicae urbis episcopus excecatus est a Manasse Richardi dilecto. Odo rex iterum rediit in Franciam, Karolus vero cum suis in Burgundiam quo poterant morabantur.

Anno Domini DCCCXCV. Constricti vero hi qui sequebantur Karolum – nam Odo rex eis quicquid in Francia habuerant tulerat – Burgundiam acriter depopulati sunt. Venitque clamor eorum ad aures Arnulfi regis. Qui missos in Franciam mittens iussit, ut Odo et Karolus ad eum venirent, quatinus tantae calamitatis malum inter eos finiret. Verum hi qui Karoli partibus favebant ab ipsa profectione suum retinuere regem missosque suos ad regem dirigunt Arnulfum. Odo vero rex strenuis secum assumptis viris ire ad regem perrexit Arnulfum multisque honoribus eum honoravit. Rex vero illum cum honore excoepit atque cum laetitia ad sua remisit, filiumque suum rex Arnulfus in praesentia Odoni regis nomine Zuendebolchum benedici in regem fecit eique concessit regnum quondam Hlotharii.

Cumque Odo rex rediret ab Arnulfo, Fulchonem archiepiscopum, qui pergebat ad Arnulfum, in itinere / obviant; qui vix fuga lapsus est, interfecto Adalungo comite, qui cum eo erat. At hi qui cum Karolo erant conferunt se ad Zuendebolchum eique partem regni consentiunt, uti veniat et iuvet Karolo suo consobrino. Quod audiens Odo rex, quia sui fatigati erant, quasi ignorans hoc Sequanam transiit. Zuendebolchus vero rex et Karolus cum exercitu veniunt Laudunumque obsidione cingunt. Balduinus vero comes et Hrodulfus frater eius necnon et Ragnerus non bono consilio accepto Karolum reliquerunt et se ad Zuendebolchum contulerunt. Hi vero qui cum Karolo erant videntes se inminui et, ut ferunt, quia Zuendebolchus cum suis Karolum privari vitam cogitabant, ab ipsa obsidione legatos ad Odonem mittunt, ut partem regni, qualemcumque ei placuerit, Karolo et eis consentiat atque eos in pace recipiat. Quod rex libentissime annuit, indeque adunato

und bestimmte ihm zur Unterstützung die, welche aus dem obern[1] Francien waren. Auf dem Rückweg von Arnulf stießen sie auf Odo, der sie in seinem Reiche an der Aisne mit seinem Heere erwartete. Die aber, welche von Seiten Arnulfs bei Karl waren, hielten mit König Odo Freundschaft. Und auch jene blieben auf dem andern Ufer des genannten Flusses stehen. So kehrte jeder um, ohne daß irgend etwas erreicht worden war. König Odo blieb in Francien, Karl aber begab sich zu Richard; ihm folgte König Odo in der Absicht, durch die Waffen ein Ende des Streits herbeizuführen. Gottes Erbarmen aber ließ nicht zu, daß durch Blut der Streit entschieden wurde. Um dieselbe Zeit wurde Bischof Teutbold von Langres von Manasse, einem Getreuen Richards, geblendet. König Odo kehrte wiederum nach Francien zurück, Karl aber blieb mit den Seinigen in Burgund, wo sie konnten.

Im Jahre des Herrn 895. In der Bedrängnis aber, in der sich Karls Anhänger befanden – denn König Odo hatte ihnen alles genommen, was sie in Francien besaßen, – verheerten sie grausam Burgund. Und ihr Geschrei kam zu König Arnulfs Ohren; dieser aber schickte Gesandte nach Francien und ließ Odo und Karl zu sich kommen, um diesem Zustand des Elends ein Ende zu machen. Jedoch Karls Anhänger hielten ihren König von dieser Reise ab und schickten nur ihre Gesandten an König Arnulf. König Odo dagegen machte sich mit einer auserlesenen Schar tapferer Männer auf und kam zu König Arnulf, dem er große Ehren erwies. Der König aber empfing ihn ehrenvoll und schickte ihn mit Freuden wieder in sein Land zurück. Und in Gegenwart König Odos ließ König Arnulf seinen Sohn Zwendebolch zum König weihen und gab ihm das Reich, das einst Lothar gehört hatte.

Als König Odo von Arnulf nach seinem Reich zurückkehrte, begegnete er unterwegs dem Erzbischof Fulcho, welcher auf der Reise zu Arnulf war. Dieser konnte sich durch die Flucht kaum retten, während sein Begleiter, Graf Adelung, getötet wurde. Karls Anhänger begaben sich zu Zwendebolch und boten ihm einen Teil des Reichs unter der Bedingung, daß er komme und seinem Vetter Karl helfe. Als dies König Odo hörte, überschritt er, da die Seinigen erschöpft waren, als wüßte er nichts davon, die Seine. König Zwendebolch nun und Karl kamen mit einem Heer und belagerten Laon. Graf Balduin aber und sein Bruder Rodulf sowie Reiner verließen übelm Rate folgend Karl und begaben sich zu Zwendebolch. Da nun Karls Parteigänger sahen, wie ihre Zahl sich verminderte – und wie es heißt, plante Zwendebolch mit den Seinigen, dem Karl das Leben zu nehmen, – schickten sie von der Belagerung weg Gesandte an Odo, er solle Karl und ihnen vom Reiche einen Teil, welchen er wolle, zugestehen und sie wieder zu Frieden annehmen. Hierauf ging der König bereitwilligst ein, sammelte ein Heer und kam nach Francien zurück. Als

[1] oder: östlichen.

exercitu in Franciam repedavit. Ut Zuendebolcho nuntiatum est, qui iam a Lauduno recesserat, episcopo Didone indutias sub spetie pacis petendo, et quia primores Karoli videbat non ita esse erga se ut fuerant, velociter reversus est in regnum suum.

Odo vero rex Corbeiam venit indeque Atrebatis castrumque seu monasterium sancti Vedasti obsidione vallavit. Sed miseratus Christianitati noluit eum bellando capere. Homines vero Balduini, videntes ei non posse resistere, pacem petunt, obsides regi dant, ad / suum dirigunt seniorem, ut, quid illis agendum sit, insinuet. Et dum moram facit his qui missus fuerat, rex iussit sibi aperiri portas, ingressusque monasterium seu castellum ad limina perrexit sancti Vedasti coramque eius sepulchro humi prostratus devotissime oravit ac uberrime flevit, inibi etiam missam audivit, gratias agens Deo. Venerunt etiam a parte Karoli et primorum eius Heribertus et Herkengerus et Hekfridus propter dictam rationem. Missi vero Balduini regressi cum Rotberto egerunt ea quae senior illorum iussit. Statimque rex iussit illis reddi claves castelli omnesque suos iussit exire, et ita homines Balduini recipere ipsum castrum. Rex vero ab Atrebatis disponit ire ad Sanctum Quintinum et Perronam. Nam Sancti Quintini castrum, per noctem tradendo eum abintus, tulerat Rodulfus filio Theoderici. Sed intercurrentibus nuntiis distulit rex profectionem et Karoli fidelibus indixit placitum usque post pascha, ut hieme sine discordiis agerent.

Anno Domini DCCCXCVI. Odo rex in Francia hiemavit, Karolus vero rex supra Mosellam. Exhinc hi qui cum Karolo erant Balduinum infestum habuere, et ubique depraedationes agebantur ab eis. Nam omnia castella tulerat eis Odo rex, excepto Remis. Igitur per varia placita totus hic annus pertransiit. Odo rex placitum cum suis fidelibus habuit, volens partem regni, quam eius fideles tenuerant, Karolo concedere. Sed Rodulfus comes omne illud placitum disrupit; unde Heribertus et Herkengerus, omnibus iam perditis, contulerunt se ad regem Odonem, paucique relicti sunt cum / Karolo. Post haec Odo rex castrum Sancti Quintini et Perronam obsedit hominesque Rodulfi inde eiecit. Fulcho vero archiepiscopus, qui adhuc favebat partibus Karoli, circumventus a fidelibus Odonis et, licet invitus, venit ad regem et de omnibus quae ei rex iussit satis illi fecit. Karolus vero hoc audito secessit in regnum Zuendebolchi.

Ac per idem tempus iterum Nortmanni cum duce Hundeo nomine

dies Zwendebolch vernahm, der schon von Laon weggezogen war, kehrte er, da Bischof Dido unter dem Vorwand der Friedensunterhandlung um Waffenstillstand bat, und weil er sah, daß die Großen Karls ihm gegenüber nicht so waren wie vorher, eilends in sein Reich zurück.

König Odo aber kam nach Corbie und weiter nach Arras und belagerte die Burg und das Kloster des heiligen Vedastus; doch wollte er es aus Mitleid mit der Christenheit nicht mit den Waffen erobern. Da nun die Leute Balduins sahen, daß sie ihm nicht widerstehen konnten, baten sie um Frieden, gaben dem König Geiseln und schickten an ihren Herrn, damit er sie anwiese, was sie tun sollten. Und da der, welcher gesandt war, ausblieb, ließ sich der König die Tore öffnen und zog in das Kloster und in die Burg ein, begab sich zu den Schwellen des hl. Vedastus und an dessen Grab sich zur Erde niederwerfend, betete er aufs eifrigste und vergoß viele Tränen; auch hörte er daselbst, Gott Dank sagend, eine Messe. In der besagten Angelegenheit aber erschienen von seiten Karls und seiner Großen Heribert, Herkenger und Hekfrid. Mit Rotbert aber kamen Abgesandte Balduins zurück und taten, was ihnen ihr Herr befohlen hatte. Und alsbald gebot der König, dem Rotbert die Schlüssel der Burg zurückzugeben, und befahl allen seinen Leuten, sie zu verlassen: so kamen die Leute Balduins wieder in den Besitz der Burg. Der König aber beschloß, von Arras nach St. Quentin und Peronne zu ziehen; denn die Burg St. Quentin hatte Rodulf nächtlicherweile durch inneren Verrat dem Sohn des Theoderich entrissen. Indem aber Boten hin- und hergingen, verschob der König seinen Zug und beschied die Getreuen Karls erst nach Ostern zu einer Versammlung, um den Winter ohne Streitigkeiten zu verbringen.

Im Jahre des Herrn 896. König Odo überwinterte in Francien, König Karl aber an der Mosel. Von hier befehdeten Karls Anhänger den Balduin und überall wurden von ihnen Verheerungen angerichtet. Denn König Odo hatte ihnen alle Burgen außer Reims genommen. Dieses ganze Jahr verging nun mit verschiedenen Versammlungen. König Odo hielt eine Versammlung mit seinen Getreuen, indem er an Karl den Teil des Reichs abtreten wollte, den seine Getreuen besessen hatten. Graf Rodulf aber sprengte diese ganze Versammlung; darauf begaben sich Heribert und Herkenger, indem sie nun alles verloren gaben, zu König Odo, und nur wenige blieben bei Karl. Weiterhin belagerte König Odo die Burg St. Quentin und Peronne und vertrieb die Leute Rodulfs daraus. Erzbischof Folcho aber, der bisher auf Karls Seite gestanden hatte, kam, da er sich von den Getreuen Odos eingeschlossen sah, notgedrungen zum König und tat demselben in allem Genüge, was er ihm befahl. Als dies Karl hörte, enteilte er nach dem Reiche Zwendebolchs.

Um diese Zeit drangen wiederum die Normannen unter ihrem Herzoge Hundeus auf fünf Barken in die Seine ein. Und da der König seine Tätigkeit auf andere Dinge richtete, verschlimmerte er noch seine und des Rei-

et quinque barchis iterum Sequanam ingressi; et dum rex ad alia intendit, magnum sibi et regno malum accrescere fecit. Rodulfus vero in ira commotus propter castella perdita, dum depraedari non cessat abbatiam sancti Quintini, ab Heriberto in bello occiditur. Nortmanni vero iam multiplicati paucis ante nativitatem Domini diebus Hisam ingressi Cauciaco sedem sibi nullo resistente firmant.

Anno Domini DCCCXCVII. Post haec usque Mosam in praeda exierunt, nullo sibi resistente. A praeda vero illis revertentibus occurrit regis exercitus, sed nil profecerunt. Verum Nortmanni ad naves reversi, timentes multitudinem exercitus, ne obsiderentur, in Sequanam redierunt, ibique toto demorantes aestate praedas agebant, nullo sibi resistente. Karolus vero Hundeum ad se deductum Duninio[1] monasterio in pascha[2] eum de sacro fonte suscepit.

Verum post haec hi qui cum Karolo erant, videntes suam paucitatem et nullum tutum habere locum refugii, iterum ad Odonem regem dirigunt, quatinus ad memo/riam reduceret, quod senior eorum filius esset sui quondam senioris, et partem aliquam ei ex paterno regno concederet. At vero rex cum consilio suorum respondit se illi velle misereri, si sibi liceret; et intercurrentibus nuntiis venit Karolus ad eum; quem ille benigne suscepit, deditque ei tantum e regno, quantum sibi visum fuit, promisitque maiora et remisit eum ad locum suum, pacificato Heriberto cum eo. Balduinus etiam Rothberto faciente venit ad regem; quem rex honorifice suscepit, et de omnibus quae iusserat illi rex satis illi fecit, et ita remisit eum rex ad sua. Nortmanni vero iam in multitudine fidentes omnes reliquias regni ferro et igne devastant. Unde rex misit ad eos, regnum redimere volens; et facto placito super Ligerem hiemandi gratia pergunt. Odo vero rex venit ad quoddam castrum super fluvium Isam, quod Fera dicitur, ibique graviter infirmari coepit. Qui dum languor per dies singulos incresceret, omnibus rogare coepit, ut Karolo servarent fidem.

Anno Domini DCCCXCVIII. Obiit ipse in eodem loco Kalendis Ianuarii, corpusque eius apud Sanctum Dionisium delatum ibique honorifice humatum. Franci vero rege mortuo die...[a]). Remis conveniunt Karolumque in sede paterna restituunt. Balduinus vero propter Heribertum venire distulit, attamen missos dirigit, qui regi innotescerent se illi fidelem esse, sicut dignum erat.

[a]) Tagesangabe ausgefallen.

ches üble Lage. Rodulf aber, in Zorn entbrannt wegen des Verlusts der Burgen, verheerte unablässig die Abtei des hl. Quintinus, bis er endlich im Kampf durch Heribert getötet wurde. Die Normannen, inzwischen schon bedeutend vermehrt, drangen wenige Tage vor Weihnachten in die Oise ein und schlugen, ohne Widerstand zu finden, ihren festen Sitz in Choisy auf.

Im Jahre des Herrn 897. Darauf zogen sie bis zur Maas auf Beute aus, ohne Widerstand zu finden. Als sie aber von ihrem Beutezug heimkehrten, trat ihnen das Heer des Königs entgegen; aber es richtete nichts aus. Nachdem jedoch die Normannen ihre Schiffe wieder erreicht hatten, kehrten sie, aus Furcht vor der Stärke des königlichen Heeres, um nicht eingeschlossen zu werden, in die Seine zurück. Hier blieben sie den ganzen Sommer und machten Beute, ohne Widerstand zu finden. Karl aber hob den Hundeus, der zu ihm geführt wurde, im Kloster Duninium[1] zu Ostern[2] aus der Taufe.

Nun schickten Karls Anhänger im Blick auf ihre geringe Anzahl und den Mangel an einem sicheren Zufluchtsort wiederum an König Odo, er solle daran denken, daß ihr Herr der Sohn ihres ehemaligen Herrn sei, und ihm deshalb ein Stück des väterlichen Reiches zugestehen. Hierauf erwiderte der König nach Beratung mit den Seinigen, er wolle Erbarmen mit ihm haben, wenn es ihm möglich sei. Und indem Gesandte hin- und hergingen, kam Karl zu ihm. Er empfing ihn gütig, gab ihm so viel vom Reich, als ihm angemessen erschien, stellte ihm noch mehr in Aussicht und entließ ihn darauf wieder nach Hause, nachdem er ihn noch mit Heribert ausgesöhnt hatte. Auch Balduin kam auf Betreiben Rotberts zum König; dieser empfing ihn ehrenvoll und er tat dem König in allem, was dieser ihn geheißen hatte, Genüge. Darauf entließ ihn der König wieder nach Hause. Die Normannen aber verwüsteten im Vertrauen auf ihre Überzahl alle übrigen Teile des Reichs mit Feuer und Schwert. Da schickte der König zu ihnen, um das Reich loszukaufen, und nachdem ein Vertrag abgeschlossen, zogen sie nach der Loire, um hier zu überwintern. König Odo aber kam nach der Burg la Fère sur Oise und fiel hier in schwere Krankheit. Und als sich diese von Tag zu Tag verschlimmerte, richtete er an alle die Bitte, daß sie Karl die Treue halten möchten.

Im Jahre des Herrn 898 starb dieser an demselben Orte am 1. Januar, und sein Leichnam wurde nach St. Denis gebracht und hier ehrenvoll bestattet. Nach dem Tode des Königs aber versammelten sich die Franken am... zu Reims und setzten Karl wieder auf den väterlichen Thron. Balduin nahm Heriberts wegen Anstand zu kommen; doch schickte er Abgesandte, die dem König mitteilen sollten, er sei treu, wie es sich gebühre.

Die Normannen aber kehrten im Frühjahr zu ihren Schiffen zurück, nachdem sie einen Teil Aquitaniens und Neustrien verwüstet, dazu sehr

[1] Sonst nicht bekannt. [2] 27. März.

Nortmanni vero verno tempore rediere ad naves, vastatam Aquitaniae partem atque Neustriam, insuper plurima eversa castra, interfectis habitatoribus. Post haec Rothbertus comes, frater regis Odoni, venit ad / regem; quem rex honorifice suscepit, eiusque fidelis effectus rediit ad sua. Similiter fecit et Richardus, insuper et Willelmus. Post haec rex Karolus cum exercitu parvo Nortmannis a praeda revertentibus in pago Vitmau iuxta quandam[a]) insecutus, aliquibus suorum interfectis plurimisque vulneratis, Nortmanni more solito loca inoportuna tenentes rediere ad naves.

Hiemis vero tempore Burgundiam petierunt ibique sedem sibi statuunt ad hiemandum. Sed Richardus comes noctu in natale sanctorum Innocentium[1] commisit cum eis proelium et victor existens compulit eos redire in Sequanam. Ragnerus vero comes venit ad regem Karolum et fidem ei promittens suasit illi atque suis fidelibus invadere regnum Zuendebolchi. / Sed ille suis adunatis fidelibus venit contra Karolum, nuntiisque discurrentibus inter eos, Karolus nullo peracto negotio rediit in regnum suum.

Anno Domini DCCCXCVIIII. Balduinus vero contra regis voluntatem Perronam invasit, sed sub celeritate amisit. Post haec mense Novembrio Nortmanni quasi sedem sibi firmandam super Hisam iter arripientes omnem terram pervagati sunt usque Mosam, insecutusque est eos Zuendebolchus rex, sed non comprehendit eos. Karolus rex obsedit castrum Sancti Vedasti, et habitatoribus excommunicatis omnibus, hi qui ipsum castrum tenebant missos dirigunt ad Balduinum et, quamvis non voluntarie, obsides regi dederunt, dato spatio ad sua exportanda. Ad dictum vero placitum rediit rex, venitque ad eum Balduinus in pago Camaracense; et primitus pacificati sunt Karolus rex atque Zuendebolchus, et reddidit Balduinus regi castrum et suos exinde fecit exire; quem rex dedit Altmaro comiti. In ipso etiam placito debuerunt se pacificari Heribertus et Balduinus, atque redierunt unusquisque ad sua loca.

[b]) Karolus vero rex aestivo tempore[2] super Hisam adunato exercitu resedit tractaturus, quid agerent de suis inimicis. Balduinus vero perrexit ad ipsum placitum, volens sibi regem reblandiri, ut terram, quam / ei tulerat, redderet. Cumque hoc contradiceret Fulcho atque Heribertus, Winetmarus inprovise superveniens Fulchoni archiepiscopo cum suis complicibus, quod dictum nefas est, multis perfossum vulneribus

viel Burgen zerstört und viele Menschen getötet hatten. Darauf kam Graf Rotbert, der Bruder des Königs Odo, zum König; und vom König ehrenvoll aufgenommen leistete er ihm den Eid der Treue und kehrte darauf in sein Land zurück. Ebenso tat Richard, und dann auch Wilhelm. Später folgte Karl den Normannen, als sie vom Beutemachen zurückkehrten, mit einem kleinen Heere im Gau Vimeux bis nach...; und obwohl einige der Ihrigen getötet und sehr viele verwundet wurden, hielten sich die Normannen nach ihrer Gewohnheit in unwegsamer Gegend und kehrten dann zu ihren Schiffen zurück.

Zur Winterszeit zogen sie nach Burgund und schlugen hier ihr Lager zum Überwintern auf; Graf Richard aber lieferte ihnen am Feste der unschuldigen Kindlein[1] in der Nacht eine Schlacht und zwang sie als Sieger zur Rückkehr in die Seine. Graf Rainer kam zu König Karl, gelobte ihm Treue und riet Karl und seinen Getreuen zu einem Einfall in das Reich Zwendebolchs. Dieser aber sammelte seine Getreuen und zog Karl entgegen; und als Gesandte zwischen ihnen hin und hergegangen waren, kehrte Karl, ohne irgend etwas ausgerichtet zu haben, in sein Reich zurück.

Im Jahre des Herrn 899. Balduin drang wider den Willen des Königs bis nach Peronne vor, verlor es aber in kurzem wieder. Darauf zogen die Normannen im November aus, um sich einen festen Sitz an der Oise zu schaffen, durchstreiften das ganze Land bis zur Maas und König Zwendebolch verfolgte sie, ohne sie einzuholen. König Karl belagerte die Burg des heiligen Vedastus, und nachdem alle Bewohner exkommuniziert worden waren, schickte die Burgbesatzung Abgesandte an Balduin; und sie gaben, wiewohl ungern, dem Könige Geiseln, nachdem ihnen eine Frist gewährt worden war, um das Ihrige herauszuschaffen. Der König aber kam zu der besagten Versammlung. Und im Gau von Cambrai fand sich Balduin bei ihm ein. Zuvörderst nun wurde der Friede zwischen König Karl und Zwendebolch hergestellt, und Balduin gab dem König die Burg zurück und veranlaßte den Abzug seiner Leute; der König aber gab sie dem Grafen Altmar. Auf dieser Versammlung mußten sich auch Heribert und Balduin versöhnen. Und jeder kehrte in sein Land zurück.

König Karl lagerte zur Sommerszeit[2] mit einem Heere, das er gesammelt hatte, an der Oise, um zu beraten, was er mit seinen Feinden tun sollte. Balduin aber begab sich an diesen Versammlungsort in der Absicht, den König wieder so geneigt für sich zu stimmen, daß er ihm das Land wiedergebe, das er ihm entzogen hatte. Und da Fulcho sowie Heribert dagegen sprachen, überfiel am 16. Juni Winemar mit seinen Genos-

[a]) Ortsangabe verderbt oder lückenhaft.

[b]) Die Zeitangabe Anno Domini DCCCC fehlt.

[1] 28. Dezember.

[2] Des Jahres 900.

interfecerunt XVI. Kal. Iulii, corpusque eius Remis delatum atque in aecclesia beati Remigii positum. Post haec ordinato episcopo Hereveo Remis synodoque facto, omnes interfectores episcopi damnaverunt et a liminibus sanctae matris aecclesiae extorres reddiderunt. Rex vero cum Rothberto et Richardo atque Heriberto coepit sermocinari de Nortmannis, quid agerent. Unde contigit quadam die, ut Manasses, quidam ex fidelibus Richardi, cum rege loquens quae illi non conveniebat de Rothberto locutus est. Quod ubi Rothberto nuntiatum est, ascenso equo rediit in sua, atque ita omnes discordantes sine ullo effectu reversi sunt unusquisque in sua.

sen unvermutet den Erzbischof Fulcho und verwundete ihn tödlich. Seine Leiche wurde nach Reims gebracht und in der Kirche des hl. Remigius bestattet. Später aber, nachdem Hereveus als Bischof von Reims eingesetzt und eine Synode berufen worden war, wurden alle Mörder des Bischofs verdammt und von den Schwellen der heiligen Mutter Kirche vertrieben. Der König aber trat mit Rotbert, Richard und Heribert in Beratung bezüglich der Normannen, was sie tun sollten. Da nun geschah es eines Tages, daß einer von den Getreuen Richards namens Manasse in der Unterhaltung mit dem König eine dem Rotbert ungünstige Äußerung fallen ließ. Als dies Rotbert erfuhr, setzte er sich zu Pferde und zog nach Hause zurück; und da sie alle untereinander uneins waren, kehrten sie unverrichteter Dinge ein jeder wieder in sein Land zurück.

ANNALES XANTENSES

XANTENER JAHRBÜCHER

Anno DCCCXXXI. Mense Octobri venit ad imperatorem Pippinus rex Aequitaniae et Bernhardus / comes Barcenonae civitatis, qui infideles deputabantur, ac fidem iuraverunt; et Pippinus de Aquis nocte fugiens abscessit. Eodem mense eclipsis lunae facta est. Legati Sarracenorum venerunt ad imperatorem ad[a]) pacem confirmandam et cum pace reversi sunt.

Anno DCCCXXXII. Mense Aprili eclipsis lunae fuit; et postea aestivo tempore, Ludewico imperatore morante apud Magontiam civitatem, obviam venit ei filius eius Lodewicus rex Beguariae, rebellare paratus contra patrem, et non potuit, sed fugiens abscessit. Persequente autem eum patre usque ad Augustam civitatem, necessitate conpulsus venit ad patrem et in pace dimissus est. Et inde rediens imperator ad Hispaniam[1] capere filium suum Pippinum, sed non potuit.

Anno DCCCXXXIII. Tempore enim aestivo convenerunt filii imperatoris in pago Alisacinse, Lutharius, Pippinus et Ludewicus, adducentes secum Gregorium papam. Ibique leudes imperatoris coniurationes suas postposuerunt, relinquentes autem eum solum, reversique sunt ad Lotharium, ei fidem iuramentis spoponderunt, et imperator verbo[b]) illorum coniuge simul et regno privatus, merens adflictusque in dominium filiorum advenit. Qui miserunt eum in custodiam puplicam in Suessionis civitate similiterque coniugem illius. Collatione autem eorum peracta, tripertitum est regnum Francorum, et domnus papa rediit in patriam suam, Lotharius mansit in Conpendio. Ceteri vero reversi sunt unusquisque in sua. /

Anno DCCCXXXIIII. Morante Ludewico imperatore in custodia, filius Ludewicus astute cogitans contra fratrem suum Lotharium, cui priori anno omnem fidem promiserat, insidias molitus est. Congregato exercitu suo festinus perrexit ad Suessiones patremque suum de claustris liberavit atque Iudith de custodia revocavit, direxeruntque aciem contra Mahtfridum atque Landbertum, principes Lotharii consules, ut eos vinctos ad se adducerent aut etiam gladio detruncarent. Qui-

Im Jahre 831. Im Oktober kam zum Kaiser König Pippin von Aquitanien und Graf Bernhard von Barcelona, die der Untreue beschuldigt wurden, und schwuren Treue; und Pippin entwich bei Nacht fliehend aus Aachen. Im selben Monat trat eine Mondfinsternis ein. Gesandte der Sarrazenen kamen zum Kaiser, um den Frieden zu bekräftigen, und kehrten in Frieden heim.

832. Im April war eine Mondfinsternis; und nachher im Sommer, als Kaiser Ludwig in Mainz weilte, zog ihm sein Sohn Ludwig, der König von Baiern, entgegen, zur Empörung wider den Vater entschlossen, und er konnte es nicht, sondern entwich fliehend. Als ihn aber der Vater bis nach Augsburg verfolgte, kam er notgedrungen zum Vater und wurde in Frieden entlassen. Und von da zog der Kaiser wieder nach Spanien[1], seinen Sohn Pippin zu fangen; aber er konnte es nicht.

833. Denn im Sommer trafen sich die Söhne des Kaisers im Elsaß, Lothar, Pippin und Ludwig, welche den Papst Gregor mit sich führten. Und dort setzten die Leute des Kaisers ihre Schwüre hintan, ließen ihn allein und wandten sich wieder zu Lothar; ihm gelobten sie eidliche Treue; aber der Kaiser, der nach ihrer Anordnung seine Gemahlin zugleich und seine Herrschaft hergeben mußte, kam trauernd und betrübt unter die Gewalt der Söhne. Sie schickten ihn in öffentliche Haft nach Soissons, ebenso seine Gemahlin. Als sie sich aber darüber besprochen hatten, wurde das Reich der Franken dreigeteilt, und der Papst kehrte in sein Vaterland zurück; Lothar blieb in Compiègne. Die übrigen aber zogen jeder heim.

834. Während Kaiser Ludwig in Haft war, plante sein Sohn Ludwig mit arglistigen Hintergedanken einen Anschlag gegen seinen Bruder Lothar, dem er im vorigen Jahr alle Treue gelobt hatte. Nach Vereinigung seines Heeres rückte er eilends nach Soissons, befreite seinen Vater aus der Haft und rief Judith aus dem Gewahrsam zurück; sie richteten ihre Waffen gegen Mahtfrid und Landbert als die Hauptratgeber Lothars, um sie gefangen mit sich zu führen oder auch mit dem Schwert zu töten. Da sie aber widerstanden, fielen die Angreifer in großer Zahl. Und daselbst kamen mit sehr vielen anderen Graf Uodo um und Abt Theodo. Aber Kaiser Ludwig und seine Gemahlin verfolgten Lothar, der sich end-

[a]) ad fehlt in der Handschrift.

[b]) überliefert ist vero.

[1] sollte heißen: Aquitanien.

bus resistentibus magna persecutores strage ceciderunt. Ibique cum aliis plurimis occisi sunt Uodo comes et Theodo abbas. Ludewicus vero imperator et coniunx eius persecuti sunt Lotharium, qui tandem venit ad eos cum suis omnibus, et fide facta ex utraque parte, tamen non firma, rediit unusquisque in sua. Interea, dum haec agerentur, inruerunt pagani in vicum nominatissimum Dorestatum eumque inmani crudelitate vastaverunt; et eo tempore regnum Francorum *infra semetipsum* valde *desola*tum est[1], et infelicitas hominum multipliciter cotidie augebatur. Eodem anno aquae inundaverunt valde super terram.

Anno DCCCXXXV. Mense Februario eclipsis lunae fuit. Ludewicus imperator cum convoco suo perrexit ad Burgundiam, ibique venit ad eum Pippinus filius eius. Interim autem iterum invaserunt pagani / partes Frisiae, et interfecta est de paganis non minima multitudo. Et iterum predaverunt Dorestatum.

Anno DCCCXXXVI. Mense Februario incipiente nocte mirandae acies apparuerunt ab oriente in occidentem. Iterum eodem anno pagani Christianos invaserunt.

Anno DCCCXXXVII. Ingens turbo ventorum frequenter erumpebat, et stella cometes visa est nimium ex se mittens fervorem in oriente coram humanis obtutibus quasi per tres cubitos, et pagani vastaverunt Walicrum multasque feminas inde abduxerunt captivas cum infinita diversi generis pecunia.

Anno DCCCXXXVIII. Hiemps pluvialis et ventosa valde, et mense Ianuario XII. Kal. Februarii tonitruum auditum est, similiterque mense Februarii XIIII. Kal. Martii tonitruum est auditum magnum, et nimis ardor solis terram urebat, et in quibusdam partibus terrae motus factus est, et ignis forma draconis in aere visus est. Eodem anno heretica pravitas orta est. Eodem anno V. nocte ante natale Domini fragor tonitrui magni auditus est et fulguris visus, et multis modis miseria et calamitas hominum cotidie augebatur.

Anno DCCCXXXVIIII. VII. Kal. Ianuariorum ingens venti turbo ortus est, ita ut fluctus maris valde inundabant supra terminos et litus, miserabiliter innumerabilem turmam humani generis in villis et vicis circumpositis simul cum edificiis consumpserunt. Classes enim in mari revertentes[a]) disruptae sunt, et flamma ignis supra totum mare visa est. Eodem anno VIII. Kal. Aprilis admirandae acies apparuerunt vesperascente die in caelo, in modum domus rotundae totum caeli am-

lich mit all den Seinen bei ihnen einfand; und nachdem von beiden Seiten Treue gelobt war, doch keine zuverlässige, kehrte ein jeder heim. Während dies geschah, brachen die Heiden in das hochberühmte Wyk bei Durstede ein und verwüsteten es mit ungeheurer Grausamkeit; und zu dieser Zeit ist das Reich der Franken in sich selber[1] sehr entkräftet worden, und das Elend der Menschen wuchs vielfach mit jedem Tage. In diesem Jahr traten die Gewässer weit über das Land aus.

835. Im Februar war eine Mondfinsternis. Kaiser Ludwig zog mit seinem gleichnamigen Sohn nach Burgund, und dort kam zu ihm sein Sohn Pippin. Inzwischen aber brachen wiederum die Heiden in Teile von Friesland ein, und von den Heiden wurde eine nicht geringe Menge erschlagen. Und sie plünderten abermals Durstede.

836. Im Februar waren bei Beginn der Nacht wunderbare Lichter von Osten nach Westen sichtbar. Wiederum brachen in diesem Jahr die Heiden über die Christen herein.

837. Gewaltige Wirbelwinde brachen häufig los, und ein Komet wurde gesehen mit einem großen Schweif im Osten vor den Blicken der Menschen wie von 3 Ellen Länge: und die Heiden verwüsteten Walcheren und führten viele Weiber von dort gefangen fort samt unermeßlichem Vermögen verschiedener Art.

838. Der Winter war sehr reich an Regen und Sturm, am 21. Januar hörte man Donner, ebenso wurde am 16. Februar starker Donner gehört und die Sonnenhitze brannte die Erde schwer; in einigen Gegenden gab es ein Erdbeben; und man sah Feuer in der Form eines Drachen in der Luft. In demselben Jahr begann eine ketzerische Irrlehre. In demselben Jahr in der 5. Nacht vor dem Geburtstag des Herrn wurde ein großer Donnerschlag gehört und der Blitz gesehen, und auf viele Arten wuchs täglich Jammer und Elend der Menschen.

839. Am 26. Dezember erhub sich ein ungeheurer Wirbelwind, so daß die Fluten des Meeres weit austraten über die Grenzen und Ufer und kläglich einen zahllosen Haufen Menschen in den herumliegenden Höfen und Weilern zugleich mit den Gebäuden wegrafften. Auch Flotten auf dem Meer wurden zertrümmert und man sah eine Feuerflamme über das ganze Meer hin. In demselben Jahre am 25. März erschienen wunderbare Lichtstreifen gegen Abend am Himmel, welche wie ein Rundbau den ganzen Umkreis des Himmels umzogen. In diesem Jahr kamen die Leiber der Heiligen Felicissimus und Agapitus und der heiligen Felicitas nach Vreden.

[a]) überliefert ist vertentes.

[1] Luc. 11, 17.

bitum circumducentes. Eo anno venerunt corpora sanc/torum Felicissimi et Agapiti atque sanctae Felicitatis in locum qui dicitur Fredenna.

Anno DCCCXL. Acies consimiles apparuerunt per duas simul noctes sicut hae quae in priore anno fuerunt. Et tercia Maii, id est tercia die rogationum, hora nona eclipsis solis facta est, et stellae manifestae sunt visae in caelo velut noctis tempore. Et postea mense Iunio, XI. Kal. Iulii [a]) Ludowicus imperator obiit in insula quadam parva Hereni fluminis contra villam regiam que vocatur Ingulunheim, absentibus liberis coniugeque eius, et ad Sanctum Arnulfum conditus est. Postea vero Lotharius imperator profectus est de Italia in Franciam concessum sibi a patre possidere regnum. Cui contra veniens predictus Ludewicus, frater illius, iterum intercapere regnum orientale; sed superveniente Lothario ultra Renum flumen, vix sine bello discesserunt a se. Postea vero Lotharius pergens cum exercitu contra Karolum. Et Ludewicus iterum congregato exercitu litus Rheni possidens. Quo comperto, Lotharius movens exercitum et clam apud Wormatiam civitatem predicto flumine transcenso, iterum Ludewicus fugiens in Beioariam.

Anno DCCCXLI. Videns Ludewicus, quod germanum superare nequibat, iunxitque se ad Karolum, ut per eius solatium predictum superaret imperatorem. Quod cum Lotharius percepisset, moto cum exercitu venit adversus eos in locum qui dicitur Alciodorum, et, quod dici dolor est, magna se cede ibidem Christiani in invicem debachati sunt. Eodem anno V. Kal. Augusti, feria V, claro sole circuli tres apparuerunt in caelo, similes visioni arcus, ambientes se alterutrum; sed minimus solem sibi medium circumcingens, qui tamen colore ceteris plenissimus videbatur. Maximus in occidente, cuius extrema pars solem tangere videbatur. Medius in aqui/lone, qui predictos duos aequaliter ambiebat. Sed tamen medius et maximus plus tenues minimo videbantur. Et nubecula parva in oriente et aquilone eadem specie circulorum longe ab his quasi in uno loco claruit. Ante horam diei terciam visi sunt et usque post meridiem permanserunt. Eodem anno per totam Saxoniam potestas servorum valde excreverat super dominos suos, et nomen sibi usurpaverunt Stellingas et multa inrationabilia conmiserunt. Et nobiles illius patriae a servis valde afflicti et humiliati sunt.

Anno DCCCXLII. Quadragesimali tempore stella in occidente maiorem consueto radium ab oriente habens. Et Lotharius vastata Gallia

840. Lichtstreifen erschienen zwei Nächte hindurch ähnlich wie im vorigen Jahr. Und am 3. Mai, d. i. am 3. Tage der Litanien, in der 9. Stunde trat eine Sonnenfinsternis auf und man sah die Sterne deutlich am Himmel wie bei Nacht. Und nachher, am 21. Juni starb Kaiser Ludwig auf einer kleinen Rheininsel gegenüber dem Königshof Ingelheim in Abwesenheit seiner Kinder und seiner Gemahlin und wurde bei dem hl. Arnulf begraben. Hernach aber kam Kaiser Lothar von Italien nach Francien, um das vom Vater ihm bewilligte Reich in Besitz zu nehmen. Gegen ihn zog der oben genannte Ludwig, sein Bruder, um wiederum das Ostreich an sich zu nehmen; aber als Lothar über den Rhein kam, trennten sie sich mit Mühe ohne Kampf. Hernach aber zog Lothar mit Heeresmacht gegen Karl. Und Ludwig sammelte abermals ein Heer und besetzte das Rheinufer. Auf die Nachricht hiervon brach Lothar auf, und als er unbemerkt bei Worms über den genannten Fluß setzte, floh Ludwig wiederum nach Baiern.

841. Ludwig sah, daß er den Bruder nicht überwinden konnte, und verband sich mit Karl, um durch dessen Hilfe den vorgenannten Kaiser zu überwinden. Als Lothar dies erfahren hatte, brach er mit dem Heere auf und zog gegen sie nach Auxerre, und dort haben, was zu sagen schmerzlich ist, die Christen mit großen Blutbad gegeneinander gewütet. In demselben Jahre, am Donnerstag den 28. Juli, zeigten sich bei heller Sonne drei Ringe am Himmel wie der Anblick des Regenbogens, der eine um den anderen; der kleinste aber legte sich um die Sonne in seiner Mitte und erschien dennoch voller an Farbe als die beiden andern; der größte im Westen, dessen Rand die Sonne zu berühren schien; der mittlere im Norden, welcher die genannten zwei gleichmäßig umgab. Aber der mittlere wie der größte erschienen doch viel schwächer als der kleinste. Und ein kleines Wölkchen im Nordosten erglänzte in demselben Schein wie die Ringe, fern von diesen an einer Stelle. Die Erscheinung begann vor der 3. Stunde des Tages und dauerte bis Nachmittag. In demselben Jahr war durch ganz Sachsen die Macht der Knechte weit hinausgewachsen über ihre Herren und sie legten sich den Namen Stellinge bei und begingen viel Unverantwortliches. Und die Edlen jenes Landes wurden von den Knechten sehr geschädigt und erniedrigt.

842. In der Fastenzeit hatte ein Stern im Westen einen ungewöhnlich hellen Strahl im Osten. Lothar kehrte nach Verwüstung Galliens nach Aachen zurück. Und nachher im Sommer, als Ludwig und Karl den Gau Wormsfeld geplündert hatten, zogen sie durch die Enge des rauhen Huns-

[a]) Julii fehlt in der Handschrift.

rediens ad Aquis. Et postea aestivo tempore Ludewicus et Karolus, predato pago Vangionensium, per angustum iter asperum Gronneorum[1] Confluentes civitatem petierunt. Ibique hostiliter venit Lotharius contra eos. Sed cum vidisset, quod a suis deceptus esset, fugiens usque Lingonas[2] pervenit ibique viribus resumptis consedit. Prefati vero / reges, vastata omni regione Ripuariorum, insequentes eum usque ad predictum locum. Illicque, intervenientibus viris strenuis, iterum tripertito regno Francorum, in pace, tamen non firma, discesserunt a se, Lotharius ad Aquis, Karolus in Galliam, Ludewicus in Saxoniam et servos Saxonum superbe elatos nobiliter afflixit et ad propriam naturam restituit.

Anno DCCCXLIII. Prefati III reges miserunt legatos suos proceres, unusquisque ex parte sua, ut iterum per descriptas mansas aeque tripertirent regnum Francorum. Cumque et inter illos dissensio facta est, venerunt ipsi reges in unum locum et dissonantiam illorum coadunaverunt, et separati sunt a se. Eodem anno Iudhit imperatrix, mater Karoli, predata a filio substantia omni Turonis civitate migravit a seculo.

Anno DCCCXLIIII. Gregorius papa migravit de seculo, et successit in locum illius Sergius papa. Et Bernhardus comes a Karolo est occisus. Et Pippinus rex Aquitaniae, filius Pippini, una cum filio Bernhardi hostem Karoli valde prostravit. Ibique Hugo interfectus est abbas. Eodem tempore Ludewicus rex per/rexit in Winithos cum exercitu. Ibique unus ex regibus eorum interiit, Gestimus nomine, reliqui vero fidem prebentes veniebant ad eum. Quam illo absente statim mentientes. Post haec autem Lotharius, Ludewicus atque Karolus convenerunt ad Thiedenhofe et post conlationem eorum in pace discesserunt a se.

Anno DCCCXLV. Bis in pago Wormaciense terre motus factus est: primo sequenti nocte palmarum[3], secundo in nocte sancta resurrectionis Christi[4]. Eodem anno multis in locis gentiles Christianos invaserunt, sed cesi sunt ex eis a Fresionibus plus quam XII milia. Alia pars eorum Galliam petierunt, ibique ceciderunt ex eis plus quam sexcenti viri. Sed tamen propter desidiam Karoli dedit eis multa milia ponderum auri et argenti, ut irent extra Galliam, quod et fecerunt. Tamen monasteria sanctorum plurimorum diruta sunt, et multos Christianos captivos abduxerunt. His ita gestis, Ludewicus rex congregato exer-

rück[1] nach Koblenz. Und dort kam Lothar mit Heeresmacht wider sie. Aber als er sich von den Seinen getäuscht sah, floh er und kam bis Langres[2] und dort blieb er mit neuen Streitkräften lagern. Die genannten Könige aber folgten ihm, als die ganze Gegend der Ripuarier verwüstet war, bis an den genannten Ort. Und nachdem dort, durch Vermittlung tüchtiger Männer, wiederum das Frankenreich dreigeteilt war, gingen sie in Frieden, doch keinem festen, auseinander, Lothar nach Aachen, Karl nach Gallien, Ludwig nach Sachsen, und die übermütig aufgeblasenen Knechte der Sachsen schlug er auf eine für ihn ehrenvolle Weise und führte sie zu ihrem eigentlichen Stand zurück.

843. Die drei genannten Könige schickten als Gesandte ihre Edlen, ein jeder von seiner Seite, damit sie abermals mittels einer Aufzeichnung über den Bestand an Hufen das Frankenreich gleichmäßig in drei Teile teilten. Und da auch zwischen diesen Uneinigkeit entstanden, kamen die Könige selber zusammen, legten deren Streit bei und trennten sich voneinander. In demselben Jahre ging in der Stadt Tours die Kaiserin Judith aus der Welt, die Mutter Karls, nachdem ihr Sohn ihr alles Vermögen geraubt hatte.

844. Papst Gregor ging aus der Welt, und es folgte an seiner Stelle Papst Sergius. Und Graf Bernhard wurde von Karl getötet. Und König Pippin von Aquitanien, Pippins Sohn, schlug zusammen mit dem Sohn Bernhards das Heer Karls. Und daselbst fiel Abt Hugo. In derselben Zeit zog König Ludwig gegen die Wenden mit Heeresmacht. Und daselbst kam einer von ihren Königen um, Gostimusl mit Namen, die übrigen aber kamen zu ihm und leisteten den Treueid. Diesen brachen sie, als er weg war, sogleich. Hierauf kamen Lothar, Ludwig und Karl in Diedenhofen zusammen, und nach einer Besprechung gingen sie in Frieden auseinander.

845. Zweimal gab es im Gau Wormsfeld ein Erdbeben; zuerst in der Nacht nach Palmsonntag[3], zum zweitenmal in der heiligen Nacht der Auferstehung Christi[4]. In demselben Jahre brachen an vielen Orten die Heiden über die Christen herein, aber es wurden ihrer von den Friesen mehr als 12000 niedergehauen. Ein anderer Teil von ihnen suchte Gallien heim, und daselbst fielen von ihnen mehr als 600 Mann. Dennoch gab Karl ihnen wegen seiner Schlaffheit viele Tausend Pfund Gold und Silber, daß sie aus Gallien gingen; was sie auch taten. Trotzdem wurden die Klöster sehr vieler Heiligen zerstört, und viele Christen führten sie gefangen fort. Als dies so geschehen war, trat König Ludwig mit gro-

[1] Die beiden Wörter asperum Gronneorum sind verderbt; die Wiedergabe in der Übersetzung ist ohne jede Gewähr.

[2] Verwechslung mit Lyon.

[3] 22/23. März.

[4] 28./29. März.

citu magno iter iniit ad Winodos. Quod gentiles cum cognovissent, e contra legatos direxerunt in Saxoniam, et miserunt ei munera et obsides et petierunt pacem. At ille, concessa pace, reversus est de Saxonia. Postea vero ingenti clade percussi sunt predones, in qua et princeps sceleratorum, qui Christianos et loca sancta predaverat, nomine Reginheri Domino percutiente interiit. Consilio enim inito miserunt sortes, a quo deorum suorum salutem / consequi debuissent; sed sortes salubriter non ceciderunt. Suadente autem eos quodam captivo Christiano, ut coram deo Christianorum sortem ponerent, quod et fecerunt, et salubriter sors eorum cecidit. Tunc rex eorum nomine Rorik una cum omni populo gentilium XIIII dies a carne et medone abstinuit, et cessavit plaga, et omnes Christianos captivos, quos habebant, ad patriam propriam dirigunt.

Anno DCCCXLVI. Consueto Norhtmanni Ostraciam et Westraciam vastaverunt et vicum Dorestatum cum aliis duabus villis incenderunt igni, vidente Lothario imperatore, cum esset in Noviomago castro, sed scelus ulcisci nequiverat. Illi autem ingenti preda hominum atque facultatum oneratis classibus reversi sunt in patriam. Eodem anno ivit Ludewicus de Saxonia contra Winidos ultra Albiam. Ipse vero cum exercitu suo contra Boemmanos perrexit, quos nos Beuwinitha vocamus, sed periculose valde; Karolus contra Brittannos, sed non profuit. Eodem tempore, quod sine grandi merore nulli dicendum vel audiendum est, mater cunctarum ecclesiarum, basilica sancti Petri apostoli, a Mauris vel a Sarracenis, qui iam pridem Beneventaniam consederant, capta atque predata est, et omnes Chri/stianos, quos foris Romam repperierunt, intus et foris eiusdem aecclesiae occiderunt. Reclausos etiam viros et mulieres abduxerunt. Altare sancti Petri cum aliis multis detraxerunt, et afflictio Christianorum propter scelera eorum cotidie hinc inde orta est. Sergius papa migravit ex hac luce.

Anno DCCCXLVII. Defuncto Sergio memoria apostolicae sedis minime ad aures nostras pervenit. Hereban magister et abbas de Fuldo defuncto Otgero episcopo archiepiscopus et successor eius effectus est atque sollempniter electus. De cetero Nordmanni Christianos hinc inde vastaverunt et contra Sigirum et Liutharium comites bellum fecerunt, et ultra vicum Dorestatum contra flumen Reni per miliaria novem remigaverunt usque ad vicum Meginhardi[1], et ibidem facta preda reversi sunt.

ßer Heeresmacht den Zug gegen die Wenden an. Als die Heiden dies erfuhren, schickten sie ihrerseits Gesandte nach Sachsen, ließen ihm Geschenke und Geiseln überbringen und baten um Frieden. Jener bewilligte den Frieden und zog heim von Sachsen. Hernach aber kam über die Räuber ein ungeheures Sterben, bei dem auch der Fürst der Verbrecher, der die Christen und heiligen Orte geplündert hatte, namens Reginheri, von Gott geschlagen umkam. Nun warfen sie nach einer Beratung Lose, von welchem ihrer Götter sie Rettung erlangen würden; aber die Lose fielen nicht glücklich. Als ihnen aber ein christlicher Gefangener riet, das Los vor dem Christengott zu werfen, taten sie es, und ihr Los fiel glücklich. Da enthielt sich ihr König Rorik zusammen mit allem Volk der Heiden vierzehn Tage des Fleisches und Mets, das Sterben hörte auf, und sie entließen alle christlichen Gefangenen, welche sie hatten, in ihr Vaterland.

846. Die Normannen plünderten nach ihrer Gewohnheit die Inseln Ostergo und Westergo und verbrannten Wyk bij Durstede mit zwei Dörfern vor den Augen des Kaisers Lothar, als er in der Burg Nymwegen war, aber für das Verbrechen sie nicht strafen konnte. Jene aber kehrten, die Flotten mit ungeheurer Beute von Menschen und Sachen beladen, in ihr Vaterland heim. In demselben Jahre ging Ludwig von Sachsen aus gegen die Wenden über die Elbe. Er zog aber mit seinem Heere weiter gegen die Böhmen, welche wir Beu-winitha nennen, aber mit großer Gefahr. Karl zog gegen die Bretonen, aber er richtete nichts aus. In derselben Zeit, was ohne große Trauer niemand sagen oder hören kann, wurde die Mutter aller Kirchen, die Basilika des hl. Apostels Petrus, von den Mauren oder Sarrazenen, welche schon vorher das Gebiet von Benevent besetzt hatten, eingenommen und geplündert, und alle Christen, welche sie außerhalb Roms fanden, brachten sie innerhalb und außerhalb dieser Kirche um. Auch die Klosterinsassen, Männer und Weiber, führten sie fort. Den Altar des hl. Petrus mit vielen anderen rissen sie nieder, und es herrschte allenthalben täglich Trauer bei den Christen ob ihrer Verbrechen. Papst Sergius ging aus dieser Welt.

847. Nach Sergius Tod ist keine Nachricht des apostolischen Stuhles zu unseren Ohren gekommen. Der Lehrer und Abt von Fulda Rhaban wurde nach dem Tode des Bischofs Otger zum Erzbischof und Nachfolger desselben gemacht und feierlich erwählt. Im übrigen suchten die Normannen allenthalben die Christen heim und ließen sich gegen die Grafen Sigir und Liuthar in einen Kampf ein, und über Durstede hinaus fuhren sie Rheinaufwärts neun Meilen bis Meinerswijk[1] und kehrten um, nachdem sie daselbst Beute gemacht hatten.

[1] Hier hatte Kloster Lorsch Besitz (Codex Laureshamensis, ed. Glöckner, 1 S. 382 Nr. 103).

Anno DCCCXLVIII. II. Nonas Februarii ad vesperum fulgur emicuit et tonitruum auditum est, et gentiles Christianis, ut consueverant, nocuerunt. Eodem anno Ludewicus rex habuit conventum populi apud Magontiam, et secta quaedam in sinodo episcoporum inlata est a quibusdam monachis[1] de predestinatione omnipotentis Dei. Qui convicti et coram omni populo contumeliis verberum affecti reversi sunt in Galliam, unde ierant, et, Deo gratias! inlesus permansit status aecclesiae.

Anno DCCCXLVIIII. Infirmante Ludewico rege, hostis illius de Beioaria iter arripuit in Boemmanos; sed multis ex eis ibidem interfectis, valde humiliati reversi sunt in patriam. Gentilitas vero consueto ab / aquilone Christianitatem nocuit, magis magisque convaluit; sed fastidiosum est enarrare.

Anno DCCCL. Kalendis Ianuarii, id est octabas[a]) Domini, eodem die ad vesperum tonitruum auditum est magnum, et fulgur nimium visum est, et inundatio aquarum ipsa hieme humanum genus affligebat. Et sequenti aestate calor nimium solis terram urebat. Leo papa apostolicae sedis, vir electus, castellum circa basilicam sancti Petri apostoli construxit. Mauri vero urbes maritimas in Italia hinc inde vastaverunt. Rorik Nordmannus, frater iam dicti Herioldi iunioris, qui prius a Lothario dehonestatus fugit, Dorestatum repetit, multa mala Christianis fraudulenter intulit. Eodem anno inter duos fratres, Lotharium imperatorem et Ludewicum regem, tanta pax erat, ut in Hosninge[2] simul plurimos dies cum paucis venationi operam dederunt, ita ut multi hoc facto mirarentur, et in pace discesserunt a se.

Anno DCCCLI. De Roma venerunt corpora sanctorum in Saxoniam, Alexandri, unius ex septem fratribus[3], Romani atque Emerentianae. Eodem anno nobilissima imperatrix nomine Irmingard, coniunx Lotharii imperatoris, de hac luce migravit. Item Nordmanni in Fresia et circa Rhenum fluvium nocuerunt. Ingens exercitus congregatus est ad Albiam fluvium contra / Saxones et civitates eorum, aliaeque obsesse alieque succensae sunt igni. Et nimium Christianos vexaverunt. Conventus namque regum nostrorum tunc erat apud Mosam fluvium.

Anno DCCCLII. Ferrum paganorum incanduit; nimius ardor solis, et fames subsecuta est, et pabula animalium defecerunt, et pastus porcorum exuberans.

Anno DCCCLIII. Fames magna in Saxonia, ita ut multi equis alerentur.

848. Am 4. Februar gegen Abend blitzte es und wurde Donner gehört und die Heiden schädigten, wie sie es gewohnt waren, die Christen. In demselben Jahre hielt König Ludwig einen Reichstag in Mainz; und auf der Synode der Bischöfe wurde eine Irrlehre vorgebracht von einigen Mönchen[1] über die Vorherbestimmung des allmächtigen Gottes. Diese mußten, nachdem man sie überführt und vor allem Volk schmählich gegeißelt hatte, nach Gallien, von wo sie gekommen waren, zurück und, Gott sei Dank, unverletzt blieb der Stand der Kirche.

849. Während König Ludwig krank war, trat sein Heer von Baiern aus den Zug gegen die Böhmen an; aber als viele von ihnen daselbst gefallen waren, zogen sie sehr gedemütigt in ihr Vaterland heim. Die Heidenschaft aber schädigte vom Norden her nach Gewohnheit die Christenheit und sie wuchs mehr und mehr an Stärke, aber das ausführlicher zu erzählen, würde Überdruß erregen.

850. Am 1. Januar, d. i. acht Tage nach Weihnachten, am selben Tage gegen Abend hörte man einen starken Donner und sah einen gewaltigen Blitz, und eine Überschwemmung der Gewässer traf in diesem Winter das Menschengeschlecht. Und im folgenden Sommer brannte ungeheure Sonnenhitze die Erde. Leo, Papst des apostolischen Stuhles, ein auserwählter Mann, baute eine Befestigung um die Kirche des hl. Apostels Petrus. Die Mauren aber verwüsteten allenthalben in Italien die Küstenstädte. Der Normanne Rorik, Bruder des schon genannten jüngeren Heriold, der früher, von Lothar seiner Lehen beraubt, geflohen war, nahm Durstede wieder und fügte den Christen trügerisch viele Übel zu. In demselben Jahr herrschte zwischen den beiden Brüdern, Kaiser Lothar und König Ludwig, ein solcher Friede, daß sie sich im Eisling[2] zusammen sehr viele Tage lang in geringer Begleitung der Jagd widmeten, so daß sich viele hierüber wunderten; und in Frieden gingen sie auseinander.

851. Aus Rom kamen die Leiber der Heiligen nach Sachsen, des Alexander, eines von den sieben Brüdern[3], des Romanus und der Emerentiana. In demselben Jahre ging aus dieser Welt die sehr edle Kaiserin Irmingard, Gemahlin des Kaisers Lothar. Desgleichen richteten die Normannen in Friesland und um den Rhein Schaden an. Ein ungeheures Heer (von Normannen) sammelte sich an der Elbe gegen die Sachsen und ihre Städte; diese wurden teils belagert, teils verbrannt. Und sie bedrängten gar sehr die Christen. Denn unsere Könige trafen sich damals an der Maas.

852. Das Eisen der Heiden erglänzte; groß war die Sonnenhitze; und Hungersnot folgte; und das Viehfutter ging aus; und die Weide für die Schweine war überreich.

[a]) hier scheint natalis zu fehlen.

[1] Gottschalk von Orbais.

[2] Teil des Ardennengaus mit Lorscher Besitz (Codex Laureshamensis, ed. Glöckner, 3 S. 258 Nr. 3795).

[3] Söhne der hl. Felicitas.

Anno DCCCLIIII. Nordmanni cum reliquis multis malis, quae Christianis intulerunt[a]) undique, aecclesiam sancti Martini Turonis civitatis episcopi, ubi pausatio illius est, igni succenderunt.

Anno DCCCLV. Verno tempore Ludewicus rex orientalis misit filium suum et convocum in Aquitaniam accipere sibi regnum patruelis[b]) sui Pippini.

Anno DCCCLVI. Nordmanni rursum regem sibi constituunt, cognatum et convocum priori, et Dani iterum, resumptis viribus, navali evectu Christianos invaserunt.

Anno DCCCLVII. Plaga magna vesicarum turgentium grassatur in populo et detestabili eos putredine consumpsit, ita ut menbra dissoluta ante mortem deciderent.

Anno DCCCLVIII. Ludewicus rex orientalis conventum populi sortis suae apud Wangionam habuit. /

Anno DCCCLVIIII. Kalendis Ianuarii, celebrata sollempnitate matutinorum, apud Wormatiam semel terrae motus factus est et apud Magontiam tredecies ante diluculum.

Anno DCCCLX. Nonas Februarii tonitruum auditum est, et rex reversus est de Gallia, depravato omni regno et in nihilo emendato.

Anno DCCCLXI. Beatus Liutbertus episcopus honorifice multis sanctorum menbris monasterium quod dicitur Frikkenhurst adornavit, id est Bonifacii et Maximi martyrum, Eonii atque Antonii confessorum, adiecta parte de presepe Domini atque de sepulchro illius, simul et de pulvere pedum illius ascendentis in caelum. Eo anno hiemps longissima, et supradicti reges iterum secretum colloquium in supradicta insula[1] habuerunt penes Confluentiam, vastantes omnia quae in circuitu erant. Et Lotharius rex Ripuariorum legitimam uxorem suam, sororem Hugberti clerici, iniusta occasione reliquit. Quam postea eodem anno predictus germanus illius accepit in sua. Rex vero concubina, cuius amore uxorem reliquit, publice usus est.

Anno DCCCLXII. Ludewicus impium Hughardum comitem constituit. Quod dampnum pene suis omnibus / visum est. Iam enim dissensio regum nostrorum et desolatio paganorum per regna nostra fastidiosum est enarrare.

Anno DCCCLXIII. Ludewicus rex primum conventum habuit Wangiona et post haec Magontia, ibique venit ad eum Lotharius, hostem machinantes in Sclavos, quod et postea fecerunt. Sed non profuit.

853. Groß war die Hungersnot in Sachsen, so daß sich viele von Pferden nährten.

854. Unter den vielen andern Übeln, welche die Normannen überall den Christen zufügten, steckten sie die Kirche des heiligen Martin in Brand, des Bischofs von Tours, wo seine Ruhestätte ist.

855. Im Frühjahr schickte Ludwig, der östliche König, seinen gleichnamigen Sohn nach Aquitanien, um sich die Herrschaft seines Vetters Pippin anzueignen.

856. Die Normannen setzten sich wieder einen König, der dem vorigen verwandt und gleich benannt war, und die Dänen brachen abermals mit frischen Streitkräften in einem Kriegszug zur See über die Christen herein.

857. Eine große Plage an Eiterbeulen verbreitete sich unter den Leuten und raffte sie in abscheulicher Fäulnis hin, so daß die Glieder vor dem Tode abstarben und abfielen.

858. Ludwig, der östliche König, hielt einen Reichstag seines Reichsteils in Worms ab.

859. Am 1. Januar nach der Frühmesse gab es in Worms einmal und in Mainz vor Tagesanbruch dreizehnmal Erdstöße.

860. Am 5. Februar wurde Donner gehört; und der König kehrte aus Gallien zurück, nachdem das ganze Reich zugrunde gerichtet und in nichts gebessert war.

861. Der selige Bischof Liutbert stattete ehrenvoll das Kloster Freckenhorst aus mit vielen Gliedmaßen von Heiligen, nämlich der Märtyrer Bonifacius und Maximus, der Bekenner Eonius und Antonius, nebst einem Teil von der Krippe des Herrn und von seinem Grab, zugleich auch von dem Staub seiner Füße, als er zum Himmel aufstieg. In diesem Jahre war der Winter sehr lang, und die obengenannten Könige hatten wiederum eine geheime Unterredung auf der obengenannten Insel[1] bei Koblenz, wobei sie alles im Umkreis verwüsteten. Und Lothar, der König der Ripuarier, verließ seine rechtmäßige Gemahlin, die Schwester des Klerikers Hugbert, ohne gerechten Anlaß. Diese nahm nachher in demselben Jahre ihr eben genannter Bruder bei sich auf. Der König aber hielt es öffentlich mit dem Kebsweib, der zu Liebe er die Gemahlin verließ.

862. Ludwig setzte den gottlosen Hughard zum Grafen. Dies war in den Augen fast all der Seinen ein Unglück. Es wäre nun verdrießlich, die Zwietracht unserer Könige und das Unheil, das die Heiden über unsere Reiche brachten, zu erzählen.

[a]) überliefert ist: quam Christianis inruerunt.

[b]) überliefert ist: patris.

[1] Die erste Erwähnung dieser Insel ist bei einer Kürzung der Vorlage durch den Kölner Bearbeiter entfernt worden (Löwe). Auch die Bemerkung über die Verwüstung der Umgegend dürfte aus einem andern Zusammenhang stammen.

Eodem anno hiemps turbulenta, mutabilis et pluvialis valde, ut pene absque gelu omnino, ut in sequentibus patuit in aecclesia sancti Victoris.

Anno DCCCLXIIII. Nimia inundatione aquarum pagani sepe iam dicti aecclesiam dei[a]) undique vastantes per alveum Reni fluminis ad Sanctos usque pervenerunt et locum opinatissimum vastaverunt. Atque, quod omnibus audientibus et videntibus nimium dolendum est, aecclesiam sancti Victoris mirifico opere constructam incenderunt igni, omnia quae intus aut foris sanctuarii repperierunt rapuerunt. Clerus tamen et omne vulgus pene aufugit. Sed ipsum censum sanctuarii postea nimium vesania correpti ibidem remiserunt. Sanctum vero corpus Victoris prepositus fratrum equo ascenso et loculo ante se posito cum solo presbitero Coloniam noctu perduxit in magno periculo, nonnisi meritis sancti intervenientibus. Guntharius autem isdem temporibus ibidem rector et episcopus preesse videbatur, nepos scilicet Hildiwini iunioris. Predones vero post, per/petrato scelere, haut longe a monasterio insulam quandam parvam petierunt ibique munitione constructa habitaverunt ad tempus. Sed quaedam pars illorum per alveum ascendentes villam regiam grandem incenderunt, ibique cesi sunt ex eis utpote plus quam C homines, ita ut una navis ibidem ex eorum sorte vacua remansit. Ceteri vero, vix conscensis navibus, confusi redierunt ad suos. Lotharius vero, paratis navibus, cogitabat inruere in eos, sed sui non consenserunt ei. At contra Saxones agiles ex altera ripa fluminis agiliter agebant, ita ut quendam ex eorum regibus nomine Calbi, qui superba temeritate litus eorum aggredi temptabat, occiderunt et in ipsum flumen fugientem demerserunt omnesque pene sequaces illius. Ceteri vero exinde territi locum predictum reliquerunt et incerta petierunt. Ludewicus vero totum pene annum morabatur in Bewaria, caute agens contra Margos rebelles, sed et contra filium. Predictus vero Guntharius archiepiscopus Agrippinae et Thietgaudus Treverensis archiepiscopus eodem anno iussu Nicolai pape Romam petierunt ob adulterium Lotharii regis, quod pridem commiserat, eo quod ei in hoc cum suis suffraganeis iniusta occasione contra religionem Christianitatis consenserunt, plurimas secum deferentes sententias quasi canonica auctoritate conpo/sitas. Quibus in sinodo Romanensi cum omni assertione illorum condempnatis, omnino refutati sunt, eisque omni officio sacerdotali ad tempus interdicto dimissi sunt.

[a]) dei fehlt in der Handschrift.

863. König Ludwig hielt zuerst eine Versammlung zu Worms und nachher in Mainz ab, und daselbst kam Lothar zu ihm, indem sie einen Heereszug gegen die Slaven beabsichtigten; was sie auch hernach ausführten. Aber es glückte nicht. In demselben Jahre war der Winter stürmisch, veränderlich und sehr regnerisch, fast ganz ohne Eis, wie im Folgenden klar wurde an der Kirche des heiligen Victor.

864. Bei der ungeheuren Anschwellung der Gewässer kamen die schon oft genannten Heiden, wobei sie überall die Kirche Gottes verwüsteten, den Rhein herauf bis Xanten und verheerten den so berühmten Ort. Und zum Schmerz aller, die es hörten und sahen, verbrannten sie die Kirche des hl. Victor, ein wundersames Bauwerk; alles was sie innerhalb und außerhalb des Heiligtums fanden, raubten sie. Doch die Geistlichkeit und das ganze Volk entkam nur knapp. Aber den Kirchenschatz selbst ließen sie nachher ganz von Tollheit ergriffen dort an Ort und Stelle liegen. Den heiligen Leib Victors aber brachte der Propst der Brüder, der ein Pferd bestieg und die Kiste vor sich setzte, mit einem einzigen Priester bei Nacht nach Köln unter großer Gefahr, nur dank der Verdienste des Heiligen. Zur selben Zeit aber stand hier allem Anschein nach Gunthar als Lenker und Bischof an der Spitze, ein Neffe des jüngeren Hildwin. Die Räuber suchten nun nach vollbrachter Schandtat nicht weit von dem Kloster eine kleine Insel auf, bauten eine Befestigung und wohnten da eine Zeitlang. Aber ein Teil von ihnen fuhr den Fluß hinauf, verbrannte einen großen Königshof, und es wurden dabei von ihnen über 100 Menschen niedergehauen, so daß eins ihrer Schiffe daselbst leer zurückblieb. Die Übrigen aber kehrten, sobald sie nur ihre Schiffe bestiegen hatten, bestürzt zu den Ihrigen zurück. Nun rüstete Lothar Schiffe und gedachte sich auf sie zu werfen; aber die Seinigen stimmten ihm nicht bei. Umgekehrt handelten tätig auf dem andern Flußufer die tätigen Sachsen, so daß sie einen ihrer Könige namens Calbi, der in übermütiger Verwegenheit einen Angriff auf ihr Ufer versuchte, niederschlugen und ihn selber auf der Flucht und fast alle seine Gefolgsleute in den Fluß warfen. Aus Schreck hierüber verließen die übrigen den genannten Ort und suchten das Ungewisse. Ludwig aber blieb fast das ganze Jahr in Baiern, aus Vorsicht gegen die aufständischen Mährer, aber auch gegen seinen Sohn. Der zuvorgenannte Erzbischof Gunthar von Köln und Erzbischof Thietgaud von Trier zogen in demselben Jahre auf Befehl des Papstes Nikolaus nach Rom wegen Lothars Ehebruch, den er unlängst begangen hatte, darum, weil sie mit ihren Suffraganen ihm darin ohne gerechten Grund in unchristlicher Weise zustimmten, indem sie sehr viele gleichsam nach kanonischer Autorität abgefaßte Entscheidungen mit sich nahmen. Diese wurden auf der Römischen Synode mit jeder ihrer Behauptungen verdammt, sie wurden gänzlich widerlegt und zurückgeschickt, nachdem ihnen jegliche priesterliche Tätigkeit auf eine Zeitlang untersagt worden war.

Anno DCCCLXV. Moram faciente Lothario veniendi, temerarias ipsi episcopi conscriptiones Nicolao papae iterum remiserunt, dicentes eum impie et absque omni ratione tirannico in eos more iniusta exercere iudicia, promittentes se absque illius gratia velle aequaliter gloriari in locis suis ceu ipse in Roma et in nullo gradum suum inferiorem gradu illius esse, non recordantes se ab eo pallium dignitatis accepisse. Loquente per eos apostata spiritu, qui dixit: *Ponam solium meum ad aquilonem et ero similis altissimo*[1]. Quibus iterum ipse papa in sinodo episcopali, si ita peregissent, ab omni aecclesia catholica excommunicandos esse indixit. Regressi sunt erga unde ierant, et veniente Gunthario Coloniam, ex ipso sacratissimo die caenae Domini[2] omne officium paschale contra fas peregit, et ob hanc temeritatem iterum in eadem provintia ab omnibus episcopis Lotharii excommunicatus est. Nec mirum, si ipse, qui aerarium sancti Petri in vasis sacris aureis et argenteis et multis speciebus exinanivit et avariciae facibus semper exarsit et ad secularem pompam necnon et ad fratres et nepotes et sorores et neptes ea convertit, omnibus bonis privaretur. Consors vero illius nihil horum agere temptabatur. Sed tamen ambo Romam reversi sunt.

Anno DCCCLXVI. Mense Ianuario eclipsis lunae facta est, et sanctissimus episcopus Bremensis Ansger / de hac luce migravit. Liudolfus comes a septentrione et in Italia Everwinus, gener Ludewici regis[3], magnifici viri, de hac luce subtracti sunt. Eodem tempore Hubertus clericus, de quo supra scribitur, cuius sororem Lotharius rex pridem repudiatam dimisit, a quinque episcopis excommunicatus, a filiis Cuonradi, fratris quondam Iuthit reginae, in bello occiditur. Eo anno pagani reliquias Fresiae nimium vastaverunt. Et Ludewicus rex orientalis aestivo tempore conventum populi sortis suae habuit ad Franconoford, ibique interfuit Arsenius, auricularius Nicolai papae, ab eo cum epistolis directus ob statum catholicae fidei et defensionem Christianae religionis. Indeque proficiscens visitavit Lotharium regem, abstrahens inlicitam concubinam reginam elevatam, cuius rei consensu Guntharius et Thietgaudus, duo archiepiscopi, graviter ceciderunt; restituens ei legitimam uxorem prius ab eo nefanda occasione repudiatam, indeque Romam rediens. Eo tempore vir magnificus nomine Er-

[1] Jesaja 14, 13f.

865. Als sich Lothars Ankunft verzögerte, sandten diese beiden Bischöfe nochmals verwegene Schreiben an Papst Nikolaus zurück, worin sie sagten, er übe wider Gott und ohne alle Vernünft auf tyrannische Weise ungerechtes Gericht gegen sie. Sie erklären, daß sie ohne Rücksicht auf ihn gleiche Würde auf ihren Stellen forderten wie er in Rom und daß ihre Stellung in nichts der seinigen untergeordnet sei, ohne daran zu denken, daß sie von ihm das Pallium der Würde erhalten hatten; denn es sprach aus ihnen der abtrünnige Geist, welcher gesagt hat: Ich will meinen Thron aufrichten in Mitternacht und ich werde gleich sein dem Höchsten[1]. Ihnen kündete abermals derselbe Papst in einer bischöflichen Synode an, wenn sie also fortführen, würden sie aus aller Gemeinschaft der katholischen Kirche ausgeschlossen werden. Sie kehrten nun zurück, woher sie gekommen waren; und als Gunthar nach Köln kam, hielt er widerrechtlich gerade seit dem heiligsten Tage des Herrnmahls[2] das ganze Oster-Amt ab, und ob dieser Verwegenheit wurde er abermals in eben derselben Provinz von allen Bischöfen Lothars aus der Gemeinschaft gestoßen. Und kein Wunder, wenn eben der, welcher den Schatz des hl. Petrus an heiligen Gefäßen von Gold und Silber und vieler Art leerte und immerfort von dem Feuer der Habsucht glühte und dies zu weltlichem Pomp und seinen Brüdern und Neffen, Schwestern und Nichten zuwandte, all seine Güter verlor. Sein Amtsgenosse aber versuchte nichts von alle dem zu tun. Aber dennoch kehrten beide abermals nach Rom zurück.

866. Im Januar trat eine Mondfinsternis ein, und der heiligste Bischof Ansgar von Bremen ging aus dieser Welt. Graf Liudolf im Norden und Everwin in Italien, der Schwiegersohn des Königs Ludwig[3], hochstehende Männer, wurden aus dieser Welt fortgerafft. Zu derselben Zeit wurde der oben erwähnte Kleriker Hubert, dessen Schwester König Lothar unlängst verstieß, von fünf Bischöfen aus der Gemeinschaft der Kirche ausgegestoßen und von den Söhnen Konrads, des Bruders der einstigen Königin Judith, im Kriege getötet. In diesem Jahre verwüsteten die Heiden gewaltig das übrige Friesland. Und Ludwig, der östliche König, hielt zur Sommerszeit einen Reichstag seines Reichsteils in Franfurt, an diesem nahm Arsenius, der Kanzler des Papstes Nikolaus, teil, mit Briefen von diesem betreffend den Zustand des katholischen Glaubens und die Verteidigung der christlichen Religion. Auf der Weiterreise von da besuchte er den König Lothar, entriß ihm das unerlaubt zur Königin erhobene Kebsweib – durch ihre Zustimmung hiezu hatten die beiden Erzbischöfe Gunthar und Thietgaud schwer gefehlt –, setzte wieder die rechtmäßige Gemahlin bei ihm ein, welche zuvor mit sündhafter Begründung verstoßen worden war, und kehrte von da nach Rom zurück. Zu dieser

[2] Gründonnerstag 30. März.

[3] Markgraf Eberhard von Friaul war mit Gisela, der leiblichen Schwester Karls des Kahlen, verheiratet. Ludewicus rex ist also Kaiser Ludwig der Fromme.

nost, socer videlicet Karlomanni primogeniti Ludewici regis, de hac luce migravit. Moram autem faciente Gunthario veniendi in civitatem[1], successit in locum illius quidam tirannicus / Hugo nomine, filius predicti comitis Cuonradi, qui non ut pastor, sed ceu *lupus rapax*[2] gregem Dei invasit et idcirco annuente Domino celeriter inde deiectus est, occisis ab eo plurimis in eodem episcopatu. Et pagani crudeliter Galliam vastaverunt. Acceptoque inde a Karolo rege innumerabili censu, ad tempus reversi sunt alibi desolare aecclesiam Dei.

Anno DCCCLXVII. Duo presbiteri, qui[a]) se monachico habitu in Saxonia, quamvis inperiti, nimiae sanctitatis viros sub obtentu religionis simulabant, ita ut episcopis et presbiteris omnibus eiusdem provintiae sanctiores se esse prefigurabant. Nam solitariam vitam in hipocrisi primum duxere simul. Sed postea, mediante inter illos spiritu discordiae, separati sunt ab invicem, et tamen remota querentes habitacula semper iactitabant etiam se visiones angelicas vidisse et signa fecisse. Et confluebat ad eos multitudo magna gentis huius, tam divitum quam etiam ceterorum, diversa munera deferentes. Quorum confessiones suscipientes nova iudicia pretulerunt. Quorum hypocrisin inspector secretorum *Dominus de caelo prospexit* et *manifestavit consilia cordium*[3] illorum, ita ut qui prior eorum videbatur nimia infestatione diaboli correptus est. Alter vero, aestivo tempore convocato Liudberto archiepiscopo Magontiae cum caeteris coepiscopis, canonice victus et prostratus ac de gradu depositus est. His ita gestis allata sunt pignora sancti Magni martyris in Saxoniam, a Nicolao papa venerabili episcopo Liudberto directa. Eodem tempore Guntharius, quondam Agrippinensis archiepiscopus, iterum Roma reversus est, communione tantum vulgari ei concessa, sed omni officio episcopali interdicto. Ipse tamen cum magna elatione, clangentibus signis, occurrenti clero cum ewangeliis et turribulis, aecclesias adiit. Eo anno / ingens bellum inter Gallos et paganos geritur in Gallia, et cecidit ex utraque parte innumerabilis multitudo. Ibique Ruodbertus, vir valde strenuus, ortus de Frantia, dux Karoli, interfectus est.

Anno DCCCLXVIII. Adhuc *visit*ante Domino *plebem suam*[4] et circa solis occasum pro denario diurno ociosos vocante operarios ad vineam

a) Das Relativpronomen, zu dem ein Satz fehlt, ist in der Übersetzung weggelassen worden.

1 Köln.

Zeit ging aus dieser Welt ein hochstehender Mann namens Ernst, der Schwiegervater Karlmanns, des Erstgebornen des Königs Ludwig. Als sich aber Gunthars Ankunft in seiner Stadt[1] verzögerte, folgte an seiner Stelle ein gewalttätiger Mann namens Hugo, Sohn des vorgenannten Grafen Konrad, der nicht wie ein Hirt sondern wie ein räuberischer Wolf[2] in die Herde Gottes einbrach und deshalb auf den Wink des Herrn schnell von dort verjagt wurde, nachdem sehr viele von ihm in diesem Bistum getötet worden waren. Und die Heiden verwüsteten grausam Gallien. Und als sie daher von König Karl unzählige Schätze erhalten hatten, zogen sie sich auf eine Zeitlang zurück, um anderswo die Kirche Gottes zu schädigen.

867. Zwei Priester benahmen sich in Mönchstracht in Sachsen, obwohl unerfahren, weil man ihnen Verehrung zollte, wie Männer von ungemeiner Heiligkeit, sodaß sie bei allen Bischöfen und Priestern dieser Provinz den Eindruck größter Heiligkeit erweckten. Denn sie führten beide zusammen zuerst in Heuchelei ein Einsiedlerleben. Aber hernach, als der Geist der Zwietracht zwischen sie trat, trennten sie sich voneinander, suchten jedoch entlegene Behausungen auf und rühmten sich immerfort, sogar Engelerscheinungen gesehen und Zeichen getan zu haben. Und es strömte zu ihnen eine große Menge dieses Volkes, sowohl Reiche wie auch andere, die ihnen verschiedene Geschenke brachten. Deren Beichte nahmen sie an und verhängten neue Urteile. Ihre Heuchelei hat, der alle Geheimnisse kennt, der Herr vom Himmel durchschaut und die Pläne ihrer Herzen offenbar gemacht[3], so daß der, welcher der Erste von jenen schien, durch einen gewaltigen Anfall des Teufels hingerafft wurde. Der andere nun wurde zur Sommerszeit auf einer Versammlung vor dem Erzbischof von Mainz Liudbert und den übrigen Mitbischöfen in einem kanonischen Verfahren überführt und widerlegt und seiner Stellung entsetzt. Als dies so vollbracht war, wurden die Reliquien des hl. Märtyrers Magnus nach Sachsen gebracht, die der ehrwürdige Papst Nikolaus an den Bischof Liudbert übersandte. Zur selben Zeit kehrte Gunthar, einst Erzbischof von Köln, abermals aus Rom zurück, nachdem ihm nur die Gemeinschaft eines Laien zugestanden, aber jedes bischöfliche Amt untersagt war. Doch ging dieser mit großem Hochmut unter dem Klang der Glocken und eingeholt von dem Klerus mit Evangelien und Räucherbecken in die Kirchen. In diesem Jahr wird ein gewaltiger Krieg in Gallien zwischen den Galliern und den Heiden geführt, und es fiel auf beiden Seiten eine unzählige Menge. Und dabei wurde Ruodbert, ein sehr tapferer Mann, der Herkunft nach aus Francien, ein Heerführer Karls, erschlagen.

868. Da noch der Herr sein Volk besucht[4] und um Sonnenuntergang für einen Denar täglich die müßigen Arbeiter zur Bebauung des Wein-

[2] Matth. 7, 15.

[3] Psalm 13, 2; 1. Cor. 4, 5.

[4] Luc. 7, 16.

excolendam[1], gens Bulgarum, hactenus idola vana colentium, ad fidem catholicam conversa est, mittente eis summo tonanti[2] *signa et prodigia fieri* in medio plebis. Directis a Nicolao summo pontifice et universali papa urbis Romae viris apostolicis, receperunt sermonem domini nostri Iesu Christi et baptizati sunt. Aequum quippe erat, ut piscationem sibi iam olim a Domino conmissam veteranus piscator, sagena predicationis Europico ponto directus, ad finem usque mundi prosequeretur et *antiquus dierum*[3] pastor ovium nuncupatus agnos sibi specialiter commendatos et diu in heremo vacantes[a]) ad ovilia pascua perduceret, ubi eis individuus comes illius et egregius gentium predicator *lac potum* daret pro *esca*[4], quoadusque fierent *oves foetosae, habundantes in egressibus suis*[5], *et fieret unum ovile et unus pastor*[6], Iesus Christus dominus noster. De cetero diebus ieiuniorum Septembrium[7] circuli duo magni apparuerunt in caelo, similes aspectui iris. Quorum maior ab aquilone primum formosior, sed postea, plenitudinem suam australi quasi tribueret, desipuit. Minor vero, solem sibi medium circumcingens, in extrema parte alterius omni decore resplenduit. Ante horam namque terciam oriundi et usque ad nonam perdurantes evanuerunt. Eodem tem/pore in Saxonia ignis in aere sagittae celeritate ferri visus est, grossitudine ligni foenarii et sicut massa ferri in conflatorio scintillas emittens, et subito coram oculis plurimorum velut in fumum picis redactus est. Sed horum significationem solius Domini nosse est. Deinde autumnali tempore *exiit edictum*[8] a regibus, ut ieiunium triduanum generaliter observaretur, inminente terrore famis, pestilentiae, et terrae motus magnus per regna, ita ut desperatio humanae vitae plurimis accidit. Eo tempore Liudbertus episcopus Saxoniae, ortus de ...[b]), positus distributione graduum et inpositione crismali parrochiam Guntarii ab orientali parte procuravit. Eodem anno Nicolaus summus pontifex et ahtleta Christi de hac luce migravit ad Dominum. Pagani quoque iterum Hiberniam atque Fresiam crudeliter vastaverunt.

Anno DCCCLXVIIII. Mense Februario, *tenebrosis aquis in nubibus aeris*[9], tonitrua audita sunt, et XV. Kal. Martii, id est nocte sancta

[a]) Gemeint ist vagantes.

[b]) Text entstellt, die Übersetzung von positus (ob positis, exceptis?) ohne Gewähr.

[1] Matth. 20, 8.

bergs ruft[1], wurde das Volk der Bulgaren, welches bis dahin eitle Götzen verehrte, zum katholischen Glauben bekehrt, da ihnen der höchste Donnerer[2] Zeichen und Wunder geschehen ließ inmitten des Volkes. Als von Nikolaus, dem höchsten Bischof und allgemeinen Papst der Stadt Rom, apostolische Männer hingesandt wurden, nahmen sie die Predigt unseres Herrn Jesu Christi auf und ließen sich taufen. Denn es war billig, daß den vor Alters ihm vom Herrn anvertrauten Fischfang der alte Fischer, bestimmt zum Netze der Predigt im Europischen Meere, bis zum Ende der Welt fortsetzte und der Hochbetagte[3], zum Hirten der Schafe ernannt, die ihm besonders anempfohlenen und lange in der Irre gehenden Lämmer zu den Schafweiden leitete, wo ihnen sein unzertrennlicher Gefährte und ausgezeichnete Prediger der Völker Milch zu trinken gebe als Speise[4], bis sie fruchtbare Schafe würden, sich mehrend auf ihren Triften[5], und eine Herde würde und ein Hirte[6], unser Herr Jesus Christus. Überdies waren in den Tagen der September-Fasten[7] zwei große Ringe am Himmel sichtbar, ähnlich anzuschauen dem Regenbogen. Der größere von ihnen war im Norden anfangs schöner, aber hernach ermattete er, als gäbe er seine Fülle an den südlichen ab. Der kleinere nun, welcher die Sonne rings umschloß, glänzte an dem äußersten Ende des anderen in voller Pracht. Sie entstanden vor der 3. Stunde und hielten bis zur 9. an, um dann zu schwinden. Zur selben Zeit sah man in Sachsen Feuer mit der Schnelligkeit eines Pfeils in der Luft daherfliegen, von der Dicke einer Heustange, wie die Eisenmasse im Schmelzofen Funken aussprühend, und plötzlich wurde es vor den Augen sehr vieler gleichsam in Teerqualm verwandelt. Aber die Bedeutung dieser Erscheinungen kennt allein der Herr. Darauf erging zur Herbstzeit ein Edikt[8] der Könige, daß allgemein ein dreitägiges Fasten gehalten werde, weil der Schrecken von Hungersnot und Pest drohe; und es war ein starkes Erdbeben in den Reichen, so daß sehr viele Verzweiflung am irdischen Leben ergriff. Zu dieser Zeit besorgte Bischof Liudbert von Sachsen, von ... Herkunft, den Sprengel Guntars im östlichen Teil, ausgenommen die Erteilung von Graden und die Salbung. In demselben Jahre ging Nikolaus, der oberste Bischof und Streiter Christi, aus dieser Welt zum Herrn. Auch die Heiden verwüsteten abermals grausam Irland und Friesland.

869. Im Februar hörte man bei dunklem Regengewölk in der Luft[9] mehrfach Donner, und am 15. Februar, d. i. in der heiligen Nacht nach

[2] Der Ausdruck summus tonans inmitten der biblischen Wortverbindungen (Psalm 134, 9. Acta apost. 14, 3) ist auffallend.

[3] Dan. 7, 9.

[4] 1. Cor. 3, 2.

[5] Psalm 143, 13.

[6] Joh. 10, 16.

[7] ab 17. September. [8] Luc. 2, 1. [9] Psalm 17, 12.

septuagesimae, stella cometes visa est ab aquilone et occidente, cui statim nimia tempestas ventorum et inmensa inundatio aquarum est subsecuta, in qua multi inprovidi interierunt. Et postea aestivo tempore fames acerrima in multis provintiis subsequitur, maxime in Burgundia et Gallia, in quibus magna multitudo hominum acerbam sustinuit mortem, ita ut homines hominum corpora comedisse feruntur. Sed et canum carnibus aliqui vesci dicuntur. Eo tempore, ut propheta[1] ait: *propter peccata terrae multi / principes eius*, quattuor reges regnaverunt in regno quondam Karoli Magni: Ludewicus filius imperatoris Ludewici in oriente et Sclavis, Bevaria, Alamannia et Coria, Saxonia, Suevis, Thoringia et orientalibus Francis cum pago Wormaciensi atque Namnetis, qui sapientior et iustior caeteris. Karolus frater eius Gallis, Aquitaneis atque Wasconiis praeerat, sepissime paganorum infestationem sustinens semperque eis censum opponens et numquam in bello victor existens. Ludewicus filius Lotharii imperatoris senior Italiam et Beneventaniam consedit, qui multas iniurias Nicolao papae intulit et non Mauros de Beneventania expulit. Lotharius frater eius, citus et levis, relicta legitima coniuge contra sanctorum canones et Nicolai papae iussum inlicite concubina usus est. Ipse enim Ripuariam, Burgundiam atque Provintiam possedit. Iterum atque iterum Guntarius et Thietgaudus Romam petierunt, succedente Adriano in locum regiminis, si aliquomodo possent adipisci gradum pristinum, sed non potuerunt, quia *durum est contra stimulum calcitrare*[2]. Nam in ipsa peregrinatione Theotgaudus magna febre correptus vita pariter cum sacerdotio caruit. Ecclesia vero illius a chorepiscopis regebatur. Alter quippe eadem molestia preventus vix convaluit. Et cum vidisset, quod nullo modo repedare posset in gradum pristinum, consumpto aerario fraude adquisito, defunctis pene omnibus suis sequacibus, pauper cum paucis in incerto vagus girabat per terras. Sicque duo metropolitani ob consensum adulterii nefandi regis rite *obligati sunt et ceciderunt*[3]. Sponsa vero Guntharii[4], quae quondam post Romam / eligantissima habebatur, *quasi vidua*[5] destituta viro, scissa veste, fuscata pelle, deiectis crinibus, nudis pedibus *absque pastore*[6] *sedit in cinere*[7]. Parvuli quoque illius hinc inde a *lupis rapacibus*[8] devorabantur per loca, non habentes patrem. Sacerdotes eius acris verberibus virgisque ceduntur, non habentes pa-

[1] Proverbia Salomonis 28, 2.
[2] Acta apost. 9, 5.

Septuagesimä, erschien ein Komet im Nordwesten, dem sogleich ein ungeheurer Sturm und unermeßliche Überschwemmung folgte, bei der viele unversehens umkamen. Und hernach zur Sommerszeit folgte in vielen Provinzen eine heftige Hungersnot, vornehmlich in Burgund und Gallien, wo eine große Menge Menschen eines bitteren Todes starb, so daß Menschen Menschenleiber gegessen haben sollen. Aber auch von Hundefleisch sollen sich einige ernährt haben. Zur selben Zeit, wie der Prophet[1] sagt „wegen der Sünden eines Landes sind zahlreich seine Fürsten", herrschten vier Könige in dem Reich weiland Karls des Großen: Ludwig, der Sohn des Kaisers Ludwig, im Osten und bei Slaven, Baiern, in Alamannien und Churrätien, Sachsen, Schwaben, Thüringen und Ostfranken nebst dem Wormsfeld und Speyergau, weiser und gerechter als die übrigen; sein Bruder Karl herrschte über Gallier, Aquitanier und Wasconen, der sehr häufig die Feindseligkeiten der Heiden erfuhr, immerfort ihnen Geld anbot und niemals siegreich im Kriege war; Ludwig, der ältere Sohn des Kaisers Lothar, saß in Italien und Benevent, der vielfach den Papst Nikolaus behelligte und die Mauren nicht aus Benevent vertrieb; sein Bruder Lothar, hitzig und leichtfertig, verließ die rechtmäßige Gemahlin gegen die Canones der Heiligen und den Befehl des Papstes Nikolaus und verkehrte unerlaubt mit einem Kebsweib. Dieser besaß Ripuarien, Burgund und die Provence. Wieder und wieder zogen Guntar und Thietgaud nach Rom, als in der Herrschaft Adrian folgte, ob sie irgendwie die alte Stellung erlangen könnten; aber sie konnten es nicht, denn es ist hart, wider den Stachel zu löcken[2]. Denn gerade in der Fremde wurde Theotgaud von einem heftigen Fieber ergriffen und verlor das Leben zugleich mit seinem Priestertum. Seine Kirche aber wurde von den Weihbischöfen geleitet. Der Andere nun, von derselben Beschwer befallen, genas kaum. Und als er sah, daß er auf keine Weise in seine alte Stellung wieder eintreten konnte, irrte er, als sein betrügerisch erworbener Schatz verzehrt war und fast alle seine Anhänger gestorben waren, mit Wenigen aufs Ungewisse hin durch die Lande. Und so sind zwei Metropolitane ob ihrer Zustimmung zu dem sündhaften Ehebruch ihres Königs mit Recht verstrickt und gefallen[3]. Aber Gunthars Braut[4], die einst für die erlesenste nach Rom galt, saß wie eine Witwe[5] von ihrem Manne verlassen mit zerrissenem Kleid, beschmutzter Haut, fliegendem Haar, nackten Füßen, ohne den Hirten[6] in Asche[7]. Auch ihre Kinder wurden allenthalben von räuberischen Wölfen[8] verschlungen, denn sie hatten keinen Vater; ihre Priester werden scharf gezüchtigt mit Schlägen und Ruten, denn sie haben keinen Beschützer. Ihre Edlen fielen durch das Schwert und unter Klagen

[3] Psalm 19, 9. [4] Die Kirche von Köln.
[5] Klagelieder 1, 1.
[6] Numeri 27, 17.
[7] Jon. 3, 6.
[8] Matth. 7, 15.

tronum. Nobiles eius gladio ceciderunt, et illa dolens ac gemens, *plorans ploravit*[1] per diem et noctem, dicens: ‚*Angustiae mihi undique, et quid eligam, ignoro*[2], quia *tribulationes cordis mei multiplicatae sunt*'[3]. Ad viatores quoque conversa aiebat: ‚*O vos omnes, qui transitis per viam, attendite et videte, si est dolor similis sicut dolor meus*[4]. Ecce vivente viro vidua vocor. Parvuli mei delicati suffocati sunt. *Vide, Domine, afflictionem meam, quoniam erectus est* undique *inimicus*[5]. *Non est qui consoletur* me nisi tu Deus solus'.

Anno DCCCLXX. Lotharius rex Ripuariae sepe vocatus tandem Romam venit, cum Adriano pontifice colloquium habuit. Et ab eo mandatum accepit pelicem eicere ac legitimam coniugem accipere. Qui ita se per omnia obtemperare velle promisit, sed minime implevit. Et idcirco eum Dominus Roma redeuntem terribiliter percussit cum omnibus pene suis optimatibus. Quorum corpora pariter Coloniam asportata atque humata sunt. Quasi ultor dixisset[6]: *Mihi vindictam, et ego retribuam. Evaginabo gladium, et interficiet eos manus mea.* Eo anno Ludewicus rex orientalis, missis duobus filiis suis Karlomanno et Karlo contra Margos diu resistentes sibi, Rasticium regem eorum fugaverunt et patriam vastaverunt atque cum multis spoliis reversi sunt. Item Guntharius sepe iam nominatus autumpnali tempore cum paucis, quasi lupus gregi insidians, nescientibus cunctis, / latentibus[a]) evectu navali Coloniam venit et misso legato signa aecclesiae pulsare precepit et sibi honorifice occurrere iussit, dicens se potestatem habere, quam non habuit, ut rei exitus postea probavit.

Anno DCCCLXXI. Karolus rex Galliae regnum quondam Lotharii cum elatione magna invasit, Aquisgrani palatium consedit, affirmans se totum regnum absque ullius gratia in proprietatem usurpare velle, quod postea, viris intercurrentibus strenuis, emollitum est et in pace dispositum. Tamen cum adhuc esset in pertinatia et videns Guntharium de loco suo avulsum, Hilduvinum quendam nepotem eiusdem, die sancto theophaniae cum uno tantummodo episcopo Leodiae de Aquis ad Coloniam misit episcopum ordinandum et cathedram huius regiminis inrationabiliter obtinendam. At contra Ludewicus rex orientalis Liudbertum archiepiscopum Magontiae civitatis cum omnibus suffraganeis episcopis Coloniae ex altera parte Reni fluminis e regione civitatis direxit ordinare quendam Willibertum, eiusdem Colonie filium,

[a]) Konstruktion und Übersetzung unklar.

und Seufzen weinte sie weinend[1] Tag und Nacht und spricht: „In Ängsten bin ich überall und was ich wählen soll, weiß ich nicht[2], weil die Nöte meines Herzens vervielfacht sind[3]. Auch sagte sie zu den Wanderern gewendet[4]: „O ihr alle, die Ihr des Weges vorübergeht, merket auf und sehet, ob ein Schmerz ist ähnlich meinem Schmerze. Siehe, noch lebt mein Mann und man nennt mich Witwe; meine zarten Kleinen sind erstickt. Siehe an, Herr, meine Betrübnis, da überall ein Feind aufgerichtet ist. Niemand ist, der mich tröstet, außer Du Gott allein[5].

870. Lothar, der König von Ripuarien, kam oft geladen endlich nach Rom und hatte mit dem Papst Adrian eine Unterredung. Und von diesem erhielt er den Auftrag, das Kebsweib zu verstoßen und die rechtmäßige Gattin aufzunehmen. Er versprach in allem also gehorchen zu wollen, aber erfüllte es keineswegs. Und deswegen traf ihn schrecklich der Herr, als er von Rom heimkehrte, nebst fast allen seinen Edlen. Ihre Leiber wurden zusammen nach Köln gebracht und beerdigt. Gleichsam als hätte der Rächer gesagt[6]: „Mein ist die Rache und ich will vergelten; ich werde das Schwert aus der Scheide ziehen, und meine Hand wird sie töten". In diesem Jahre schickte Ludwig, der östliche König, seine zwei Söhne Karlmann und Karl gegen die ihm lange unbotmäßigen Mähren; sie jagten ihren König Rastiz in die Flucht, verwüsteten das Land und kehrten mit vieler Beute heim. Desgleichen kam der schon oft genannte Gunthar zur Herbstzeit mit Wenigen, wie ein Wolf, der in die Herde fällt, ohne Wissen aller, heimlich zu Schiffe nach Köln, schickte einen Boten und befahl, die Glocken der Kirche zu läuten und ihn ehrenvoll einzuholen, indem er sagte, er habe die Macht, die er aber nicht hatte, wie der Ausgang der Sache hernach bewiesen hat.

871. Karl, der König Galliens, drang mit großer Überhebung in Lothars einstiges Reich ein und setzte sich in Aachen fest, mit der Versicherung, er wolle das ganze Reich ohne auf jemand Rücksicht zu nehmen, als sein Eigentum beanspruchen; was hernach durch Vermittlung tüchtiger Männer beigelegt und in Frieden geordnet wurde. Dennoch schickte er solange sein Trotz noch ungebeugt war, als er Gunthar von seinem Sitze vertrieben sah, dessen Neffen, einen gewissen Hildwin, am heiligen Tage des Erscheinungsfestes, nur mit dem einen Bischof von Lüttich, von Aachen nach Köln, um als Bischof eingesetzt zu werden und widerrechtlich den Sitz dieser Herrschaft einzunehmen. Aber dagegen ließ der östliche König Ludwig durch den Erzbischof Liudbert von Mainz mit allen Suffragan-Bischöfen in Köln auf der anderen Seite des Rheines

[1] Vgl. Klagel. 1, 2.
[2] Dan. 13, 22.
[3] Psalm 24, 17.
[4] Klagel. 1, 12.
[5] Klagel. 1, 9, vgl. 17.
[6] Deut. 32, 35 (Röm. 12, 19, Hebr. 10, 30). Exodus 15, 9.

episcopum, non elatum, non venatorem, non hypocritam, non mercenarium neque mercede conductum, sed magna coactum necessitate, omnibus aecclesiasticis disciplinis preditum. His omnibus ita peractis *in conspectu gentium revelavit Dominus iusticiam suam*[1], et mercenarius abiit et recessit, verus autem pastor supra gregem suum sollicite vigilavit. Tunc videns Guntharius, / quod nullam spem pertinatiae suae ibidem ultra infigere posset, relicta Colonia victus et confusus inde discessit et amplius non est reversus ad eam. Sed in sequenti anno semper vagus, insidians, iterum Romam rediens, Adriano pontifici comminationes inferens et idcirco ab omni sinodo Romana excommunicatus incerto vitam pertinacem et inproviso periculose amisit. Eodem anno V. Kal. Mai beatus episcopus Liudbertus Saxoniae et filius Ripuariae, de quo multa bona commemoravimus, de hac luce migravit ad Dominum. Civitas sancta Ierusalem et mons Oliveti atque omnia loca sancta in circuitu a Sarracenis invasa et possessa sunt. Monachi quoque ibidem Domino famulantes diversis poenis afflicti atque in custodiam missi. Audite enim haec omnes catholicae fidei cultores, dicentes: ‚Plorate, sacerdotes, ministri Domini, et dicite[2]: *Parce, Domine, parce populo tuo, ne dominentur eis nationes* et *dicant*: *Ubi est Deus eorum?*'[a])

Rasticius rex Margorum a Karlomanno captus et in Franciam patri directus ibique postea luminibus privatus est. Pagani quoque tunc totam pene Hiberniam vastantes cum spoliis multis sunt reversi et per aquosa loca Franciae atque Galliae humano generi multas miserias intulerunt. Mauri quoque Beneventaniam consederant plurimis iam annis, quos Ludewicus rex Italiae expellere nequibat, et undique ecclesia catholica infestatione gentilium circumcincta, anxiali spiritu gemens ac sentiens tempora Antichristi appropiare.

Anno DCCCLXXII. Iterum regnum Margorum e manibus Karlomanni per quendam eiusdem gentis Sclavum[3] elabuit, et grandis exercitus de parte Karlomanni / cecidit. Eodem anno infestatio tonitruorum et ymbrium atque grandinum humano generi nocuit nimium in frugibus et aedificiis. Nam principalis mater aecclesia sancti Petri apostoli Vangionae civitatis, nuper a novo restaurata per Samuelem epi-

[a]) In der Handschrift folgt hier, sachlich unzutreffend, die Rubrik: nunc de victoria Carlomanni.

gegenüber der Stadt einen gewissen Willibert, ein Kind eben dieses Köln, zum Bischof einsetzen; der war nicht aufgeblasen, kein Jäger, kein Heuchler, kein Mietling und mit Lohn Gedungener, sondern durch schwere Not gezwungen und begabt mit jeder geistlichen Bildung. Als dies alles so vollbracht war, enthüllte im Angesicht der Völker der Herr seine Gerechtigkeit[1] und der Mietling ging ab und wich, der wahre Hirt aber wachte sorgsam über seine Herde. Da sah Gunthar, daß er keine Hoffnung von seiner Hartnäckigkeit daselbst ferner hegen könne, verließ Köln, zog besiegt und überführt von dannen und kehrte nicht wieder dorthin zurück. Aber im folgenden Jahre, immerfort unstät und voll Ränke, zog er abermals nach Rom, drohte dem Papst Adrian und wurde deshalb von der ganzen römischen Synode gebannt, und verlor, ungewiß wann, und ahnungslos in der Gefahr sein trotzerfülltes Leben. In demselben Jahre am 27. April ging Bischof Liudbert von Sachsen und ein Sohn Ripuariens, von dem wir oben viel Gutes erwähnt haben, aus dieser Welt zum Herrn. Die heilige Stadt Jerusalem und der Ölberg und alle heiligen Orte ringsum wurden von den Sarrazenen überfallen und eingenommen. Auch die Mönche, welche daselbst dem Herrn dienen, wurden auf verschiedene Weise gemartert und ins Gefängnis geworfen. Höret nun, alle Verehrer des katholischen Glaubens, indem ihr dies sagt[2]: „Weinet ihr Priester, Diener des Herrn und sprechet: Schone Herr, schone Dein Volk, daß nicht die Heiden Herr über sie werden, und sagen: Wo ist ihr Gott?"

Rastiz, König der Mähren, wurde von Karlmann gefangen und nach Francien an den Vater gesandt und hier später des Augenlichtes beraubt. Auch die Heiden verwüsteten damals fast ganz Irland, kehrten mit vieler Beute heim und fügten in den wasserreichen Gegenden Franciens und Galliens dem Menschengeschlecht viel Elend zu. Auch hatten sich die Mauren seit vielen Jahren schon in Beneventanien festgesetzt, die König Ludwig von Italien nicht verjagen konnte, und von allen Seiten war die katholische Kirche von Feindseligkeiten der Heiden umringt, indem sie angstvoll im Geiste seufzte und die Zeiten des Antichrist gekommen wähnte.

872. Wieder entglitt das Reich der Mähren den Händen Karlmanns durch einen gewissen Sclavus[3] desselben Volkes, und ein großes Heer auf Seiten Karlmanns kam um. Im selben Jahre richtete die feindliche Wirkung von Gewittern und Regengüssen und Hagel dem Menschengeschlecht ungeheuren Schaden an Feldfrüchten und Gebäuden an. Denn es wurde die Haupt-Mutterkirche des hl. Apostels Petrus in Worms, welche kürzlich durch Bischof Samuel, zugleich Abt des Klosters des heiligen Naza-

[1] Psalm 97, 2.
[2] Joel 2, 17.
[3] eigentlich Sclagamarus.

scopum et abbatem monasterii[a]) sancti Nazarii[1], ictu fulminis prostrata atque succensa est. Iterum ingens exercitus ex orientali[b]) parte Francorum collectus est contra Margos. Qui hostes fugaverunt et in civitatem munitissimam propulerunt. Ibique obsessi diu grande dampnum sustinuere. Et Karlomannus frequenter patriam vastavit. Item eodem anno Adrianus papa obiit, et successit in locum eius vir preclarus, nomine Iohannes. Guntio episcopus Vangionensis obiit, et successit in locum eius Adhelhelmus iuvenis de titulo sancti Cyriaci[2] martyris Christi.

Anno DCCCLXXIII. Ludewicus rex orientalis placitum publicum episcoporum ac laicorum ad Vadum-Francorum celebravit. Ibique venerunt contra eum duo filii eius, *pleni iniqua cogitatione*[3], convocus et Karolus, tirannidem moliri et iuramenta priorum[c]) postponere, patrem regno privari et in custodiam mittere. Sed *Deus, iustus iudex et patiens*[4], grande miraculum palam omnibus ibidem monstravit, ita ut malignus spiritus videntibus cunctis Karolum invasit eumque horribiliter discrepantibus vocibus agitavit. Sed in eodem die / orationum suffragiis et coniurationibus diversorum sacerdotum eiectus est. Viso hoc terrore frater senior pedibus patris provolutus conmissum nefandum profitetur, indulgentiam postulans. Pater vero pius haec omnia prudenter cum moderamine disposuit. Eodem hiemis tempore insperatum diluvium nive madens repente inolevit, maxime in litoribus Rheni fluminis. Ex influentia aquarum multarum multitudo hominum cum aedificiis et frugibus innumerabilibus deperiit. Iterum in aestivo tempore eiusdem anni predictus rex Aquis palatium secundum[d]) sinodum ac placitum suorum consedit. Ibique rationabiliter cunctis dispositis, venit ad regem quidam clericus orbus, filius Karoli fratris sui, regis Galliae, quem ipse pater luminibus privari iussit et postea in monasterium retrudi, promittens inferre peiora, presidium petens. Itidemque venit ad eum Ruorich, fel Christianitatis, tamen ei repositis obsidibus plurimis in navi, et subditus effectus est regi ac iuramentis constrictus inconcussam ei servare fidem. Ac non post multum temporis Ruodoldus nepos predicti tiranni, qui transmarinas[5] regiones plurimas regnumque Francorum undique atque Galliam horribiliter

a) überliefert: monachorum.
b) überliefert: omni.

rius[1], neu hergestellt war, von einem Blitzstrahl niedergeworfen und in Brand gesteckt. Abermals wurde ein gewaltiges Heer aus Ostfranken gegen die Mähren gesammelt. Dieses trieb die Feinde in die Flucht und jagte sie in eine sehr feste Stadt. Und daselbst wurden sie lange belagert und erlitten schwere Verluste. Auch verwüstete Karlmann häufig das Land. Desgleichen verschied in diesem Jahr Papst Adrian und an seine Stelle trat ein vortrefflicher Mann namens Johannes. Bischof Guntio von Worms verschied und an seine Stelle trat ein Jüngling Adelhelm von der Kirche des heiligen Cyriacus[2] des Märtyrers Christi.

873. Ludwig, der östliche König, hielt einen Reichstag der Bischöfe und Laien in Frankfurt. Dorthin zogen gegen ihn zwei seiner Söhne voll unbilliger Gedanken[3], der gleichnamige und Karl, um eine Gewaltherrschaft aufzurichten, ihre Eidschwüre hintanzusetzen, den Vater des Reiches zu berauben und ins Gefängnis zu schicken. Aber Gott, der gerechte und geduldige Richter[4], zeigte ebenda öffentlich vor allen ein großes Wunder: der böse Geist fuhr vor aller Augen in Karl und quälte ihn schrecklich, unter mißtönenden Lauten. Aber an demselben Tage wurde er durch die Gebete und Beschwörungen verschiedener Priester ausgetrieben. Bei dem Anblick dieses Schreckens warf sich der ältere Bruder zu den Füßen des Vaters, gesteht das begangene Verbrechen und fordert Verzeihung. Aber der fromme Vater legte dies alles klugerweise mit Mäßigung bei. Zur selben Winterszeit entstand unverhofft eine Überschwemmung durch Schneeschmelze, vor allem an den Ufern des Rheins. Durch das Anschwellen der Gewässer ging eine Menge Menschen nebst Gebäuden und unzähligen Feldfrüchten zugrunde. Wiederum im Sommer desselben Jahres saß der vorgenannte König in der Pfalz Aachen zu einer Synode und einem Tag der Seinigen. Und als daselbst alles gerecht geordnet war, kam zu dem Könige ein blinder Geistlicher, der Sohn seines Bruders Karl, des Königs von Gallien, den der Vater selbst hatte blenden und hernach ins Kloster stecken lassen, mit dem Versprechen, ihm noch Schlimmeres anzutun, und forderte Schutz. Desgleichen kam zu ihm Ruorich, die Galle der Christenheit, doch waren ihm viele Geiseln im Schiffe gestellt, und er wurde des Königs Untertan und durch Eidschwüre gebunden, ihm unerschütterlich Treue zu halten. Und nicht lange Zeit darauf wurde Ruodold, ein Neffe des vorgenannten Tyrannen, welcher viele Küstenstriche jenseits des Meeres[5] und das Reich der Franken auf allen Seiten und Gal-

[c]) unverständlich; die Übersetzung (ipsorum ?) ohne Gewähr.

[d]) unverständlich (eine zweite Synode?); die Übersetzung (ad habendum?) ohne Gewähr.

[1] Lorsch a. d. Bergstraße.

[2] in Neuhausen bei Worms, 847 durch Bischof Samuel errichtet.

[3] Daniel 13, 28.

[4] Psalm 7, 12.

[5] in Britannien.

et pene totam Fresiam vastavit, in eadem regione, in pago Ostrachia ab eadem gente cum quingentis viris / agiliter interfectus est et, quamvis baptizatus esset, caninam vitam digna morte finivit. Postea vero mediante mense Augusto antiqua Egiptiorum plaga, id est locustarum innumerabilis turma more apium de alveo exeuntium, ab oriente nova exorta est per terras nostras, quae in aere volitantes, vocem subtilem velut aviculi parvi dantes. Et dum elevarentur, caelum vix velut per cribram intueri potuit. In plerisque locis vero pastores ecclesiarum et omnis clerus cum kapsis et crucibus occurrerunt eis misericordiam Dei implorantes, ut defenderet eos ab hac plaga. Non tamen ubique, sed per loca nocuerunt. Item in Kalendis Novembris usque ad sexagesimam[1] nix totam superficiem terrae cooperuit, et diversis plagis Dominus assidue populum suum afflixit et *visita*vit *in virga iniquitates eorum et in verberibus peccata eorum*[2].

Anno DCCCLXXIIII.

[1] 14. Februar. [2] Psalm 88, 33.

lien schrecklich und fast ganz Friesland verwüstet hatte, in derselben Gegend im Ostergo von eben diesem Volke nebst 500 Männern tapfer umgebracht und endete, obwohl er getauft war, sein hündisches Leben durch einen verdienten Tod. Hernach aber, Mitte August, erhub sich die alte Plage der Ägypter, d. i. ein unzählbarer Schwarm Heuschrecken, wie aus dem Korb ausfliegender Bienen, ganz neu von Osten her durch unsere Länder, welche in der Luft fliegend einen feinen Ton wie kleine Vögelchen von sich gaben. Und wenn sie sich erhoben, konnte man kaum den Himmel wie durch ein Sieb sehen. An sehr vielen Orten nun zogen die Hirten der Kirchen und die ganze Geistlichkeit ihnen mit Reliquiarien und Kreuzen entgegen, unter Anrufung von Gottes Erbarmen, daß er diese Plage von ihnen abwendete. Doch nicht überall, aber stellenweise, richteten sie Schaden an. Desgleichen bedeckte am 1. November bis Sexagesimä[1] Schnee die ganze Erdoberfläche, und mit verschiedenen Plagen schlug der Herr beständig sein Volk und suchte heim mit der Rute ihre Ungerechtigkeiten und mit Schlägen ihre Missetaten[2].

Im Jahre 874.

REGISTER

[1] Einen neuen Versuch, die verschiedenen Erwähnungen von Personen mit dem Namen Bernhard miteinander in Verbindung zu setzen, legt Levillain vor in der Zeitschrift Le moyen âge 53, 1947, 197–242 und 54, 1948, 1–36.